JN441502

김창영 세무사의 기업경영 시리즈

개정판

기업경영과 규정정비

김창영 저

규정정비, TAX에서 요구하는 손금요건을 구비하라!

회사의 규모가 커지고 종업원이 많아지는 경우 관리상 목적 · 통제 목적 · 세무상 목적 등 다양한 사유로 회사의 제 규정을 정비하게 됩니다. 관리상의 목적이나 통제의 목적 등의 경우 회사가 원하고 의도하는 대로 필요한 사항을 규정에 반영하면 되는 것이나 TAX의 측면에서는 반드시 세무상 손금요건을 고려하여 제 규정의 정비를 수행하여야 합니다.

이 책은 회사가 임직원에게 지급하는 여러 가지 소득유형에 대하여 제 규정을 정비하는 때에 TAX 측면에서 요구되는 손금요건이 충족될 수 있도록 하고, 특히 가장 기본적인 규정정비 대상인 정관규정 · 임원보수 지급규정 · 임원퇴직금 지급규정 · 취업규칙은 규정정비 실무절차를 진행하는 단계에 맞추어 진단 · 확정 · 법적절차 · 사후관리의 단계로 구분하여 각 단계별로 필요한 의사결정 사항 등을 표시하였습니다.

NAVER 카페

김창영 세무사 ▼ 검색

저자가 운영하는 카페에서 책 내용에 대한 상담 및 교육 등 다양한 정보를 공유할 수 있습니다.
http://cafe.naver.com/dontax1966

(주)영화조세통람

개정판 머리말

어느 중소기업의 이야기입니다.

① 회사는 창업한 지 10여년이 되어가지만 회사의 매출액은 크지 않고 그 이익도 1억원에서 2억원의 범위 내에서 발생하고 있습니다.
② 대표이사를 포함한 모든 임직원은 열심히 일하였고, 그러던 중 드디어 대기업에 납품을 하게 되었습니다. 그 결과 매출액도 100억원대에 진입하고 회사의 당기순이익도 몇십억원 단위로 발생하게 되었습니다.
③ 회사에서는 몇 년간 이익이 지속되자 그동안 고생하였던 임직원에 대한 보상으로 연말상여금으로 수억원에 이르는 거액을 지급하였습니다. 특히 임원의 경우 3억원, 5억원, 많게는 10억원이 지급되기도 하였습니다.
④ 회사는 '임원상여금 지급규정'이 없는 상태에서 이사회를 개최하여 임원별·직원별 상여금 금액을 결정하고 지급하였습니다.

위의 사례에서 TAX를 고려하여 진단한다면 무엇이 문제일까요?

회사의 모든 임직원이 열심히 일해서 수익이 증대되었고 그에 대한 보상으로서 상여금을 지급했고 이에 따른 세금도 정당하게 납부하였으므로 아무런 TAX 문제가 없을까요? 또는 회사가 이익이 크게 발생하여 법인세도 많이 납부했고 그 중의 일부를 고생한 임직원한테 분배하는 것은 회사의 고유권한이므로 누구든 뭐라 할 수 없는 것일까요?

그렇지 않습니다!

사례의 경우 상여금을 집행하는 의사결정 시 TAX를 전혀 고려하지 않았습니다. 특히 임원상여금 지급에 대한 의사결정 수행 시 임원상여금 손금산입 요건인 개별적 · 구체적 지급기준과 성과평가방법이 없는 상태에서 집행되었습니다. 따라서 상기 사례의 경우 임원상여금 손금산입 요건 위배로 상여금 지급액 전액을 비용으로 인정받지 못합니다.

법인이 임원에게 지급하는 상여금 중 정관 · 주주총회 · 사원총회 또는 이사회의 결의에 의하여 결정된 급여지급기준(개별적 · 구체적 지급기준 요건)에 의하여 지급하는 금액을 초과하여 지급한 경우 그 초과금액은 이를 손금에 산입하지 아니하기 때문입니다(법인세법시행령 43조 2항).

이처럼 세법에서 임원상여금의 손금 요건을 부여하고 급여지급기준을 초과하는 임원상여금을 손금불산입하도록 규정한 것은 사전에 정해진 급여지급기준이 없이 법인의 의사결정에 영향력이 있는 임원들이 자의적 결정에 의하여 급여 등의 명목으로 법인의 이익을 분여해 가는 것을 손금으로 인정하지 않으려는 데 그 취지가 있습니다.

그러므로 임원보수의 집행은 정관에서 시작하여 근거를 설정하고 이사회 결의나 주주총회의 결의를 통하여 개별적 · 구체적 지급기준인 임원보수 지급규정을 정비하고 이를 바탕으로 매년의 성과평가를 통한 성과보상액을 이사회 결의를 통하여 구체적으로 결정하여야 합니다. 이와 같은 일련의 과정은 정관 · 임원보수 지급규정 · 이사회 결의가 마치 체인처럼 서로 연관성을 가지게 되며, 이는 곧 TAX 측면에서 손금산입 요건과 직결되므로 실무를 수행하는 때에 그 의미를 이해하고 반드시 손금산입 요건에 부합되도록 실무집행을 하여야 합니다.

이와 같은 TAX 측면의 손금 요건은 비단 임원의 보수에 국한하지 아니하며 임원상여금을 포함하여 임원퇴직금, 임직원에게 지급하는 여비교통비 · 교육훈련비 · 학자금 · 경조금 · 자가운전보조금 · 복리후생비 · 식대 등 대부분의 기업실무에서 지급하는 제 소득유형의 집행단계에서 요구됩니다.

이 책은 회사가 임직원에게 지급하는 여러 가지 소득유형에 대하여 지급자의 입장에서의 TAX의 손금요건과 지급받는자 입장에서 소득구분 문제를 살펴보고, 회사가 제 규정을 정비하는 때에 TAX 측면에서 요구되는 손금 요건이 충족될 수 있도록 규정을 정비하는 것을 목표로 하고 있습니다.

특히 가장 기본적인 규정정비 대상인 정관규정・임원보수 지급규정・임원퇴직금 지급규정・취업규칙은 실무절차를 진행하는 단계에 맞추어 진단・확정・법적절차・사후관리의 단계로 구분하여 각 단계별로 필요한 의사결정 사항 등을 표시하였습니다.

소규모 기업이 성장함에 따라 내외부적으로 여러 가지가 요구되지만 그 중 중요한 것의 하나가 바로 TAX를 고려한 제 규정의 정비와 합리적인 수준의 실무 적용 절차의 정립입니다. 소규모의 기업인 경우 TAX가 문제되더라도 그 세액효과는 그다지 크지 않지만, 어느 정도의 규모로 성장한 기업의 단계에서는 TAX를 고려한 규정정비와 실무적용이 잘못되거나 미흡한 경우 그로 인한 세액효과가 매우 크기 때문입니다.

따라서 회사의 규모가 증대됨에 따라 제 규정을 정비하고 집행하는 경우 TAX를 고려한 진단과 의사결정은 매우 중요하고 꼭 필요하다 할 수 있습니다.

아무쪼록 이 책이 중소기업의 합리적인 규정정비를 수행하는 데에 도움이 되길 바라며, 이 책을 효과적으로 잘 활용하여 체계적이고 효율적인 TAX PLANNING이 집행될 수 있기를 소망합니다.

감사합니다!

2018년 11월 2일

'기업경영과 규정정비' 개정판을 마무리하며

저자 김 창 영

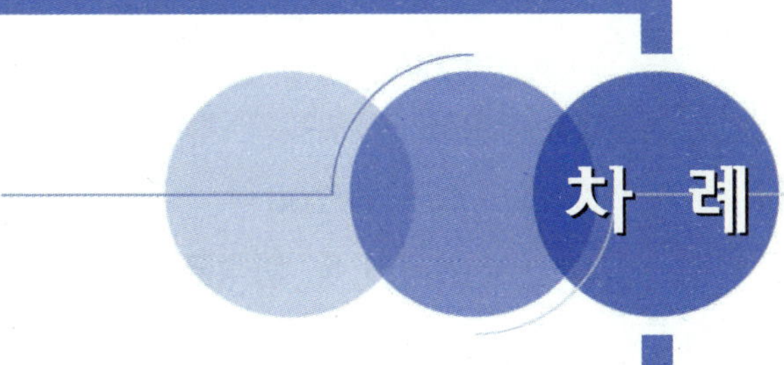

제 1 편 법정 규정정비

제 2 편 개별 규정정비

제 1 편 법정 규정정비

제 1 장 정관규정

1단계 정관의 조문별 진단

회사의 현행 정관 또는 준비된 정관의 조문별로 「상법」의 규정과 회사의 현황을 고려하여 각 조문별로 의사결정을 수행합니다.

2단계 정관의 확정(의사결정)

1단계에서 각 조문별로 진단된 정관의 조항을 의사결정 과정을 통하여 확정합니다.

3단계 확정된 정관의 승인(「상법」절차)

실무절차로 확정된 정관을 승인하는 「상법」상의 절차(이사회 소집통지 → 이사회의사록 작성 → 주주총회 소집통지 → 주주총회의사록 작성)를 수행합니다.

4단계 사후관리

1. 정관의 의의 등

정관이란 회사의 자치법규를 말합니다. 실질적 의미의 정관이라고 하면 자치법규 그 자체, 즉 회사의 조직과 운영에 관한 근본규칙을 말하고, 형식적 의미의 정관은 근본규칙을 기재한 서면을 말합니다. 일반적으로 정관이란 실질적 의미의 정관인 근본규칙 그 자체를 의미합니다.

정관은 자치법규이므로 회사 내의 발기인, 주주 등 당사자 사이에서 효력이 있으나 외부의 제3자에 대하여는 효력이 없는 것이 원칙이며 「상법」의 규정이 강행법규가 아닌 한 정관이 우선하여 적용됩니다.

(1) 정관의 법적근거

주식회사를 설립함에는 발기인 전원의 동의로 정관을 작성하여야 하고(상법 288조), 각 발기인의 기명날인 또는 서명이 필요합니다. 이를 원시정관이라고 하며, 이와 같은 원시정관은 공증인의 인증으로 그 효력이 발생합니다(상법 292조).[1] 다만, 자본금 총액이 10억원 미만인 회사를 발기설립하는 경우에는 각 발기인이 정관에 기명날인 또는 서명함으로써 효력이 생기게 됩니다(상법 292조).

(2) 정관의 기재사항

정관의 기재사항은 절대적 기재사항, 상대적 기재사항, 임의적 기재사항으로 구분되는데, 이의 내용은 다음과 같습니다.

---

1) 주식회사의 원시정관은 공증인의 인증을 받음으로써 효력이 생기게 되므로 설립당시의 원시정관은 반드시 공증인의 인증을 받아야 합니다(상법 292조). 그러나 일단 유효하게 작성된 정관을 변경할 경우에는 주주총회의 특별결의가 있으면 그때 유효하게 정관변경이 이루어지는 것이고, 서면인 정관이 고쳐지거나 변경 내용이 등기사항인 때의 등기 여부 내지는 공증인의 인증 여부는 정관변경의 효력발생에는 아무 영향이 없습니다(대법원 2006다62362, 2007.6.28.).

구 분	내 용
절대적 기재사항	정관에 기재가 없으면 정관이 무효가 되고 설립무효의 원인이 되는 기재사항
상대적 기재사항	정관에 기재하지 않아도 정관은 유효하지만, 특정한 사항이 효력이 생기려면 정관에 기재하여야 하는 사항
임의적 기재사항	정관에 기재하면 효력이 있고 기재하지 않아도 정관의 효력에는 영향이 없는 기재사항. 강행법규에 반하지 않으면 그 기재가 가능(강행법규의 범위 내 기재이면 법률에 우선하여 효력이 발생)

(3) 정관의 절대적 기재사항

주식회사를 설립함에는 발기인이 정관을 작성하여야 하며(상법 288조), 정관을 작성하는 경우 다음의 절대적 기재사항[2]을 적고 각 발기인이 기명날인 또는 서명하여야 합니다(상법 289조 1항).

① 목적
② 상호
③ 회사가 발행할 주식의 총수
④ 액면주식을 발행하는 경우 1주의 금액
⑤ 회사의 설립시에 발행하는 주식의 총수
⑥ 본점의 소재지
⑦ 회사가 공고를 하는 방법
⑧ 발기인의 성명·주민등록번호 및 주소

(4) 정관의 변경

정관변경이란 '회사의 조직과 행동에 관한 기본적인 규칙인 실질적 의의의 정관을 변경하는 것'을 말합니다. 정관의 변경은 반사회적이거나 회사의 본질에 어긋나

2) 절대적 기재사항이란 「상법」에서 반드시 정관에 기재하도록 요구하는 사항을 말합니다. 이와 같은 절대적 기재사항은 어느 하나라도 빠지거나 그 내용이 위법하면 정관은 그 효력을 갖지 못하게 됩니다.

지 않고 주주의 고유권을 해치지 않는 범위 내에서 어떠한 변경도 할 수 있으며, 정관의 변경은 반드시 주주총회의 특별결의가 있어야 하며(상법 433조 1항), 특별결의는 출석한 주주의 의결권의 3분의 2 이상의 수와 발행주식총수의 3분의 1 이상의 수로써 하여야 합니다(상법 434조).

(5) 변경등기를 하여야 하는 사항

주식회사의 경우 회사가 설립되는 경우 다음의 사항을 등기하여야 합니다(상법 317조 2항). 또한 법인의 등기사항에 변경이 있는 경우에는 본점의 경우 2주간 내, 지점의 경우 3주간 내에 변경등기를 하여야 합니다(상법 317조 4항 · 183조). 이와 같이 변경등기를 하여야 하는 사항은 다음과 같습니다.

① 목적
② 상호
③ 회사가 발행할 주식의 총수
④ 액면주식을 발행하는 경우 1주의 금액
⑤ 본점의 소재지
⑥ 회사가 공고를 하는 방법
⑦ 자본금의 액
⑧ 발행주식의 총수, 그 종류와 각종 주식의 내용과 수
⑨ 주식의 양도에 관하여 이사회의 승인을 얻도록 정한 때에는 그 규정
⑩ 주식매수선택권을 부여하도록 정한 때에는 그 규정
⑪ 지점의 소재지
⑫ 회사의 존립기간 또는 해산사유를 정한 때에는 그 기간 또는 사유
⑬ 주주에게 배당할 이익으로 주식을 소각할 것을 정한 때에는 그 규정
⑭ 전환주식을 발행하는 경우에는 「상법」 제347조에 게기한 사항
⑮ 사내이사, 사외이사, 그 밖에 상무에 종사하지 아니하는 이사, 감사 및 집행임원의 성명과 주민등록번호
⑯ 회사를 대표할 이사 또는 집행임원의 성명 · 주민등록번호 및 주소
⑰ 둘 이상의 대표이사 또는 대표집행임원이 공동으로 회사를 대표할 것을 정한 경우에는 그 규정
⑱ 명의개서대리인을 둔 때에는 그 상호 및 본점소재지
⑲ 감사위원회를 설치한 때에는 감사위원회 위원의 성명 및 주민등록번호

2. 정관설계

법인이익에 대한 TAX PLANNING의 시작은 정관에서부터 시작됩니다. 제대로 설계되지 않은 정관의 경우 개정된 「상법」의 규정이 반영되지 않는 것은 물론이고, 효율적인 TAX PLANNING을 수행할 수 없게 됩니다. 따라서 회사의 소득유형 변경과 관련한 TAX PLANNING을 수행하는 경우 반드시 정관을 올바르게 설계하는 것이 필요합니다. 정관설계의 단계는 다음과 같은 절차로 진행합니다.

1단계 **정관의 조문별 진단**

회사의 현행 정관 또는 준비된 정관의 조문별로 「상법」의 규정과 회사의 현황을 고려하여 각 조문별로 의사결정을 수행합니다.

2단계 **정관의 확정(의사결정)**

1단계에서 각 조문별로 진단된 정관의 조항을 의사결정 과정을 통하여 확정합니다.

3단계 **확정된 정관의 승인(「상법」절차)**

실무절차로 확정된 정관을 승인하는 「상법」상의 절차(이사회 소집통지 → 이사회의사록 작성 → 주주총회 소집통지 → 주주총회의사록 작성)를 수행합니다.

(1) 1단계 : 정관의 조문별 진단

효율적인 TAX PLANNING을 위하여 정관의 주요 주문별로 그 의미를 이해하고 각 조문별로 의사결정을 위한 진단절차를 수행합니다. 의사결정이 필요한 주요 조문별 정관의 내용은 다음과 같습니다.

상호

제 ○○ 조 【상 호】
본 회사는 "주식회사 ○○○○"이라 한다. 영문으로는 (○○○○○ CO., LTD)라 표기 한다.

- 상호는 정관의 절대적 기재사항이며, 변경이 있는 경우 2주간 내에 변경등기를 하여야 합니다.
- 누구든지 부정한 목적으로 타인의 영업으로 오인할 수 있는 상호를 사용하지 못하며(상법 23조 1항), 타인이 등기한 상호는 동일한 특별시 · 광역시 · 시 · 군에서 동종영업의 상호로 등기하지 못합니다(상법 22조).
- 의사결정 사항

구 분	적 요
진단할 사항	회사의 한글 상호와 영문 상호를 확인합니다.
의사결정할 사항	(설립 시)상호를 결정하고, 영문상호가 없는 경우 영문상호를 결정 또는 확인합니다. 이 경우 회사가 사용하고자 하는 상호가 이미 사용 중인 동일상호인지 여부를 '대법원인터넷등기소(www.iros.go.kr)'에 접속하여 확인합니다.

목적

제 ○○ 조 【목 적】
본 회사는 다음의 사업을 영위함을 목적으로 한다.
1.
2.
3.
4. 위 각 호에 관련되는 부대사업 일체

- 목적사항은 정관의 절대적 기재사항이며, 변경사항이 있는 경우 2주간 내에 변경등기를 하여야 합니다.
- 회사의 주요한 목적사업을 나열하되 '부동산임대'를 목적사업으로 미리 규정하여 두는 것이 좋습니다. 일반적인 기업운영 시 사업자등록증에 '부동산임대'를 갑자기 추가하여야 하는 일이 생기는데, 사업자등록증을 신청하는 경우 정관 및 등기부등본에 목적사업으로 기재되어 있는 경우에만 사업자등록 신청 시 업태 · 종목으로 기재할 수 있습니다. 또한 일반적으로 현재 영위할 목적사업 외에 장래에 수행하고자 하는 사업까지 목적사업의 범위로 열거하는 것이 좋습니다. 그리하면 따로 변경등기 등을 하지 않아도 되기 때문입니다.

◈ 의사결정 사항

구 분	적 요
진단할 사항	현재 회사의 목적사업의 범위와 주업의 범위 및 향후 영위하고자 하는 사업의 영역을 확인합니다.
의사결정할 사항	회사가 영위하고자 하는 목적사업의 범위를 정합니다. 이 경우 동종업종을 영위하는 상장회사의 정관을 참조하여 그 목적사업의 범위를 의사결정하는 것이 좋습니다.

◈ 상장회사의 정관 활용방법

1. 금융감독원 전자공시시스템(http://dart.fss.or.kr) 접속
2. 공시서류검색 〉 상세검색 메뉴
   -회사명, 기간, 업종 등 필요사항 입력
   -'정기공시 〉 사업보고서' 선택 후 검색버튼 클릭
3. 검색된 내용에서 '사업보고서' 클릭
4. 생성된 팝업에서 '첨부 〉 정관' 선택

◉ 본점소재지

제 ○○ 조【본점의 소재지】

① 본 회사는 본점을 서울특별시에 둔다.

② 본 회사는 필요에 따라 이사회의 결의로 국내외에 지점, 출장소, 사무소 및 현지법인을 둘 수 있다. 본 회사는 다음의 사업을 영위함을 목적으로 한다.

◈ 본점의 소재지는 정관의 절대적 기재사항이며, 변경이 있는 경우 2주간 내에 변경등기를 하여야 합니다.

◈ 회사의 주된 영업소를 본점이라고 합니다. 회사의 주요한 법률적 효력은 본점을 중심으로 발생하므로 본점 소재지의 기재가 필요한데, 이와 같은 본점 소재지는 최소의 독립된 행정구역 단위로 규정하면 됩니다.

◈ 의사결정 사항

구 분	적 요
진단할 사항	회사의 본점소재지를 확인합니다.
의사결정할 사항	본점 소재지가 주소의 번지수까지 기재된 경우 '시'단위 행정구역으로 의사결정합니다.

◉ 공고방법

> 제 ○○ 조【공고방법】
> 본 회사의 공고는 회사의 인터넷 홈페이지(www.○○○○○.com)에 한다. 다만, 전산장애 또는 그 밖의 부득이한 사유로 회사의 인터넷 홈페이지에 공고를 할 수 없을 때에는 서울특별시에서 발행되는 ○○○신문에 한다.

◈ 공고방법은 정관의 절대적 기재사항이며, 변경이 있는 경우 2주간 내에 변경등기를 하여야 합니다.

◈ 회사에서 공시하는 사항을 주주・채권자 등 이해관계인이 알 수 있도록 회사의 공고는 관보 또는 시사에 관한 사항을 게재하는 일간신문에 하여야 합니다. 다만, 회사는 그 공고를 정관으로 정하는 바에 따라 전자적 방법으로 할 수 있습니다(상법 289조 3항).

◈ 의사결정 사항

구 분	적 요
진단할 사항	회사의 현재 공고방법을 확인하고 인터넷홈페이지 주소를 확인합니다.
의사결정할 사항	회사의 공고방법을 인터넷홈페이지에 할지 또는 ○○○신문에 할지 여부를 결정합니다.

◉ 회사가 발행하는 주식의 총수

> 제 ○○ 조【회사가 발행하는 주식의 총수】
> 본 회사가 발행할 주식의 총수는 일천만주로 한다.

◈ 회사가 발행하는 주식의 총수는 정관의 절대적 기재사항이며, 변경이 있는 경우 2주간 내에 변경등기를 하여야 합니다.

◈ 회사가 발행하는 주식의 총수는 '수권주식수'라고도 합니다. 회사가 발행하는 주식의 총수의 범위 내에서 이사회 결의로 신주를 발행할 수 있습니다. 이 경우 회사가 설립 시에 발행하는 주식의 총수와 관련하여 "회사의 설립 시에 발행하는 주식의 총수는 회사가 발행할 주식의 총수의 4분의 1 이상이어야 한다"는 「상법」 규정은 2011년 4월 14일 삭제되어 현재는 회사가 발행할 주식의 총수에 대한 제한이 없습니다(상법 289조 2항). 따라서 회사가 발행할 주식의 총수를 설립 시 발행하는 주식수의 4배 수준이 아닌 보다 넉넉하게 규정하는 것이 필요합니다. 그래야만 정관변경과 변경등기의 절차 없이 신속하게 실무를 진행할 수가 있습니다.

◈ 의사결정 사항

구 분	적 요
진단할 사항	회사의 현재 발행할 주식의 총수를 확인하고, 향후 특별한 증자계획이 있는지의 여부를 확인합니다.
의사결정할 사항	발행주식총수를 1백만주로 할지, 1천만주로 할지, 1억주로 할지 여부를 결정합니다.

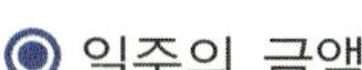

일주의 금액

제 ○○ 조 【일주의 금액】
본 회사가 발행하는 주식 1주의 금액은 금 5,000원으로 한다.

◈ 일주의 금액은 정관의 절대적 기재사항입니다.

◈ 액면주식의 금액은 균일하여야 하며(상법 329조 2항), 액면주식 1주의 금액은 100원 이상으로 하여야 합니다(상법 329조 3항).

◈ 회사는 정관으로 정한 경우에는 주식의 전부를 무액면주식으로 발행할 수 있습니다. 다만, 무액면주식을 발행하는 경우에는 액면주식을 발행할 수 없습니다(상법 329조 1항).

◈ 의사결정 사항

구 분	적 요
진단할 사항	회사의 현재 1주의 금액을 확인합니다.
의사결정할 사항	100원 이상의 금액으로 일주의 금액을 결정합니다.

회사가 설립시 발행하는 주식의 총수

제 ○○ 조 【회사가 설립시 발행하는 주식의 총수】
본 회사가 설립시 발행하는 주식의 총수는 10,000주로 한다.

◈ 설립시 발행하는 주식의 총수는 정관의 절대적 기재사항입니다.

◈ 업종별로 행정상의 최저자본금의 요건이 있는 경우를 제외하고는 「상법」상 최저자본금은 없습니다.

◈ 의사결정 사항

구 분	적 요
진단할 사항	회사의 자본금의 규모를 확인하고 적절한 금액인지의 여부를 검토합니다.
의사결정할 사항	신규설립의 경우에는 자본금의 규모가 의사결정과 관련이 있어 의사결정이 필요하나, 기 정관의 변경인 경우에는 의사결정이 필요하지 않습니다.

신주인수권

제 ○○ 조 【신주인수권】
① 본 회사의 주주는 신주발행에 있어서 그가 소유한 주식수에 비례하여 신주의 배정을 받을 권리를 가진다.
② 제1항의 규정에 불구하고 다음 각 호의 어느 하나에 해당하는 경우 이사회의 결의로

주주 외의 자에게 신주를 배정할 수 있다.

1. 발행주식총수의 100분의 20을 초과하지 않는 범위 내에서 회사가 경영상 필요로 외국인투자촉진법에 의한 외국인 투자를 위하여 신주를 발행하는 경우
2. 발행주식총수의 100분의 30을 초과하지 않는 범위 내에서 긴급한 자금의 조달을 위하여 국내외 금융기관 또는 기관투자자에게 신주를 발행하는 경우
3. 발행주식총수의 100분의 50을 초과하지 않는 범위 내에서 사업상 중요한 기술도입, 연구개발, 생산 · 판매 · 자본제휴 및 재무구조의 개선 등 회사의 경영상 목적을 달성하기 위하여 신주를 발행하는 경우
4.
5.
6.

◈ 주주는 그가 가진 주식 수에 따라서 신주의 배정을 받을 권리가 있는 것이 원칙이나(상법 418조 1항), 신기술의 도입, 재무구조의 개선 등 회사의 경영상 목적을 달성하기 위하여 필요한 경우에 정관에 정하는 바에 따라 주주 외의 자에게 신주를 배정할 수 있습니다(상법 418조 2항).

◈ 의사결정 사항

구 분	적 요
진단할 사항	회사에 향후 기간투자자나 외부기관의 투자가 예정되어 있는지의 여부와 그 가능성을 확인합니다.
의사결정할 사항	주주평등의 원칙을 배제하고 제3자에게 신주를 배정할 수 있는 사유와 범위를 의사결정합니다.

◉ 주식매수선택권

제 ○○ 조 【주식매수선택권】

① 당 회사는 주주총회의 특별결의로 발행주식 총수의 100분의 10의 범위 내에서 주식매수선택권을 부여할 수 있다. 다만, 「상법」 제542조의 3 제3항의 규정에 따라 발행주식총수의 100분의 3의 범위 내에서 이사회의 결의에 의하여 부여할 수 있다. 이 경우 주식매수선택권은 경영성과 또는 주가지수 등에 연동하는 성과연동형으로 부여할 수 있다.

② 제1항 단서의 규정에 따라 이사회 결의로 주식매수선택권을 부여한 경우에는 그 부여 후 처음으로 소집되는 주주총회의 승인을 얻어야 한다.

③ 제1항의 규정에 의한 주식매수선택권 부여대상자는 회사의 설립 · 경영과 기술혁신 등에 기여하거나 기여할 수 있는 회사의 이사 · 감사 또는 피용자 및 「상법 시행령」

> 제9조 제1항이 정하는 관계회사의 이사·감사 또는 피용자로 한다. 다만, 회사의 이사에 대하여는 이사회의 결의로 주식매수선택권을 부여할 수 없다.
>
> "이하 생략"

◈ 주식매수선택권이란 법인이 법인의 설립과 경영·기술혁신 등에 기여하였거나 기여할 능력을 갖춘 당해 법인의 임직원에게 특별히 유리한 가격으로 당해 법인의 신주를 매입할 수 있도록 부여한 권리를 말합니다. 이와 같은 주식매수선택권은 정관이 정하는 바에 따라 할 수 있으므로(상법 340조의 2) 회사의 성장기를 고려하여 직원의 장기근속과 동기부여 등을 위하여 주식매수선택권의 부여에 관한 사항을 정관으로 정하는 것이 필요할 수 있습니다.

◈ '주식매수선택권'은 법인의 등기부등본 변경사항입니다. 변경사항이 있는 경우 2주 이내에 변경등기를 하여야 합니다.

◈ 의사결정 사항

구 분	적 요
진단할 사항	향후 상장계획이 있는지 여부를 확인하고, 임직원의 동기부여 수단으로서 주식매수선택권에 대한 경영자의 의지를 확인합니다.
의사결정할 사항	주식매수선택권 규정을 설계할지 여부를 결정하고, 설계한다면 부여 범위를 의사결정합니다. 「상법」상 주식매수선택권은 발행주식총수의 10%를 초과할 수 없습니다(상법 340조의 2 3항).

◉ 우리사주매수선택권

> 제 ○○ 조【우리사주매수선택권】
>
> ① 회사는 주주총회의 특별결의로 우리사주 조합원에게 발행주식 총수의 100분의 20 범위 내에서「근로복지기본법」제39조의 규정에 의한 우리사주매수선택권을 부여할 수 있다. 다만, 발행주식 총수의 100분의 10 범위 내에서는 이사회의 결의로 우리사주매수선택권을 부여할 수 있다.
>
> ② 우리사주매수선택권의 행사로 발행하거나 양도할 주식은 기명식 보통주식으로 한다.
>
> ③ 우리사주매수선택권을 부여받은 자는 제1항의 결의일부터 3월 이상 5년 이하의 기간 이내에 권리를 행사할 수 있다. 다만, 제1항의 결의로 그 기간 중 또는 그 기간 종료 후 일정한 행사기간을 정하여 권리를 행사하게 할 수 있다.
>
> "이하 생략"

◈ 우리사주제도는 근로자로 하여금 우리사주조합을 통하여 해당 우리사주조합이 설립된 주식회사의 주식을 취득·보유하게 함으로써 근로자의 경제·사회적 지위향상과 노사협력 증진을 도모함을 목적으로 하는 제도를 말합니다(근로복지기본법 32조).

◈ 우리사주제도 실시회사는 발행주식총수의 100분의 20의 범위에서 정관으로 정하는 바에 따라 주주총

회의 결의로 우리사주조합원에게 그 결의된 기간 이내에 미리 정한 가격으로 신주를 인수하거나 해당 우리사주제도 실시회사가 보유하고 있는 자기주식을 매수할 수 있는 권리를 부여할 수 있으며, 다만 발행주식총수의 100분의 10의 범위에서 우리사주매수선택권을 부여하는 경우에는 정관으로 정하는 바에 따라 이사회 결의로 우리사주매수선택권을 부여할 수 있습니다(근로복지기본법 39조 1항).

◈ 의사결정 사항

구 분	적 요
진단할 사항	향후 상장계획이 있는지 여부를 확인하고, 상장시 우리사주매수선택권을 부여할지 여부를 진단합니다.
의사결정할 사항	우리사주매수선택권 규정을 설계할지 여부를 결정합니다. 향후 회사가 상장계획이 있는 경우 필요할 수도 있습니다.

◉ 자기주식의 취득

제 ○○ 조 【자기주식의 취득】

① 회사는 다음의 방법에 따라 자기의 명의와 계산으로 자기의 주식을 취득할 수 있다. 다만, 그 취득가액의 총액은 직전 결산기의 대차대조표상의 순자산액에서 「상법」 제462조 제1항 각 호(자본금의 액+그 결산기까지 적립된 자본준비금과 이익준비금의 합계액+그 결산기에 적립하여야 할 이익준비금의 액+미실현이익)의 금액을 뺀 금액을 초과하지 못한다.

1. 거래소에서 시세가 있는 주식의 경우에는 거래소에서 취득하는 방법
2. 주식의 상환에 관한 종류주식의 경우 외에 각 주주가 가진 주식 수에 따라 균등한 조건으로 취득하는 것으로서 회사가 모든 주주에게 자기주식 취득의 통지 또는 공고를 하여 주식을 취득하는 방법
3. 주식의 상환에 관한 종류주식의 경우 외에 각 주주가 가진 주식 수에 따라 균등한 조건으로 취득하는 것으로서 「자본시장과 금융투자업에 관한 법률」 제133조부터 제146조까지의 규정에 따른 공개매수의 방법

"이하 생략"

◈ 2011년 4월 14일 「상법」이 개정(2012년 4월 15일 시행)되어 자기주식의 취득이 전면적으로 허용되고, 자기주식 취득은 주주평등의 원칙과 공정성을 도모하기 위하여 각 주주가 가진 주식 수에 따라 균등한 조건으로 취득하되 배당가능이익의 범위 내에서 취득하도록 하였습니다(상법 341조 1항).

◈ 의사결정 사항

구 분	적 요
진단할 사항	지분구조의 복잡성 등 자기주식을 취득할 만한 특별한 사정이 있는지의 여부를 진단합니다.
의사결정할 사항	자기주식취득이 필요한 경우 규정을 설계할지 여부를 의사결정합니다.

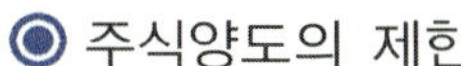

주식양도의 제한

제 ○○ 조 【주식양도의 제한】

① 본 회사의 주식을 타인에게 양도하는 경우 그 양도에 관하여 이사회의 승인을 받아야 한다.

② 제1항에 따라 이사회의 승인을 얻지 아니한 주식의 양도는 회사에 대하여 효력이 없다.

③ 주식의 양도에 관하여 이사회의 승인을 얻어야 하는 경우에는 주식을 양도하고자 하는 주주는 회사에 대하여 양도의 상대방 및 양도하고자 하는 주식의 종류와 수를 기재한 서면으로 양도의 승인을 청구할 수 있다. 이 경우 회사는 청구가 있는 날부터 1월 이내에 주주에게 그 승인 여부를 서면으로 통지하여야 한다.

④ 기타 주식양도의 제한과 관련한 사항은 「상법」이 정하는 바에 따른다.

◈ '주식양도의 제한' 규정은 등기사항이므로 변경이 있는 경우 2주간 내에 변경등기를 하여야 합니다.

◈ 「상법」상 주식의 양도는 타인에게 자유로이 양도할 수 있는 것이 원칙입니다. 다만, 회사는 정관으로 정하는 바에 따라 그 발행하는 주식의 양도에 관하여 이사회의 승인을 받도록 할 수 있습니다(상법 335조 1항). 회사의 지분구조나 경영권의 유지 등 주식양도의 제한이 필요한 경우 정관으로 정하는 것이 필요할 수 있습니다.

◈ 의사결정 사항

구 분	적 요
진단할 사항	회사의 지분구조를 파악하여 주식 양도의 제한을 할 만한 사유가 있는지의 여부를 진단합니다.
의사결정할 사항	이사회 결의로서 주식양도를 제한하는 규정을 설계할지 여부를 의사결정합니다.

주주총회의 소집통지 및 소집통지의 생략

제 ○○ 조 【주주총회의 소집통지 및 소집통지의 생략】

① 주주총회를 소집할 때에는 그 일시, 장소 및 회의의 목적사항에 관하여 주주총회일의 2주 전에 주주에게 서면으로 통지를 발송하거나 각 주주의 동의를 받아 전자문서로 통지를 발송하여야 한다.

② 제1항에도 불구하고 주주 전원의 동의가 있을 때에는 소집통지 절차를 생략할 수 있다.

◈ 주주총회를 소집할 때에는 주주총회일의 2주 전에 각 주주에게 서면으로 통지를 발송하거나 각 주주의 동의를 받아 전자문서로 통지를 발송하여야 하는 것이 원칙이나 자본금 총액이 10억원 미만인 회사가 주주총회를 소집하는 경우에는 주주총회일의 10일 전에 각 주주에게 서면으로 통지를 발송하

거나 각 주주의 동의를 받아 전자문서로 통지를 발송할 수 있습니다(상법 363조 3항).

◈ 자본금 총액이 10억원 미만인 회사는 주주 전원의 동의가 있을 경우에는 소집절차 없이 주주총회를 개최할 수 있습니다(상법 363조 4항).

◈ 의사결정 사항

구 분	적 요
진단할 사항	현재의 주주총회의 소집통지 기일을 확인하고 정관으로 단축할 의사가 있는지의 여부를 진단합니다.
의사결정할 사항	주주총회의 소집통지를 2주간 전에 할지, 10일 전에 할지 여부를 의사결정합니다.

◉ 주주총회의 결의방법

제 ○○ 조 【주주총회의 결의방법】
주주총회의 결의는 법령에 다른 정함이 있는 경우를 제외하고는 출석한 주주의 의결권의 과반수로 하되 발행주식총수의 4분의 1 이상의 수로 하여야 한다.

◈ 주주총회의 결의는 출석한 주주의 의결권의 과반수와 발행주식총수의 4분의 1 이상의 수로써 하여야 하는 것이나 정관으로 규정하여 달리 정할 수 있습니다(상법 368조 1항).

◈ 의사결정 사항

구 분	적 요
진단할 사항	현재의 주주총회 결의방법을 확인하고 정관으로 달리 정할지의 여부를 진단합니다.
의사결정할 사항	주주총회의 결의방법을 상법의 원칙대로 할지 정관으로 달리 정할지 여부를 의사결정합니다.

◉ 서면에 의한 의결권 행사

제 ○○ 조 【주주총회의 서면에 의한 의결권 행사】
① 본 회사의 주주는 필요한 경우 총회에 출석하지 아니하고 서면에 의하여 의결권을 행사할 수 있다.
② 회사는 제1항의 서면에 의한 의결권 행사가 필요한 경우 총회의 소집통지서에 주주가 서면으로 의결권을 행사하는 데 필요한 서면과 참고자료를 첨부하여야 한다.

◈ 회사는 정관이 정한 바에 따라 주주가 총회에 출석하지 아니하고 서면에 의하여 의결권을 행사하게 할 수 있습니다(상법 368조의 3 1항). 이 경우 회사는 총회의 소집통지서에 주주가 서면에 의한 의결권을 행사하는 데 필요한 서면과 참고자료를 첨부하여야 합니다(상법 368조의 3 2항).

◈ 의사결정 사항

구 분	적 요
진단할 사항	주주총회에서의 서면결의를 할 것인지의 여부를 진단합니다.
의사결정할 사항	주주총회의 의결권 행사방법을 총회에 출석만으로 할지, 서면에 의한 결의를 가능하게 할지 여부를 의사결정합니다.

◉ 이사 및 감사의 수

제 ○○ 조 【이사 및 감사의 수】

① 본 회사의 이사는 3명 이상 7명 이내로 한다. 다만, 자본금 총액이 10억원 미만인 경우에는 1명 또는 2명으로 할 수 있다.

② 본 회사의 감사는 1명 이상 3명 이내로 한다. 다만, 자본금의 총액이 10억원 미만인 경우에는 감사를 선임하지 아니할 수 있다.

◈ 회사의 이사는 3명 이상이 원칙이나 자본금 총액이 10억원 미만인 경우에는 1인으로도 할 수 있으며(상법 383조 1항), 감사의 경우에도 자본금 총액이 10억원 미만인 경우에는 두지 아니할 수 있습니다(상법 409조 4항).

◈ 자본금 총액이 10억원 미만인 경우 이사를 1명 또는 2명으로 할 수 있으나, 이 경우 「상법」상 기관인 '이사회'가 구성되지 않으므로 「상법」상 주요한 의사결정을 모두 주주총회로 하여야 합니다. 주주총회는 이사회와 달리 복잡하고 까다로운 절차인 점을 고려한다면 이사를 3명 이상으로 하여 '이사회'를 구성하는 것이 합리적인 의사결정일 수도 있습니다.

◈ 의사결정 사항

구 분	적 요
진단할 사항	현재의 이사의 원수를 확인하여 이사회 구성 여부를 확인하고, 이사회 구성 여부에 따른 장단점을 분석하고 진단합니다.
의사결정할 사항	이사의 수가 3인 미만이어서 이사회가 구성되지 않은 경우 이사의 수를 3인 이상으로 구성할지 여부를 의사결정합니다.

◉ 이사의 회사에 대한 책임감면

제 ○○ 조 【이사의 회사에 대한 책임감면】

① 회사에 대한 이사의 책임은 주주 전원의 동의로 면제한다.

② 회사에 대한 이사의 책임을 이사가 그 행위를 한 날 이전 최근 1년간의 보수액(상여금과 주식매수선택권의 행사로 인한 이익 등을 포함한다)의 6배(사외이사는 3배)를 초과하는 금액에 대하여 면제한다. 다만, 이사가 고의 또는 중대한 과실로 손해를

> 발생시킨 경우에는 그러하지 아니하다.

◈ 이사의 회사에 대한 책임은 주주 전원의 동의로 면제할 수 있으며(상법 400조 1항), 정관으로 정하는 바에 따라 회사에 대한 이사의 책임을 이사가 그 행위를 한 날 이전 최근 1년간의 보수액(상여금과 주식매수선택권의 행사로 인한 이익 등을 포함한다)의 6배(사외이사의 경우는 3배)를 초과하는 금액에 대하여 면제할 수 있습니다. 다만, 이사가 고의 또는 중대한 과실로 손해를 발생시킨 경우와 「상법」에서 규정하는 감면 예외사유에 해당하는 경우에는 정관 규정으로도 감면할 수 없습니다(상법 400조 2항).

◈ 의사결정 사항

구 분	적 요
진단할 사항	과거 이사와의 소의 제기가 있었는지 여부를 확인하고 회사에 대한 책임을 감면할지 여부를 진단합니다.
의사결정할 사항	이사에 대한 책임감면 규정을 설계할지 여부를 의사결정합니다.

◎ 이사회 소집통지 및 소집통지의 생략

> **제 ○○ 조【이사회의 소집통지 및 소집통지의 생략】**
> 본 회사가 이사회를 소집하는 경우 회일의 3일 전에 각 이사 및 감사에 대하여 소집의 통지를 발송한다. 그러나 이사 및 감사 전원의 동의가 있을 때에는 소집절차를 생략할 수 있다.

◈ 이사회를 소집함에는 회일을 정하고 그 1주간 전에 각 이사 및 감사에 대하여 통지를 발송하여야 하는 것이 원칙이나 그 기간은 정관으로 단축할 수 있습니다(상법 390조 3항). 따라서 실무적 효율성과 탄력적인 이사회의 운영을 위하여 이사회 소집기간 단축에 대한 내용을 규정하는 것이 필요할 수 있습니다.

◈ 이사회는 이사 및 감사 전원의 동의가 있는 때에는 소집통지의 절차 없이 언제든지 회의할 수 있습니다(상법 390조 4항). 이 경우 소집통지의 생략은 자본금의 규모와 관계없이 이사 및 감사 전원의 동의만 있으면 됩니다.

◈ 의사결정 사항

구 분	적 요
진단할 사항	현재의 이사회 소집통지 기일을 확인하고 정관으로 이를 단축할지 여부를 진단합니다.
의사결정할 사항	이사회 소집통지를 상법의 원칙대로 1주간 전에 할지, 5일 전으로 할지, 3일 전으로 할지 여부를 의사결정합니다.

◉ 이사회의 결의방법

> **제 ○○ 조 【이사회의 결의방법】**
>
> ① 이사회의 결의는 법령과 정관에 다른 정함이 있는 경우를 제외하고는 이사 과반수의 출석과 출석이사의 과반수로 한다.
>
> ② 이사회의 의장은 「상법」에서 정하는 이사회 소집권자로 한다.
>
> ③ 이사회는 이사의 전부 또는 일부가 직접 회의에 출석하지 아니하고 모든 이사가 음성을 동시에 송수신하는 원격통신수단에 의하여 결의에 참가하는 것을 허용할 수 있다. 이 경우 당해 이사는 이사회에 직접 출석한 것으로 본다.

◈ 이사회의 결의는 이사 과반수의 출석과 출석이사의 과반수로 하여야 하는 것이 원칙이나 정관으로 그 비율을 높게 정할 수 있습니다(상법 391조 1항).

◈ 정관에서 달리 정하는 경우에는 이사회는 이사의 전부 또는 일부가 직접 회의에 출석하지 아니하고 모든 이사가 음성을 동시에 송수신하는 원격통신수단에 의하여 결의에 참가하는 것을 허용할 수 있습니다. 이 경우 당해 이사는 이사회에 직접 출석한 것으로 봅니다(상법 391조 2항).

◈ 의사결정 사항

구 분	적 요
진단할 사항	현재의 이사회 결의방법을 확인하고 이사회 결의방법을 정관으로 높게 정할지 여부에 대하여 진단합니다.
의사결정할 사항	이사회 결의방법을 상법의 원칙대로 할지, 정관으로 그 비율을 높게 정할지 여부를 의사결정합니다.

◉ 이사 및 감사의 보수와 퇴직금

> **제 ○○ 조 【이사 및 감사의 보수와 퇴직금】**
>
> ① 이사와 감사의 보수(여기서 보수란 퇴직을 원인으로 지급받는 소득을 제외하고, 급여·상여금·인센티브·성과급 등 매년의 경영성과에 따라 근로제공의 대가로 받는 보수를 말한다)는 주주총회 또는 이사회 결의로 제정한 회사의 임원보수 지급규정에 의한다. 이 경우 1인당 연간보수 한도는 10억원으로 한다.
>
> ② 이사와 감사의 퇴직금의 지급은 주주총회 결의로 정한 별도의 임원퇴직금 지급규정에 의한다.

◈ 「상법」상 이사의 보수는 정관에 그 액을 정하지 아니한 때에는 주주총회의 결의로 이를 정하도록 되어 있습니다(상법 388조).

◈ 세법상 임원의 보수는 정관·주주총회·이사회 등을 통하여 제정된 급여지급기준에 의하도록 되어 있습니다. 또한 세법상 임원의 퇴직금은 정관(정관에서 위임한 별도의 '임원퇴직금 지급규정'도 가능)에

서 정한 범위 내의 금액을 손금으로 인정합니다. 따라서 정관에 임원에게 지급하는 보수 및 퇴직금에 대한 지급규정을 설계하는 것이 필요합니다. 이는 장기적인 관점에서의 법인이익의 TAX PLANNING이 법인의 정관에서 시작된다는 것을 의미합니다.

◈ 의사결정 사항

구 분	적 요
진단할 사항	각 임원의 개별 연봉과 연봉외 급여를 확인하고 1인당 총보수 한도가 적절하게 설정되어 있는지를 진단합니다.
의사결정할 사항	임원의 보수 중 퇴직금을 제외한 보수의 1인당 연간보수 한도를 몇 억원으로 할지 여부를 의사결정합니다.

◉ 중간배당

제 ○○ 조 【중간배당】

① 영업연도 중 1회에 한하여 이사회의 결의로 일정한 날을 정하여 그날의 주주에 대하여 이익을 배당(이하 이 조에서 "중간배당"이라 한다)할 수 있다.

② 중간배당은 직전 결산기의 대차대조표상의 순자산액에서 다음 각 호의 금액을 공제한 액을 한도로 한다.

1. 직전 결산기의 자본금의 액
2. 직전 결산기까지 적립된 자본준비금과 이익준비금의 합계액
3. 직전 결산기의 정기총회에서 이익으로 배당하거나 또는 지급하기로 정한 금액
4. 중간배당에 따라 당해 결산기에 적립하여야 할 이익준비금

◈ 지분설계를 전제로 한 배당정책은 소득의 귀속처를 바꾸는 최상의 절세전략입니다.

◈ 이와 같은 배당을 실시하는 경우 정기배당만 실시한다면 결산확정 시기에 회사의 유동성이 낮아지는 경우 배당정책이 무산될 가능성이 매우 큽니다. 따라서 효율적인 배당을 위하여 중간배당규정을 제정하고 유동성이 높은 때에 이사회 결의를 통하여 탄력적인 배당정책이 가능하도록 설계하는 것이 필요합니다.

◈ 의사결정 사항

구 분	적 요
진단할 사항	회사의 정기적인 배당정책 여부를 확인하고 정기배당 결의 시 유동성의 부족으로 배당을 연기한 사례가 있는지를 확인합니다.
의사결정할 사항	정관에 중간배당 규정이 없는 상태에서 배당을 하면 가지급금에 해당하므로 중간배당 규정을 설계할지 여부를 의사결정합니다.

◉ 현물배당

> 제 ○○ 조 【현물배당】
> ① 본 회사는 주주에게 배당을 하는 경우 금전(현금)으로 배당하는 것이 원칙이나 주주총회의 결의로 금전 외의 재산으로 배당을 할 수 있다.
> ② 제1항의 현물배당은 주주가 배당을 받는 금액이 1억원을 초과하는 경우로 한정하며, 주주가 현물배당을 원하지 않는 경우에는 금전의 지급을 회사에 청구할 수 있다. 이 경우 금전의 지급청구는 배당결의일로부터 15일 이내에 하여야 한다.

◈ 회사는 정관으로 금전 외의 재산으로 배당을 할 수 있음을 정할 수 있습니다(상법 462조의 4 1항). 이 경우 회사는 다음 사항을 정할 수 있습니다(상법 462조의 4 2항).
① 주주가 배당되는 금전 외의 재산 대신 금전의 지급을 회사에 청구할 수 있도록 한 경우에는 그 금액 및 청구할 수 있는 기간
② 일정 수 미만의 주식을 보유한 주주에게 금전 외의 재산 대신 금전을 지급하기로 한 경우에는 그 일정 수 및 금액

◈ 배당을 실시하는 경우 금전(현금)배당만 실시한다면 결산확정 시기에 「상법」상 배당가능이익은 존재하나 유동성이 낮은 경우 배당정책이 무산될 가능성이 매우 큽니다. 따라서 효율적인 잉여금 수준과 비상장주식 가치의 관리를 위하여 현물배당 규정을 제정하여 탄력적인 배당정책이 가능하도록 설계하는 것이 필요할 수 있습니다.

◈ 의사결정 사항

구 분	적 요
진단할 사항	회사의 배당정책과 이익잉여금 수준 및 비상장주식가치를 고려하여 종합적으로 배당정책을 진단하고 향후 현물배당의 필요성 또는 가능성 여부를 진단합니다.
의사결정할 사항	배당은 금전배당이 원칙이나, 회사에 금전이 없는 경우 현물로 배당하는 것이 필요할 수 있는바 현물배당 규정의 설계 여부를 의사결정합니다.

(2) 2단계 : 정관의 확정

1단계에서 회사의 현황과 장래의 상황을 고려하여 각 조문별로 검토한 정관의 내용을 의사결정하여 아래와 같이 최종 확정합니다.

정 관

－제 정 : 20○○ 년 ○○ 월 ○○ 일

제1장 총 칙

제1조【상 호】

당 회사는 "주식회사 ○○○"라고 한다. 영문으로는 (○○○ CO., LTD)라 표기한다.

제2조【목 적】

당 회사는 다음의 사업을 영위함을 목적으로 한다.

1. 승강기의 제조 및 설치업
   1. 기계식 전기부품 도소매업
   1. 기계식 전기설비 설치 및 프로그램 설치업

   .

   .

   .

   1. 무역업
   1. 통신판매업
   1. 경영컨설팅업
   1. 부동산 임대, 관리 용역업
   1. 위 각호에 관련되는 부대 사업 일체

◈ 목적사업의 범위는 회사가 영위하는 업종에 따라 달라질 것입니다.

제3조【본점의 소재지】

① 당 회사는 본점을 서울특별시에 둔다.

② 당 회사는 필요에 따라 이사회의 결의로 국내외에 지점, 출장소, 사무소 및 현지법인을 둘 수 있다.

제 4 조【공고방법】

당 회사의 공고는 회사의 인터넷 홈페이지(○○○.com)에 한다. 다만, 전산장애 또는 그 밖의 부득이한 사유로 회사의 인터넷 홈페이지에 공고를 할 수 없을 때에는 서울특별시 내에서 발행되는 일간 매일경제신문에 게재한다.

제 2 장 주 식

제 5 조【발행예정주식의 총수】

당 회사가 발행할 주식의 총수는 10,000,000주로 한다.

제 6 조【일주의 금액】

당 회사가 발행하는 주식 1주의 금액은 금5,000으로 한다.

제 7 조【회사의 설립 시 발행하는 주식의 총수】

당 회사가 설립 시 발행하는 주식의 총수는 20,000주로 한다.

제 8 조【주식의 종류】

① 당 회사가 발행할 주식은 보통주식과 종류주식으로 한다.

② 당 회사가 발행할 종류주식은 이익배당에 관한 우선주식, 의결권 배제에 관한 주식, 전환주식의 전부 또는 일부를 혼합한 주식으로 한다.

제 9 조【이익배당, 의결권 배제 및 주식의 전환에 관한 종류 주식】

① 당 회사는 이익배당, 의결권 배제 및 주식의 전환에 관한 종류주식(이하 이 조에서 "종류주식"이라 한다)을 발행할 수 있다.

② 제5조의 발행예정주식총수 중 종류주식의 발행한도는 이백오십만주로 한다.

③ 종류주식에 대하여는 우선 배당한다. 종류주식에 대한 우선배당은 1주의 금액을 기준으로 이사회가 정한 배당률에 따라 현금으로 지급한다.

④ 종류주식의 주주에게는 종류주식에 대하여 제3항에 따른 배당을 하지 아니한다는 결의가 있는 총회의 다음 총회부터 그 우선적배당을 한다는 결의가 있는 총회의 종료시까지는 의결권이 있다.

⑤ 종류주식에 대한 기타의 사항은 상법에서 정하는 바에 따른다.

제10조【주권의 종류】

당 회사가 발행할 주권의 종류는 1주권, 5주권, 10주권, 50주권, 100주권, 500주권, 1000

주권, 10000주권의 팔종으로 한다.

제11조【신주인수권】

① 당 회사의 주주는 신주발행에 있어서 그가 소유한 주식수에 비례하여 신주의 배정을 받을 권리를 가진다.

② 제1항의 규정에 불구하고 다음 각 호의 어느 하나에 해당하는 경우 이사회의 결의로 주주 외의 자에게 신주를 배정할 수 있다.

1. 발행주식총수의 100분의 20 범위 내에서 우리사주조합원에게 신주를 우선 배정하는 경우
2. 상법 제542조의 3에 따른 주식매수선택권의 행사로 인하여 신주를 발행하는 경우
3. 발행주식총수의 100분의 20을 초과하지 않는 범위 내에서 회사가 경영상 필요로 외국인투자촉진법에 의한 외국인 투자를 위하여 신주를 발행하는 경우
4. 발행주식총수의 100분의 30을 초과하지 않는 범위 내에서 긴급한 자금의 조달을 위하여 국내외 금융기관 또는 기관투자자에게 신주를 발행하는 경우
5. 발행주식총수의 100분의 50을 초과하지 않는 범위 내에서 사업상 중요한 기술도입, 연구개발, 생산·판매·자본제휴 및 재무구조의 개선 등 회사의 경영상 목적을 달성하기 위하여 신주를 발행하는 경우
6. 근로복지기본법 제39조의 규정에 의한 우리사주매수선택권의 행사로 인하여 신주를 발행하는 경우

③ 제2항 각 호 중 어느 하나의 규정에 의해 신주를 발행할 경우 발행할 주식의 종류와 수 및 발행가격 등은 이사회의 결의로 정한다.

④ 주주가 신주인수권을 포기 또는 상실하거나 신주배정에서 단수주가 발생하는 경우에 그 처리방법은 이사회의 결의로 정한다.

제12조【주식매수선택권】

① 당 회사는 주주총회의 특별결의로 발행주식 총수의 100분의 10의 범위 내에서 주식매수선택권을 부여할 수 있다. 다만, 상법 제542조의 3 제3항의 규정에 따라 발행주식총수의 100분의 3의 범위 내에서 이사회의 결의에 의하여 부여할 수 있다. 이 경우 주식매수선택권은 경영성과 또는 주가지수 등에 연동하는 성과연동형으로 부여할 수 있다.

② 제1항 단서의 규정에 따라 이사회 결의로 주식매수선택권을 부여한 경우에는 그 부여 후 처음으로 소집되는 주주총회의 승인을 얻어야 한다.

③ 제1항의 규정에 의한 주식매수선택권 부여대상자는 회사의 설립·경영과 기술혁신

등에 기여하거나 기여할 수 있는 회사의 이사·감사 또는 피용자 및 상법 시행령 제9조 제1항이 정하는 관계회사의 이사·감사 또는 피용자로 한다. 다만, 회사의 이사에 대하여는 이사회의 결의로 주식매수선택권을 부여할 수 없다.

④ 다음 각 호의 어느 하나에 해당하는 자에게는 제1항의 주식매수선택권을 부여할 수 없다.

1. 의결권 없는 주식을 제외한 발행주식총수의 100분의 10 이상의 주식을 가진 주주
2. 이사·집행임원·감사의 선임과 해임 등 회사의 주요 경영사항에 대하여 사실상 영향력을 행사하는 자
3. 제1호와 제2호에 규정된 자의 배우자와 직계존비속

⑤ 주식매수선택권의 행사로 교부할 주식(주식매수선택권의 행사가격과 시가와의 차액을 현금 또는 자기주식으로 교부하는 경우에는 그 차액의 산정기준이 되는 주식을 말한다)은 기명식 보통주식(또는 기명식 우선주식)으로 한다.

⑥ 주식매수선택권은 이를 부여하는 주주총회 결의일 또는 이사회 결의일로부터 주식매수선택권 부여계약서에서 정한 경과기간이 경과한 날로부터 5년 내에 행사할 수 있다. 경과기간은 2년 이상의 기간으로 하여야 한다.

⑦ 다음 각 호의 어느 하나에 해당하는 경우에는 이사회의 결의로 주식매수선택권의 부여를 취소할 수 있다.

1. 주식매수선택권을 부여받은 자가 본인의 의사에 따라 퇴임하거나 퇴직한 경우
2. 주식매수선택권을 부여받은 자가 고의 또는 과실로 회사에 중대한 손해를 끼친 경우
3. 회사의 파산 등으로 주식매수선택권 행사에 응할 수 없는 경우
4. 기타 주식매수선택권을 부여받은 자와 체결한 주식매수선택권 부여계약에서 정한 취소사유가 발생한 경우

제13조 【우리사주매수선택권】

① 회사는 주주총회의 특별결의로 우리사주 조합원에게 발행주식총수의 100분의 20 범위 내에서 「근로복지기본법」 제39조의 규정에 의한 우리사주매수선택권을 부여할 수 있다. 다만, 발행주식총수의 100분의 10 범위 내에서는 이사회의 결의로 우리사주매수선택권을 부여할 수 있다.

② 우리사주매수선택권의 행사로 발행하거나 양도할 주식은 기명식 보통주식으로 한다.

③ 우리사주매수선택권을 부여받은 자는 제1항의 결의일부터 2월 이상 2년 이하의 기간 이내에 권리를 행사할 수 있다. 다만, 제1항의 결의로 그 기간 중 또는 그 기간 종료 후 일정한 행사기간을 정하여 권리를 행사하게 할 수 있다.

④ 우리사주매수선택권의 행사가격은 「근로복지기본법 시행규칙」에서 정하는 평가가격의 100분의 80 이상으로 한다. 다만, 주식을 발행하여 교부하는 경우로서 행사가격이 당해 주식의 권면액보다 낮은 때에는 그 권면액을 행사가격으로 한다.

⑤ 다음 각 호의 어느 하나에 해당하는 경우에는 이사회의 결의로 우리사주매수선택권의 부여를 취소할 수 있다.

1. 우리사주매수선택권을 부여받은 우리사주조합원이 고의 또는 과실로 회사에 중대한 손해를 끼친 경우
2. 회사의 파산 또는 해산 등으로 우리사주매수선택권의 행사에 응할 수 없는 경우
3. 기타 우리사주매수선택권 부여계약에서 정한 취소사유가 발생한 경우

제14조【신주의 배당기산일】

회사가 유상증자, 무상증자 및 주식배당에 의하여 신주를 발행하는 경우 신주에 대한 이익의 배당에 관하여는 신주를 발행한 때가 속하는 영업연도의 직전 영업연도 말에 발행된 것으로 본다.

제15조【자기주식의 취득】

① 회사는 다음의 방법에 따라 자기의 명의와 계산으로 자기의 주식을 취득할 수 있다. 다만, 그 취득가액의 총액은 직전 결산기의 대차대조표상의 순자산액에서 상법 제462조 제1항 각 호(자본금의 액+그 결산기까지 적립된 자본준비금과 이익준비금의 합계액+그 결산기에 적립하여야 할 이익준비금의 액+미실현이익)의 금액을 뺀 금액을 초과하지 못한다.

1. 거래소에서 시세(時勢)가 있는 주식의 경우에는 거래소에서 취득하는 방법
2. 주식의 상환에 관한 종류주식의 경우 외에 각 주주가 가진 주식수에 따라 균등한 조건으로 취득하는 것으로서 회사가 모든 주주에게 자기주식 취득의 통지 또는 공고를 하여 주식을 취득하는 방법
3. 주식의 상환에 관한 종류주식의 경우 외에 각 주주가 가진 주식수에 따라 균등한 조건으로 취득하는 것으로서 회사가 모든 주주에게 자기주식 취득의 통지 또는 공고를 하여 주식을 취득하는 방법 또는 「자본시장과 금융투자업에 관한 법률」 제133조부터 제146조까지의 규정에 따른 공개매수의 방법

② 제1항에 따라 자기주식을 취득하려는 경우 회사는 미리 주주총회의 결의로 다음 각 호의 사항을 결정하여야 한다. 다만, 이사회의 결의로 이익배당을 할 수 있다고 정관으로 정하고 있는 경우에는 이사회의 결의로써 주주총회의 결의를 갈음할 수 있다.

1. 취득할 수 있는 주식의 종류 및 수
2. 취득가액의 총액의 한도
3. 1년을 초과하지 아니하는 범위에서 자기주식을 취득할 수 있는 기간

③ 회사는 해당 영업연도의 결산기에 대차대조표상의 순자산액이 상법 제462조 제1항 각 호(자본금의 액+그 결산기까지 적립된 자본준비금과 이익준비금의 합계액+그 결산기에 적립하여야 할 이익준비금의 액+미실현이익)의 금액의 합계액에 미치지 못할 우려가 있는 경우에는 제1항에 따른 주식의 취득을 하여서는 아니 된다.
④ 기타 자기주식의 취득에 관한 규정은 상법이 정하는 바에 따른다.

제16조【특정목적에 의한 자기주식의 취득】
회사는 다음 각 호의 어느 하나에 해당하는 경우에는 제15조의 규정에 불구하고 자기의 주식을 취득할 수 있다.
1. 회사의 합병 또는 다른 회사의 영업전부의 양수로 인한 경우
2. 회사의 권리를 실행함에 있어 그 목적을 달성하기 위하여 필요한 경우
3. 단주(端株)의 처리를 위하여 필요한 경우
4. 주주가 주식매수청구권을 행사한 경우

제17조【자기주식의 처분】
회사가 보유하는 자기의 주식을 처분하는 경우에 다음의 사항을 이사회가 결정한다.
1. 처분할 주식의 종류와 수
2. 처분할 주식의 처분가액과 납입기일
3. 주식을 처분할 상대방 및 처분방법

제18조【주식의 소각】
회사는 이사회의 결의에 의하여 회사가 보유하는 자기주식을 소각할 수 있다.

제19조【주식양도의 제한】
① 본 회사의 주식을 타인에게 양도하는 경우 그 양도에 관하여 이사회의 승인을 받아야 한다.
② 제1항에 따라 이사회의 승인을 얻지 아니한 주식의 양도는 회사에 대하여 효력이 없다.
③ 주식의 양도에 관하여 이사회의 승인을 얻어야 하는 경우에는 주식을 양도하고자 하는 주주는 회사에 대하여 양도의 상대방 및 양도하고자 하는 주식의 종류와 수를 기재한 서면으로 양도의 승인을 청구할 수 있다. 이 경우 회사는 청구가 있는 날부

터 1월 이내에 주주에게 그 승인 여부를 서면으로 통지하여야 한다.

④ 기타 주식양도의 제한과 관련한 사항은 상법이 정하는 바에 따른다.

제20조【명의개서대리인】

① 당 회사는 주식의 명의개서대리인을 둘 수 있다.

② 명의개서대리인 및 그 영업소와 대행업무의 범위는 이사회의 결의로 정한다.

③ 당 회사의 주주명부 또는 그 복본을 명의개서대리인의 사무취급장소에 비치하고 주식의 명의개서, 질권의 등록 또는 말소, 신탁재산의 표시 또는 말소, 주권의 발행, 신고의 접수, 기타 주식에 관한 사무는 명의개서대리인으로 하여금 취급케 한다.

④ 제3항의 사무취급에 관한 절차는 명의개서대리인의 유가증권의 명의개서대행 등에 관한 규정에 따른다.

제21조【주주 등의 주소, 성명 및 인감 또는 서명 등 신고】

① 주주와 등록질권자는 그 성명, 주소 및 인감 또는 서명 등을 명의개서대리인에게 신고하여야 한다.

② 외국에 거주하는 주주와 등록질권자는 대한민국 내에 통지를 받을 장소와 대리인을 정하여 신고하여야 한다.

③ 제1항 및 제2항의 변동이 생긴 경우에도 같다.

제22조【주주명부의 폐쇄 및 기준일】

① 당 회사는 매결산기 최종일의 익일부터 1개월간 주식의 명의개서, 질권의 등록 또는 말소와 신탁재산의 표시 또는 말소를 정지한다.

② 당 회사는 매결산기 최종일의 주주명부에 기재되어 있는 주주를 그 결산기에 관한 정기주주총회에서 권리를 행사할 주주로 한다.

③ 당 회사는 임시주주총회의 소집 기타 필요한 경우 이사회의 결의로 3월을 경과하지 아니하는 일정한 기간을 정하여 권리에 관한 주주명부의 기재변경을 정지하거나 이사회의 결의로 정한 날에 주주명부에 기재되어 있는 주주를 그 권리를 행사할 주주로 할 수 있으며, 이사회가 필요하다고 인정하는 경우에는 주주명부의 기재변경 정지와 기준일의 지정을 함께 할 수 있다. 회사는 이를 2주간 전에 공고하여야 한다.

제3장 사 채

제23조【전환사채의 발행】

① 당 회사는 사채의 액면총액이 오십억원을 초과하지 않는 범위 내에서 주주 외의 자에게 전환사채를 발행할 수 있다.

② 제1항의 전환사채에 있어서 이사회는 그 일부에 대하여만 전환권을 부여하는 조건으로도 이를 발행할 수 있다.

③ 전환으로 인하여 발행하는 주식은 보통주식으로 하며, 전환가액 중 주식의 액면금액 또는 그 이상의 가액으로 사채발행 시 이사회가 정한다.

④ 전환을 청구할 수 있는 기간은 당해 사채의 발행일 익일부터 6월이 경과하는 날로부터 그 상환기일의 직전 일까지로 한다. 그러나 위 기간 내에서 이사회의 결의로써 전환청구기간을 조정할 수 있다.

⑤ 전환으로 인하여 발행하는 주식에 대한 이익의 배당과 전환사채에 대한 이자의 지급에 관하여는 상법의 규정을 준용한다.

제24조【신주인수권부사채의 발행】

① 당 회사는 사채의 액면총액이 오십억원을 초과하지 않는 범위 내에서 주주 외의 자에게 신주인수권부사채를 발행할 수 있다.

② 신주인수를 청구할 수 있는 금액은 사채의 액면총액을 초과하지 않는 범위 내에서 이사회가 정한다.

③ 신주인수권의 행사로 발행하는 주식은 보통주식으로 하며, 발행가액은 액면금액 또는 그 이상의 가액으로 사채발행 시 이사회가 정한다.

④ 신주인수권을 행사할 수 있는 기간은 당해 사채발행일 후 6월이 경과한 날로부터 그 상환기일의 직전 일까지로 한다. 그러나 위 기간 내에서 이사회의 결의로써 신주인수권의 행사기간을 조정할 수 있다.

⑤ 신주인수권의 행사로 인하여 발행하는 주식에 대한 이익의 배당에 관하여는 상법의 규정을 준용한다.

제25조【사채발행의 위임】

이사회는 대표이사에게 사채의 금액 및 종류를 정하여 1년을 초과하지 아니하는 기간 내에 사채를 발행할 것을 위임할 수 있다.

제4장 주주총회

제26조【소집시기】

① 당 회사의 주주총회는 정기주주총회와 임시주주총회로 한다.

② 정기주주총회는 매 사업연도 종료 후 3월 이내에, 임시주주총회는 필요에 따라 소집한다.

제27조【소집권자】

① 주주총회의 소집은 법령에 다른 규정이 있는 경우를 제외하고는 이사회의 결의에 따라 대표이사(사장)가 소집한다.

② 대표이사(사장)의 유고 시에는 상법의 규정을 준용한다.

제28조【소집통지 및 공고】

① 주주총회를 소집할 때에는 그 일시, 장소 및 회의의 목적사항에 관하여 주주총회일의 2주 전에 주주에게 서면으로 통지를 발송하거나 각 주주의 동의를 받아 전자문서로 통지를 발송하여야 한다. 그러나 주주 전원의 동의가 있을 때에는 소집통지 절차를 생략할 수 있으며, 서면에 의한 결의로써 주주총회의 결의를 갈음할 수 있다. 이 경우 결의의 목적사항에 대하여 주주 전원이 서면으로 동의를 한 때에는 서면에 의한 결의가 있는 것으로 본다.

② 당 회사가 제1항의 규정에 의한 소집통지를 함에 있어 회의의 목적사항이 이사 또는 감사의 선임에 관한 사항인 경우에는 이사후보자 또는 감사후보자의 성명, 약력, 추천인 그 밖에 상법 시행령이 정하는 후보자에 관한 사항을 통지 또는 공고하여야 한다.

③ 당 회사가 주주총회의 소집통지를 하는 경우에는 상법에서 정하는 사항을 통지 또는 공고하여야 한다. 다만, 그 사항을 회사의 인터넷 홈페이지에 게재하고, 회사의 본·지점, 명의개서 대행회사에 비치하는 경우에는 그러하지 아니하다.

제29조【소집지】

주주총회는 본점소재지에서 개최하되 필요에 따라 이의 인접지역에서도 개최할 수 있다.

제30조【의　장】

① 주주총회의 의장은 대표이사(사장)로 한다.

② 대표이사(사장) 유고 시에는 상법의 규정을 준용한다.

제31조 【의장의 질서유지권】

① 주주총회의 의장은 그 주주총회에서 고의로 의사진행을 방해하기 위한 언행을 하거나 질서를 문란케 하는 자에 대하여 그 발언의 정지, 취소 또는 퇴장을 명할 수 있으며 그 명을 받은 자는 이에 응하여야 한다.

② 주주총회의 의장은 의사진행의 원활을 기하기 위하여 필요하다고 인정할 때에는 주주의 발언의 시간 및 횟수를 제한할 수 있다.

제32조 【주주의 의결권】

각 주주의 의결권은 법령에 따른 규정이 있는 경우 외에는 소유주식 1주마다 1개로 한다.

제33조 【상호주에 대한 의결권 제한】

당 회사, 모회사 및 자회사 또는 자회사가 다른 회사의 발행주식총수의 10분의 1을 초과하는 주식을 가지고 있는 경우 그 다른 회사가 가지고 있는 이 회사의 주식은 의결권이 없다.

제34조 【의결권의 불통일행사】

① 2 이상의 의결권을 가지고 있는 주주가 의결권의 불통일행사를 하고자 할 때에는 회의일 3일 전에 회사에 대하여 서면 또는 전자문서로 그 뜻과 이유를 통지하여야 한다.

② 회사는 주주의 의결권의 불통일행사를 거부할 수 있다. 그러나 주주가 주식의 신탁을 인수하였거나 기타 타인을 위하여 주식을 가지고 있는 경우에는 그러하지 아니하다.

제35조 【의결권의 대리행사】

① 주주는 대리인으로 하여금 그 의결권을 행사하게 할 수 있다.

② 제1항의 대리인은 주주총회 개시 전에 그 대리권을 증명하는 서면(위임장)을 제출하여야 한다.

제36조 【주주총회의 결의방법】

주주총회의 결의는 법령에 다른 정함이 있는 경우를 제외하고는 출석한 주주의 의결권의 과반수로 하되 발행주식총수의 4분의 1 이상의 수로 하여야 한다.

제37조 【주주총회의 의사록】

주주총회의 의사는 그 경과의 요령과 결과를 의사록에 기재하고 의장과 출석한 이사가 기명날인 또는 서명을 하여 본점과 지점에 비치한다.

제 5 장 이사 · 이사회 · 감사

제38조【이사 및 감사의 수】

① 당 회사의 이사는 3명 이상 7명 이내로 한다. 다만, 자본금 총액이 10억원 미만인 경우에는 1명 또는 2명으로 할 수 있다.

② 당 회사의 감사는 1명 이상 3명 이내로 한다. 다만, 자본금 총액이 10억원 미만인 경우에는 감사를 선임하지 아니할 수 있다.

제39조【이사 및 감사의 선임】

① 이사와 감사는 주주총회에서 선임한다. 이사와 감사의 선임을 위한 의안은 구분하여 의결하여야 한다.

② 이사와 감사의 선임은 출석한 주주의 의결권의 과반수로 하되 발행주식총수의 4분의 1 이상의 수로 하여야 한다. 그러나 감사의 선임에는 의결권을 행사할 주주의 본인과 그 특수관계인, 본인 또는 그 특수관계인의 계산으로 주식을 보유하는 자, 본인 또는 그 특수관계인에게 의결권을 위임한 자가 소유하는 의결권 있는 주식의 합계가 의결권 있는 발행주식총수의 100분의 3을 초과하는 경우 그 주주는 그 초과하는 주식에 관하여 의결권을 행사하지 못한다.

③ 2인 이상의 이사를 선임하는 경우에도 상법에서 규정하는 집중투표제를 적용하지 아니한다.

제40조【이사 및 감사의 임기】

① 이사의 임기는 3년으로 한다. 그러나 그 임기가 최종의 결산기 종료 후 당해 결산기에 관한 정기주주총회 전에 만료될 경우에는 그 총회의 종결 시까지 그 임기를 연장한다.

② 감사의 임기는 취임 후 3년 내의 최종의 결산기에 관한 정기주주총회 종결 시까지로 한다.

제41조【이사 및 감사의 보선】

이사 또는 감사 중 결원이 생긴 때에는 주주총회에서 이를 선임한다. 그러나 이 정관에서 정하는 인원수를 결하지 아니하고 업무 수행상 지장이 없는 경우에는 그러하지 아니한다.

제42조【대표이사 등의 선임】

당 회사는 이사회 결의로 대표이사(사장) 1명을 선임하며, 부사장, 전무이사 및 상무이사 약간 명을 선임할 수 있다.

제43조【이사의 직무】

① 대표이사(사장)는 회사를 대표하고 업무를 총괄한다.
② 부사장, 전무이사, 상무이사 및 이사는 사장을 보좌하고 이사회에서 정하는 바에 따라 그 소관업무를 담당수행하며 대표이사(사장)의 유고 시에는 위 순서로 그 직무를 대행한다.

제44조【이사의 의무】

① 이사는 법령과 정관의 규정에 따라 회사를 위하여 그 직무를 충실하게 수행하여야 한다.
② 이사는 선량한 관리자의 주의로서 회사를 위하여 그 직무를 수행하여야 한다.
③ 이사는 재임 중뿐만 아니라 퇴임 후에도 직무상 지득한 회사의 영업상 비밀을 누설하여서는 아니 된다.
④ 이사는 회사에 현저하게 손해를 미칠 염려가 있는 사실을 발견한 때에는 즉시 감사에게 이를 보고하여야 한다.

제45조【이사의 책임감경】

상법 제399조에 따른 이사의 책임을 이사가 그 행위를 한 날 이전 최근 1년간의 보수액(상여금과 주식매수선택권의 행사로 인한 이익 등을 포함한다)의 6배(사외이사는 3배)를 초과하는 금액에 대하여 면제한다. 다만, 이사가 고의 또는 중대한 과실로 손해를 발생시킨 경우에는 그러하지 아니하다.

제46조【감사의 직무 등】

① 감사는 당 회사의 회계와 업무를 감사한다.
② 감사는 회의의 목적사항과 소집의 이유를 기재한 서면을 이사회에 제출하여 임시주주총회의 소집을 청구할 수 있다.
③ 감사는 그 직무를 수행하기 위하여 필요한 때에는 자회사에 대하여 영업의 보고를 요구할 수 있다. 이 경우 자회사가 지체 없이 보고를 하지 아니할 때 또는 그 보고의 내용을 확인할 필요가 있는 때에는 자회사의 업무와 재산상태를 조사할 수 있다.
④ 감사는 회사의 비용으로 전문가의 도움을 구할 수 있다.
⑤ 감사는 필요하면 회의의 목적사항과 소집이유를 적은 서면을 이사(소집권자가 있는

경우에는 소집권자)에게 제출하여 이사회 소집을 청구할 수 있다.

⑥ 제5항의 청구를 하였는데도 이사가 지체 없이 이사회를 소집하지 아니하면 그 청구한 감사가 이사회를 소집할 수 있다.

제47조【감사의 감사록】

감사는 감사의 실시요령과 그 결과를 감사록에 기재하고 그 감사를 실시한 감사가 기명날인 또는 서명을 하여야 한다.

제48조【이사회의 구성과 소집】

① 이사회는 이사로 구성하며 회사 업무의 중요사항을 결의한다.

② 이사회는 대표이사(사장) 또는 이사회에서 따로 정한 이사가 있을 때에는 그 이사가 회의일을 정하여 늦어도 1일 전에 각 이사 및 감사에게 문서 또는 구두로 통지하여 소집한다. 그러나 이사 및 감사 전원의 동의가 있을 때에는 소집절차를 생략할 수 있다.

③ 제2항의 규정에 의하여 소집권자로 지정되지 않은 다른 이사는 소집권자인 이사에게 이사회 소집을 요구할 수 있다. 소집권자인 이사가 정당한 이유 없이 이사회 소집을 거절하는 경우에는 다른 이사가 이사회를 소집할 수 있다.

제49조【이사회의 결의방법】

① 이사회의 결의는 법령과 정관에 다른 정함이 있는 경우를 제외하고는 이사 과반수의 출석과 출석이사의 과반수로 한다.

② 이사회의 의장은 상법에서 정하는 이사회 소집권자로 한다.

③ 이사회는 이사의 전부 또는 일부가 직접 회의에 출석하지 아니하고 모든 이사가 음성을 동시에 송수신하는 원격통신수단에 의하여 결의에 참가하는 것을 허용할 수 있다. 이 경우 당해 이사는 이사회에 직접 출석한 것으로 본다.

④ 이사회의 결의에 관하여 특별한 이해관계가 있는 자는 의결권을 행사하지 못한다.

제50조【이사회의 의사록】

① 이사회의 의사에 관하여는 의사록을 작성하여야 한다.

② 의사록에는 의사의 안건, 경과요령, 그 결과, 반대하는 자와 그 반대이유를 기재하고 출석한 이사 및 감사가 기명날인 또는 서명하여야 한다.

제51조【이사 및 감사의 보수와 퇴직금】

① 이사와 감사의 보수(여기서 보수란 퇴직을 원인으로 지급받는 소득을 제외하고, 급여·상여금·인센티브·성과급 등 매년의 경영성과에 따라 근로제공의 대가로

받는 보수를 말한다)는 주주총회 또는 이사회 결의로 제정한 회사의 임원보수 지급규정에 의한다. 이 경우 1인당 연간보수 한도는 10억원으로 한다.

② 이사와 감사의 퇴직금의 지급은 주주총회 결의로 정한 별도의 임원퇴직금 지급규정에 의한다. 다만, 별도의 임원퇴직금 지급규정이 없는 경우 법인세법에서 정하는 손금산입 범위내의 금액을 퇴직금으로 지급한다.

③ 임기 중 적대적 인수, 합병으로 인하여 해임할 경우 제2항의 퇴직금 외에 퇴직보상액으로 각 이사와 감사에게 제2항의 퇴직금의 오십(50)배를 지급한다.

④ 제3항의 조항을 개정 또는 변경할 경우, 그 효력은 개정 또는 변경할 당시에 재임중인 이사와 감사에게는 적용되지 아니한다.

제52조【상담역 및 고문】

당 회사는 이사회의 결의로 상담역 또는 고문 약간 명을 둘 수 있다.

제6장 계 산

제53조【사업연도】

당 회사의 사업연도는 매년 1월 1일부터 12월 31일까지로 한다.

제54조【재무제표 등의 작성 등】

① 대표이사(사장)는 상법 제447조 및 제447조의 2의 각 서류를 작성하여 이사회의 승인을 얻어야 한다.

② 대표이사(사장)는 정기주주총회 회일의 6주간 전에 제1항의 서류를 감사에게 제출하여야 한다.

③ 감사는 정기주주총회일의 1주 전까지 감사보고서를 대표이사(사장)에게 제출하여야 한다.

④ 대표이사(사장)는 제1항의 서류와 감사보고서를 정기주주총회 회일의 1주간 전부터 본점에 5년간, 그 등본을 지점에 3년간 비치하여야 한다.

⑤ 대표이사(사장)는 상법 제447조의 서류를 정기주주총회에 제출하여 승인을 얻어야 하며, 제447조의 2의 서류를 정기주주총회에 제출하여 그 내용을 보고하여야 한다.

⑥ 제5항에도 불구하고 회사는 상법 제447조의 각 서류가 법령 및 정관에 따라 회사의 재무상태 및 경영성과를 적정하게 표시하고 있다는 외부감사인의 의견이 있고, 감사 전원의 동의가 있는 경우 상법 제447조의 각 서류를 이사회 결의로 승인할 수 있다.

⑦ 제6항에 따라 승인받은 서류의 내용은 주주총회에 보고하여야 한다.
⑧ 대표이사(사장)는 제5항 또는 제6항의 규정에 의한 승인을 얻은 때에는 지체 없이 대차대조표와 외부감사인의 감사의견을 공고하여야 한다.

제55조【외부감사인의 선임】
회사가 외부 감사인을 선임함에 있어서는 '주식회사의 외부감사에 관한 법률'의 규정에 의한 감사인선임위원회(또는 감사위원회)의 승인을 얻어야 하고, 그 사실을 외부감사인을 선임한 사업연도 중에 소집되는 정기주주총회에 보고하거나 주주에게 통지 또는 공고하여야 한다.

제56조【이익금의 처분】
본 회사는 매 사업연도의 처분 전 이익잉여금을 다음과 같이 처분한다.
1. 이익준비금
2. 기타의 법정적립금
3. 배당금
4. 임의적립금
5. 기타의 이익 잉여금처분액

제57조【이익배당】
① 이익배당은 금전 또는 금전 외의 재산으로 할 수 있다.
② 이익의 배당을 주식으로 하는 경우 회사가 수종의 주식을 발행한 때에는 주주총회의 결의로 그와 다른 종류의 주식으로도 할 수 있다.
③ 제1항의 배당은 매 결산기말 현재의 주주명부에 기재된 주주 또는 등록된 질권자에게 지급한다.
④ 이익배당은 주주총회의 결의로 정한다.

제58조【중간배당】
① 영업연도 중 1회에 한하여 이사회의 결의로 일정한 날을 정하여 그날의 주주에 대하여 이익을 배당(이하 "중간배당"이라 한다)할 수 있다.
② 중간배당은 직전 결산기의 대차대조표상의 순자산액에서 다음 각 호의 금액을 공제한 액을 한도로 한다.
   1. 직전 결산기의 자본금의 액
   2. 직전 결산기까지 적립된 자본준비금과 이익준비금의 합계액
   3. 직전 결산기의 정기총회에서 이익으로 배당하거나 또는 지급하기로 정한 금액

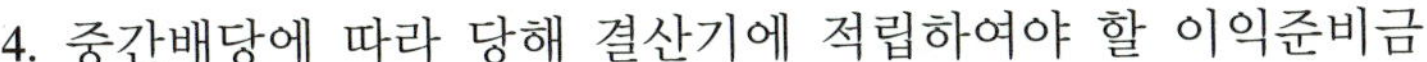

4. 중간배당에 따라 당해 결산기에 적립하여야 할 이익준비금

제59조【현물배당】

① 본 회사는 주주에게 배당을 하는 경우 금전(현금)으로 배당하는 것이 원칙이나 주주총회의 결의로 금전 외의 재산으로 배당을 할 수 있다.

② 제1항의 현물배당은 주주가 배당을 받는 금액이 3억원을 초과하는 경우로 한정하며, 주주가 현물배당을 원하지 않는 경우에는 금전의 지급을 회사에 청구할 수 있다. 이 경우 금전의 지급청구는 배당결의일로부터 15일 이내에 하여야 한다.

제60조【배당금지급청구권의 소멸시효】

① 배당금의 지급청구권은 5년간 이를 행사하지 아니하면 소멸시효가 완성한다.

② 제1항의 시효의 완성으로 인한 배당금은 본 회사에 귀속한다.

- 부 칙 -

제1조【세칙제정】

당 회사는 필요에 따라 이사회의 결의로서 업무추진 및 경영상 필요한 세칙을 제정 시행할 수 있다.

제2조【상용범위】

당 정관에 규정된 사항의 상용범위는 본 정관을 우선하여 적용한다. 다만, 본 정관의 규정에 불구하고 시행당시의 상법을 우선하여 적용할 수 있다. 이 경우 이사회 결의로써 상법을 우선 적용하는 이유를 결의하여야 한다. 또한 당 정관에 규정되지 않은 사항은 상법 기타 법령에 의한다.

제3조【시행일】

당 개정 정관은 20○○년 ○○월 ○○일부터 그 효력을 발생한다.

20○○년 ○○월 ○○일

주식회사 ○○○○

(3) 3단계 : 정관의 승인(「상법」절차)[3)]

1단계 및 2단계에서 검토된 사항 및 최종 결정한 정관의 조문별 내용을 이사회 및 주주총회를 거쳐 승인을 받는 「상법」절차를 수행합니다. 그 절차는 다음과 같습니다.

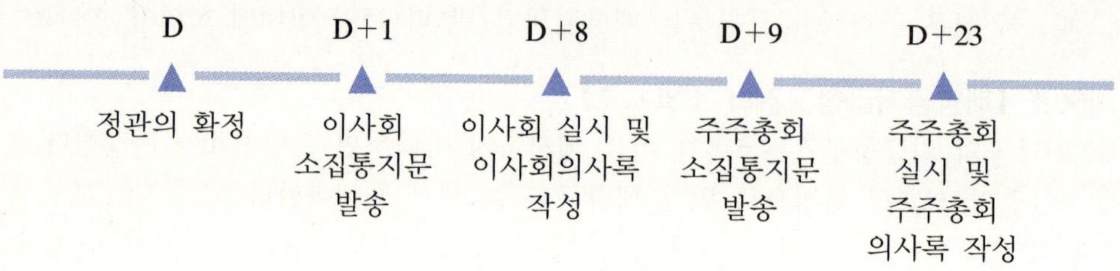

---

3) 「상법」절차와 관련한 실무수행 절차는 이사회가 구성된 경우를 가정하여 일련의 절차를 살펴봅니다(만일 이사가 3인 미만이어서 이사회가 구성되지 못하는 경우에는 이사회 절차는 필요 없고 주주총회 절차만 수행하면 됩니다).

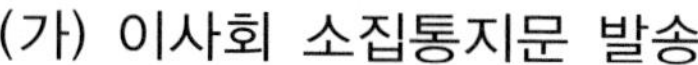

(가) 이사회 소집통지문 발송

회의일을 정하여 늦어도 7일 전(정관에 따로이 정한 경우에는 그 기일)에 각 이사 및 감사에게 문서 또는 구두로 이사회의 소집통지를 합니다.

주식회사 ○○○○

대표전화 : (02)3431－3300
팩시밀리 : (02)3431－3309

서울특별시 서초구 서초대로 286
서초프라자 803호

일　　자 : 20○○－○○－○○
받　　음 : 홍길동 이사
참　　조 :
제　　목 : 이사회 소집의 건

---

1. 귀하의 발전을 기원합니다.
2. 우리회사 정관 제○○조에 따라 다음과 같이 이사회를 소집하오니 참석하여 주시기 바랍니다.

－ 다　　　　음 －

1. 일　시 : 20○○년 ○○월 ○○일 오전 10시
2. 장　소 : 서울특별시 서초구 서초대로 286 서초프라자 803호
　(지하철 2호선 교대역 9번출구)
3. 회의목적사항(임시주주총회 소집 및 부의안건)
   － 제 1호 의안 : 정관 전면개정의 건

20○○년　○○월　○○일

주식회사 ○○○○

대표이사 ○ ○ ○ (직인생략)

이사회의 소집통지를 하는 경우, 이사 및 감사 전원의 동의가 있을 때에는 소집절차를 생략할 수 있습니다. 이 경우에는 이사회 당일에 아래의 '이사및감사동의서'를 받아두어야 합니다.

이 사 및 감 사 동 의 서

20○○년 ○○월 ○○일 이사 및 감사의 동의로서 다음의 이사회 소집절차를 생략하는 것을 결의함.

– 결 의 사 항 –

1. 상법 제390조 제4항에 의거 이사회의 소집절차를 생략함.

위와 같이 동의함.

20○○년 ○○월 ○○일

주식회사 ○○○○

대표이사 ○ ○ ○
이　　사 ○ ○ ○
이　　사 ○ ○ ○
감　　사 ○ ○ ○

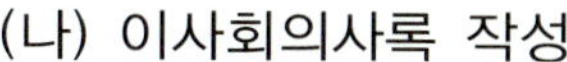

(나) 이사회의사록 작성

「상법」상의 적법한 절차에 따라 이사회가 소집되고 이사회가 개최되어 회의가 이루어진 경우 그 회의의 내용에 대한 이사회의사록을 작성합니다.

이 사 회 의 사 록

1. 개최일시 : 20○○년 ○○월 ○○일 10 : 00~10 : 30
1. 개최장소 : 당사 회의실
1. 출석이사 : 이사총수 ○명 중 ○명
1. 출석감사 : 감사총수 ○명 중 ○명
1. 안건 : 임시주주총회 소집에 관한 건

의장인 ○○○은 회의가 적법하게 성립되었음을 선언하고 임시주주총회의 소집에 관하여 출석이사 전원의 찬성으로 다음과 같이 가결하다.

－다　　　　　　음－

1. 임시주주총회 소집일시 : 20○○년 ○○월 ○○일(금) 오전 10시
2. 임시주주총회 소집장소 : 서울시 서초구 서초대로 286 ○○ 당사 회의실
3. 임시주주총회 부의안건
   － 제 1호 의안 : 정관 전면개정의 건

이상과 같이 심의를 완료하였으므로 의장은 폐회를 선언하다. 오늘의 결의 사실을 명백히 하기 위하여 의사록을 작성하고 의장과 출석이사 및 감사가 아래와 같이 기명날인하다.

20○○년　○○월　○○일

주식회사 ○○○○
대표이사　○ ○ ○
이　　사　○ ○ ○
이　　사　○ ○ ○
감　　사　○ ○ ○

(다) 주주총회 소집통지문 발송

주주총회를 소집할 때에는 주주총회일의 2주 전에 각 주주에게 서면으로 통지를 발송하거나 각 주주의 동의를 받아 전자문서로 통지를 발송하여야 하는 것이 원칙이며, 자본금 총액이 10억원 미만인 회사가 주주총회를 소집하는 경우에는 주주총회일의 10일 전에 각 주주에게 서면으로 통지를 발송하거나 각 주주의 동의를 받아 전자문서로 통지를 발송할 수 있습니다(상법 363조 3항). 소집통지문의 양식은 다음과 같습니다.

임시주주총회 소집통지서(공고)

주주님의 건승과 댁내의 평안을 기원합니다.

우리회사 정관 규정에 의하여 임시주주총회를 아래와 같이 소집하오니 참석하여 주시기 바랍니다.

— 아 래 —

1. 일 시 : 20○○년 ○○월 ○○일(금) 오전 10시
2. 장 소 : 서울특별시 서초구 서초대로 286 서초프라자 803호
(지하철 2호선 교대역 9번출구)
3. 회의목적사항(부의안건)
   - 제 1호 의안 : 정관 전면개정의 건
   ※ 정관 전면개정(안)은 별첨 참조
4. 의결권의 대리행사에 관한 사항
   주주님께서는 주주총회 참석장에 의거 의결권을 직접행사하시거나 또는 위임장에 의거 의결권을 간접행사하실 수 있습니다.
   –직접행사 : 주주총회참석장, 신분증
   –대리행사 : 주주총회참석장, 위임장(주주와 대리인의 인적사항 기재, 인감날인), 대리인의 신분증
5. 기타사항
   주주총회 기념품은 회사의 경비 절감을 위하여 지급하지 않습니다.

20○○년 ○○월 ○○일

주식회사 ○○○○

대표이사 ○○○ (직인생략)

임시주주총회 참석장

본인은 주식회사 ○○○○ 임시주주총회에 주주로서 참석합니다.

(주주총회 참석자는 "주주총회소집통지서" 소지자로 다음 사항을 기재하여 주주총회일에 제출하여주시기 바랍니다)

실질주주 참석자(증)			
성 명	○ ○ ○ (인)	주민등록 번 호	
주 소			
의결권 주식수	○○○주	실질주주 번 호	
참석구분	주주직접참석 ( ) 대리참석지정 ( )	대리참석 자와관계	

(대리참석위임)

본인은 주식회사 ○○○○ 임시주주총회에 주주로서 대리참석자를 아래와 같이 지정하여 본인을 대신하여 주주총회 결의 및 기타 사항에 대하여 전권을 위임합니다.

20○○년 ○○월 ○○일

실질주주 ○ ○ ○ (인)

대리참석자(증)	
대리인성명	(인)
주민등록번호	
주 소	

※ 주주총회 참석자는 신분증을 필히 지참하시고 참석하시기 바랍니다.

자본금 총액이 10억원 미만인 회사는 주주 전원의 동의가 있을 경우에는 소집절차 없이 주주총회를 개최할 수 있습니다(상법 363조 4항). 이 경우에는 주주총회 당일에 아래의 '총주주동의서'를 받아두어야 합니다.

총 주 주 동 의 서

20○○년 ○○월 ○○일 총주주의 동의로서 다음의 주주총회 소집절차를 생략하는 것을 결의함.

– 결 의 사 항 –

1. 상법 제363조 제4항에 의거 주주총회의 소집절차를 생략함.

위와 같이 동의함.

20○○년 ○○월 ○○일

주식회사 ○○○○
주주 ○○○
주주 ○○○
주주 ○○○
주주 ○○○
주주 ○○○
주주 ○○○

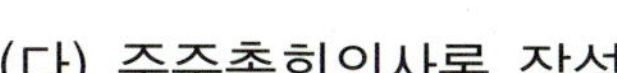

(다) 주주총회의사록 작성

「상법」상의 적법한 절차에 따라 주주총회가 소집되고 주주총회가 개최되어 회의가 이루어진 경우 그 회의의 내용에 대한 주주총회의사록을 작성합니다.

임시주주총회 의사록

20○○년 ○○월 ○○일 오전 10시 본점 회의실에서 주주총회를 개최하다.

1. 의결권이 있는 전체 주주총수 명
1. 의결권이 있는 발행주식총수 주
1. 출석주주수(위임장에 의한 자를 포함) 명
1. 출석주주 중 의결권이 있는 자의 지분총수 주

의장 이사 ○○○은 정관규정에 따라 의장석에 등단하여 위와 같이 법정수에 달하는 주주가 출석하였으므로, 본 총회가 적법하게 성립되었음을 알리고 개회를 선언한 후 다음의 의안을 부의하고 심의를 구하다.

제1호 의안 정관 전면 개정의 건

의장은 당 회사의 정관을 전면 개정하기로 하고 그 내용을 설명한 후 의견을 물은 바 전원 이의 없이 정관을 변경하기로 가결하다.

〈별첨자료〉 정 관

의장은 이상으로서 회의 목적인 의안 전부의 심의를 종료하였으므로 폐회한다고 선언하다(회의종료시간 오전 11시 00분).

위 의사의 경과요령과 결과를 명확히 하기 위하여 이 의사록을 작성하고 출석한 의장과 이사가 기명날인 또는 서명하다.

20○○년 ○○월 ○○일

주식회사 ○○○○

의장 대표이사 ○○○ (인)

출석이사 ○○○ (인)

출석이사 ○○○ (인)

3. 사후관리

앞서 살펴본 바와 같이 정관이란 회사의 자치법규를 말합니다. 정관은 자치법규이므로 회사 내의 발기인, 주주 등 당사자 사이에서 효력이 있으나 외부의 제3자에 대하여는 효력이 없는 것이 원칙이며 「상법」의 규정이 강행법규가 아닌 한 정관이 우선하여 적용됩니다. 따라서 회사의 정관은 자치법규로서 최상위의 규범에 해당하는바, 효력의 범위를 보아서도 매우 중요한 의미를 갖습니다. 또한 세무상의 요건 등과 관련한 규정은 더더욱 중요하다고 할 수 있습니다.

이와 같은 정관은 정비 당시의 회사의 현황과 장래의 상황을 고려하여 올바르게 진단하고 설계하는 것도 중요하지만, 정비한 정관의 입증책임을 강화하기 위한 공증, 변경된 사항에 대한 변경등기, 정비 이후의 사후관리가 필요합니다. 이하 주요한 사후관리 항목에 대하여 살펴봅니다.

(1) 공증

주식회사의 원시정관은 공증인의 인증을 받음으로써 효력이 생기는 것이지만, 일단 유효하게 작성된 정관을 변경할 경우에는 주주총회의 특별결의가 있으면 그 때 유효하게 정관변경이 이루어지는 것이고, 서면인 정관이 고쳐지거나 변경 내용이 등기사항인 때의 등기 여부 내지는 공증인의 인증 여부는 정관변경의 효력발생에는 아무 영향이 없습니다(대법원 2006다62362, 2007.6.28.). 따라서 설립 이후의 정관은 공증을 받지 않아도 상관은 없습니다.

따라서 설립 이후의 정관을 변경하고 인증을 받을지 여부는 효력발생의 문제는 아니며, 이 경우의 공증은 외부의 제3자에 대한 대항력의 문제입니다. 따라서 외부의 제3자에 대한 대항력과 일정한 시기에 분명한 정관의 변경이 있었다는 입증책임의 강화를 위해 실무적으로는 정관변경을 한 후 공증을 받아두는 것이 유리할 수 있습니다.

(2) 변경등기

법인의 등기사항에 변경이 있는 경우에는 본점의 경우 2주간 내, 지점의 경우 3주간 내에 변경등기를 하여야 합니다(상법 317조 4항 · 183조). 만일 이를 이행하지 않은 경우 과태료 처분(20~100만원)을 받게 됩니다. 최근 정부의 세입활동 강화로 인하여 과거 관행적으로 부과하지 않던 과태료를 예외 없이 부과하고 있으므로 유의하여야 합니다.[4)]

(3) 변경등기 후 사후관리

정관은 정비 당시의 회사의 현황과 장래의 상황을 고려하여 올바르게 진단하고 설계하는 것도 중요하지만, 정비 이후의 「상법」 및 세법 등 관련 법령의 개정, 회사의 상황이나 규모 등의 변화가 있는 경우 이를 합리적으로 반영한 개정 또는 변경 등 그 사후관리가 매우 중요합니다.

따라서 회사는 매년 또는 일정한 주기로 회사의 정관이 현행 시행되는 법령과 회사의 상황 등과 합리적으로 부합되는지 여부에 대하여 진단하는 사후관리 절차를 수행하여야 합니다.

4) 변경등기 관련 과태료 부과

구 분	과태료 부과
대표이사의 자택주소 변경	• 전입일로부터 14일 내에 변경등기 • 해태 시 해태기간에 따라 과태료 부과
임원의 임기	• 이사의 임기는 3년을 초과하지 못하며, 감사는 취임 후 3년 내의 최종의 결산기에 관한 정기주주총회의 종결 시까지 • 해태 시 해태기간, 자본금의 규모에 따라 500만원 이하의 과태료 부과
임원의 사망	• 사망일로부터 14일 이내 변경신청 • 해태 시 해태기간에 따라 과태료 부과

제 2 장 임원보수 지급규정

1단계 **임원보수 지급규정의 조문별 진단**

회사의 현행 임원보수 지급규정 또는 신규로 제정하고자 하는 임원보수 지급규정을 각 조문별로 진단하고 회사의 사정에 맞게 각 조문별로 의사결정을 수행합니다.

2단계 **임원보수 지급규정의 확정(의사결정)**

1단계에서 각 조문별로 진단된 임원보수 지급규정을 의사결정 과정을 통하여 확정합니다.

3단계 **확정된 임원보수 지급규정의 승인(「상법」절차)**

실무절차로 확정된 임원보수 지급규정을 승인하는 「상법」상의 절차(이사회 소집통지 → 이사회의사록 작성)를 수행합니다.

사후관리

1. 임원보수의 의의 등

일반적으로 임원보수란 급여와 상여금을 의미합니다. 임원에 대한 보수는 매년의 영업성과에 대한 보상으로서 그 지급기준을 정비하고 그 지급기준에 따라서 지급하여야 합니다. 만일 지급기준과 성과평가 방법 등이 없는 상태에서 보수를 지급하는 경우 부당행위에 해당하여 비용으로 인정받을 수 없습니다.

(1) 임원보수의 법적 성격

회사의 업무집행권을 가진 이사 등 임원은 회사로부터 일정한 사무처리의 위임을 받고 있는 것이므로(상법 382조 2항)[5] 사업자의 지휘감독아래 일정한 근로를 제공하고 소정의 임금을 지급받는 고용관계에 있는 것이 아니며, 따라서 일정한 보수를 받는 경우에도 이를 「근로기준법」 소정의 임금[6]과는 다른 것이며(대법원 87다카2268, 1988.6.14.), 「상법」 제388조는 "이사의 보수는 정관에 그 액을 정하지 아니한 때에는 주주총회의 결의로 이를 정한다"고 규정하고 있는바 여기에서 말하는 이사의 보수에는 월급·상여금 등 명칭을 불문하고 이사의 직무수행에 대한 보상으로 지급되는 대가가 모두 포함되고, 퇴직금 내지 퇴직위로금도 그 재직 중의 직무집행의 대가로 지급되는 보수의 일종입니다(대법원 2012다98720, 2014.5.29.; 대법원 2012도6537, 2013.9.26.; 대법원 77다1742, 1977.11.22. 등 참조).

(2) 임원보수에 대한 세법의 근거

법인이 임원에게 지급하는 상여금 중 정관·주주총회·사원총회 또는 이사회의 결의에 의하여 결정된 급여지급기준에 의하여 지급하는 금액을 초과하여 지급한 경우 그 초과금액은 이를 손금에 산입하지 아니합니다(법인세법시행령 43조 2항).

---

5) 「상법」 제382조【이사의 선임, 회사와의 관계 및 사외이사】
① 이사는 주주총회에서 선임한다.
② 회사와 이사의 관계는 「민법」의 위임에 관한 규정을 준용한다.

6) "임금"이란 사용자가 근로의 대가로 근로자에게 임금, 봉급, 그 밖에 어떠한 명칭으로든지 지급하는 일체의 금품을 말합니다(근로기준법 2조 1항 5호).

또한 법인이 임원에게 상여금을 지급함에 있어서, 정관・주주총회・사원총회 또는 이사회의 결의에 의하여 결정된 지급기준이 없이 지급한 금액은 법인의 각 사업연도 소득금액 계산상 손금에 산입할 수 없습니다(서면2팀－20, 2008.1.7.; 서면2팀－125, 2007.1.16.; 서이 46012－10090, 2001.9.3. 외).[7] 따라서 임원급여에 대한 세법적 근거 및 그 지급한도에 대한 내용을 정리하면 다음과 같습니다.

구분	임원보수에 대한 법적근거(한도)
원칙	정관・주주총회・사원총회 또는 이사회의 결의에 의하여 결정된 급여지급기준(법인세법시행령 43조 2항) 범위 내
예외	지배주주 등인 임원에게 정당한 사유 없이 다른 임원보다 초과 지급한 보수는 손금불산입(법인세법시행령 43조 4항)

(3) 임원보수규정 제정의 필요성[8]

임원보수규정의 정비가 필요한 이유는 법인이 임원에게 지급하는 상여금 중 정관・주주총회・사원총회 또는 이사회의 결의에 의하여 결정된 급여지급기준에 의하여 지급하는 금액을 초과하여 지급한 경우 그 초과금액은 이를 손금에 산입하지

---

7) 임원에 대한 급여를 얼마까지 손금으로 인정하는지에 대한 직접적인 한도규정은 법령에 존재하지 않으나 「법인세법 시행령」 제43조 제2항에서 “법인이 임원에게 지급하는 상여금 중 정관・주주총회・사원총회 또는 이사회의 결의에 의하여 결정된 급여지급기준에 의하여 지급하는 금액을 초과하여 지급한 경우 그 초과금액은 이를 손금에 산입하지 아니한다”라고 규정하면서 ‘급여지급기준’을 언급하고 있습니다. 보수의 항목을 살펴보면 급여, 상여금, 인센티브, 성과급 등 다양한 형태가 있을 것인데, 「법인세법 시행령」 제43조(상여금 등의 손금불산입)에서 상여금 한도를 얘기하면서 ‘급여지급기준’으로 표현한 것으로 보아 세법에서는 급여나 상여금을 별개로 하여 규정하지 아니하고 모두를 포함하여 ‘급여지급기준 범위 내’에서 손금으로 인정하는 것으로 보입니다. 따라서 급여기준을 정비하는 경우 그 제목은 ‘급여지급기준’으로 하더라도 그 내용에서 급여와 상여금을 구분하여 설계하는 것이 필요합니다.

8) 「법인세법 시행령」 제43조 제2항에서 급여지급기준을 초과하는 임원상여금을 손금불산입하도록 규정한 것은 사전에 정해진 급여지급의 기준이 없이 법인의 의사결정에 영향력이 있는 임원들이 자의적 결정에 의하여 급여 명목으로 법인의 이익을 분여해 가는 것을 손금으로 인정하지 않으려는 데 그 취지가 있는 것(국심 2006중3452, 2006.12.26.; 국심 2003서3354, 2004.2.24. 같은 뜻)입니다. 즉, 「법인세법 시행령」 제43조 제2항 소정의 주주총회 등의 승인을 받은 임원급여지급기준에 따라 임원에게 지급되는 금액은 사전에 그 기준이 확정되어 이익조작의 가능성이 매우 낮고, 대표이사에게 거액의 보수를 주더라도 그 보수보다 더 많은 수익을 창출할 수 있으면 법인에게 이익이 되어 이를 손금 부인할 이유가 없으므로 기업회계의 대원칙인 수익비용대응의 원칙상, 사적자치의 원칙상 이를 허용하자는 것이 입법 취지입니다(조심 2015서4678, 2016.2.23.).

아니하기 때문입니다(법인세법시행령 43조 2항).

규정이 있는 경우	규정이 없는 경우
임원보수규정의 한도에서 손금인정	임원상여금 전액 손금불산입

임원보수 지급규정의 정비는 다음과 같은 개념을 이해하고 설계와 집행 시 세무상 요건을 유념하여야 합니다. 임원보수의 설계와 집행은 정관에서 시작하여 근거를 설정하고 이사회 결의나 주주총회의 결의를 통하여 개별적·구체적 지급기준인 임원보수 지급규정을 정비하며 이를 바탕으로 매년의 성과보상액을 이사회 결의를 통하여 결정하는 일련의 과정이 마치 체인처럼 서로 연관성을 가지고 있습니다. 이를 정리하면 다음과 같습니다.[9]

구분	정관	임원보수지급규정	이사회결의
의미	회사의 최고 자치법규인 정관에서 임원보수 지급규정에 대한 근거 또는 위임범위를 정하고, 그 총보수의 한도를 설정합니다.	정관의 위임에 따라 주주총회 또는 이사회 결의로 회사의 실정에 맞는 임원보수 지급규정을 설계합니다.	회사의 임원보수 지급규정에 따라 매년의 영업성과보상액을 지급하되, 이사회에서 구체적인 지급금액을 결정합니다.
세무상 요건	임원보수의 총한도	개별적·구체적 지급기준	성과평가방법
지급시 유의사항	연간 지급액의 총액이 한도를 넘지 않는지 여부	지급액의 범위가 임원보수지급규정에 부합한지 여부	구체적인 지급금액의 산정에 대한 객관적인 성과평가방법이 있는지 여부

9) 임원에 대한 성과보상의 기준인 임원보수 지급규정의 정비를 하고 이의 집행을 실무에서 수행하는 경우 이와 같은 연관성을 이해하는 것은 매우 중요합니다. 특히 구체적인 지급액에 대한 세무상 요건을 충족하지 못하는 경우 손금불산입되어 수천만원에서 수억원에 이르는 세무상 불이익을 당할 수 있습니다.

(4) 세법에서 정하는 임원의 범위(법인세법)[10]

“임원”이란 다음의 어느 하나의 직무에 종사하는 자를 말하고(법인세법시행령 20조 1항 4호), “사용인”이란 해당 법인과 근로계약에 의하여 근로를 제공하고 그 대가를 받는 자로서 임원을 제외한 자를 말합니다.

■「법인세법 시행령」 제20조 제1항 제4호

① 법인의 회장, 사장, 부사장, 이사장, 대표이사, 전무이사 및 상무이사 등 이사회의 구성원 전원과 청산인

② 합명회사, 합자회사 및 유한회사의 업무집행사원 또는 이사

③ 유한책임회사의 업무집행자

④ 감사

⑤ 그 밖에 ‘①’부터 ‘④’까지의 규정에 준하는 직무에 종사하는 자

「법인세법」상 임원의 범위 판단은?

「법인세법」상 임원은 「법인세법 시행령」 제20조 제1항 제4호 각 목의 어느 하나의 직무에 종사하는 자를 말하는 것이며, 임원에 해당하는지 여부는 종사하는 직무의 실질에 따라 사실 판단할 사항입니다(서면－2015－법인－22274, 2015.3.20.; 법인세과－349, 2012.5.31.; 서면2팀－20, 2008.1.7. 외).

---

10) 「법인세법」에서는 임원의 범위에 대하여 ‘임원에 해당하는지 여부는 종사하는 직무의 실질에 따라 사실 판단할 사항’으로 보고 있습니다. 이 경우 형식과 실질이 같으면 문제가 없으나, 형식과 실질이 서로 다른 경우에는 조세문제를 포함한 「상법」상의 취급이 달라질 수 있으므로 유의하여야 합니다.

2. 임원보수 지급규정 설계

정관에서 규정하는 임원의 보수에 대한 정함에 따라 그 위임기준에 부합하는 임원보수 지급규정을 정비합니다. 정관의 설계에서 규정된 임원보수의 조항을 살펴보면 다음과 같습니다.

> 제○○조【이사 및 감사의 보수와 퇴직금】
> ① 이사와 감사의 보수(여기서 보수란 퇴직을 원인으로 지급받는 소득을 제외하고, 급여·상여금·인센티브·성과급 등 매년의 경영성과에 따라 근로제공의 대가로 받는 보수를 말한다)는 주주총회 또는 이사회 결의로 제정한 회사의 임원보수 지급규정에 의한다. 이 경우 1인당 연간보수 한도는 10억원으로 한다.
> ② 이사와 감사의 퇴직금의 지급은 주주총회 결의로 정한 별도의 임원퇴직금지급규정에 의한다.

위와 같이 정관의 정함 또는 정관의 위임에 따라 회사의 현황에 맞는 임원보수 지급규정을 설계합니다. 임원보수 지급규정의 설계는 다음과 같은 절차로 진행합니다.

1단계 임원보수 지급규정의 조문별 진단

회사의 현행 임원보수 지급규정 또는 신규로 제정하고자 하는 임원보수 지급규정을 각 조문별로 진단하고 회사의 사정에 맞게 각 조문별로 의사결정을 수행합니다.

2단계 임원보수 지급규정의 확정(의사결정)

1단계에서 각 조문별로 진단된 임원보수 지급규정의 의사결정 과정을 통하여 확정합니다.

3단계 확정된 임원보수 지급규정의 승인(「상법」절차)

실무절차로 확정된 임원보수 지급규정을 승인하는 「상법」상의 절차(이사회 소집통지 → 이사회의사록 작성)를 수행합니다.

(1) 1단계 : 임원보수 지급규정의 조문별 진단

효율적인 TAX PLANNING을 위하여 임원보수 지급규정의 주요 주문별로 그 의미를 이해하고 각 조문별로 의사결정을 위한 진단절차를 수행합니다. 의사결정이 필요한 주요 조문별 내용은 다음과 같습니다.

◉ 적용범위

> 제 ○○ 조 【적용범위】
> 이 규정은 회사에 근무하는 상근임원에 대하여 적용한다. 다만, 이 규정에 없는 임원의 급여에 관한 사항은 이 규정을 준용하여 적용하되 별도의 지급규정이 있는 경우 그 규정을 우선하여 적용한다.

◈ 임원보수 지급규정의 적용범위를 결정합니다.

◈ 의사결정 사항

구 분	적 요
의사결정할 사항	• 임원보수 지급규정의 적용대상을 결정합니다. 이 경우 회사의 임원구성현황을 고려하여야 합니다. 등기임원과 미등기임원, 상근임원과 비상근임원이 모두 존재하는 경우 이의 구분별로 보수규정의 적용범위를 어떻게 할 것인지를 결정하여야 합니다. • 여기에서는 적용범위를 상근임원에 대하여 적용하고, 상근이 아닌 임원은 별도의 급여규정이 있는 경우 그 규정을 우선하여 적용하는 것으로 설계합니다.

◉ 용어의 정의

> 제 ○○ 조 【용어의 정의】
> ① 본 규정에서 말하는 임원이란 회사의 이사 및 감사로서 상근인 자를 말한다.
> ② 연봉이란 급여조정의 기준이 되는 개인별 급여를 말한다.
> ③ 연봉 외 급여란 약정된 연봉 외에 별도로 회사가 개인 또는 집단에게 지급하는 급여를 말한다.

◈ 임원보수 지급규정에서 사용되는 용어의 정의를 결정합니다.

◈ 의사결정 사항

구 분	적 요
의사결정할 사항	· 임원보수 지급규정의 적용대상인 임원의 정의를 규정합니다. 여기서 말하는 임원이란 「상법」보다는 세법에서 정하는 임원의 정의에 보다 가깝습니다. · 연봉과 연봉 외 급여의 정의를 규정합니다.

◉ 급여의 구성

제 ○○ 조 【급여의 구성】

① 급여는 연봉 및 연봉 외 급여로 구성한다.

② 연봉은 기본급으로 구성된다.

③ 연봉 외 급여는 정기상여금, 인센티브 등이 있다.

◈ 급여의 구성과 연봉 외 급여의 범위를 결정합니다.

◈ 의사결정 사항

구 분	적 요
진단할 사항	· 회사의 현재 연봉 외 급여의 현황을 파악합니다.
의사결정할 사항	· 기업의 실무에서 연봉 외 급여는 상여금 · 특별상여 · 성과급 · 인센티브 등 다양한 명칭으로 지급이 됩니다. 이와 같은 여러 가지의 연봉 외 급여 항목 중 회사가 지급하고자 하는 연봉 외 급여 항목을 결정합니다. · 당해 규정은 직원에게도 정기상여금과 인센티브가 지급되고 있는 경우를 가정하여 임원에게도 같은 연봉 외 급여 항목을 설계하는 사례입니다. 만일 직원에게는 기본급 이외 연봉 외 급여가 존재하지 않는 경우라면 객관적으로 성과평가에 대한 보수로서 지급될 수 있는 연봉 외 급여를 설계하여야 할 것입니다.

◉ 기본급

제 ○○ 조 【기본급】

① 각 임원의 기본급은 주주총회에서 승인된 금액의 범위 내에서 직전연도 개인별 연봉을 기초로 업적성과 등을 반영하여 이사회에서 개인별 향후 1년간의 연봉을 결정한다.

② 제1항의 1년간의 연봉은 직전연도의 결산 재무제표가 주주총회에서 확정된 후 2개월 이내에 결정하여야 한다.

③ 제2항에 따라 결정된 기본급은 연도초로 소급하여 결정된 해당 연도를 귀속연도로 하여 기본급의 총액이 지급되어야 한다.

◈ 기본급 급여에 대한 지급규정으로서 지급액의 범위, 방법 등을 결정합니다.

◈ 의사결정 사항

구 분	적 요
진단할 사항	• 회사의 현재 매년 연봉 결정시기를 확인하고, 연도 중에 결정된 연봉의 경우 연도 초로 소급하여 지급하는지의 여부를 확인합니다.
의사결정할 사항	• 기본급의 총액의 범위와 지급액의 결정시기 및 결정방법 등을 결정합니다. • 본 규정에서는 총보수는 정관에서 정하고, 그 범위 내의 지급액의 결정과 시기 등을 임원보수 지급규정에서 정하는 방식으로 설계하였습니다. 구체적으로 기본급의 결정시기와 지급방법을 어떻게 할 것인지를 의사결정합니다.

◉ 정기상여금

제 ○○ 조【정기상여금】

① 제○○조의 기본급과는 별도로 당해 연도의 상여금을 이사회 결의로써 지급한다. 이 경우 지급시기와 지급금액의 범위는 다음과 같다.

설날(구정)	여름휴가(7월 또는 8월)	추석
기본급×1/12×100% 범위 내	기본급×1/12×100% 범위 내	기본급×1/12×100% 범위 내

② 제1항에 따라 지급하는 상여금은 당해 연도 영업이익이 발생하는 경우에 한하여 지급하는 것으로 하되, 구체적인 지급액에 대한 성과평가가 있어야 하며 성과평가에 대한 지급율은 "[별표1]"과 같다. 이 경우 상여금을 포함한 총보수는 정관에서 정하는 한도 금액을 초과할 수 없다.

◈ 연봉 외 급여의 하나로서 정기상여금의 지급시기와 지급방법을 결정합니다.

◈ 의사결정 사항

구 분	적 요
진단할 사항	• 회사의 현재 정기상여금 지급현황을 파악합니다.
의사결정할 사항	• 정기상여금의 지급시기와 지급금액의 범위를 의사결정합니다. • 상여금은 기본급 이외의 급여로서 영업성과에 대한 보상이므로 회사의 이익이 발생하는 경우에 지급하는 것으로 정하는 것이 합리적이라 할 수 있습니다. 이 경우에도 총보수의 한도는 적용됨에 유의하여야 합니다. • 상여금 지급금액의 범위를 결정하는 경우 직원들의 상여금 지급금액의 범위와 많이 다른 경우 세무상 부당행위계산의 부인규정이 적용될 수 있는지 여부를 검토하여야 합니다.

◈ [별표1] 정기상여금 성과평가 지급율

우 수	정 상	보 통
80~100%	50~80%	20~50%

◉ 인센티브

제 ○○ 조【인센티브】

① 제○○조의 기본급과는 별도로 매 연도의 4/4분기에 인센티브를 이사회 결의로써 지급한다. 이 경우 지급금액의 범위는 다음과 같다.

지급금액의 범위
기본급×1/12×300% 범위 내

② 제1항에 따라 지급하는 인센티브는 매년도 초에 수립하는 경영계획에 근거하여 매출목표 등의 달성이 이루어진 경우에 한하여 지급하되 성과평가방법이 있어야 하며 성과평가에 대한 지급율은 "[별표2]"와 같다. 또한, 인센티브의 총지급액은 당해 연도 영업이익의 30%를 초과하지 않아야 하며 이 경우 인센티브를 포함한 총보수는 정관에서 정하는 한도 금액을 초과할 수 없다.

③ 제1항에 따른 인센티브의 지급을 위한 이사회 결의는 참석하는 모든 이사가 만장일치로 결의하는 것으로 한다.

◈ 연봉 외 급여의 하나로서 인센티브의 지급시기와 지급방법을 결정합니다.

◈ 의사결정 사항

구 분	적 요
진단할 사항	• 회사의 현재 인센티브 지급 현황을 파악합니다.
의사결정할 사항	• 인센티브의 지급시기와 지급금액의 범위를 의사결정합니다. • 인센티브는 기본급 이외의 급여로서 특별한 영업성과에 대한 보상이므로 매출목표를 달성하는 등 일정한 성과가 달성되는 경우 지급하는 것이 합리적이라 할 수 있습니다. 이 경우에도 총보수의 한도는 적용됨에 유의하여야 합니다. • 인센티브를 지급하는 경우 개별적인 임직원의 지급금액에 대하여는 성과평가방법이 있어야 하며, 성과평가방법과 지급액은 합리적인 인과관계가 존재하여야 합니다. • 임원상여금, 인센티브 등은 정관·주주총회·이사회 등의 결의에 의하여 결정된 급여지급기준에 의하여 지급하는 금액을 초과하여 지급한 경우 그 초과금액은 이를 손금에 산입하지 않는다(법인세법시행령 43조 2항)고 되어 있으나, 실제 집행 시의 세무상 요건은 개별적·구체적 지급기준과 성과평가방법이 존재하여야 합니다. 따라서 회사의 규모나 인적구성을 고려하여 당해 회사가 이와 같은 세무상 요건 또는 관리상의 요건을 충족하는 상여금 지급시스템을

갖추고 있는지의 진단이 필요할 수도 있습니다. 만일 회사의 규모나 인적구성이 이를 감당하기 어려운 수준이라면 상여금 등의 소득을 설계하지 않고 기본급 형태로만 설계하는 것도 하나의 대안이 될 수 있을 것입니다.

◈ [별표2] 인센티브 성과평가 지급율

구 분	우 수	정 상	보 통
매출목표 200% 달성	260~300%	230~260%	200~230%
매출목표 150% 달성	160~200%	130~160%	100~130%
매출목표 100% 달성	80~100%	50~80%	20~50%

◉ 급여 등의 지급

제 ○○ 조 **【급여 등의 지급】**

① 기본급은 매월 25일에 지급하는 것을 원칙으로 한다.

② 정기상여금 및 인센티브는 지급이 결정되는 월의 급여일에 함께 지급하는 것을 원칙으로 한다.

◈ 기본급 및 연봉 외 급여의 지급시기를 결정합니다.

◈ 의사결정 사항

구 분	적 요
진단할 사항	• 회사의 현재 급여지급일을 확인합니다.
의사결정할 사항	• 기본급의 지급은 회사의 정하여진 정기적인 급여지급일을 의미하므로 의사결정할 사항은 아니나, 정기상여금 및 인센티브는 부정기적인 급여이므로 지급일을 정하는 것이 필요합니다. 회사의 실정에 맞는 지급일을 의사결정합니다.

(2) 2단계 : 임원보수 지급규정의 확정

1단계에서 회사의 현황과 상황을 고려하여 각 조문별로 검토한 임원보수 지급규정의 내용을 의사결정하여 아래와 같이 최종 확정합니다.

임원보수지급규정

－제 정 : 20○○년 ○○월 ○○일
－개정(1차) :

제1장 총 칙

제1조【목 적】
이 규정은 주식회사 ○○○○(이하 "회사"라 한다)에 근무하는 임원의 급여 및 상여금에 관한 사항을 규정함을 목적으로 한다.

제2조【적용범위】
이 규정은 회사에 근무하는 상근임원에 대하여 적용한다. 다만, 이 규정에 없는 임원의 급여에 관한 사항은 이 규정을 준용하여 적용하되 별도의 지급규정이 있는 경우 그 규정을 우선하여 적용한다.

제3조【용어의 정의】
① 본 규정에서 말하는 임원이란 회사의 이사 및 감사로서 상근인 자를 말한다.
② 연봉이란 급여조정의 기준이 되는 개인별 급여를 말한다.
③ 연봉 외 급여란 약정된 연봉 외에 별도로 회사가 개인 또는 집단에게 지급하는 급여를 말한다.

제4조【급여의 구성】
① 급여는 연봉 및 연봉 외 급여로 구성한다.
② 연봉은 기본급으로 구성된다.

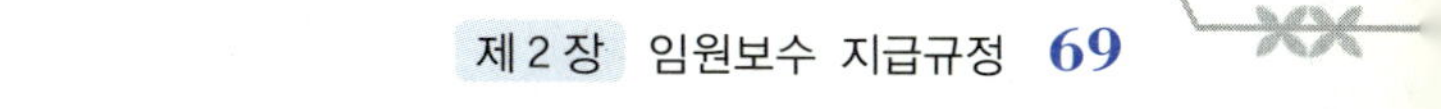

③ 연봉 외 급여는 정기상여금, 인센티브 등이 있다.

제 2 장 급여 및 상여금

제 5 조【기본급】

① 각 임원의 기본급은 주주총회에서 승인된 금액의 범위 내에서 직전연도 개인별 연봉을 기초로 업적성과 등을 반영하여 이사회에서 개인별 향후 1년간의 연봉을 결정한다.

② 제1항의 1년간의 연봉은 직전연도의 결산 재무제표가 주주총회에서 확정된 후 2개월 이내에 결정하여야 한다.

③ 제2항에 따라 결정된 기본급은 연도초로 소급하여 결정된 해당 연도를 귀속연도로 하여 기본급의 총액이 지급되어야 한다.

제 6 조【정기상여금】

① 제5조의 기본급과는 별도로 당해 연도의 상여금을 이사회 결의로써 지급한다. 이 경우 지급시기와 지급금액의 범위는 다음과 같다.

설날(구정)	여름휴가(7월 또는 8월)	추석
기본급×1/12×100% 범위 내	기본급×1/12×100% 범위 내	기본급×1/12×100% 범위 내

② 제1항에 따라 지급하는 상여금은 당해 연도 영업이익이 발생하는 경우에 한하여 지급하는 것으로 하되, 구체적인 지급액에 대한 성과평가가 있어야 하며 성과평가에 대한 지급율은 "[별표1]"과 같다. 이 경우 상여금을 포함한 총보수는 정관에서 정하는 한도 금액을 초과할 수 없다.

제 7 조【인센티브】

① 제5조의 기본급과는 별도로 매 연도의 4/4분기에 인센티브를 이사회 결의로써 지급한다. 이 경우 지급금액의 범위는 다음과 같다.

지급금액의 범위
기본급×1/12×300% 범위 내

② 제1항에 따라 지급하는 인센티브는 매년도 초에 수립하는 경영계획에 근거하여 매출목표 등의 달성이 이루어진 경우에 한하여 지급하되 성과평가방법이 있어야

하며 성과평가에 대한 지급율은 "[별표2]"와 같다. 또한, 인센티브의 총지급액은 당해 연도 영업이익의 30%를 초과하지 않아야 하며 이 경우 인센티브를 포함한 총보수는 정관에서 정하는 한도 금액을 초과할 수 없다.

③ 제1항에 따른 인센티브의 지급을 위한 이사회 결의는 참석하는 모든 이사가 만장일치로 결의하는 것으로 한다.

제 8 조 【급여 등의 지급】

① 기본급은 매월 25일에 지급하는 것을 원칙으로 한다.

② 정기상여금 및 인센티브는 지급이 결정되는 월의 급여일에 함께 지급하는 것을 원칙으로 한다.

부 칙(20○○년 ○○월 ○○일)

제 1 조 【시행일】

이 규정은 20○○년 ○○월 ○○일부터 시행한다.

◈ [별표1] 정기상여금 성과평가 지급율

우 수	정 상	보 통
80~100%	50~80%	20~50%

◈ [별표2] 인센티브 성과평가 지급율

구 분	우 수	정 상	보 통
매출목표 200% 달성	260~300%	230~260%	200~230%
매출목표 150% 달성	160~200%	130~160%	100~130%
매출목표 100% 달성	80~100%	50~80%	20~50%

(3) 3단계 : 임원보수 지급규정의 승인(「상법」절차)[11)]

1단계 및 2단계에서 검토된 사항 및 최종 결정한 임원보수 지급규정의 조문별 내용을 이사회 또는 주주총회를 거쳐 승인을 받는 「상법」절차를 수행합니다. 그 절차는 다음과 같습니다.

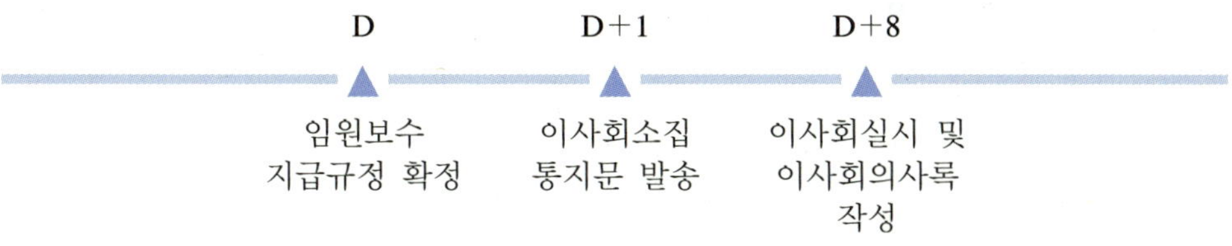

11) 「상법」절차와 관련한 실무수행 절차는 이사회가 구성된 경우를 가정하고, 임원보수 지급규정의 제정기관을 이사회로 하는 것으로 가정하여 일련의 절차를 살펴봅니다. 만일 이사가 3인 미만이어서 이사회가 구성되지 못하는 경우에는 이사회 절차는 필요 없고 주주총회 절차를 수행하여야 합니다.

(가) 이사회 소집통지문 발송

회의일을 정하여 늦어도 7일 전(정관에 따로이 정한 경우에는 그 기일)에 각 이사 및 감사에게 문서 또는 구두로 이사회의 소집통지를 합니다.

주식회사 ○○○○

대표전화 : (02)3431－3300 서울특별시 서초구 서초대로 286
팩시밀리 : (02)3431－3309 서초프라자 803호

일　　자 : 20○○－○○－○○
받　　음 : 홍길동 이사
참　　조 :
제　　목 : 이사회 소집의 건

---

1. 귀하의 발전을 기원합니다.
2. 우리회사 정관 제○○조에 따라 다음과 같이 이사회를 소집하오니 참석하여 주시기 바랍니다.

－ 다　　　　음 －

1. 일　　시 : 20○○년 ○○월 ○○일 오전 10시
2. 장　　소 : 서울특별시 서초구 서초대로 286 서초프라자 803호
(지하철 2호선 교대역 9번출구)
3. 회의목적사항
－ 제 1호 의안 : 임원보수 지급규정 제정의 건

20○○년　○○월　○○일

주식회사 ○○○○

대표이사 ○ ○ ○ (직인생략)

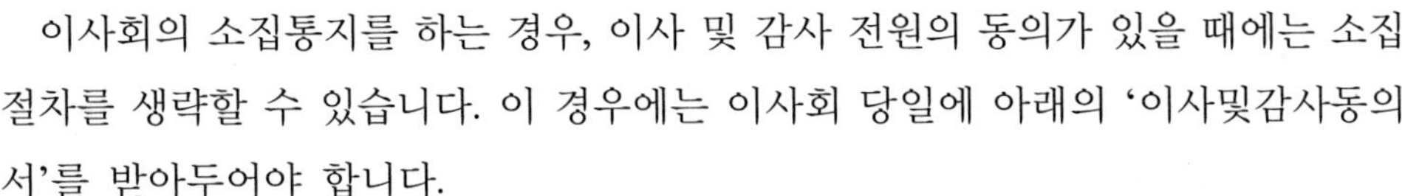

이사회의 소집통지를 하는 경우, 이사 및 감사 전원의 동의가 있을 때에는 소집절차를 생략할 수 있습니다. 이 경우에는 이사회 당일에 아래의 '이사및감사동의서'를 받아두어야 합니다.

이 사 및 감 사 동 의 서

20○○년 ○○월 ○○일 이사 및 감사의 동의로서 다음의 이사회 소집절차를 생략하는 것을 결의함.

— 결 의 사 항 —

1. 상법 제390조 제4항에 의거 이사회의 소집절차를 생략함.

위와 같이 동의함.

20○○년 ○○월 ○○일

주식회사 ○○○○

대표이사 ○ ○ ○
이　　사 ○ ○ ○
이　　사 ○ ○ ○
감　　사 ○ ○ ○

(나) 이사회의사록 작성

「상법」상의 적법한 절차에 따라 이사회가 소집되고 이사회가 개최되어 회의가 이루어진 경우 그 회의의 내용에 대한 이사회의사록을 작성합니다.

이 사 회 의 사 록

1. 개최일시 : 20○○년 ○○월 ○○일 10 : 00~10 : 30
1. 개최장소 : 당사 회의실
1. 출석이사 : 이사총수 ○명 중 ○명
1. 출석감사 : 감사총수 ○명 중 ○명
1. 안건 : 임원보수 지급규정 제정의 건

의장인 ○○○은 회의가 적법하게 성립되었음을 선언하고 다음의 안건을 부의하고 심의를 구하다.

– 임원보수 지급규정 승인의 건 –

의장은 임원보수 지급규정 승인의 건을 상정하고 별첨자료와 같이 그 필요성과 내용을 설명하고 그 승인을 구한바, 전원 이의 없이 만장일치로 승인가결하다.

〈별첨자료〉 임원보수 지급규정

이상과 같이 심의를 완료하였으므로 의장은 폐회를 선언하다. 오늘의 결의 사실을 명백히 하기 위하여 의사록을 작성하고 의장과 출석이사 및 감사가 아래와 같이 기명날인하다.

20○○년 ○○월 ○○일

주식회사 ○○○○
대표이사 ○ ○ ○
이　　사 ○ ○ ○
이　　사 ○ ○ ○
감　　사 ○ ○ ○

3. 사후관리

임원보수 지급규정이 적법한 「상법」절차에 따라 승인되는 경우 승인된 정관을 관리하고 이후 개정이 되는 경우 개정된 이력에 따른 관리 또한 이루어져야 합니다. 또한 회사에서 규정하는 임원보수 지급기준에 따라 매년의 성과보상이 집행되게 되는데, 이 경우 반드시 세무상 요건을 고려하여 지급액의 의사결정을 하여야 합니다.[12)]

임원보수는 매년의 영업성과에 대한 보상이므로 당해 연도의 손익상황과 관련이 있는 것이나 이의 수행 여부는 장기적인 관점에서 상속세 과세대상 재산인 비상장주식의 가치와 밀접한 연관성이 있으므로 매우 중요한 의사결정 과정 중의 하나입니다.

임원보수 지급기준이 정비된 후 주요한 사후관리 항목에 대하여 살펴보면 다음과 같습니다.

(1) 공증 또는 승인된 규정의 관리

정관의 경우 일반적으로 제3자에 대한 대항요건의 강화를 위하여 공증을 받는 것이 일반적이나, 임원보수 지급규정은 내부적인 회사와 임원간의 보수지급에 대한 규정이므로 일반적으로는 공증을 받지 아니합니다. 굳이 공증을 받지 않더라도 보수규정의 정비과정에서 발생하는 회의사항에 대한 회의록, 이사회의 소집을 위한 통지, 이사회의사록의 기명날인 등 그 사실관계를 입증할 수 있는 여러 수단들이 존재하므로 사실관계에 대한 입증이 그리 어렵지 않기 때문입니다.

실무적으로 임원보수 지급규정이 적법한 절차에 따라 승인되는 경우 규정표지를 작성하여 문서번호를 부여하고 관리하면 됩니다. 실무에서 사용되는 임원보수 지급규정에 대한 규정표지는 다음과 같습니다.

---

12) 상식적으로 생각해 볼 때 회사의 임원에 대한 보수의 지급은 회사의 고유권한으로 이해할 수 있을 것입니다. 또한 보수를 지급받는 경우 이와 관련한 관련 세금도 모두 납부하고 있으므로 무엇이 문제인가라고 생각할 수도 있을 것입니다. 그러나 세법에서는 임원보수의 손금산입 요건으로 '개별적 · 구체적 지급기준과 성과평가방법'을 요구하므로 실무에서 집행시 유념하여야 합니다.

<table>
<tr><td colspan="2">㈜ ○○○○</td><td colspan="4">규 정 표 지</td><td colspan="3">개정차수 : —차
총페이지 : 2장</td></tr>
<tr><td colspan="9">임원보수 지급규정</td></tr>
<tr><td colspan="2">관리번호</td><td colspan="2">○○○○ 규정 – 01</td><td rowspan="3">결
재</td><td>담 당</td><td>팀 장</td><td>임 원</td><td>사 장</td></tr>
<tr><td colspan="2">기안일자</td><td colspan="2">2○○○년 ○○월 ○○일</td><td rowspan="2"></td><td rowspan="2"></td><td rowspan="2"></td><td rowspan="2"></td></tr>
<tr><td colspan="2">작성부서</td><td colspan="2">관리부</td></tr>
<tr><td colspan="2">관련부서</td><td colspan="2">관리부</td><td>주관부서</td><td>관 리 부</td><td rowspan="2">심
사</td><td colspan="2" rowspan="2"></td></tr>
<tr><td rowspan="7">개
정
이
력</td><td>차수</td><td>제(개)정일</td><td>시행일</td><td>심 사 자</td><td></td></tr>
<tr><td>—</td><td>2○○○.
○○.○○</td><td>2○○○.
○○.○○</td><td colspan="5">주 요 개 정 내 용</td></tr>
<tr><td></td><td></td><td></td><td colspan="5"></td></tr>
<tr><td></td><td></td><td></td><td colspan="5"></td></tr>
<tr><td></td><td></td><td></td><td colspan="5"></td></tr>
<tr><td></td><td></td><td></td><td colspan="5"></td></tr>
</table>

〈 규정 목차 〉

제 1 조【 목적 】

제 2 조【 적용범위 】

제 3 조【 용어의 정의 】

제 4 조【 급여의 구성 】

제 5 조【 기본급 】

제 6 조【 정기상여금 】

제 7 조【 인센티브 】

제 8 조【 급여 등의 지급 】

부 칙

제 1 조【 시행일 】

(2) 연봉계약 체결

임원보수 지급규정이 정비된 경우 각 임원의 기본급은 주주총회에서 승인된 금액의 범위 내에서 이사회에서 개인별 1년간의 연봉을 결정하게 됩니다. 이와 같은 절차에 따라 개인별 임원에 대한 연봉(기본급)이 결정되면 회사와 임원은 그 위임보수에 대한 연봉계약을 다음과 같이 체결합니다. 연봉계약은 매년 새로운 연봉계약이 체결되게 되며, 그때마다 연봉의 결정과 관련한 실무절차(이사회 결의과정)관련 서식과 연봉계약서는 함께 보관·관리되어야 합니다.

연 봉 계 약 서

주식회사 ○○○○(이하 “회사”라 한다)와 임원 ○○○(이하 “을”이라 한다)는 연봉에 관한 제반사항을 충분히 인지하고 다음과 같이 연봉계약을 체결한다.

1. 연봉계약의 계약기간은 2○○○년 ○○월 ○○일부터 2○○○년 ○○월 ○○일까지로 한다.

2. 연봉계약의 계약금(기본급)은 다음과 같다.

연봉인 기본급	정기상여금	인센티브
○○○○○○○○원	임원보수지급규정에 따라 지급	임원보수지급규정에 따라 지급

① 기본급은 12회로 나누어 매월 급여지급일에 지급하고, 정기상여금과 인센티브는 회사의 임원보수지급규정에 따라 지급하기로 한다.
② 기본급의 금액에는 가족수당·직책수당·식대·육아수당 등 제수당이 포함된 금액이다.
③ 연봉의 지급일·지급방법·제반사항 등은 회사의 임원보수 지급규정에서 정하는 바에 따른다.
④ 명예퇴직수당, 조기퇴직수당 등 회사가 지급할 수 있는 제반 소득에 대한 산정기

초는 기본급을 기준으로 한다.

⑤ 당해 연봉계약에는 퇴직금은 포함되어 있지 아니하며, 임원퇴직금은 회사에서 정하는 별도의 임원퇴직금 지급규정에 따른다.

3. "을"은 연봉에 관련된 사항을 타인에게 공표하지 않아야 하며 다른 임원의 연봉에 대하여도 알려고 하지 않을 것이며 이를 위반하거나 위반사실이 확인되는 경우 "갑"이 처분하는 어떠한 처벌도 이의제기 없이 수용할 것을 확약한다.

4. 연봉의 계약기간이 종료된 후에 새로운 연봉계약체결이 이루어지지 아니한 경우에는 새로운 연봉계약이 체결되는 때까지 이 계약서에 명시된 연봉으로 보수를 지급하기로 한다.

5. 천재지변 · 신분변동 · 기타의 사유로 이 연봉계약의 계약내용 변경이 필요한 경우 상호 합의에 의하여 본 계약의 내용을 변경할 수 있다.

"을"은 상기 계약사항에 동의하며 본 계약서에 명시되지 아니한 사항에는 회사의 제 규정에서 정한 바에 따르겠습니다.

2○○○년 ○○월 ○○일

(갑) 주식회사 ○○○○ 대표이사 ○○○ (인)

(을) 성 명 : ○○○ (인)
주민등록번호 :
주 소 :

(3) 상여금 등 지급 시 세무상 요건

임원보수 지급규정의 정비가 필요한 법적근거는 법인이 임원에게 지급하는 상여금 중 정관 · 주주총회 · 사원총회 또는 이사회의 결의에 의하여 결정된 급여지급기준에 의하여 지급하는 금액을 초과하여 지급한 경우 그 초과금액은 이를 손금에 산입하지 아니하기 때문입니다(법인세법시행령 43조 2항). 만일 임원보수 지급규정이 없는 상태에서 상여금을 지급하는 경우 지급액 모두가 한도를 초과하는 금액이 되어 지급액 전체가 손금불산입됩니다.

그러나 임원보수 지급규정이 있고 규정에서 정하는 대로 지급하는 경우라도 손금불산입되는 경우가 있는데, 이는 실무상 상여금 등의 집행 시에 실질적으로 갖추어야 하는 세무상 요건으로 작용합니다.[13)]

---

13) 상여금 등의 지급 시 세무상 요건을 충족하지 않아 손금불산입된 사례

- 회사가 취업규칙에서 경영실적에 따라 상여금을 지급할 수 있다고 규정하고 회사의 2008.3.26.자 정기주주총회에서 임원보수 한도를 회장 · 부회장의 경우 10억원으로 결의하였다고 하더라도 그것만으로는 「법인세법 시행령」 제43조 제2항 소정의 '급여지급기준'이 정해져 있다고 할 수 없고, 나아가 이 사건 상여금의 액수를 8억5,000만원으로 정한 근거를 알 수 없을 뿐만 아니라 그 액수가 2008사업연도 당기순이익의 약 42%에 이르는 거액이어서 이를 임원 개인에 대한 임금으로 보기도 어렵다는 점 등에 비추어 이 사건 상여금은 원고가 유보된 이익을 원고의 발행주식 71%를 보유한 지배주주인 ○○○에게 배분하기 위하여 상여금의 형식을 취한 것으로서 실질적으로 이익처분에 의하여 지급되는 상여금에 해당하므로 이 사건 상여금을 손금불산입한 처분은 적법하다(대법원 2013두4842, 2013.7.12.).
- 회사는 개별적 · 구체적인 지급기준이나 성과평가방법이 없는 상태에서 지배주주인 김○○에게 쟁점급여를 과다지급하였다 할 것이고, 지배주주 등 외의 임원 또는 사용인에게 지급하는 금액을 초과하여 보수를 지급한 것에 대한 정당한 사유가 있는 것으로 보기 어려운 경우로 판단되므로 과세관청이 쟁점급여금액을 손금불산입한 처분은 달리 잘못이 없는 것으로 판단된다(조심 2011서1573, 2012.5.31.).
- 이 사건 성과상여금을 지급한 것은 원고의 창업주이자 이사회의장의 지위에 있었던 신○○에게 매년 임대수입의 10% 이내에서 상여금을 지급하기로 한 2005.11.8.자 이사회결의에 기초한 것이고, 이러한 이사회결의는 그 내용 및 전후 경과에 비추어 보면 별다른 지급기준도 없이 실질적으로 잉여금 처분을 위한 분배금을 매년 신○○에게 지급하면서도 명목상으로만 손금산입대상이 되는 상여금의 형식을 갖추기로 한 것으로 볼 수 있으며, 비록 신○○에게 지급될 구체적인 성과상여금의 액수 등은 해당 사업연도별로 개최되었던 주주총회와 이사회 등에서 확정되었다고 하더라도 이는 신○○와 관련단체가 원고 지분의 98% 이상을 차지하고 있는 상황 등을 감안할 때 앞서 2005.11.8.자 이사회결의에서 성과상여금을 지급하기로 결정한 후 그 당시 예정한 바대로 각 사업연도별로 후속절차로서 이루어진 것으로서 그와 함께 이 사건 성과상여금의 지급원인이 되었다고 봄이 상당하므로 쟁점 성과상여금은 지급기준 없이 지급된 잉여금 처분이므로 손금에 산입될 수 없다(대법원 2014두6562, 2017.4.27.).

임원보수, 특히 부정기적 상여금 등을 지급하는 경우 반드시 진단하여야 하는 세무상 요건은 지급액이 임원보수 총한도 범위 내이어야 하고 개별적 · 구체적 지급기준과 성과평가방법이 존재하여야 합니다. 앞서도 살펴보았으나 이 개념은 너무나 중요한바 다시 한번 그 의미와 요건을 살펴보면 아래의 표와 같습니다.[14)]

구분	정관	임원보수지급규정	이사회결의
의미	회사의 최고 자치법규인 정관에서 임원보수 지급 규정에 대한 근거 또는 위임범위를 정하고, 그 총보수의 한도를 설정합니다.	정관의 위임에 따라 주주총회 또는 이사회 결의로 회사의 실정에 맞는 임원 보수 지급규정을 설계합니다.	회사의 임원보수 지급규정에 따라 매년의 영업성과보상액을 지급하되, 이사회에서 구체적인 지급 금액을 결정합니다.
세무상 요건	임원보수의 총한도	개별적 · 구체적 지급기준	성과평가방법
지급시 유의사항	연간 지급액의 총액이 한도를 넘지 않는지 여부	지급액의 범위가 임원보수지급규정에 부합한지 여부	구체적인 지급금액의 산정에 대한 객관적인 성과평가방법이 있는지 여부

(4) 임원보수는 매년 경영성과에 대한 보상

매년의 성과보상 급여인 임원보수는 매년 진단하여야 하는 소득유형입니다. 왜냐하면 보수와 관련한 tax planning은 이를 제대로 이행하지 않고 수년이 지나게 되면 되돌릴 수 없기 때문이며, 중요한 것은 매년 보수에 대하여 얼마를 지급할 것인지에 대한 진단 절차를 수행하여야 한다는 것입니다. 이를 수행하지 않을 경우 그 결과는 돌이킬 수 없을 만큼 치명적이기 때문입니다.

따라서 매년 회사의 결산절차가 확정되어 당기순이익이 확정되면, 차기 연도의 임원 보수에 대한 진단을 거쳐 그 금액을 결정하여야 하는데, 이를 위하여 보수의

14) 임원에 대한 성과보상의 기준인 임원보수 지급규정의 정비를 하고 이의 집행을 실무에서 수행하는 경우 이와 같은 연관성을 이해하는 것은 매우 중요합니다. 특히 구체적인 지급액에 대한 세무상 요건을 충족하지 못하는 경우 손금불산입되어 수천만원에서 수억원에 이르는 세무상 불이익을 당할 수 있습니다.

개념·근거·한도 등의 내용을 이해할 필요가 있으며, 이를 요약하면 아래와 같습니다(매년의 성과보상이라는 점에서 동일하며, 매년 진단하고 의사결정하여야 하는 소득인 배당도 그 성격이 같으므로 함께 살펴봅니다).

구분	보수(급여, 상여)	배 당
성격	임직원에 대한 매년 영업성과 보상	주주에 대한 매년 영업성과 보상
법적근거	세법(법인세법시행령 43조 2항)	「상법」(462조 1항)
한도	임원보수지급기준 범위 내	「상법」상 배당가능이익 범위 내
실무절차	이사회결의(성과평가방법)	주주총회 결의 (중간배당의 경우 이사회결의)

◈ 급여 및 배당 소득유형의 경우 개념 자체가 매년의 경영성과에 대한 보상이므로 성과 발생 시마다 그때그때 이루어져야 합니다.

◈ 임원에 대한 보수를 집행하는 경우 그 한도를 고려하지 않거나 실무절차를 이행하지 않아 거액의 상여금 등을 손금으로 인정받지 못하는 사례가 종종 있는데, 집행단계에서 반드시 그 한도를 확인하고 성과평가 방법 등 실무절차를 반드시 이행하여야 합니다.

(5) 매년 경영성과보상이 제대로 되지 않은 경우

급여(나 배당)는 매년의 경영성과에 대한 보상이며, 이를 제대로 수행하지 아니한 경우 회사의 이익잉여금 증가와 밀접한 관련이 있으며, 이 이익잉여금은 비상장주식의 가치 평가와 직접적인 관련이 있습니다.

회사가 보수를 많이 지급하는 경우 그 세금부담이 크다는 이유로 성과보상을 제때에 제대로 하지 아니한 경우 그 누적된 효과는 거액의 이익잉여금으로 쌓이게 되고, 이는 회사의 순자산가치를 증가시켜 비상장주식가치를 평가하면 엄청난 금액으로 평가가액이 산정되게 되는 주요 원인이 됩니다. 이와 같은 비상장주식은 결국 미래의 상속재산이 되는 것이고 상속세의 최고세율은 50%이므로 관리되지 않은 비상장주식의 가치는 엄청난 상속세의 부담으로 이어지게 됩니다.

따라서 매년 회사의 잉여수준을 진단하고 급여·배당정책을 수행(상속세 재원 마련을 위한 유동성 포함)하여야 하는 것입니다. 급여·배당정책을 제대로 수행하지 않은 경우로서 준비되지 않은 상속이 개시되는 경우 어떠한 결과를 초래하는지 다음 기사내용들을 보면 이해할 수 있을 것입니다.

정부소유 비상장 주식시장에 대거 매각될듯

신현규 기자 | 입력 : 2013.07.18 17:19:19 수정 : 2013.07.19 00:05:19

정부가 갖고 있던 비상장 주식들이 시장에 대거 매각될 것으로 예상된다. 또 정부가 보유한 기업은행 주식 등도 앞으로 시장에 풀릴 것으로 보인다. 정부의 재정건전성에 대한 우려가 깊어지는데 세수 확보는 쉽지 않기 때문이다. 기획재정부는 18일 정부가 보유 중인 국세물납증권을 효율적으로 매각하기 위해 국세물납증권 관리·매각제도 개선 방안을 마련했다고 밝혔다.

국세물납증권이란 세금을 내야 하는데 현금이 없거나 다른 이유 등으로 유가증권을 대신 국가에 낸 것을 말한다. 대표적 사례가 상속·증여세다. 회사 지분을 상속 또는 증여받아 세금을 내야 하는데 당장 현금이 없으면 주식으로 세금을 낼 수 있다.

정부는 이번 방안을 통해 국세물납주식 중 규모가 큰 비상장 주식은 분할 매각을 할 수 있도록 규정을 바꿨다. 현재 정부가 보유 중인 국세물납주식은 비상장 주식 306개 종목(5375억원), 상장 주식 28개 종목(4354억원)이다.

A14 한국경제 2008년 8월 5일 화요일

中企 가업승계 A to Z ② 금융 마인드를 키워라

배당, 잉여금으로 쌓아두면 '세금 폭탄'

'기업 상속세' 딜레마

200억대 회사 물려받은 P사장의 경우

세금 100억 내려 동분서주 … 결국 회사 문 닫아

지분 절반 세금내면 경영권 유지 어려워

대기업·中企 할것없이 '사업지속' 갈림길

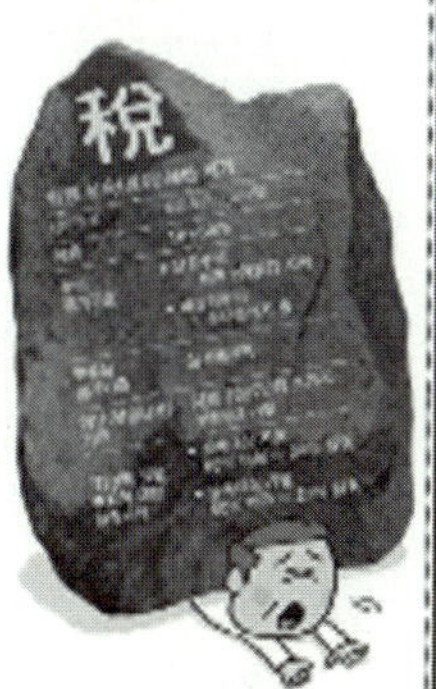

A2 한국경제 종합 2008년 5월 2일 금요일

상속세 때문에…

손톱깎이 세계 1위 쓰리쎄븐 세금 150억 마련하려 기업매각

과중한 상속세 부담 탓에 유망 중소기업의 주인이 바뀌게 되자 상속세 경감이 산업계의 주요 현안으로 부상했다.

세계 1위 손톱깎이 업체이며 코스닥 상장사인 쓰리쎄븐이 그 기업이다. 이 회사는 지난해 세계시장 점유율 1위(32.73%)를 달성한 기업으로 지난 2000년 중국 주룽지 총리가 TV에 쓰리쎄븐의 손톱깎이를 들고 나와 "외국제품은 이렇게 훌륭한 데 우리는 왜 못만드나"고 말했을 만큼 뛰어난 품질을 인정받고 있다. 그러나 1월 창업주 김형규 회장이 세상을 떠난 뒤 유족이 거액의 상속세를 마련하지 못해 고심 끝에 회사를 처분키로 한 것이다.

1일 쓰리쎄븐에 따르면 최대주주인 고 김 회장의 유가족이 내야 할 상속세는 150억~200억원에 이른다. 이에 따라 유가족은 최근 가족회의에서 김 회장과 자신들이 보유한 주식 200만주(18.5%)를 나우인굿닥넷 등에 매각해 160억원의 자금을 마련, 상속세를 납부키로 결정했다.

김 회장은 사망 전인 2006년 8월부터 지난해 8월까지 세 차례에 걸쳐 모두 240만9924주를 자회사인 바이오업체 크레아젠과 임직원에게 증여했다. 증여일 종가 기준으로 약 371억원에 달하는 거액이었다. 당시 김 회장은 "기업가치를 높여준 연구진에 보답하기 위해 증여를 결정했다"고 밝혔다.

그러나 김 회장이 올 1월 갑자기 사망하자 임직원에 넘긴 주식에 대한 상속세 부담은 고스란히 유가족에게 넘어왔다. 현행 법률상 증여자가 5년 이내에 사망할 경우 기존 '증여'는 '상속'으로 간주되고 거기에서 발생하는 세금은 상속인이 모두 내야 하기 때문이다.

이에 따라 유가족은 자신들의 상속세 부담을 제외하고도 임직원들을 위해 약 100억원을 더 내야하는 상황에 처했고, 결국 매각을 통해 자금을 마련하기로 방향을 잡았다. 쓰리쎄븐 관계자는 "유가족은 김 회장 사망 후에도 회사를 경영하길 원했지만 자회사인 크레아젠에 대한 자금 지원 등을 고려해 어려운 결단을 내렸다"고 전했다.

이와 관련, 중소기업계는 "상속세율을 대폭 낮추고 주식대납 등이 가능하도록 법률을 개정해야 가업을 잇는 기업가 정신이 정착될 수 있다"고 지적했다.

조재희 기자 joyjay@hankyung.com

THREE SEVEN

쓰리쎄븐 기업개요

대표	[illegible] (창업주 고 김형규 회장의 사위)
창립	1975년 대성금속
주요 연혁	1997년 87개국 2400만달러 수출 2001년 쓰리쎄븐으로 상호변경 2003년 코스닥 상장 2005년 크레아젠 인수
2007년 실적	매출 238억원 영업이익 -44억원
세계시장 점유율	32.73%(1위)

'稅폭탄'국내대표 종자기업(농우바이오), M&A 내몰려

창업주 고희선 회장 별세후 '1천억대 상속세'자금 압박
유가족 지분매각 추진… 외국자본에 종자주권 침탈우려

작성 : 2014년 03월 19일 22:10:28

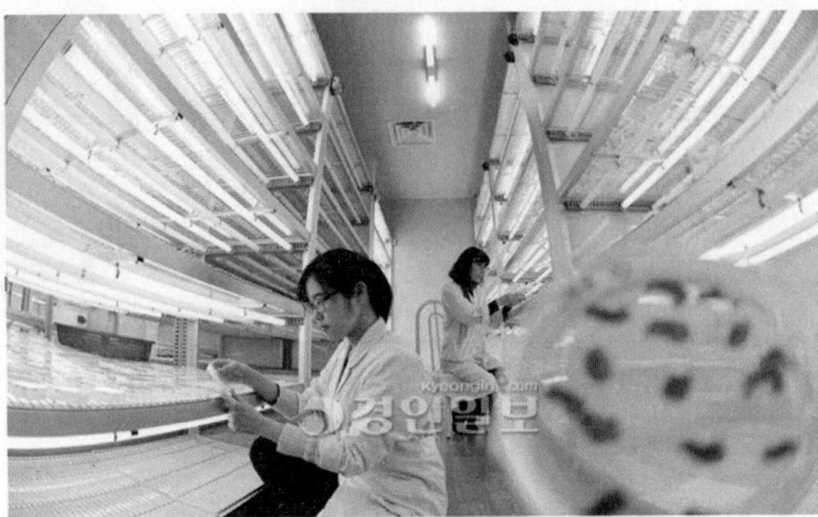

▲ 국내 종자업계를 대표하는 기업인 (주)농우바이오가 1천억원대의 상속세가 부과되면서 지분 매각을 추진하자, 국내 종자주권이 무너지는 게 아니냐는 우려의 목소리가 나오고 있다. 19일 오후 여주시 가남읍에 위치한 농우바이오 육종연구소에서 연구원들이 조직배양 실험을 하고 있다. /하태황기자

중소기업이 상속 문제 더 심각

은행대출 어렵고 부동산 등 실물자산 많아

현행 상속·증여세제는 대기업보다 중소기업들에 훨씬 가혹하다는 게 전문가들의 중론이다.

차입금 없이 자기 자본으로 기업을 꾸려가는 기업인들이 거의 없는 데다 현실적으로 원하는 만큼 은행에서 돈을 빌릴 수 있는 신용도도 취약하기 때문이다. 게다가 중소기업인들의 재산 내역을 보면 금융 자산보다 부동산 등 실물 자산이 압도적으로 많아 세금 마련을 위한 용도로 사용하기가 쉽지 않다. 사업하는 과정에서 해당 부동산이 담보로 잡혀 있는 경우가 많기 때문이다.

대구 황금동에 사무실을 열고 있는 장태식 세무사는 "요즘 중소기업들 사정이 별로 좋지 않기 때문에 개별적으로 상속세 상담을 해 보면 대부분 사정들이 딱하다"며 "주식으로 물납하는 방법도 있지만 여의치 않을 때가 많다"고 말했다.

특히 동업자들로 구성된 주식회사의 경우 경영권 문제가 걸리기 십상이어서 선뜻 주식을 내놓기가 어렵다는 것이다.

'기업상속세' 중소기업이 더 심각한 이유

- 사전준비 미흡
- 세제관련 정보 부족
- 동업형 주식회사의 경우 물납에 한계
- 실물자산 대비 금융자산의 비중 낮음
- 신용 창출능력 부족

중소기업들이 애로를 느끼는 또 다른 이유는 대기업들에 비해 정보가 부족하다는 점이다. 대기업 오너 경영자들이야 휘하의 참모 조직이나 재무팀 등을 통해 세제 변화 과정을 지켜보며 대응 방안을 일관성 있게 짜나갈 수 있지만 기획 영업 재무 등 회사의 주요 업무를 혼자서 챙겨야 하는 중소기업인들은 그럴 만한 여유가 없다.

이 때문에 상속·증여 최고 세율이 50%라거나 경영권 프리미엄이 있는 주식의 상속에 대해선 10~30%의 할증 과세가 이뤄진다는 사실 등을 모르는 기업인들도 의외로 적지 않다.

여기에다 기업인들 스스로 준비를 소홀히한다는 지적도 있다. 모 은행 VIP센터의 한 관계자는 "재테크 상담을 하러 오는 기업인들 중 정작 자신의 사망 이후에 관심을 갖는 사람들은 많지 않다"며 "준비를 좀 하셔야 한다고 말씀 드리면 '내가 벌써 죽을 때가 됐다는 말이냐'며 화를 내는 분들도 있다"고 전했다.

사실 전문가들의 조언에 이런 반응을 나타낸다면 자식들이나 주변 가족들은 말을 꺼내기가 더욱 어려울 수밖에 없다. 또 "재산을 일찍 증여하고 나면 나중에 자식들에게 대접받지 못한다"는 얘기도 심심찮게 들린다고 한다.

제 3 장 임원퇴직금 지급규정

1단계 임원퇴직금 지급규정의 조문별 진단

회사의 현행 임원퇴직금 지급규정 또는 신규로 제정하고자 하는 임원퇴직금 지급규정을 각 조문별로 진단하고 회사의 사정에 맞게 각 조문별로 의사결정을 수행합니다.

2단계 임원퇴직금 지급규정의 확정(의사결정)

1단계에서 각 조문별로 진단된 임원퇴직금 지급규정을 의사결정 과정을 통하여 확정합니다.

3단계 확정된 임원퇴직금 지급규정의 승인(「상법」절차)

실무절차로 확정된 임원퇴직금 지급규정을 승인하는 「상법」상의 절차(이사회 소집통지 → 이사회의사록 작성 → 주주총회 소집통지 → 주주총회의사록 작성)를 수행합니다.

4단계 사후관리

1. 임원퇴직금의 의의

일반적인 소득유형인 급여·상여·배당·퇴직금 중 가장 세부담이 적은 것이 퇴직소득입니다. 이와 같은 퇴직소득은 워낙 장기플랜이며 거액인 경우가 많습니다. 또한 정관에서 규정하는 지급규정(실무적으로는 정관에서 위임하고 주주총회의 결의로 별도의 임원퇴직금 지급규정을 정비합니다)의 정비가 필요합니다. 이와 같은 임원퇴직금은 회사의 규정에 의하여 이사 등 임원에게 퇴직금을 지급하는 경우에도 그 퇴직금은 「근로기준법」 소정의 퇴직금이 아니며 재직 중의 직무집행에 대한 대가로 지급되는 보수의 일종이라 할 것입니다. 따라서 이사 등 임원의 퇴직금청구권에는 「근로기준법」에 따른 임금채권의 시효에 관한 규정이 적용되지 아니하고 일반채권의 시효규정이 적용됩니다(대법원 87다카2268, 1988.6.14.).[15]

(1) 임원퇴직금에 대한 세법의 근거

법인이 임원에게 지급한 퇴직급여 중 정관에 퇴직급여(퇴직위로금 등을 포함)로 지급할 금액이 정하여진 경우에는 정관에 정하여진 금액을 손금에 산입하고, 정관에 지급할 금액이 정하여지지 않은 경우에는 그 임원이 퇴직하는 날부터 소급하여 1년 동안 해당 임원에게 지급한 총급여액(비과세 소득은 제외하고, 상여금 손금불산입액은 제외)의 10분의 1에 상당하는 금액에 근속연수를 곱한 금액을 손금에 산입합니다(법인세법시행령 44조 4항). 이와 같이 임원퇴직금의 한도는 정관규정의 유무에 따라 그 한도가 달라지게 되는데, 이를 요약하면 다음과 같습니다.

구 분	임원퇴직금 법적 근거
① 정관에 지급할 금액이 정하여진 경우	정관에 정하여진 금액(정관에서 위임된 퇴직급여지급규정이 따로 있는 경우에는 해당 규정에 의한 금액)을 손금산입
② '①' 이외의 경우	임원이 퇴직하는 날부터 소급하여 1년 동안 해당 임원에게 지급한 총급여액(비과세소득은 제외, 상여금 손금불산입액 제외)의 10분의 1에 상당하는 금액에 근속연수를 곱한 금액*1

15) 일반채권은 10년간 행사하지 아니하면 소멸시효가 완성합니다(민법 162조 1항).

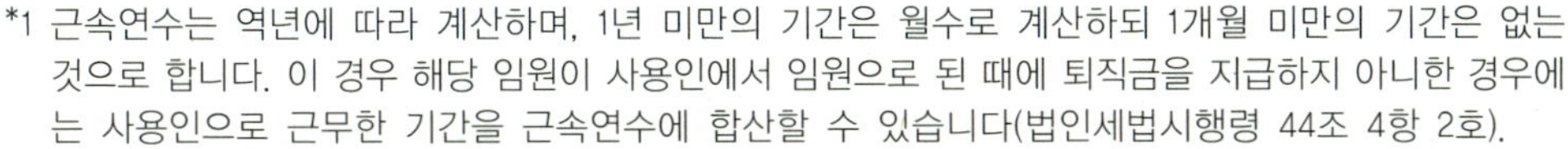

*1 근속연수는 역년에 따라 계산하며, 1년 미만의 기간은 월수로 계산하되 1개월 미만의 기간은 없는 것으로 합니다. 이 경우 해당 임원이 사용인에서 임원으로 된 때에 퇴직금을 지급하지 아니한 경우에는 사용인으로 근무한 기간을 근속연수에 합산할 수 있습니다(법인세법시행령 44조 4항 2호).

(2) 정관에 정한 임원퇴직금을 전액 손금인정하는 이유

정관에 퇴직금으로 정해 놓은 금액을 지급하는 경우에 임원의 퇴직금이라도 그 전액을 손금산입할 수 있도록 규정한 이유는 정관은 법인의 근본 규칙으로서 일단 정관에 정해 놓은 퇴직금을 증감시키기 위해서는 「상법」상의 정관 변경절차를 거쳐야 하므로 임원이라도 임의로 임원퇴직금을 과다지급하는 것이 비교적 어려워 법인의 소득을 부당히 감소시킬 염려가 적다는 데 그 이유가 있다 할 것입니다(국심 2000중1197, 2000.10.24. 외).

이 경우 정관에 퇴직금으로 정해 놓은 금액을 지급하는 경우와 마찬가지로 정관에서 위임한 퇴직급여지급규정에 의한 퇴직금이 전액 손금산입되기 위해서는 임원이라도 임원퇴직금을 임의로 증감시킬 수 없을 정도로 정관 자체에 퇴직금 범위에 관한 기본사항이 정하여져 있고, 다만 구체적 · 세부적 사항을 정한 퇴직금지급규정에 따라서 퇴직금을 지급하는 경우여야 할 것인바, 주주총회에서 정한 퇴직금 지급기준이 특정임원의 퇴직 시마다 퇴직금을 임의로 지급할 수 없는 일반적이고 구체적인 기준에 해당하는 경우 이를 정관에서 위임한 퇴직급여지급규정으로 볼 수 있다 할 것입니다(법인세과-572, 2011.8.9.; 국심 2001서2796, 2002.7.4.).

(3) 임원퇴직금의 장점

기업단계의 잉여를 소득유형 변경을 통하여 개인 재산화하는 방법은 급여, 배당, 퇴직금이 있습니다. 이와 같은 여러 가지 소득유형 중에서 퇴직금은 다른 소득유형 변경방법보다 그 절세효과가 매우 큰 방법인데, 퇴직소득이 갖는 장점을 살펴보면 다음과 같습니다.

① 연분연승법 계산방식으로 유효세율이 6~25% 수준으로 상대적으로 낮음.
② 퇴직금을 일시금으로 처리하는 경우 법인세 감소효과 매우 큼.
③ 퇴직금을 일시금으로 처리하는 경우 비상장주식가치 평가시 순손익가치를 감소시키는 효과[평가금액이 순자산가치의 80%보다 낮은 경우에는 순자산가치의 80% 금액으로 함. 다만 2018년 3월 31일까지는 순자산가치의 70%로 함(상속세및증여세법 시행령 54조 1항)]
④ 다른 소득과 달리 4대 사회보험료 부과대상 소득이 아님.
⑤ 다른 종합소득과 합산하지 않고 분류과세로 종결
⑥ 든든한 노후자금의 역할

따라서 장기적인 tax planning을 수행하는 경우 퇴직금은 반드시 설계하여야 하는 소득유형이라고 할 수 있습니다.

(4) 임원퇴직금의 손금산입 요건

이와 같이 임원퇴직금은 정관에 규정이 있어야 함을 법적 요건으로 하고 있습니다. 그러나 실제 지급 시에 임원퇴직금이 전액 비용으로 인정받기 위하여는 몇 가지 요건이 더 필요한데 이의 요건은 아래와 같으며, 이하에서 구체적인 요건에 대하여 살펴봅니다.

〈임원 퇴직금의 손금 요건〉

① 임원퇴직금은 정관에 퇴직급여(퇴직위로금 등을 포함)로 지급할 금액이 정하여진 경우에는 정관에 정하여진 금액일 것(법인세법시행령 44조 4항)
② 현실적으로 퇴직하는 경우에 지급하는 것에 한할 것(법인세법시행령 44조 1항)
③ 임원 또는 사용인에게 지급하는 연금 또는 일시금일 것(법인세법시행령 44조 1항)
④ 법인이 퇴직급여를 실제로 지급한 경우일 것(법인세법시행령 44조 2항)
⑤ 해당 과세기간에 발생한 소득일 것(소득세법 22조 1항)

1) 임원퇴직금 법정요건 1(정관에서 정한 지급금액일 것)

법인이 임원에게 지급한 퇴직급여는 정관에 퇴직급여 지급기준이 있는 경우 그 지급기준 이내의 금액을 손금에 산입합니다. 임원퇴직금에 대한 정관규정 유무에 따른 손금의 범위를 살펴보면 다음과 같습니다(법인세법시행령 44조 4항).

구 분	임원퇴직금 손금한도
① 정관에 지급할 금액이 정하여진 경우	정관에 정하여진 금액(정관에서 위임된 퇴직급여지급규정이 따로 있는 경우에는 해당 규정에 의한 금액)을 손금산입
② '①' 이외의 경우	임원이 퇴직하는 날부터 소급하여 1년 동안 해당 임원에게 지급한 총급여액(비과세소득은 제외, 상여금 손금불산입액 제외)의 10분의 1에 상당하는 금액에 근속연수를 곱한 금액[*1]

*1 근속연수는 역년에 따라 계산하며, 1년 미만의 기간은 월수로 계산하되 1개월 미만의 기간은 없는 것으로 합니다. 이 경우 해당 임원이 사용인에서 임원으로 된 때에 퇴직금을 지급하지 아니한 경우에는 사용인으로 근무한 기간을 근속연수에 합산할 수 있습니다(법인세법시행령 44조 4항 2호).

정관규정을 별도의 퇴직금규정으로 위임해도 되는 것인지?

'정관에 퇴직급여로 지급할 금액이 정하여진 경우'란 정관에 임원의 퇴직급여를 계산할 수 있는 기준이 기재된 경우를 포함하여, 정관에서 위임된 퇴직급여지급규정이 따로 있는 경우에는 해당 규정에 의한 금액이 인정됩니다(법인세법시행령 44조 5항).

Q&A

정관규정 설계 시 유의하여야 할 사항

■ 주주총회 결의로 지급하여도 되는지?

임원에게 지급할 퇴직금을 정관 등에 정하지 아니하고 주주총회의 결의에 의하여 지급하는 경우에는 정관에 퇴직급여로서 지급할 금액이 정하여진 것으로 보지 아니합니다(법인 46012－1043, 1997.4.14.).

■ 이사회 만장일치로 지급하는 것도 가능한지?

임원에 대한 퇴직급여를 정관의 위임규정이 없이 이사회결의로 정한 지급규정에 의하여 지급하는 경우에는 정관에 퇴직급여로 지급할 금액이 정하여진 것으로 보지 아니합니다(서이－1499, 2004.7.16.; 법인 46012－2475, 1997.9.25.).

■ 퇴직금의 지급배율을 개인별로 정해도 되는지?

법인의 퇴직급여지급규정이 불특정다수를 대상으로 지급배율을 정하지 아니하고 개인별로 지급배율을 정하는 경우에는 정관에서 위임된 퇴직급여지급규정으로 볼 수 없는 것입니다(법인세과－450, 2010.5.14.).

■ 임원이 퇴직하기 전에 규정을 개정한 경우 당해 규정의 개정 전까지의 근속기간에 대하여도 개정된 규정을 적용할 수 있는지?

임원이 퇴직하기 전에 규정을 개정한 경우에는 당해 규정의 개정 전까지의 근속기간에 대하여도 개정된 규정을 적용할 수 있는 것입니다(법인세과－461, 2010.5.19.; 서이 46012－11540, 2003.8.25.).

2) 임원퇴직금 법정요건 2(현실적인 퇴직사유일 것)

임원퇴직금은 법인이 현실적으로 퇴직하는 경우에 지급하는 것에 한하여 손금에 산입합니다. 이 경우 퇴직급여를 실제로 지급한 경우로서 다음의 어느 하나에 해당하는 경우를 포함하는 것으로 합니다(법인세법시행령 44조 2항).

〈현실적인 퇴직사유〉

① 법인의 사용인이 당해 법인의 임원으로 취임한 때[16]

② 법인의 임원 또는 사용인이 그 법인의 조직변경 · 합병 · 분할 또는 사업양도에 의하여 퇴직한 때

③ 「근로자퇴직급여 보장법」 제8조 제2항에 따라 퇴직급여를 중간정산하여 지급한 때(중간정산시점부터 새로 근무연수를 기산하여 퇴직급여를 계산하는 경우에 한정한다)

④ 법인의 임원에 대한 급여를 연봉제로 전환함에 따라 향후 퇴직급여를 지급하지 아니하는 조건으로 그때까지의 퇴직급여를 정산하여 지급한 때(2015년 12월 31일까지만 적용, 2016년 1월 1일 이후 퇴직급여를 정산하여 지급한 때부터 현실적인 퇴직사유에서 제외, 법인세법시행령 44조 2항 4호, 부칙 5조)

⑤ 정관 또는 정관에서 위임된 퇴직급여지급규정에 따라 장기 요양 등 아래에서 정하는 사유로 그때까지의 퇴직급여를 중간정산하여 임원에게 지급한 때(중간정산시점부터 새로 근무연수를 기산하여 퇴직급여를 계산하는 경우에 한정한다)
- 중간정산일 현재 1년 이상 주택을 소유하지 아니한 세대의 세대주인 임원이 주택을 구입하려는 경우(중간정산일부터 3개월 내에 해당 주택을 취득하는 경우만 해당한다)
- 임원(임원의 배우자 및 소득세법 제50조 제1항 제3호에 따른 생계를 같이 하는 부양가족을 포함한다)이 3개월 이상의 질병 치료 또는 요양을 필요로 하는 경우

16) 현실적인 퇴직사유에 해당하나 퇴직급여를 실제로 받지 아니한 경우는 퇴직으로 보지 아니할 수 있습니다(소득세법시행령 43조 1항).

• 천재 · 지변, 그 밖에 이에 준하는 재해를 입은 경우

⑥ 다음의 어느 하나에 해당하는 경우(법인세법집행기준 26-44-3)

• 법인의 직영차량 운전기사가 법인소속 지입차량의 운전기사로 전직하는 경우
• 법인의 임원 또는 사용인이 사규에 의하여 정년퇴직을 한 후 다음날 동 법인의 별정직 사원(촉탁)으로 채용된 경우
• 합병으로 소멸하는 피합병법인의 임원이 퇴직급여지급규정에 따라 퇴직급여를 실제로 지급받고 합병법인의 임원이 된 경우
• 법인의 상근임원이 비상근임원으로 된 경우

Q&A

현실적인 퇴직사유가 아닌 경우에 지급한 퇴직금은 어떻게 되는지?

현실적으로 퇴직하지 아니한 임원 또는 사용인에게 지급한 퇴직급여는 당해 임원 또는 사용인이 현실적으로 퇴직할 때까지 이를 업무와 관련이 없는 자금의 대여액으로 봅니다(법인세법시행규칙 22조 2항, 서면-2016-법인-4473, 2016.11.22.; 법인세과-651, 2009.5.29.; 서면2팀-364, 2008.2.29.; 서면2팀-2135, 2006.10.24.; 서면1팀-144, 2006.2.3.).

Q&A

1년 이상 무주택자인 임원이 주택을 구입하는 경우 중간정산이 되는지?

중간정산일 현재 1년 이상 주택을 소유하지 아니한 세대의 세대주인 임원이 주택을 구입하기 위하여 내국법인이 그때까지의 퇴직급여를 중간정산하여 지급한 경우로서 「법인세법 시행령」 제44조 제2항에 해당하는 경우 현실적인 퇴직에 해당됩니다(법인세과-352, 2013.7.16.).

Q&A

주택을 자가건설하는 경우에도 임원퇴직금 중간정산 사유가 되는지?

퇴직급여 중간정산일 현재 1년 이상 주택을 소유하지 아니한 세대의 세대주인 임원이 자가건설로 주택을 취득하는 경우 퇴직금 중간정산 사유에 해당되는 것입니다(법인세과-928, 2011.11.18.).

3) 임원퇴직금 법정요건 3(실제로 일시금으로 지급할 것)

퇴직소득은 해당 과세기간에 발생한 퇴직함으로써 받는 소득(소득세법 22조 1항)으로서 법인이 퇴직급여를 실제로 지급한 금액으로 연금 또는 일시금이어야 합니다(법인세법시행령 44조 1항 · 2항). 따라서 퇴직금을 일시금으로 지급하지 않고 미지급하거나 분할지급하는 경우 퇴직소득의 요건을 충족하지 않아 근로소득으로 과세되거나 추가적인 세무문제가 따르므로 유의하여야 합니다.

〈실제로 일시금으로 지급할 것〉

① 임원 또는 사용인에게 지급하는 연금 또는 일시금일 것(법인세법시행령 44조 1항)
② 법인이 퇴직급여를 실제로 지급한 경우일 것(법인세법시행령 44조 2항)
③ 해당 과세기간에 발생한 소득일 것(소득세법 22조 1항)

Q&A

퇴직금을 정산하기로 합의하였으나 이를 실제로 지급하지 아니한 경우는?

임원에게 퇴직금을 실제로 지급하여야만 손금산입의 요건을 충족하게 되고, 단지 퇴직금을 정산하기로 합의하였으나 이를 실제로 지급하지 아니한 경우에는 「법인세법 시행령」 제44조 소정의 '현실적인 퇴직'에 해당하지 아니하여 손금산입의 요건에 해당하지 아니합니다(대법원 2007두23965, 2008.1.24.).

Q&A

퇴직금을 분할하여 지급하는 것도 가능한지?

퇴직금의 지급이란 퇴직금 전액을 지급하는 경우에만 해당하므로 자금사정 등을 이유로 퇴직금을 임원과 합의에 따라 분할하여 지급하는 경우에는 현실적인 퇴직에 해당하지 아니하는 것입니다(서면2팀-79, 2005.1.12.).

Q&A

임원퇴직금을 보험금으로 지급하는 경우 퇴직금으로 인정되는지?

법인이 계약자 및 수익자를 법인으로, 임원을 피보험자로 하는 보험(이하 "저축성보험"이라 한다)에 가입하고, 임원 퇴직 시 저축성보험의 계약자 및 수익자를 법인에서 피보험자(퇴직임원)로 변경하는 경우 법인이 부담한 저축성보험(임원퇴직 당시 저축

성보험의 평가액)은 퇴직임원의 퇴직소득에 해당합니다. 다만, 저축성보험의 평가액을 포함한 임원의 퇴직소득이 과도하여 '부당행위계산의 부인'규정이 적용되는 경우에는 동 규정이 적용되지 않는 범위 내에서만 퇴직소득에 해당하며, 이를 초과하는 금액은 근로소득에 해당합니다(기획재정부 소득－108, 2011.3.29. 외).

(5) 3배 초과 임원퇴직금은 근로소득으로 과세

퇴직소득금액은 사용자 부담금을 기초로 하여 현실적인 퇴직을 원인으로 지급받는 소득의 합계액(비과세소득의 금액은 제외)으로 합니다. 다만, 임원의 퇴직소득금액(2011년 12월 31일에 퇴직하였다고 가정할 때 지급받을 퇴직소득금액[17])이 있는 경우에는 그 금액을 뺀 금액을 말한다)이 다음 계산식에 따라 계산한 금액을 초과하는 경우에는 그 초과하는 금액은 근로소득으로 봅니다(소득세법 22조 3항).

$$\text{퇴직한 날부터 소급하여 3년(근무기간이 3년 미만인 경우에는 해당 근무기간으로 한다) 동안 지급받은 총급여의 연평균환산액} \times \frac{1}{10} \times \frac{\text{2012년 1월 1일 이후의 근무기간}}{12} \times 3$$

◈ 상기 계산식을 적용할 때 근무기간은 개월 수로 계산하며, 1개월 미만의 기간이 있는 경우에는 이를 1개월로 봅니다(소득세법 22조 4항).

◈ 임원퇴직금에 대하여 3배까지만 퇴직소득으로 인정하는 「소득세법」 개정규정은 2012년 1월 1일 이후 최초로 발생하는 퇴직소득부터 적용됩니다(소득세법 22조 · 부칙 2조).

◈ 위 본문에서 "2011년 12월 31일에 퇴직하였다고 가정할 때 지급받을 퇴직소득금액"이란 퇴직소득금액에 2011년 12월 31일 이전 근무기간(개월 수로 계산하며, 1개월 미만의 기간이 있는 경우에는 1개월로 본다)을 전체 근무기간으로 나눈 비율을 곱한 금액을 말합니다. 다만, 2011년 12월 31일에 성관의 위임

17) 임원의 퇴직소득 한도 적용대상 금액 개정(소득세법 22조, 소득세법시행령 42조의 2 6항)

현 행	개 정
■ 한도적용 대상 퇴직금 －퇴직소득금액에서 2011.12.31. 퇴직하였다고 가정할 때 퇴직소득금액을 차감한 금액	■ 한도적용 대상 퇴직금 －퇴직소득금액에 2011.12.31. 이전 근속연수를 전체 근속연수로 나눈 비율을 곱한 금액을 차감한 금액. 다만, 퇴직소득금액에서 2011.12.31. 퇴직하였다고 가정할 때 퇴직소득금액을 차감한 금액으로 선택 가능

〈적용시기〉 2015.1.1. 이후 퇴직하여 지급받는 소득분부터 적용

에 따른 임원 퇴직급여지급규정이 있는 법인의 임원의 경우에는 2011년 12월 31일에 퇴직한다고 가정할 때 해당 규정에 따라 지급받을 퇴직소득금액으로 선택할 수 있습니다(소득세법시행령 42조의 26항).

(6) 세법에서 정하는 임원의 범위(법인세법)[18]

"임원"이란 다음의 어느 하나의 직무에 종사하는 자를 말하고(법인세법시행령 20조 1항 4호), "사용인"이란 해당 법인과 근로계약에 의하여 근로를 제공하고 그 대가를 받는 자로서 임원을 제외한 자를 말합니다.

■「법인세법 시행령」 제20조 제1항 제4호

① 법인의 회장, 사장, 부사장, 이사장, 대표이사, 전무이사 및 상무이사 등 이사회의 구성원 전원과 청산인

② 합명회사, 합자회사 및 유한회사의 업무집행사원 또는 이사

③ 유한책임회사의 업무집행자

④ 감사

⑤ 그 밖에 '①'부터 '④'까지의 규정에 준하는 직무에 종사하는 자

「법인세법」상 임원의 범위 판단은?

「법인세법」상 임원은 「법인세법 시행령」 제20조 제1항 제4호 각 목의 어느 하나의 직무에 종사하는 자를 말하는 것이며, 임원에 해당하는지 여부는 종사하는 직무의 실질에 따라 사실 판단할 사항입니다(서면－2015－법인－22274, 2015.3.20.; 법인세과－349, 2012.5.31.; 서면2팀－20, 2008.1.7. 외).

18) 「법인세법」에서는 임원의 범위에 대하여 '임원에 해당하는지 여부는 종사하는 직무의 실질에 따라 사실 판단할 사항'으로 보고 있습니다. 이 경우 형식과 실질이 같으면 문제가 없으나, 형식과 실질이 서로 다른 경우에는 조세문제를 포함한 「상법」상의 취급이 달라질 수 있으므로 유의하여야 합니다.

2. 임원퇴직금 설계

정관에서 규정하는 임원의 퇴직금에 대한 정함에 따라 그 위임기준에 부합하는 임원퇴직금 지급규정을 정비합니다. 정관의 설계에서 규정된 임원퇴직금의 조항을 살펴보면 다음과 같습니다.

> 제 ○○ 조 【이사 및 감사의 보수와 퇴직금】
> ① 이사와 감사의 보수(여기서 보수란 퇴직을 원인으로 지급받는 소득을 제외하고, 급여 · 상여금 · 인센티브 · 성과급 등 매년의 경영성과에 따라 근로제공의 대가로 받는 보수를 말한다)는 주주총회 또는 이사회 결의로 제정한 회사의 급여지급기준에 의한다. 이 경우 1인당 연간보수 한도는 10억원으로 한다.
> ② 이사와 감사의 퇴직금의 지급은 주주총회 결의로 정한 별도의 임원퇴직금지급규정에 의한다.

위와 같이 정관의 정함 또는 정관의 위임에 따라 회사의 현황에 맞는 임원퇴직금 지급규정을 설계합니다. 임원퇴직금 지급규정의 설계는 다음과 같은 절차로 진행합니다.

1단계 임원퇴직금 지급규정의 조문별 진단

회사의 현행 임원퇴직금 지급규정 또는 신규로 제정하고자 하는 임원퇴직금 지급규정을 각 조문별로 진단하고 회사의 사정에 맞게 각 조문별로 의사결정을 수행합니다.

2단계 임원퇴직금 지급규정의 확정(의사결정)

1단계에서 각 조문별로 진단된 임원퇴직금 지급규정을 의사결정 과정을 통하여 확정합니다.

3단계 확정된 임원퇴직금 지급규정의 승인(「상법」절차)

실무절차로 확정된 임원퇴직금 지급규정을 승인하는 「상법」상의 절차(이사회 소집통지 → 이사회의사록 작성 → 주주총회 소집통지 → 주주총회의사록 작성)를 수행합니다.

(1) 1단계 : 임원퇴직금 지급규정의 조문별 진단

효율적인 TAX PLANNING을 위하여 임원퇴직금 지급규정의 주요 조문별로 그 의미를 이해하고 각 조문별로 의사결정을 위한 진단절차를 수행합니다. 의사결정이 필요한 주요 조문별 내용은 다음과 같습니다.

◉ 적용범위

제 ○○ 조 【적용범위】
① 이 규정은 회사에 계속하여 1년 이상 근무하는 상근 임원에 대하여 적용한다.
② 임원에 준하는 대우를 받더라도 별도의 계약에 의하여 근무하는 자는 그 별도의 계약에 의한다.

◈ 임원퇴직금 지급규정의 적용범위를 결정합니다.

◈ 의사결정 사항

구 분	적 요
진단할 사항	• 회사 임원의 구성현황을 진단합니다. －모두가 등기 임원인지, 미등기 임원 중에서도 세법상 임원은 없는지 여부 －임원이 모두 다 특수관계인인지 여부 －비상근 임원이 존재하는지 여부
의사결정할 사항	• 임원퇴직금 지급규정의 적용대상을 결정합니다. 이 경우 회사의 임원구성현황을 고려하여야 합니다. 세법상 임원의 범위는 등기·미등기를 구분하지 아니하고 실질판단하도록 되어 있으므로 유의하여야 합니다. • 비상근임원의 경우 임원퇴직금 지급규정의 대상이 아니고 별도의 계약에 의한다는 내용을 분명히 하여 두는 것이 좋습니다.

◉ 퇴직금의 지급방법

제 ○○ 조 【퇴직금의 지급방법】
① 퇴직금의 지급은 현금으로 지급하는 것을 원칙으로 한다.
② 제1항에 불구하고 퇴직한 자의 요구 또는 동의가 있는 경우 현금 외의 재산으로 지급할 수 있다. 이 경우 재산평가는 「상속세 및 증여세법」 규정에 따른 시가로 한다.

◈ 임원퇴직금 지급방법을 결정합니다.

◈ 의사결정 사항

구 분	적 요
진단할 사항	• 장기적인 관점에서 회사의 퇴직금 지급능력을 진단합니다.
의사결정할 사항	• 퇴직금은 현금으로 지급하는 것이 원칙일 것이나, 실제 은퇴 시 회사의 자금사정이 여의치 않거나 유동성이 낮아져 거액의 퇴직금을 일시금으로 지급하지 못하는 경우에 대비하여 현금외 재산으로 퇴직금을 지급할 수 있는 근거를 둘 것인지를 의사결정합니다.

◉ 퇴직금의 산정

제 ○○ 조 **【퇴직금의 산정】**

가. 2011.12.31. 이전 근속기간에 대한 퇴직금

① 임원의 퇴직금 산정은 퇴직 직전 1년간의 총급여를 기준으로 다음과 같이 산정한다.

[퇴직한 날부터 소급하여 1년 동안 지급받은 총급여×1/10×근속연수×지급배수]

② 임원에 대한 근속기간별 지급배수는 다음과 같다.

직 위	지급기준	지급배수
회장, 대표이사	1년	○배수
이사 및 감사	1년	○배수

나. 2012.1.1. 이후 근속기간에 대한 퇴직금

① 임원의 퇴직금 산정은 퇴직 직전 3년간의 총급여를 기준으로 다음과 같이 산정한다.

[퇴직한 날부터 소급하여 3년 동안 지급받은 총급여의 연평균환산액(근무기간이 3년 미만인 경우에는 해당 근무기간)×1/10×근속연수×지급배수]

② 임원에 대한 근속기간별 지급배수는 다음과 같다.

[sample 1]

직 위	지급기준	지급배수
회장, 대표이사	1년	3배수
이사 및 감사	1년	3배수

[sample 2]

근속기간	지급배수
근속기간 5년 이하	1.0배
근속기간 5년 초과 10년 이하	1.5배
근속기간 10년 초과 15년 이하	2.0배
근속기간 15년 초과 20년 이하	2.5배
근속기간 20년 초과	3.0배

[sample 3]

근속기간	이사 및 감사	회장, 대표이사
근속기간 5년 이상 10년 미만	1.5배	2배
근속기간 10년 이상 20년 미만	2.0배	2.5배
근속기간 20년 이상	2.5배	3배

◈ 임원퇴직금 지급액의 산정방법을 결정합니다.

◈ 의사결정 사항

구 분	적 요
진단할 사항	• 임원퇴직금의 은퇴자금 규모 및 세액계산을 시뮬레이션하기 위하여 다음의 정보를 확인합니다. −2011년 이전 임원퇴직금 배수제 설계 여부 확인 −설계대상 임원 입사일~은퇴 예상 시점 −퇴직금을 중간정산한 임원의 현황 −2011년 기준 직전 3년 총급여 및 은퇴예상 시점 3년 총급여 예상액
의사결정할 사항	• 임원퇴직금은 2011년 이전 근속기간분의 경우 정관에서 정한 배수가 모두 퇴직소득으로 인정되지만, 2012년 이후 근속기간분의 경우 3배까지만 퇴직소득으로 인정되고 3배를 초과하는 배수는 근로소득으로 과세됩니다. 이를 고려하여 다음의 사항을 의사결정하여야 합니다. −회사가 이미 2011년 이전에 3배보다 높은 지급배수를 정관으로 정한 경우 그 배수를 변경할 것인지, 그대로 적용할 것인지 여부 −퇴직금 지급액 산정의 기준급여를 퇴직 직전 1년간 총급여로 할지, 퇴직 직전 3년간 총급여로 할지 여부 −퇴직금의 지급배수를 모든 임원을 동일하게 적용할 것인지, 직급별로 차등 배수제로 할 것인지, 근속기간별 차등 배수제로 할 것인지, 근속기간별·직급별 차등배수제로 할 것인지의 여부

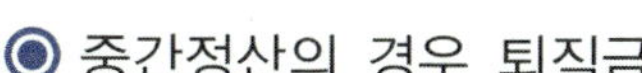

중간정산의 경우 퇴직금

> **제 ○○ 조 【중간정산의 경우 퇴직금】**
> 계속하여 근속한 임원이 퇴직하는 경우로서 법인세법시행령 등 관련법령에 따른 현실적인 퇴직사유에 의한 중간정산을 한 경우에는 중간정산을 한 날(중간정산 대상 기간)의 다음날부터 퇴직하는 날까지의 근속기간에 대하여 제○○조의 규정을 적용한다.

◈ 임원퇴직금의 중간정산이 있는 경우 근속기간의 산정방법을 결정합니다.

◈ 의사결정 사항

구 분	적 요
진단할 사항	• 중간정산한 임원이 있는지의 여부를 진단합니다.
의사결정할 사항	• 중간정산을 한 경우 근속기간은 당연 중간정산을 한 날의 다음날부터 근속기간을 산정하여야 할 것이므로 이에 대한 사항을 명확히 표현합니다.

재임연수의 계산

> **제 ○○ 조 【재임연수의 계산】**
> ① 재임기간은 선임일자로부터 실근무 종료일까지로 한다.
> ② 1년 미만의 기간은 월할계산하고 1개월 미만의 기간은 1개월로 계산한다.
> ③ 재임기간이 1년 미만이라도 월할계산한다.

◈ 재임연수의 산정방법을 결정합니다.

◈ 의사결정 사항

구 분	적 요
진단할 사항	–
의사결정할 사항	• 재임기간은 임원으로 선임된 날로부터 임원근무 종료일까지로 하되 1년 미만의 근속기간의 월할계산 여부와 1개월 미만의 기간의 처리방법을 의사결정합니다.

(2) 2단계 : 임원퇴직금 지급규정의 확정

1단계에서 회사의 현황과 상황을 고려하여 각 조문별로 검토한 임원퇴직금 지급규정의 내용을 의사결정하여 아래와 같이 최종 확정합니다.

임원퇴직금지급규정

－제 정 : 20○○년 ○○월 ○○일
－개정(1차) : 20○○년 ○○월 ○○일

제1조【목 적】
이 규정은 회사 임원의 퇴직금 지급에 관한 사항을 정함을 목적으로 한다.

제2조【적용범위】
① 이 규정은 회사에 계속하여 1년 이상 근무하는 상근 임원에 대하여 적용한다.
② 임원에 준하는 대우를 받더라도 별도의 계약에 의하여 근무하는 자는 그 별도의 계약에 의한다.

제3조【주관부서】
임원 퇴직금 지급에 관한 업무의 주관부서는 본사 인사부로 한다.

제4조【퇴직금의 지급방법】
① 퇴직금의 지급은 현금으로 지급하는 것을 원칙으로 한다.
② 제1항에 불구하고 퇴직한 자의 요구 또는 동의가 있는 경우 현금 외의 재산으로 지급할 수 있다. 이 경우 재산평가는「상속세 및 증여세법」규정에 따른 시가로 한다.

제5조【퇴직금의 산정】
가. 2011.12.31. 이전 근속기간에 대한 퇴직금
① 임원의 퇴직금 산정은 퇴직 직전 1년간의 총급여를 기준으로 다음과 같이 산정한다.

[퇴직한 날부터 소급하여 1년 동안 지급받은 총급여×1/10×근속연수×지급배수]

② 임원에 대한 근속기간별 지급배수는 다음과 같다.19)

직 위	지급기준	지급배수
회장, 대표이사	1년	○배수
이사 및 감사	1년	○배수

나. 2012.1.1. 이후 근속기간에 대한 퇴직금

① 임원의 퇴직금 산정은 퇴직 직전 3년간의 총급여를 기준으로 다음과 같이 산정한다.

[퇴직한 날부터 소급하여 3년 동안 지급받은 총급여의 연평균환산액(근무기간이 3년 미만인 경우에는 해당 근무기간)×1/10×근속연수×지급배수]

② 임원에 대한 근속기간별 지급배수는 다음과 같다.

[sample 1]

직 위	지급기준	지급배수
회장, 대표이사	1년	3배수
이사 및 감사	1년	3배수

[sample 2]

근속기간	지급배수
근속기간 5년 이하	1.0배
근속기간 5년 초과 10년 이하	1.5배
근속기간 10년 초과 15년 이하	2.0배
근속기간 15년 초과 20년 이하	2.5배
근속기간 20년 초과	3.0배

19) 실무에서 임원퇴직금에 대한 지급배수를 설계하는 경우 2012년 이전과 이후를 구분할 것인지, 근속기간별로 배수제를 할 것인지, 직급별로 배수제를 할 것인지, 지급배수를 몇 배로 할 것인지 등 여러 가지를 고려하여 의사결정하여야 합니다.

[sample 3]

근속기간	이사 및 감사	회장, 대표이사
근속기간 5년 이상 10년 미만	1.5배	2배
근속기간 10년 이상 20년 미만	2.0배	2.5배
근속기간 20년 이상	2.5배	3배

제 6 조【중간정산의 경우 퇴직금】
계속하여 근속한 임원이 퇴직하는 경우로서「법인세법 시행령」등 관련법령에 따른 현실적인 퇴직사유에 의한 중간정산을 한 경우에는 중간정산을 한 날(중간정산 대상기간)의 다음날부터 퇴직하는 날까지의 근속기간에 대하여 제5조의 규정을 적용한다.

제 7 조【재임연수의 계산】
① 재임기간은 선임일자로부터 실근무 종료일까지로 한다.
② 1년 미만의 기간은 월할계산하고 1개월 미만의 기간은 1개월로 계산한다.
③ 재임기간이 1년 미만이라도 월할계산한다.

부 칙(20○○. ○○. ○○.)

제 1 조【시행일】
이 규정은 20○○년 ○○월 ○○일부터 시행한다.

제 2 조【일반적 적용례】
이 규정은 시행 후 퇴직하는 임원에게 적용한다.

제 3 조【근속연수에 대한 적용례】
제5조에서 규정하는 근속연수는 해당 임원이 입사한 때로 소급하여 적용한다.

(3) 3단계 : 임원퇴직금 지급규정의 승인(「상법」절차)

1단계 및 2단계에서 검토된 사항 및 최종 결정한 임원퇴직금 지급규정의 조문별 내용을 이사회 또는 주주총회를 거쳐 승인을 받는 「상법」절차를 수행합니다. 그 절차는 다음과 같습니다.

D	D+1	D+8	D+9	D+23
정관확정	이사회 소집통지문 발송	이사회 실시 및 이사회의사록 작성	주주총회 소집통지문 발송	주주총회 실시 및 주주총회 의사록 작성

(가) 이사회 소집통지문 발송

회의일을 정하여 늦어도 7일 전(정관에 따로이 정한 경우에는 그 기일)에 각 이사 및 감사에게 문서 또는 구두로 이사회의 소집통지를 합니다.

주식회사 ○○○○

대표전화 : (02)3431－3300　　　　서울특별시 서초구 서초대로 286
팩시밀리 : (02)3431－3309　　　　서초프라자 803호

일　　자 : 20○○－○○－○○
받　　음 : 홍길동 이사
참　　조 :
제　　목 : 이사회 소집의 건

---

1. 귀하의 발전을 기원합니다.
2. 우리회사 정관 제○○조에 따라 다음과 같이 이사회를 소집하오니 참석하여 주시기 바랍니다.

－ 다　　　　음 －

1. 일　　시 : 20○○년 ○○월 ○○일 오전 10시
2. 장　　소 : 서울특별시 서초구 서초대로 286 서초프라자 803호
　　(지하철 2호선 교대역 9번출구)
3. 회의목적사항(임시주주총회 소집 및 부의안건)
   － 제 1호 의안 : 임원퇴직금 지급규정 제정의 건

20○○년　○○월　○○일

주식회사 ○○○○

대표이사 ○ ○ ○ (직인생략)

이사회의 소집통지를 하는 경우, 이사 및 감사 전원의 동의가 있을 때에는 소집절차를 생략할 수 있습니다. 이 경우에는 이사회 당일에 아래의 '이사및감사동의서'를 받아두어야 합니다.

이 사 및 감 사 동 의 서

20○○년 ○○월 ○○일 이사 및 감사의 동의로서 다음의 이사회 소집절차를 생략하는 것을 결의함.

— 결 의 사 항 —

1. 상법 제390조 제4항에 의거 이사회의 소집절차를 생략함.

위와 같이 동의함.

20○○년 ○○월 ○○일

주식회사 ○○○○

대표이사 ○ ○ ○
이 사 ○ ○ ○
이 사 ○ ○ ○
감 사 ○ ○ ○

(나) 이사회의사록 작성

「상법」상의 적법한 절차에 따라 이사회가 소집되고 이사회가 개최되어 회의가 이루어진 경우 그 회의의 내용에 대한 이사회의사록을 작성합니다.

이 사 회 의 사 록

1. 개최일시 : 20○○년 ○○월 ○○일 10 : 00~10 : 30
1. 개최장소 : 당사 회의실
1. 출석이사 : 이사총수 ○명 중 ○명
1. 출석감사 : 감사총수 ○명 중 ○명
1. 안건 : 임시주주총회 소집에 관한 건

의장인 ○○○은 회의가 적법하게 성립되었음을 선언하고 임시주주총회의 소집에 관하여 출석이사 전원의 찬성으로 다음과 같이 가결하다.

-다 음-

1. 임시주주총회 소집일시 : 20○○년 ○○월 ○○일(금) 오전 10시
2. 임시주주총회 소집장소 : 서울시 서초구 서초대로 286 ○○ 당사 회의실
3. 임시주주총회 부의안건
   - 제 1호 의안 : 임원퇴직금 지급규정 제정의 건

이상과 같이 심의를 완료하였으므로 의장은 폐회를 선언하다. 오늘의 결의 사실을 명백히 하기 위하여 의사록을 작성하고 의장과 출석이사 및 감사가 아래와 같이 기명날인하다.

20○○년 ○○월 ○○일

주식회사 ○○○○
대표이사 ○ ○ ○
이 사 ○ ○ ○
이 사 ○ ○ ○
감 사 ○ ○ ○

(다) 주주총회 소집통지문 발송

주주총회를 소집할 때에는 주주총회일의 2주 전에 각 주주에게 서면으로 통지를 발송하거나 각 주주의 동의를 받아 전자문서로 통지를 발송하여야 하는 것이 원칙이며, 자본금 총액이 10억원 미만인 회사가 주주총회를 소집하는 경우에는 주주총회일의 10일 전에 각 주주에게 서면으로 통지를 발송하거나 각 주주의 동의를 받아 전자문서로 통지를 발송할 수 있습니다(상법 363조 3항). 소집통지문의 양식은 다음과 같습니다.

임시주주총회 소집통지서(공고)

주주님의 건승과 댁내의 평안을 기원합니다.

우리회사 정관 규정에 의하여 임시주주총회를 아래와 같이 소집하오니 참석하여 주시기 바랍니다.

— 아 래 —

1. 일 시 : 20○○년 ○○월 ○○일(금) 오전 10시
2. 장 소 : 서울특별시 서초구 서초대로 286 서초프라자 803호
   (지하철 2호선 교대역 9번출구)
3. 회의목적사항(부의안건)
   - 제 1호 의안 : 임원퇴직금 지급규정 제정의 건
4. 의결권의 대리행사에 관한 사항
   주주님께서는 주주총회 참석장에 의거 의결권을 직접행사하시거나 또는 위임장에 의거 의결권을 간접행사하실 수 있습니다.
   - 직접행사 : 주주총회참석장, 신분증
   - 대리행사 : 주주총회참석장, 위임장(주주와 대리인의 인적사항 기재, 인감날인), 대리인의 신분증
5. 기타사항
   주주총회 기념품은 회사의 경비 절감을 위하여 지급하지 않습니다.

20○○년 ○○월 ○○일

주식회사 ○○○○
대표이사 ○○○ (직인생략)

임시주주총회 참석장

본인은 주식회사 ○○○○ 임시주주총회에 주주로서 참석합니다.

(주주총회 참석자는 "주주총회소집통지서" 소지자로 다음 사항을 기재하여 주주총회일에 제출하여 주시기 바랍니다)

실질주주 참석자(증)			
성 명	○ ○ ○ (인)	주민등록 번 호	
주 소			
의결권 주식수	○○○주	실질주주 번 호	
참석구분	주주직접참석 ( ) 대리참석지정 ( )	대리참석 자와관계	

(대리참석위임)

본인은 주식회사 ○○○○ 임시주주총회에 주주로서 대리참석자를 아래와 같이 지정하여 본인을 대신하여 주주총회 결의 및 기타 사항에 대하여 전권을 위임합니다.

20○○년 ○○월 ○○일

실질주주 ○ ○ ○ (인)

대리참석자(증)	
대리인성명	(인)
주민등록번호	
주 소	

※ 주주총회 참석자는 신분증을 필히 지참하시고 참석하시기 바랍니다.

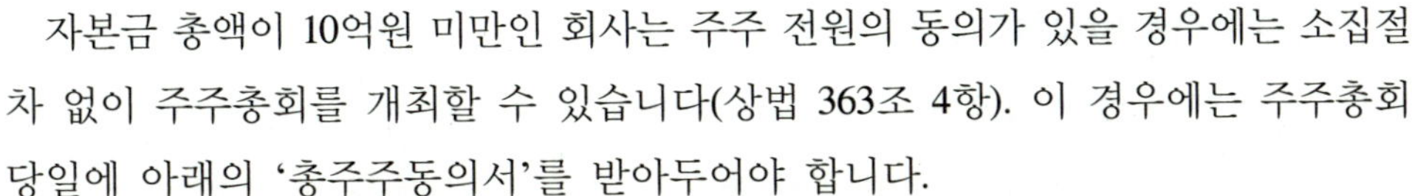

자본금 총액이 10억원 미만인 회사는 주주 전원의 동의가 있을 경우에는 소집절차 없이 주주총회를 개최할 수 있습니다(상법 363조 4항). 이 경우에는 주주총회 당일에 아래의 '총주주동의서'를 받아두어야 합니다.

총 주 주 동 의 서

20○○년 ○○월 ○○일 총주주의 동의로서 다음의 주주총회 소집절차를 생략하는 것을 결의함.

– 결 의 사 항 –

1. 상법 제363조 제4항에 의거 주주총회의 소집절차를 생략함.

위와 같이 동의함.

20○○년 ○○월 ○○일

주식회사 ○○○○

주주 ○○○

주주 ○○○

주주 ○○○

주주 ○○○

주주 ○○○

주주 ○○○

(다) 주주총회의사록 작성

「상법」상의 적법한 절차에 따라 주주총회가 소집되고 주주총회가 개최되어 회의가 이루어진 경우 그 회의의 내용에 대한 주주총회의사록을 작성합니다.

임시주주총회 의사록

20○○년 ○○월 ○○일 오전 10시 본점 회의실에서 주주총회를 개최하다.

1. 의결권이 있는 전체 주주총수 명
1. 의결권이 있는 발행주식총수 주
1. 출석주주수(위임장에 의한 자를 포함) 명
1. 출석주주 중 의결권이 있는 자의 지분총수 주

의장 이사 ○○○은 정관규정에 따라 의장석에 등단하여 위와 같이 법정수에 달하는 주주가 출석하였으므로, 본 총회가 적법하게 성립되었음을 알리고 개회를 선언한 후 다음의 의안을 부의하고 심의를 구하다.

제1호 의안 임원퇴직금 지급규정 승인의 건

의장은 당 회사의 임원퇴직금 지급규정 승인의 건을 상정하고 별첨 자료와 같이 내용을 상세히 설명한 후 그 승인을 구한바, 전원 이의 없이 만장일치로 이를 승인 가결하다.

〈별첨자료〉 임원퇴직금 지급규정

의장은 이상으로서 회의 목적인 의안 전부의 심의를 종료하였으므로 폐회한다고 선언하다(회의종료시간 오전 11시 00분).
위 의사의 경과요령과 결과를 명확히 하기 위하여 이 의사록을 작성하고 출석한 의장과 이사가 기명날인 또는 서명하다.

20○○년 ○○월 ○○일

주식회사 ○○○○
의장 대표이사 ○○○ (인)
출석이사 ○○○ (인)
출석이사 ○○○ (인)

3. 사후관리

임원퇴직금 지급규정이 적법한 「상법」절차에 따라 승인되는 경우 승인된 규정을 관리하고 이후 개정이 되는 경우 개정된 이력에 따른 관리 또한 이루어져야 합니다. 또한 임원퇴직금은 그 지급되는 금액이 거액이므로 실제로 지급하는 때에 세무상 손금산입 요건이 매우 중요합니다. 기본적으로 퇴직금은 급여의 후불성격의 급여로서 노후자금의 개념을 가지고 있는데, 세무상 요건을 충족하지 못하는 경우 손금불산입(상여)으로 처리되어 거의 모든 노후자금이 세금 등으로 유출되어 버리기 때문입니다.

따라서 임원퇴직금 지급규정이 정비되고 이후 회사의 상황이나 관련 법령의 변화가 있는 경우 이의 상황을 규정에 적절히 반영하여 개정 또는 변경이 이루어져야 합니다.

임원퇴직금 지급규정이 정비된 후 주요한 사후관리 항목에 대하여 살펴보면 다음과 같습니다.

(1) 공증 또는 승인된 규정의 사후관리

정관의 경우 일반적으로 제3자에 대한 대항요건의 강화를 위하여 공증을 받는 것이 일반적이나, 임원퇴직금 지급규정은 내부적인 회사와 임원간의 퇴직금 지급에 대한 규정이므로 일반적으로는 공증을 받지 않아도 무방합니다. 굳이 공증을 받지 않더라도 규정의 정비과정에서 발생하는 회의사항에 대한 회의록, 이사회의 소집을 위한 통지, 이사회의사록의 기명날인, 주주총회의 소집을 위한 통지, 주주총회의사록의 기명날인 등 그 사실관계를 입증할 수 있는 여러 수단들이 존재하므로 사실관계에 대한 입증이 그리 어렵지 않기 때문입니다.[20] 따라서 임원에 대한 퇴직금 배수제로 설계하고 공증을 받지 않더라도 내부적으로 지급하는 것은 아무런 문제가 없는 것이며, 채권자 등 외부의 제3자에 대한 대항력만 없는 것일 뿐입니다.

그러나 외부의 제3자(국세청도 제3자에 해당함)에 대한 대항력과 일정한 시기에

20) 이와 같은 사실관계의 입증을 위한 입증책임의 강화를 위해서도 적법한 「상법」상의 절차를 수행하는 것이 필요합니다.

분명한 임원퇴직금 지급규정의 제정 또는 변경이 있었다는 입증책임의 강화를 위해 정관변경을 포함한 임원퇴직금 지급규정 정비를 한 후 공증을 받아두는 것이 유리할 수 있습니다.

실무적으로는 임원퇴직금 지급규정이 적법한 절차에 따라 승인되는 경우 규정표지를 작성하여 문서번호를 부여하고 관리하여야 합니다. 실무에서 사용되는 임원퇴직금 지급규정에 대한 규정표지는 다음과 같습니다.

<table>
<tr><td colspan="3">㈜ ○○○○</td><td colspan="4">규 정 표 지</td><td colspan="2">개정차수 : －차
총페이지 : 3장</td></tr>
<tr><td colspan="9">임원퇴직금 지급규정</td></tr>
<tr><td colspan="2">관리번호</td><td colspan="2">○○○○ 규정 － 02</td><td rowspan="3">결
재</td><td>담 당</td><td>팀 장</td><td>임 원</td><td>사 장</td></tr>
<tr><td colspan="2">기안일자</td><td colspan="2">2○○○년 ○○월 ○○일</td><td rowspan="2"></td><td rowspan="2"></td><td rowspan="2"></td><td rowspan="2"></td></tr>
<tr><td colspan="2">작성부서</td><td colspan="2">관리부</td></tr>
<tr><td colspan="2">관련부서</td><td colspan="2">관리부</td><td>주관부서</td><td colspan="2">관 리 부</td><td rowspan="2">심
사</td><td rowspan="2"></td></tr>
<tr><td rowspan="6">개
정
이
력</td><td>차수</td><td>제(개)정일</td><td>시행일</td><td>심 사 자</td><td colspan="2"></td></tr>
<tr><td>－</td><td>2○○○.
○○.○○</td><td>2○○○.
○○.○○</td><td colspan="5">주 요 개 정 내 용</td></tr>
<tr><td></td><td></td><td></td><td colspan="5"></td></tr>
<tr><td></td><td></td><td></td><td colspan="5"></td></tr>
<tr><td></td><td></td><td></td><td colspan="5"></td></tr>
<tr><td></td><td></td><td></td><td colspan="5"></td></tr>
</table>

〈 규정 목차 〉

(2) 규정 정비 후 사후관리

임원퇴직금 지급규정은 정비 당시의 회사의 현황과 장래의 상황을 고려하여 올바르게 진단하고 설계하는 것도 중요하지만, 정비 이후의 세법 등 관련 법령의 개정, 회사의 상황이나 규모 등의 변화가 있는 경우 이를 합리적으로 반영한 개정 또는 변경 등 그 사후관리가 매우 중요합니다.

현재 50대인 CEO가 약 20년 뒤 70대에 은퇴한다고 가정하면, 20년 동안 사후관리를 하여야 하는 장기적인 TAX PLANNING이 바로 임원퇴직금 플랜입니다. 또한 20년 뒤 지급받은 퇴직금이 세무상 퇴직소득의 요건을 모두 충족하여 손금산입되어야 할 것입니다. 따라서 회사는 매년 또는 일정한 주기로 회사의 임원퇴직금 지급규정이 현행 시행되는 법령과 회사의 상황 등과 합리적으로 부합되는지 여부에 대하여 진단하는 사후관리가 지속적으로 이루어져야 합니다.

(3) 실제 임원퇴직금의 지급 시 유의사항

퇴직소득은 해당 과세기간에 발생한 퇴직함으로써 받는 소득(소득세법 22조 1항)으로서 법인이 퇴직급여를 실제로 지급한 일시금이어야 합니다(법인세법시행령 44조 1항・2항). 퇴직금의 지급 시 퇴직소득의 세법상 손금요건이 충족하지 않는 경우 손금불산입되어 법인세와 가산세가 추징되는 것은 물론 소중한 은퇴자금의 유실이 생기므로 유의하여야 합니다. 여기에서는 '퇴직금을 지급하는 때'에 발생하는 다양한 사례를 살펴보고 유의하여야 할 사항에 대하여 고찰해 봅니다.

1) 퇴직금을 분할 지급하는 경우

임원의 연봉제로 전환에 따른 현실적인 퇴직에 해당 여부와 관련하여 자금사정 등을 이유로 퇴직금을 임원과 합의에 따라 분할하여 지급하는 경우에는 현실적인 퇴직에 해당하지 아니하는 것입니다(서면법인-3280, 2016.6.10.; 서면법령법인-1096, 2015.9.25.).

2) 퇴직금을 대여금과 상계한 경우

내국법인이 동일인에 대하여 가지급금과 가수금이 함께 있는 경우에는 「법인세법 시행령」 제53조 제3항에 따라 이를 상계하고 가지급금을 계산하는 것이나, 상환기간 및 이자율 등에 관한 약정이 있어 이를 상계할 수 없는 경우에는 그러하지 아니하는 것으로 임직원의 퇴직급여추계액은 현실적인 퇴직까지는 해당 임직원에 대한 확정된 채무가 아니므로 가지급금과 상계할 수 있는 가수금에 해당되지 아니하여, 임직원에 대한 대여금과 퇴직금을 상계한다는 약정을 했더라도 퇴직금추계액은 현실적인 퇴직 전까지는 임직원에 대한 확정채무가 아니므로 업무무관가지급금에 해당하는 것입니다(법인세과－57, 2011.1.24.).

3) 임원퇴직금을 가지급금과 상계하는 경우

회사의 가지급금이 누적되어 있는 경우 이를 해결하기 위하여 임원에 대한 급여를 연봉제 등(임원퇴직금 중간정산)으로 전환하면서 퇴직금상당액을 가지급금과 상계하는 경우가 있는데, 이런 경우 퇴직금으로 인정되는지, 업무무관가지급금인지에 대한 문제가 생길 수 있습니다. 이와 관련하여 의미있는 심판원 사례가 있는 바, 그 내용을 살펴보면 다음과 같습니다.

〈임원퇴직금을 중간정산하면서 가지급금과 상계한 경우〉[21]

〈회사의 사실관계〉

① 회사는 전기절연물·제조업을 영위하는 사업자로서 2007.12.31. 「법인세법 시행령」 제44조 제2항에 의거 청구법인의 임원인 이○○ 상무(이하 "이○○"라 한다)에 대한 급여를 연봉제로 전환하고 향후 퇴직급여를 지급하지 않는 조건으로 퇴직급여 825,137,921원(이하 "쟁점퇴직급여"라 한다)을 손금계상하고 이중 757,758,111원을 가지급금과 상계처리하였다.

21) 상기 사례의 경우 법령에서 정하는 퇴직사유인 '현실적인 퇴직사유'에 해당하는 경우입니다. 만일 현실적인 퇴직사유가 아닌 사유로 단순히 지급할 퇴직금과 가지급금(또는 대여금)을 상계처리하는 것은 업무무관 가지급금에 해당함에 유의하여야 합니다[임직원에 대한 대여금과 퇴직금을 상계한다는 약정을 했더라도 퇴직금추계액은 현실적인 퇴직 전까지는 임직원에 대한 확정채무가 아니므로 업무무관 가지급금에 해당합니다(법인세과－57, 2011.1.24.).

② 2011.4.1.~4.22. ○○세무서장(이하 "과세관청"이라 한다)은 회사에 대한 법인사업자 조사를 실시한 결과 쟁점퇴직급여는 실제 지급없이 가지급금 등과 부당하게 상계처리하였다고 조사하여 쟁점퇴직급여를 손금불산입하고 대응되는 가지급금에 대한 인정이자 및 지급이자에 대하여 익금산입(손금불산입)하고, 이에 따라 회사에게 법인세(268,920,780원)를 경정·고지하고, 소득금액변동통지(106,912,757원)를 하였다.

⇩

〈조세심판원의 판단〉

가지급금과 퇴직급여를 상계한 것은 현실적인 퇴직으로 보아야 할 것이므로 퇴직급여와 가지급금을 상계한 것에 대하여 현실적 퇴직이 아닌 것으로 보아 퇴직급여를 손금불산입하고 상계된 가지급금에 대하여 인정이자 및 지급이자 손금불산입하여 과세한 처분은 부당하다(조심 2011중3362, 2011.12.28.).

4) 임원퇴직금을 이익잉여금과 상계하는 경우

임원이 은퇴를 하는 때에 정관의 규정에 따른 임원퇴직금을 지급하는 경우 은퇴 이전의 회사의 회계처리의 상황에 따라 회사의 손익구조가 달라지게 되는데, 이를 요약하면 다음과 같습니다.

회사의 회계처리	퇴직금 지급 시 손익구조
퇴직급여충당부채를 매년 계상한 경우	매년 퇴직급여충당부채를 계상하는 때에 퇴직급여는 비용처리가 이미 되었으므로 퇴직금 지급 시에는 부채로 계상된 퇴직급여충당부채를 상계하고 지급하므로 퇴직하는 당기에 거액의 퇴직금이 비용처리되지 않으므로 손익이 왜곡되지 않습니다.
퇴직급여충당부채를 계상하지 않은 경우	퇴직금을 지급하는 때에 거액의 퇴직금이 당기의 비용으로 처리되므로 손익이 왜곡되는 효과가 생겨 거액의 손실이 발생할 수도 있습니다.

건설업이나 차입금이 많은 법인의 경우 신용등급에 악영향을 미치게 되므로, 퇴직금 지급액을 당기의 비용으로 처리하지 않고 이익잉여금으로 처리하는 선택을 하는 경우가 종종 있습니다. 이와 같이 퇴직금을 잉여금처분으로 지급할 수 있는지

에 대한 사례를 살펴보면 다음과 같습니다.

- 일부 임원에 대해 연봉제로 전환하거나 임원별로 시기가 다른 경우에도 「법인세법」 제44조 제2항 제4호 규정(중간정산)을 적용받을 수 있는 것이며, 잉여금의 처분으로 지급하는 퇴직금은 손금불산입하고 중간정산한 임원퇴직금은 업무무관 가지급금으로 보는 것입니다(법인세과-3313, 2008.11.7.).
- 정관에서 임원퇴직금(퇴직위로금 등 포함)을 '주주총회의 결의에 의한 임원퇴직금지급규정'에 의하도록 한 법인이 이사회에서 정한 임원퇴직금지급규정에 의하여 지급하는 임원퇴직금은 「법인세법 시행령」 제44조 제4항 제2호에서 정하는 금액을 한도로 이를 손금에 산입하는 것이나, 이 경우에도 법인이 잉여금의 처분으로 지급하는 퇴직금(퇴직위로금 등 포함)은 「법인세법」 제20조 제1호의 규정에 의하여 이를 손금에 산입하지 아니하는 것입니다(서면2팀-2738, 2004.12.27.).
- 대표이사의 연봉제 전환에 따른 퇴직금 중간지급을 이익잉여금을 처분하여 지급하는 경우 해당 이익잉여금 처분에 따라 지급되는 퇴직금은 사용자 부담금을 기초로 하여 현실적인 원인으로 지급하는 소득으로 볼 수 없어 해당 지급금은 퇴직소득에 해당하지 않는 것으로 판단됩니다(국세청홈택스 인터넷상담사례, 2015.1.6.).

5) 퇴직금을 과다지급한 것으로 보아 손금불산입한 사례

청구법인은 임원퇴직금지급규정에 의하여 쟁점퇴직금을 지급하였으므로 이를 전부 손금산입하여야 한다고 주장하나, 「법인세법 시행령」 제44조는 정관에서 정하거나 정관에서 위임된 퇴직급여지급규정에 따른 퇴직금은 손금산입대상으로 규정하고 있고, 여기서 '정관에서 위임된 퇴직급여지급규정'이란 임원의 퇴직 시마다 퇴직금을 임의로 지급할 수 없도록 정한 일반적이고 구체적인 기준으로서 당해 법인이 계속적이고 반복적으로 적용하여 온 규정을 말하는바, 청구법인의 정관에 퇴직급여로 지급할 금액이나 임원의 퇴직급여를 계산할 수 있는 기준을 두고 있지 아니하고, 달리 주주총회 결의로 퇴직금지급규정을 제정한 사실도 확인되지 아니하며, 청구법인이 주주총회 결의로 정한 임원보수한도 등은 퇴직급여의 지급방법이나 시기 등을 정한 구체적인 지급기준에 해당된다고 보기 어려운 점 등에 비추어 청구주장을 받아들이기 어려운 것으로 판단됩니다(조심 2015광4867, 2016.6.17.).

6) 퇴직금을 과다지급한 것으로 보아 손금불산입한 사례(대법원)

임원에게 지급할 퇴직급여의 금액 또는 계산 기준을 정한 정관이나 정관에서 위임된 퇴직급여 지급규정(이하 '임원 퇴직급여 규정'이라 한다)에 따라 지급된 임원 퇴직급여는 전액이 손금에 산입되는 것이 원칙이나, 임원 퇴직급여 규정이 근로 등의 대가로서 퇴직급여를 지급하려는 것이 아니라 퇴직급여의 형식을 빌려 특정 임원에게 법인의 자금을 분여하기 위한 일시적인 방편으로 마련된 것이라면, 이는 구 「법인세법 시행령」 제44조 제4항 제1호 또는 제5항에서 정한 임원 퇴직급여 규정에 해당하지 아니합니다. 따라서 임원 퇴직급여 규정이 종전보다 퇴직급여를 급격하게 인상하여 지급하는 내용으로 제정 또는 개정되고, 제정 또는 개정에 영향을 미칠 수 있는 지위에 있거나 그와 밀접한 관계에 있는 사람이 퇴직임원으로서 급격하게 인상된 퇴직급여를 지급받게 되며, 그에 따라 지급되는 퇴직급여액이 퇴직임원의 근속기간이나 근무내용 또는 다른 비슷한 규모의 법인에서 지급되는 퇴직급여액 등에 비추어 볼 때 도저히 재직기간 중의 근로나 공헌에 대한 대가라고 보기 어려운 과다한 금액이고, 규정 자체나 법인의 재무상황 또는 사업전망 등에 비추어 그 이후에는 더 이상 그러한 퇴직급여가 지급될 수 없을 것으로 인정되는 등 특별한 사정이 있는 경우에는, 퇴직급여 규정은 실질적으로 근로의 대가로서 퇴직급여를 지급하기 위한 것이 아니라 퇴직급여의 형식을 빌려 임원에게 법인의 자금을 분여하기 위한 일시적 방편에 불과하므로, 이 경우에는 구 「법인세법 시행령」 제44조 제4항 제2호에 따라 산정되는 금액을 넘는 부분은 퇴직급여로 손금에 산입될 수 없습니다(대법원 2015두50153, 2016.2.18.).

7) 퇴직 3개월 전 정관 변경을 통해 임원에 대한 퇴직급여지급규정을 제정하고, 급여를 인상하여 지급한 퇴직금을 손금불산입한 사례

청구법인은 쟁점퇴직급여가 청구법인의 정관 및 임원에 대한 퇴직급여지급규정을 적용하여 지급된 정상적인 퇴직급여이므로 쟁점금액을 퇴직급여 한도초과금액으로 보아 대표이사에 대한 상여로 소득처분하여 소득금액변동통지한 이 건 처분은 부당하다고 주장하나, 정관에서 위임된 퇴직급여지급규정은 해당 위임에 의한 퇴직급여지급규정의 의결내용 등이 정당하여야 하고, 특정임원의 퇴직 시 임의로 퇴직급여를 지급할 수 없는 일반적이고 구체적인 기준을 말하는 것으로서 임원 퇴직 시마다 계속적·반복적으로 적용된 규정이라야 할 것(조심 2013부4381, 2013. 12.10. 같은 뜻)인바, 청구법인의 설립 당시 정관에는 임원의 퇴직급여에 대하여 '이사 및 감사의 퇴직금은 별도로 정한다'고 규정되어 퇴직급여의 범위에 관한 기본사항이 정해져 있지 않았던 점, 청구법인은 대표이사의 퇴직일 3개월 전 정관 변경을 통해 임원에 대한 퇴직급여지급규정을 제정하여 퇴직급여를 퇴직일 직전 3개월 월평균 급여액을 기준으로 산정하도록 하였고, 동 퇴직급여지급규정은 대표이사의 중간정산 퇴직급여 산정 시에 최초로 적용되었으며, 이후 다른 임원이 퇴직할 때에는 적용되지 않은 점, 대표이사의 월급여는 퇴직일 4개월 전에 인상된 후 퇴직 후 다시 인상 전보다 낮은 수준으로 인하된 점 등에 비추어 청구법인의 임원에 대한 퇴직급여지급규정은 특정임원의 퇴직을 앞두고 특정임원만을 위한 것으로 「법인세법」상 손금으로 용인할 수 있는 적정한 퇴직급여지급규정으로 보기 어렵다고 판단된다. 따라서 처분청이 쟁점금액을 손금불산입한 후 대표이사에 대한 상여로 소득처분하여 청구법인에게 소득금액변동통지한 이 건 처분은 달리 잘못이 없습니다(조심 2015부0872, 2015.4.1.).

8) 실제 이사가 아니지만 등기임원인 경우[22)]

회사가 법령 제한의 회피 등 여러 가지 이유로 타인의 이름을 빌려 형식상의 주주나 임원으로 등재하고 일정 금액의 보수를 지급받는 경우로써 이사로서 실질적인 직무를 수행한 적이 없는 경우 형식상의 임원에 대하여 주주총회에서 결의된 보수청구권을 갖는지? 아니면 임원으로서의 실질적인 직무를 수행하지 아니하였으므로 그 대가인 보수를 청구할 권리가 없는 것인지가 문제될 수 있는데, 이와 관련된 대법원 판례의 내용을 살펴보면 다음과 같습니다.

---

22) 등기 여부와 실질임원 여부에 따른 임원퇴직금 지급 여부를 요약하면 다음과 같습니다.

구 분	임원퇴직금 지급 여부
실질은 임원이 아니나 임원으로 등기한 경우	임원퇴직금을 지급하여야 함
실질은 임원이나 임원으로 등기하지 않은 경우	임원퇴직금을 지급하여야 함

법적으로는 주식회사 이사·감사의 지위를 갖지만 회사와의 명시적 또는 묵시적 약정에 따라 이사·감사로서의 실질적인 직무를 수행하지 않는 이른바 명목상 이사·감사도 법인인 회사의 기관으로서 회사가 사회적 실체로서 성립하고 활동하는 데 필요한 기초를 제공함과 아울러 「상법」이 정한 권한과 의무를 갖고 그 의무 위반에 따른 책임을 부담하는 것은 일반적인 이사·감사와 다를 바 없으므로, 과다한 보수에 대한 사법적 통제의 문제는 별론으로 하더라도, 오로지 보수의 지급이라는 형식으로 회사의 자금을 개인에게 지급하기 위한 방편으로 이사·감사로 선임한 것이라는 등의 특별한 사정이 없는 한, 회사에 대하여 「상법」 제388조, 제415조에 따라 정관의 규정 또는 주주총회의 결의에 의하여 결정된 보수의 청구권을 갖는다고 할 것입니다(대법원 2014다236311, 2015.7.23.).

(4) 연봉제 전환 중간정산 후 다시 퇴직금을 지급할 수 있는지 여부[23)]

임원에 대한 급여를 연봉제로 전환함에 따라 향후 퇴직금을 지급하지 아니하는 조건으로 그때까지의 퇴직금을 정산하여 지급한 법인이 추후 주주총회에서 임원의 급여를 연봉제 이전의 방식으로 전환하되 그 전환일로부터 기산하여 퇴직금을 지급하기로 한 경우 이에 대한 퇴직금 인정 여부에 대한 행정해석은 서로 상반된 견해가 존재합니다. 이하에서 이에 대한 각각의 해석을 살펴봅니다.

1) 연봉제 전환 중간정산 후 다시 퇴직금을 받을 수 있다는 사례(예규)

임원에 대한 급여를 연봉제로 전환함에 따라 향후 퇴직금을 지급하지 아니하는 조건으로 그때까지의 퇴직금을 정산하여 지급한 법인이 추후 주주총회에서 임원의 급여를 연봉제 이전의 방식으로 전환하되 그 전환일로부터 기산하여 퇴직금을 지급하기로 한 경우 당초 지급하였던 퇴직금에 대하여는 '법인의 업무와 관련 없이 지급한 가지급금 등'으로 보지 아니하는 것이나 이 경우에도 동 과정이 특정 임원에 대한 자금대여의 목적에 의한 것이라고 인정되는 경우에는 그러하지 아니하는 것입니다(서면법규과－170, 2014.2.25.; 법인세과－451, 2013.8.28.; 법인세과－137,

23) 2016년부터 손금산입되는 퇴직급여의 범위에서 임원이 급여를 연봉제로 전환함에 따라 향후 퇴직급여를 지급받지 아니하는 조건으로 퇴직급여를 정산하여 지급하는 경우를 제외합니다(법인세법 시행령 44조 2항 4호, 부칙 5조, 2016.1.1. 이후 퇴직급여를 정산하여 지급한 때부터 적용).

2010.2.10.; 법인세과-112, 2010.2.4.; 법인세과-3897, 2008.12.10.; 서면2팀-837, 2008.5.1.; 서면2팀-2544, 2006.12.12.; 서면2팀-1692, 2006.9.7.; 법인 46012-541, 2001.3.13. 같은 뜻).

2) 연봉제 전환 중간정산 후 다시 퇴직금을 받을 경우 업무무관 가지급금이라는 사례(예규)

법인이 임원에 대한 급여를 연봉제로 전환함에 따라 향후 퇴직금을 지급하지 아니하는 조건으로 그때까지의 퇴직금을 정산하여 해당 임원에게 지급하였으나 그 후 연봉제 하에서 임원의 퇴직금지급규정을 개정하여 동 임원에게 퇴직금을 지급하는 경우 당초 연봉제 전환 시 지급한 퇴직금과 그 후 퇴직금 명목으로 지급하는 금액은 당해 임원의 실제 퇴직 시까지 그 임원에 대한 업무무관 가지급금으로 보는 것입니다(법인세과-591, 2012.9.28.; 법인세과-870, 2011.11.3.; 법인세과-2320, 2008.9.4.; 서면1팀-144, 2006.2.3.; 서이 46012-10826, 2003.4.21. 같은 뜻).[24]

3) 연봉제 전환 중간정산 후 다시 퇴직금을 받을 경우 업무무관 가지급금이라는 사례(집행기준)

법인의 임원에 대한 급여를 연봉제로 전환함에 따라 향후 퇴직급여를 지급하지 아니하는 조건으로 그때까지의 퇴직급여를 정산하여 지급한 때는 현실적인 퇴직사유에 해당합니다. 다만, 전환 이후 근속연수에 대하여 별도의 퇴직금을 지급하면 당초 중간정산한 퇴직금은 손금에 산입할 수 없으며 업무무관가지급금에 해당합니다(법인세법집행기준 26-44-3 1항 4호).

4) 필자의 견해

임원퇴직금지급규정이 정관의 위임에 따라 주주총회에서 적법하게 결의된 경우 퇴직금의 손금산입 범위는 퇴직일 현재 정관에서 위임된 임원퇴직금지급규정의

---

24) 연봉제 전환 중간정산 후 다시 퇴직금을 받을 경우 업무무관 가지급금이라는 사례는 나중에 현실적인 퇴직사유일 때 지급하는 퇴직금이 진짜 퇴직금이므로 그 이전에 중간정산하여 지급한 것은 가지급금이라는 것이지 퇴직금 지급 자체를 부인하는 것은 아닙니다.

금액에 의하여야 할 것입니다(법인세과－3897, 2008.12.10. 같은 뜻). 이는 「법인세법 시행령」 제44조 제4항에 '정관에 퇴직급여(퇴직위로금 등을 포함)로 지급할 금액이 정하여진 경우에는 정관에 정하여진 금액'을 손금에 산입하도록 규정하고 있기 때문입니다.25)

따라서 연봉제 전환 이후 추후 주주총회에서 임원의 퇴직금 제도를 연봉제 이전의 방식으로 전환하고 재전환일로부터 기산하여 퇴직금을 지급하기로 결의한 경우, 즉 정관의 위임에 따라 주주총회에서 적법하게 결의된 정당한 지급규정이 있는 경우 퇴직금 지급이 가능하다는 것이 필자의 의견입니다.

다만, 연봉제로 전환함에 따라 향후 퇴직금을 지급하지 아니하는 조건으로 그때까지의 퇴직금을 정산하여 받았으므로 연봉제 하에서는 당해 조건이 성취되어야 할 것이므로 통상 그 기간은 적어도 연봉제 전환에 따라 퇴직금을 지급하지 아니하는 조건이 성취되는 연봉제 전환의 연봉계약이 만료되는 날 이후 도래하는 주주총회에서 연봉제를 포기하고 연봉제 이전의 방식으로 전환하기로 결의를 하여야 할 것입니다.

5) 2016년부터 연봉제 전환 임원퇴직금 중간정산의 금지

2016년부터 손금산입되는 퇴직급여의 범위에서 '임원이 급여를 연봉제로 전환함에 따라 향후 퇴직급여를 지급받지 아니하는 조건으로 퇴직급여를 정산하여 지급하는 경우'를 제외합니다(법인세법시행령 44조 2항 4호, 부칙 5조, 2016.1.1. 이후 퇴직급여를 정산하여 지급한 때부터 적용).

---

25) 「법인세법 시행령」 제44조 제4항

법인이 임원에게 지급한 퇴직급여 중 다음 각 호의 어느 하나에 해당하는 금액을 초과하는 금액은 손금에 산입하지 아니한다.

1. 정관에 퇴직급여(퇴직위로금 등을 포함한다)로 지급할 금액이 정하여진 경우에는 정관에 정하여진 금액
2. 제1호 외의 경우에는 그 임원이 퇴직하는 날부터 소급하여 1년 동안 해당 임원에게 지급한 총급여액의 10분의 1에 상당하는 금액에 근속연수를 곱한 금액

(5) (임원)퇴직금과 재원마련의 필요성

임원퇴직금은 설계와 그 집행의 시차가 매우 긴 소득유형입니다. 또한, 장기 근속한 임원의 경우 그 금액이 거액인 경우가 많습니다. 따라서 임원퇴직금은 거액의 초장기 미래소득이라고 표현할 수 있습니다. 이와 같은 거액의 퇴직금이 세법에서 정하는 요건 중의 하나인 '일시금'으로 지급되기 위해서는 반드시 재원마련을 위한 실무절차가 필요합니다.

1) 재원마련 수단의 비교

임원퇴직금의 재원마련을 위한 수단은 단기금융상품, 정기적금, 퇴직연금 등 여러 가지 수단이 존재하지만 과거 보험차익 비과세를 활용하기 위하여 저축성 보험계약을 많이 이용하였습니다. 그러나 현재는 보험계약을 이용하더라도 보험차익에 대한 비과세를 실현하기 위해서는 워낙 장기간이 소요되므로 현실적으로 어려운 일입니다.

따라서 보험계약을 이용한 퇴직금의 재원마련 플랜은 절세를 위한 전략이라기보다는 재원마련의 수단으로써 그 의미를 이해하여야 합니다. 이와 같은 재원마련을 위한 대체안별 수단에 따라 관련 내용을 살펴보면 다음과 같습니다.

적금 등 금융상품	퇴직연금	보험계약
단기자금에 적합	장기자금에 적합	장기자금에 적합
사업비 발생 없음	사업비 발생	사업비 발생
이자수익 발생	운용수익 발생	보험차익 발생
장기운용시 이자수익 규모 적음	장기운용시 운용수익 규모가 운용결과에 따라 변동	장기운용시 보험차익 규모 매우 큼
강제저축기능 미흡	강제저축기능 존재	강제저축기능 강함
긴급자금 역할 가능	긴급자금 역할 불가	긴급자금 역할 가능
보장기능 추구 불가	보장기능 추구 불가	보장기능 추구 가능
중도인출 불가(해약)	중도인출 불가	중도인출 가능

적금 등 금융상품	퇴직연금	보험계약
명의변경기능 없음	명의변경기능 없음	명의변경 가능
경영리스크 해지기능 없음	경영리스크 해지기능 없음	경영리스크 해지 가능
-	원칙적으로 근로자만 가입대상	(일반적으로)임원을 가입대상
-	주식가치 감소효과 미비	주식가치 감소효과 매우 큼
-	상속세 재원마련 기능 없음	상속세 재원마련 기능 가능
적립시 : 단기금융상품 지급시 : 비용처리	적립시 : 비용처리 지급시 : 충당부채 상계	적립시 : 장기금융상품 지급시 : 비용처리

2) 보험계약을 이용한 CEO플랜이 갖는 목적수단

보험계약의 경우 저축성 연금보험이라도 최소 5~6년이 경과하여야만 원금이 회복되는 것임에도 불구하고 많은 기업에서 보험계약을 통하여 일정한 목적을 추구하고 있는데, 이는 단순한 절세효과 이외에 다른 여러 가지 이유가 있기 때문일 것입니다. 이는 세법상의 일정한 요건을 비롯하여 보험계약이 갖는 기능적인 측면도 관련이 있는데 이들 이유에 대하여 정리해 보면 다음과 같으며, 흔히 이야기하는 CEO플랜은 이와 같은 여러 가지 목적수단과 재원마련 수단으로서 이해되어야 합니다.

〈CEO 플랜이 갖는 목적수단〉

① 절세효과보다는 재원마련의 수단
② 절세효과보다는 보험차익의 귀속의 변경
③ 임원퇴직금의 세법상 손금요건을 위한 필요조건
④ 은퇴자금의 실현가능성을 위한 충분조건
⑤ 유사시 긴급자금으로서의 역할
⑥ 장기자금을 위한 강제저축기능
⑦ 경영상의 리스크 예방을 위한 보장기능의 동시추구

3) 보험계약으로 퇴직금을 지급하는 것이 가능한지 여부

일반적인 경우 회사에서는 퇴직금에 대한 재원마련 수단으로서 장기인 보험상품을 이용하기도 하는데, 이는 보험이 갖는 강제저축 기능을 통한 거액의 재원마련 가능성을 크게 하기 위한 순기능 때문일 것입니다.

보험계약을 이용하는 경우 법인이 계약자로서 보험계약을 유지하다가 임원이 퇴직하는 때에 보험계약을 법인에서 퇴직임원으로 그 명의를 변경하여 퇴직금을 지급하게 되는데 이 경우 이와 같은 행위가 퇴직금으로서 인정이 되느냐가 문제가 될 수 있는데, 이와 관련하여 기획재정부는 다음과 같이 유권해석을 하고 있습니다.

> 법인이 계약자 및 수익자를 법인으로, 임원을 피보험자로 하는 보험(이하 "저축성보험"이라 한다)에 가입하고, 임원 퇴직 시 저축성보험의 계약자 및 수익자를 법인에서 피보험자(퇴직임원)로 변경하는 경우 법인이 부담한 저축성보험(임원퇴직 당시 저축성보험의 평가액)은 퇴직임원의 퇴직소득에 해당합니다. 다만, 저축성보험의 평가액을 포함한 임원의 퇴직소득이 과도하여 '부당행위계산의 부인'규정이 적용되는 경우에는 동 규정이 적용되지 않는 범위 내에서만 퇴직소득에 해당하며, 이를 초과하는 금액은 근로소득에 해당합니다(기획재정부 소득－108, 2011.3.29. 외).[26]

26) 위 유권해석이 있기 전 국세청의 유권해석은 "법인이 계약자 및 수익자는 법인, 피보험자는 임원으로 가입 후 임원 퇴직 시 계약자 및 수익자를 임원으로 변경하는 경우 법인이 부담한 저축성보험의 보험료는 해당 임원의 근로소득에 해당한다(소득세과－675, 2010.6.7. 외)"였습니다. 이의 논리는 퇴직소득의 요건 중 '일시금' 요건이 충족되지 않은 것이라는 이유였으나 '법인계약을 명의변경하는 경우 이는 퇴직소득에 해당한다'는 상기 기획재정부의 유권해석이 나오면서 이 문제의 논쟁은 더 이상 논란이 되지 않고 있습니다.

(6) 퇴직금 지급 시의 원천징수

퇴직소득은 수년 동안 서서히 발생되어 누적된 소득이 퇴직하는 시점에 일시에 실현되는 금액이기 때문에 이를 종합소득에 합산하여 누진세율로 과세하게 되면 부당하게 높은 세율이 적용되는 문제점이 있어 종합과세하지 아니하고 별도의 계산방식(연분연승법 적용)으로 과세하는 분류과세방식을 채택하고 있습니다. 퇴직금 지급 시 세금문제를 살펴보면 다음과 같습니다.

1) 우리나라의 퇴직소득 과세체계

우리나라의 소득세는 개인의 소득을 종합소득, 퇴직소득, 양도소득으로 분류하여 각 소득별로 1년을 단위로 과세하고 있습니다.

소득세는 원칙적으로 소득의 종류에 관계없이 일정한 기간(매년 1월 1일부터 12월 31일까지)을 단위로 종합소득(이자소득 · 배당소득 · 사업소득 · 근로소득 · 연금소득 · 기타소득)을 합산하여 과세하는 '종합소득 합산과세'방식을 기본원칙으로 채택하고 있는데, 조세정책적 목적과 납세편의 등을 고려하여 예외적으로 분리과세 또는 분류과세 방식을 취하고 있는데, 퇴직소득은 수년에 걸쳐 형성된 소득이기 때문에 분류과세하고 있습니다. 우리나라의 소득별 과세방식을 살펴보면 다음과 같습니다.[27)]

---

27) 해외의 퇴직소득 과세체계
대부분의 선진국에서는 퇴직소득을 근로소득과 동일한 방식으로 과세하며, 별도로 저율 과세하지 않고 있습니다. 현재 우리나라와 일본이 예외적으로 퇴직소득을 낮은 세율로 과세하는 과세체계를 두고 있습니다. 주요국의 퇴직소득 과세체계를 살펴보면 다음과 같습니다.

구 분	일시금으로 수령하는 경우	연금으로 수령하는 경우
한 국	퇴직소득(분류과세), (근속연수공제, 환산급여공제 등)	연금소득(분리과세)
일 본	퇴직소득(분류과세), (급여비례공제, 근속연수공제)	잡소득(종합과세)
미 국	통상소득(종합과세)	
영 국	근로소득(종합과세), (일부 일시금 비과세)	
독 일	자본소득(분리과세 25%)	근로소득(종합과세)

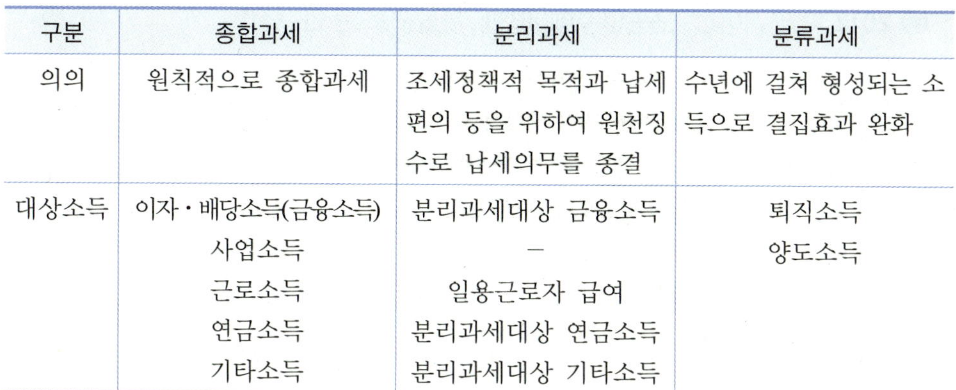

구분	종합과세	분리과세	분류과세
의의	원칙적으로 종합과세	조세정책적 목적과 납세 편의 등을 위하여 원천징수로 납세의무를 종결	수년에 걸쳐 형성되는 소득으로 결집효과 완화
대상소득	이자·배당소득(금융소득) 사업소득 근로소득 연금소득 기타소득	분리과세대상 금융소득 – 일용근로자 급여 분리과세대상 연금소득 분리과세대상 기타소득	퇴직소득 양도소득

◈ 이자·배당소득(금융소득)은 연간 2천만원을 초과하여야만 종합과세됩니다. 따라서 2천만원을 초과하지 않는 경우 당초 이자나 배당을 지급하는 기관에서 원천징수하기 때문에 별도로 세금문제를 신경쓰지 않아도 됩니다.

◈ 사적연금액(공적연금은 제외)이 연간 1,200만원을 초과하여야만 종합과세됩니다. 따라서 1,200만원을 초과하지 않는 경우 당초 소득을 지급하는 기관에서 원천징수하기 때문에 별도로 세금문제를 신경쓰지 않아도 됩니다.

◈ 기타소득은 소득금액이 연간 3백만원을 초과하여야만 종합과세됩니다. 따라서 3백만원을 초과하지 않는 경우에는 당초 소득을 지급하는 기관에서 원천징수한 것으로 종결되거나 종합과세를 선택할 수 있습니다.

2) 퇴직금 지급 시의 결정세액 계산구조

퇴직소득은 수년 동안 서서히 발생되어 누적된 소득이 퇴직하는 시점에 일시에 실현되는 금액이기 때문에 이를 종합소득에 합산하지 않고 다음과 같이 별도의 계산방식으로 과세하는 분류과세방식을 채택하고 있습니다. 퇴직금 지급 시 그 결정세액의 계산구조는 다음과 같습니다(소득세법 48조·55조).[28)]

28) 2013년 1월 1일 전에 근무를 시작하여 2013년 1월 1일 이후에 퇴직한 자의 경우 해당 퇴직소득 과세표준에 2013년 1월 1일 전의 근속연수 비율(2012.12.31.까지의 근속연수를 전체 근속연수로 나눈 비율)을 곱하여 계산한 금액에 대해서는 종전의 규정(근속연수로 나눈 금액에 5를 곱하지 않는 방식)에 따릅니다(법률 제11611호 부칙 22조 2항, 2015.12.31.까지 퇴직하는 경우에 적용, 이하 "종전규정").

◎ 2012.12.31. 이전 근속연수에 대한 계산구조(종전규정)

퇴직소득금액	퇴직금은 퇴직으로 지급하는 금액이 퇴직소득금액임
(−)퇴직소득공제	① 기본공제(퇴직금액의 일정액을 비례공제) • 퇴직급여액의 40% ② 근속연수 공제*1 • 5년 이하 : 30만원×근속연수 • 5년 초과 10년 이하 : 150만원+50만원×(근속연수−5년) • 10년 초과 20년 이하 : 400만원+80만원×(근속연수−10년) • 20년 초과 : 1,200만원+120만원×(근속연수−20년)
=과세표준	
(÷)근속연수	연평균화하기 위하여 근속연수로 나눔
=연평균 과세표준	
(×)세율	소득세법 제55조에서 정하는 누진세율
=연평균 산출세액	
(×)근속연수	
=산출세액(결정세액)	

*1 근속연수 계산에 있어서 1년 미만의 기간이 있는 경우에는 이를 1년으로 봅니다(소득세법 48조 1항 2호).

◉ 2013.1.1. 이후 근속연수에 대한 계산구조(종전규정)

퇴직소득금액	퇴직금은 퇴직으로 지급하는 금액이 퇴직소득금액임
(−)퇴직소득공제	① 기본공제(퇴직금액의 일정액을 비례공제) • 퇴직급여액의 40% ② 근속연수 공제 • 5년 이하 : 30만원×근속연수 • 5년 초과 10년 이하 : 150만원+50만원×(근속연수−5년) • 10년 초과 20년 이하 : 400만원+80만원×(근속연수−10년) • 20년 초과 : 1,200만원+120만원×(근속연수−20년)
=과세표준	
(÷)근속연수×5	연평균화하기 위하여 근속연수로 나눈 후 5를 곱한 금액[*1]
=연평균 과세표준	
(×)세율	소득세법 제55조에서 정하는 누진세율
=연평균 산출세액	
(÷)5 (×)근속연수	
=산출세액(결정세액)	

*1 퇴직소득에 대한 소득세는 다음의 순서에 따라 계산한 금액으로 합니다(소득세법 55조 2항, 2013.1.1. 개정, 2013.1.1. 이후 근로에 대한 퇴직소득분부터 적용).
① 해당 과세기간의 퇴직소득 과세표준을 근속연수로 나눈 금액
② '①'에 5를 곱한 금액에 세율을 적용하여 계산한 금액
③ '②'를 5로 나눈 금액에 근속연수를 곱한 금액

◉ 2016.1.1. 이후 퇴직하는 경우 퇴직소득 계산구조(개정규정)

구분	내용
퇴직소득금액	퇴직금은 퇴직으로 지급하는 금액이 퇴직소득금액임
(−)근속연수공제*1	• 5년 이하 : 30만원×근속연수 • 5년 초과 10년 이하 : 150만원+50만원×(근속연수−5년) • 10년 초과 20년 이하 : 400만원+80만원×(근속연수−10년) • 20년 초과 : 1,200만원+120만원×(근속연수−20년)
=근속연수공제 후 소득금액	
(÷)근속연수×12	연평균화하기 위하여 근속연수로 나눈 후 12를 곱한 금액
=환산급여	
(−)환산급여공제	• 8백만원 이하 : 환산급여의 100% • 8백만원 초과 7천만원 이하 : 8백만원+8백만원 초과분의 60% • 7천만원 초과 1억원 이하 : 4천520만원+7천만원 초과분의 55% • 1억원 초과 3억원 이하 : 6천170만원+1억원 초과분의 45% • 3억원 초과 : 1억5천170만원+3억원 초과분의 35%
=과세표준	
(×)세율	소득세법 제55조에서 정하는 누진세율
=연평균 산출세액	
(÷)12 (×)근속연수	
=산출세액(결정세액)	2016년부터 점진적으로 세부담 증가(부칙에 의한 특례)*2

*1 근속연수 계산에 있어서 1년 미만의 기간이 있는 경우에는 이를 1년으로 봅니다(소득세법 48조 1항 2호).

*2 퇴직소득 공제방식을 정률공제에서 차등공제로 전환하고 12를 연분하여 계산하는 이른바 12배 연분연승법의 계산구조는 2016년 1월 1일부터 시행합니다(소득세법 48조 1항·2항, 55조 2항, 법률 제12852호 부칙 1조). 다만, 2016년 1월 1일부터 2019년 12월 31일까지의 기간 동안 퇴직한 경우에는 퇴직소득 산출세액을 계산함에 있어 「소득세법」 제48조 제1항·제2항 및 제55조 제2항의 개정규정에도 불구하고 퇴직소득 산출세액을 다음 표의 퇴직일이 속하는 과세기간에 해당하는 계산식에 따른 금액으로

합니다(소득세법 48조 1항·2항, 55조 2항, 법률 제12852호 부칙 25조).

퇴직일이 속하는 과세기간	퇴직소득 산출세액
2016년 1월 1일부터 2016년 12월 31일까지	종전 규정에 따른 퇴직소득 산출세액×80퍼센트 +개정규정에 따른 퇴직소득 산출세액×20퍼센트
2017년 1월 1일부터 2017년 12월 31일까지	종전 규정에 따른 퇴직소득 산출세액×60퍼센트 +개정규정에 따른 퇴직소득 산출세액×40퍼센트
2018년 1월 1일부터 2018년 12월 31일까지	종전 규정에 따른 퇴직소득 산출세액×40퍼센트 +개정규정에 따른 퇴직소득 산출세액×60퍼센트
2019년 1월 1일부터 2019년 12월 31일까지	종전 규정에 따른 퇴직소득 산출세액×20퍼센트 +개정규정에 따른 퇴직소득 산출세액×80퍼센트

제 4 장
취업규칙

1단계 **취업규칙의 조문별 진단**

회사의 현행 취업규칙 또는 신규로 제정하고자 하는 취업규칙을 각 조문별로 진단하고 회사의 사정에 맞게 각 조문별로 의사결정을 수행합니다. 취업규칙은 「근로기준법」 등 노동관계법에서 정하는 법정 의무사항이 많으므로 진단 시 노동관계법의 부합 여부를 확인하여야 합니다.

2단계 **취업규칙의 확정(의사결정)**

1단계에서 각 조문별로 진단 의사결정 과정을 거친 취업규칙을 확정합니다.

3단계 **확정된 취업규칙의 신고 및 게시(법적 절차)**

실무절차로 확정된 취업규칙을 고용노동부 장관에게 신고하고, 근로자가 자유로이 열람할 수 있는 장소에 게시하여 근로자에게 널리 알려야 합니다.

4단계 **사후관리**

1. 의 의

취업규칙이란 명칭여하에 불구하고 사업 또는 사업장에서 근로자가 준수하여야 할 규율과 임금 등 근로조건에 관한 내용을 정한 규칙을 말합니다. 흔히 사규규칙, 복무규율이라고 하며 다수의 근로자가 있는 사업 또는 사업장에서 획일·통일적으로 지휘·감독을 위한 자치법규입니다.

상시 10명 이상의 근로자를 사용하는 사용자는 「근로기준법」 제93조 각호의 사항에 관한 취업규칙을 작성하여 고용노동부 장관에게 신고하여야 하며, 취업규칙을 변경하는 경우에도 고용노동부 장관에게 신고하여야 합니다(근로기준법 93조).[29]

만일, 취업규칙을 제정 또는 개정한 후 고용노동부에 신고하지 않은 경우 500만원 이하의 과태료를 부과합니다(근로기준법 116조). 또한 제정된 취업규칙은 근로자가 자유롭게 열람할 수 있는 장소에 항상 게시하거나 갖추어 두어 근로자에게 널리 알려야 합니다(근로기준법 14조). 만일 사업장 내 게시 또는 비치하지 않았을 때에는 500만원 이하의 과태료를 부과합니다(근로기준법 116조).

취업규칙을 게시하지 않은 경우	취업규칙을 신고하지 않은 경우
500만원 이하의 과태료 부과	500만원 이하의 과태료 부과

29) 「근로기준법」 제93조 【취업규칙의 작성·신고】
상시 10명 이상의 근로자를 사용하는 사용자는 다음 각 호의 사항에 관한 취업규칙을 작성하여 고용노동부장관에게 신고하여야 한다. 이를 변경하는 경우에도 또한 같다.
1. 업무의 시작과 종료 시각, 휴게시간, 휴일, 휴가 및 교대 근로에 관한 사항
2. 임금의 결정·계산·지급 방법, 임금의 산정기간·지급시기 및 승급에 관한 사항
3. 가족수당의 계산·지급 방법에 관한 사항
4. 퇴직에 관한 사항
5. 「근로자퇴직급여 보장법」 제4조에 따라 설정된 퇴직급여, 상여 및 최저임금에 관한 사항
6. 근로자의 식비, 작업 용품 등의 부담에 관한 사항
7. 근로자를 위한 교육시설에 관한 사항
8. 출산전후휴가·육아휴직 등 근로자의 모성 보호 및 일·가정 양립 지원에 관한 사항
9. 안전과 보건에 관한 사항
9의 2. 근로자의 성별·연령 또는 신체적 조건 등의 특성에 따른 사업장 환경의 개선에 관한 사항
10. 업무상과 업무 외의 재해부조에 관한 사항
11. 표창과 제재에 관한 사항
12. 그 밖에 해당 사업 또는 사업장의 근로자 전체에 적용될 사항

2. 취업규칙 정비

앞서 살펴본 바와 같이 상시 10명 이상의 근로자를 사용하는 사용자는 취업규칙을 작성하여야 합니다(근로기준법 93조). 취업규칙은 사용자가 사업장에 있어서 근로자가 준수하여야 할 규율과 임금·근로시간 및 기타 근로조건에 관한 구체적 사항을 정한 규칙을 말하며, 특히 근로자의 보호를 위하여 취업규칙에 정한 기준에 미달하는 근로계약은 그 부분에 관하여는 무효로 하도록 하고, 그 무효부분은 취업규칙에 정한 기준에 의하도록 취업규칙의 보충적 효력에 대해 규정하고 있습니다.

이와 같은 취업규칙의 정비는 다음과 같은 절차로 진행합니다.

취업규칙의 조문별 진단

회사의 현행 취업규칙 또는 신규로 제정하고자 하는 취업규칙을 각 조문별로 진단하고 회사의 사정에 맞게 각 조문별로 의사결정을 수행합니다. 취업규칙은 「근로기준법」 등 노동관계법에서 정하는 법정 의무사항이 많으므로 진단 시 노동관계법의 부합 여부를 확인하여야 합니다.

취업규칙의 확정(의사결정)

1단계에서 각 조문별로 진단 의사결정 과정을 거친 취업규칙을 확정합니다.

확정된 취업규칙의 신고 및 게시(법적 절차)

실무절차로 확정된 취업규칙을 고용노동부 장관에게 신고하고, 근로자가 자유로이 열람할 수 있는 장소에 게시하여 근로자에게 널리 알려야 합니다.

(1) 1단계 : 취업규칙의 진단

상시 10명 이상의 근로자를 사용하는 사용자는 근로자의 과반수(근로자의 과반수로 조직된 노동조합이 있는 경우에는 그 노동조합)의 의견을 들어 취업규칙을 작성하여야 합니다(근로기준법 93조). 취업규칙의 각 조문별로 진단할 사항을 살펴보면 다음과 같습니다.[30)]

취업규칙진단

취업규칙(안)	진단할 사항
제1장 총 칙	◈ 총칙은 필수적 기재사항은 아니지만 취업규칙의 체계상 총칙 규정을 두는 것이 일반적임
제1조 【목 적】 이 규칙은 ○○주식회사(이하 "회사"라 한다) 사원의 채용·복무 및 근로조건 등에 관한 사항을 정함을 목적으로 한다.	[선택] 취업규칙을 정하는 목적을 규정함
제2조 【적용범위】 ① 이 규칙은 회사의 사업장에 근무하는 사원에게 적용한다. ② 사원의 복무 및 근로조건에 관하여 법령, 단체협약, 그 밖에 회사규정에 별도로 정함이 있는 경우를 제외하고는 이 규칙이 정하는 바에 의한다.	[선택] 기간제근로자와 무기계약근로자에 따라 달리 대우할 사항이 있는 경우는 해당되는 조항을 명확히 밝히는 것이 바람직함
제3조 【사원의 정의】 이 규칙에서 "사원"이라 함은 단시간사원을 제외한 무기계약사원과 기간제사원을 의미한다.	[선택] 규칙을 적용받는 대상 근로자의 범위를 명확히 규정하는 것이 바람직함 ☞ (참고) 「기간제 및 단시

30) 이 자료는 주40시간제가 적용되는 제조업체를 가정하여 작성한 것이며, 2016년 7월 27일자로 고용노동부 홈페이지(www.moel.go.kr)에 등록된 자료입니다. 실제로 사업장의 취업규칙을 작성할 때는 「근로기준법」 등 노동관계법령에 위배되지 않는 범위 내에서 전문가의 자문을 통하여 사업장의 규모나 업무의 특성에 맞게 변형하여야 합니다.

취업규칙(안)	진단할 사항
	간근로자 보호 등에 관한 법률」 제정으로 계약기간을 정한 근로자를 "기간제근로자"로 표기함에 따라 계약기간을 정하지 않은 근로자를 "무기계약근로자"로 표기하는 것이 일반적임
제 2 장 채용 및 근로계약	◈ 채용 관련 사항은 필수적 기재사항은 아니지만 취업규칙의 체계상 관련 규정을 두는 것이 일반적임
제 4 조 【채용기회】 회사는 사원의 모집 및 채용에 있어서 합리적인 이유 없이 성별, 연령, 신앙, 사회적신분, 출신지역, 출신학교, 혼인·임신·출산 또는 병력(病歷) 등에 의한 차등을 두지 않는다.	[선택] 모집과정에서 합리적 이유 없이 차별을 하지 않도록 한 법의 취지를 명확히 할 필요[남녀고용평등과일·가정양립지원에 관한법률(이하, 남녀고용평등법) 7조, 고용정책기본법 7조 참조]
제 5 조 【전형 및 채용서류】 회사에 입사를 지원하는 자는 다음 각 호의 서류를 제출하여야 한다. 1. 이력서 1통 2. 자기소개서 1통	[선택] 모집단계에서의 제출서류는 최소한으로 하고, 기타 필요 서류는 합격자에 한하여 제출토록 할 필요 ☞ (참고) 모집·채용 시 사진, 신체조건(키, 몸무게), 결혼 및 출산 여부 등 직무능력과 관련 없는 사항은 기재하지 않도록 함

취업규칙(안)	진단할 사항
제6조【근로계약】① 회사는 채용이 확정된 자와 서면으로 근로계약을 체결하고, 해당자에게 근로계약서 사본 1부를 내어 준다. ② 회사는 근로계약 체결 시 사원에게 임금, 소정근로시간, 휴일, 연차 유급휴가, 취업의 장소와 종사하여야 할 업무에 관한 사항, 근로기준법 제93조 제1호부터 제12호까지의 규정(취업규칙의 작성 · 신고사항)에서 정한 사항, 근로기준법 제10장의 기숙사에 관한 사항(기숙사가 있는 경우에 한함)을 명확히 제시한다. ③ 회사는 제2항의 내용 중 임금의 구성항목 · 계산방법 · 지급방법, 소정근로시간, 휴일, 연차유급휴가에 관한 사항, 취업의 장소와 종사하여야 할 업무에 관한 사항을 서면으로 명확히 제시하여 교부한다. 또한 기간제 근로자인 경우 근로계약기간도 함께 명시한다. ④ 회사는 근로계약 체결 시 제2항 및 제3항의 사항이 적시된 취업규칙을 제시하거나 교부함으로써 제2항의 명시 및 제3항의 서면명시 및 교부의무를 대신할 수 있다.	[선택]「근로기준법」 제17조에 따라 사용자는 근로계약을 서면으로 체결하고 사본을 근로자에게 교부하도록 함으로써 근로조건 관련 사항을 명확히 알도록 하고 이와 관련된 논란을 줄이도록 할 필요(별지 1의 표준근로계약서 참조) －무기계약근로자 :「근로기준법」 제17조(근로조건의 명시) 및 시행령 제8조 참조 －기간제근로자, 단시간근로자 :「기간제 및 단시간근로자 보호 등에 관한 법률」 제17조(근로조건의 서면명시) 참조 ☞ (참고) 근로계약 체결 시 명시 및 서면명시해야 하는 근로조건이 적시된 취업규칙을 제시하거나 교부함으로써 명시 · 서면명시 및 교부절차를 간소화하고 아울러 취업규칙을 사전에 인식시키는 효과도 있음 ☞ (참고) 임금의 구성항목 · 계산방법에서는 노동관계법령에 의해 금지되는 위약예정, 전

취업규칙(안)	진단할 사항
	차금 상계, 강제저금의 소지가 있는 조항은 포함하지 말 것(근로기준법 20조 · 21조 · 22조 참조)
제 7 조 【수습기간】 ① 신규로 채용된 자는 최초로 근무를 개시한 날부터 0개월간을 수습기간으로 한다. ② 제1항의 수습기간은 근속연수에 포함하며, 평균임금산정기간에는 포함하지 아니한다.	[선택] 수습기간을 반드시 설정하여야 하는 것은 아니지만 수습기간을 설정하는 경우는 그 기간을 명확히 규정하도록 함 ☞ (참고) 수습기간은 근속기간에 포함되도록 하여야 하며, 직무의 성질 등을 감안하여 사회통념상 인정되는 범위에서 지나치게 장기간이 되지 않도록 함
제 3 장 복 무	◈ 복무 관련 사항은 필수적 기재사항은 아니지만 일반적으로 취업규칙에 규정하는 사항이며 「근로기준법」 등에 위반되지 않도록 할 필요
제 8 조 【복무의무】 사원은 다음 각 호의 사항을 준수하여야 한다. 1. 사원은 맡은 바 직무를 충실히 수행하여야 한다. 2. 사원은 직무상 지득한 비밀을 엄수하고 회사기밀을 누설해서는 아니 된다. 단, 「공익신고자 보호법」상의 '공익신고자'의 경우에는 적용되지 아니한다. 3. 사원은 회사의 제반규정을 준수하고 상사의 정당한 직무상 지시에 따라야 한다. 4. 사원은 사원으로서 품위를 손상하거나 회사의 명예를 실	[선택] 사업장 질서 유지 차원에서 정하는 사항으로 사업장의 사정에 따라 달리 정할 수 있음 ☞ (참고) 근로자의 기본권 및 그 밖의 법령에 따른 권익을 침해하지 않도록 유의해야 하며, 경영 · 인사 상 최소한의

취업규칙(안)	진단할 사항
추시키는 행위를 하여서는 아니 된다. 5. 사원은 그 밖에 제1호 내지 제4호에 준하는 행위를 하여서는 아니 된다.	범위에서 규정해야 함
제9조【출근, 결근】 ① 사원은 업무시간 시작 전까지 출근하여 업무에 임할 준비를 하여 정상적인 업무수행에 차질이 없도록 하여야 한다. ② 질병이나 그 밖의 부득이한 사유로 결근하고자 하는 경우에는 사전에 소속부서의 장의 승인을 받아야 한다. 다만, 불가피한 사유로 사전에 승인을 받을 수 없는 경우에는 결근 당일에라도 그 사유를 명확히 하여 사후 승인을 받아야 하며 정당한 이유 없이 이러한 절차를 이행하지 아니한 경우 무단결근을 한 것으로 본다.	[선택] 사업장 질서 유지 차원에서 정하는 사항으로 사업장의 사정에 따라 달리 정할 수 있음 ☞ (참고) 사용자의 지시 및 강요에 의한 조기출근 시간은 근로시간으로 인정될 소지가 있으므로 지나치게 일찍 출근토록 하는 것은 자제해야 함
제10조【지각·조퇴 및 외출】 ① 사원은 질병 그 밖의 부득이한 사유로 지각하게 되는 경우에는 사전에 부서의 장 또는 직근 상급자에게 알려야 하며, 부득이한 사정으로 사전에 알릴 수 없는 경우에는 사후에라도 지체없이 이 사실을 알려야 한다. ② 사원은 근로시간 중에 사적으로 근무 장소를 이탈할 수 없다. 다만, 질병이나 그 밖의 부득이한 사유로 인하여 조퇴 또는 외출하고자 할 경우에는 소속부서의 장의 승인을 받아야 한다. ③ 사원이 지각·조퇴 및 외출한 시간은 무급으로 처리함을 원칙으로 한다.	[선택] 사업장 질서 유지 차원에서 정하는 사항으로 사업장의 사정에 따라 달리 정할 수 있음 ☞ (참고) 지각·조퇴 및 외출로 인한 누계시간을 결근으로 취급하는 것은 연차휴가 산정에 불리하게 영향을 주는 것으로 허용되지 않음 －다만, 노사 간 특약으로 지각·조퇴 및 외출로 인한 누계시간을 연차휴가를 사용한 것으로 하여 연차휴가 일수에서 공제하는 것은 가능(근기 68207－157, 2000.1.22.)

취업규칙(안)	진단할 사항
제11조【공민권행사 및 공의 직무 수행】① 회사는 사원이 근무시간 중 선거권, 그 밖의 공민권을 행사하거나 공(公)의 직무를 수행하기 위하여 필요한 시간을 청구할 경우 이를 거부할 수 없으며, 그 시간은 유급으로 처리한다. ② 회사는 제1항의 권리 행사나 공(公)의 직무를 수행하는 데 지장이 없는 범위 내에서 사원이 청구한 시간을 변경할 수 있다.	[선택] (참고)「공직선거법」에 따른 4대선거와「향토예비군설치법」,「민방위기본법」에 따라 소집된 기간은 유급으로 처리해야 함 ☞ (참고) 사업장 사정에 따라 선거일과 예비군·민방위 소집기간을 유급휴일로 정할 수 있음
제12조【출 장】① 회사는 업무수행을 위하여 필요한 경우 사원에게 출장을 명할 수 있다. ② 회사는 행선지별 여비, 숙박비, 현지교통비 등 실비에 충당될 수 있는 비용을 지급한다.	[선택] 업무를 수행해야 할 장소가 유동적인 경우를 대비하여 확인적인 취지로 명시할 수 있음
제 4 장 인 사 제 1 절 인사위원회	◈ 인사위원회 규정은 필수적 기재사항은 아니지만 인사 재량권의 남용을 방지하기 위해 인사위원회를 두어 인사를 정하는 것이 바람직
제13조【인사위원회의 구성】① 인사위원회(이하 "위원회"라 한다)는 대표이사와 부서장 또는 그에 준하는 직급의 사원 중 대표이사가 임명하는 자로 총 5명 이내로 구성하되 근로자위원을 최소 1명 이상 포함되도록 한다. ② 위원회의 위원장은 대표이사 또는 대표이사가 위임한 자로 한다. ③ 위원회에는 인사(총무)담당자 1명을 간사로 둔다.	[선택] (참고) 인사위원회 구성은 사업장 규모에 따라 위원수를 달리 할 수 있음 ☞ (참고) 인사위원회 구성 시 근로자위원을 포함하게 하는 것이 형평의 원칙상 바람직
제14조【위원회의 기능】위원회는 다음 각 호의 사항을 의결한다. 1. 사원의 표창에 관한 사항	※ "해고" 외 인사운영에 관한 사항은 노사협의회를 통해 운영할 수

취업규칙(안)	진단할 사항
2. 사원의 징계에 관한 사항 3. 그 밖에 사원의 인사에 관하여 위원회의 의결이 필요한 사항	있음(근로자참여및협력증진에관한법률 20조)
제15조【위원회의 소집 및 운영】① 위원회는 제14조의 의결사항이 있을 경우 위원장이 소집한다. ② 위원장은 회의를 소집하고자 하는 경우 원칙적으로 회의개최 7일 전에 회의일시, 장소, 의제 등을 각 위원에게 통보한다.	[선택] 사업장의 사정에 따라 달리 정할 수 있음
③ 위원회는 재적위원 과반수의 출석과 출석위원 과반수의 찬성으로 의결한다. 다만, 징계에 관한 사항은 재적위원 3분의 2 이상의 찬성으로 의결한다. ④ 위원장은 표결권을 가지며 가부동수일 때에는 결정권을 가진다. ⑤ 위원회의 회의는 공개하지 아니하며 회의내용과 관련된 사항은 누설하여서는 아니 된다. 다만, 위원회의 의결로 공개할 수 있다. ⑥ 위원회의 의결사항이 특정위원에 관한 사항을 의결할 때에는 당해위원은 그 건의 의결에 참여할 수 없다. ⑦ 위원회의 운영방법 등 기타 필요한 사항에 대하여는 별도의 규정으로 정할 수 있다.	[선택] 인사위원회의를 둘 경우 운영절차를 투명하게 함으로써 민주적인 운영에 노력할 필요 ☞ (참고) 의결정족수는 민주적인 운영 원칙에 충실하게 정하되, 특히 징계에 관하여는 보다 강화하는 것이 일반적임
제2절 배치 · 전직 및 승진	◈ 인사이동 관련 규정은 필수적 기재사항은 아니지만 내용상 「근로기준법」 등 관련법률에 위반되지 않도록 할 필요
제16조【배치, 전직, 승진】① 회사는 사원의 능력, 적성, 경력 등을 고려하여 부서의 배치, 전직, 승진 등 인사발령을 하며, 사원은 정당한 사유 없이 이를 거부할 수 없다. ② 회사는 제1항의 인사발령을 함에 있어서 합리적인 이유 없이 남녀를 차별하지 아니한다.	[선택] 투명한 인사운영을 위해 규정하는 경우가 많으며 사업장 사정에 따라 별도의 인사규정으로 정하는 것도 가능

취업규칙(안)	진단할 사항
③ 승진 등 인사발령과 관련하여 필요한 사항에 대하여는 별도의 규정으로 정한다.	☞ (참고) 전직, 전근, 승진 등 인사발령을 함에 있어 합리적인 이유 없이 특정 성(姓)을 불리하게 대우하지 않아야 함(남녀고용평등법 10조 참조)
제 3 절 휴직 및 복직	◆ 휴직 관련 규정 중 육아휴직은 필수적 기재사항이며 그 외의 휴직사유도 병행하여 규정하는 것이 일반적임
제17조【휴 직】 ① 회사는 다음 각 호의 어느 하나에 해당하는 사유로 사원이 휴직원을 제출하는 경우에는 휴직을 승인할 수 있다. 이 경우 제3호의 휴직 외에는 무급을 원칙으로 한다. 1. 업무 외 질병, 부상, 가사 등으로 직무수행이 어렵다고 인정되는 경우 : 필요하다고 인정되는 기간 2. 「병역법」, 기타 법령에 의해 징집 및 소집되었을 때 : 징집 및 소집기간 3. 연수, 직무 등의 사유로 회사가 휴직이 필요하다고 하는 경우 : 필요하다고 인정되는 기간 ② 휴직자는 휴직기간 중 거주지의 변동 등의 사유가 있을 때에는 회사에 즉시 그 사실을 알려야 한다.	[선택] 근로자가 장기간 업무수행이 불가능할 경우를 대비하여 규정하는 것이 일반적임 －특히 휴직 인정 사유와 휴직기간, 유급 또는 무급 여부 등은 사업장 사정에 따라 달리 정할 수 있음
제18조【육아휴직】 ① 회사는 만 8세 이하 또는 초등학교 2학년 이하의 자녀(입양한 자녀를 포함한다)를 가진 남녀 사원이 그 자녀의 양육을 위하여 육아휴직을 청구하는 경우에는 이를 허용한다. 단, 계속 근로한 기간이 1년 미만이거나 같은 영유아에 대하여 배우자가 육아휴직 중인 경우에는 허용하지 않을 수 있다. ② 육아휴직 기간은 1년 이내로 한다. ③ 회사는 육아휴직을 이유로 해고나 그 밖의 불리한 처우	[필수] 취업규칙의 필수적인 사항으로 모성보호 및 직장과 가정의 양립 차원에서 법으로 강제되는 제도임 ☞ (참고) 2014.1.14.부터는 만 6세 → 만 8세로 육아휴직 연령이 확대

취업규칙(안)	진단할 사항
를 하지 않으며 특히 육아휴직기간에는 해고하지 아니한다. ④ 회사는 사원이 육아휴직을 사용할 경우 고용보험법령이 정하는 육아휴직급여를 받을 수 있도록 증빙서류를 제공하는 등 적극 협조한다.	됨(남녀고용평등법 19조 참조) －다만, 법령상 육아휴직을 허용하지 않아도 되는 근로자(계속근로한 기간이 1년 미만, 같은 영유아에 대하여 배우자가 육아휴직 중인 근로자)에 대해 육아휴직 부여할지 여부 등은 사업장 사정에 따라 달리 정할 수 있음
제19조【가족돌봄휴직 등】① 회사는 사원이 부모, 배우자, 자녀 또는 배우자의 부모(이하 "가족"이라 한다)의 질병, 사고, 노령으로 인하여 그 가족을 돌보기 위한 휴직(이하 "가족돌봄휴직"이라 한다)을 신청하는 경우 이를 허용하여야 한다. 다만, 대체인력 채용이 불가능한 경우, 정상적인 사업 운영에 중대한 지장을 초래하는 경우 등 남녀고용평등법 시행령으로 정하는 경우에는 그러하지 아니하다. ② 제1항 단서에 따라 가족돌봄휴직을 허용하지 아니하는 경우에는 해당 사원에게 그 사유를 서면으로 통보하고, 다음 각 호의 어느 하나에 해당하는 조치를 하도록 노력하여야 한다. 1. 업무를 시작하고 마치는 시간 조정 2. 연장근로의 제한 3. 근로시간의 단축, 탄력적 운영 등 근로시간의 조정 4. 그 밖에 사업장 사정에 맞는 지원조치 ③ 가족돌봄휴직 기간은 연간 최장 90일로 하며, 이를 나누어 사용할 수 있다. 이 경우 나누어 사용하는 1회의 기간은 30일 이상이 되어야 한다.	[필수] 남녀고용평등법의 내용으로 근로자가 가족돌봄휴직을 신청하는 경우 특별한 사유가 없는 한 이를 허용하여야 함(남녀고용평등법 22조의 2 참조)

취업규칙(안)	진단할 사항
④ 회사는 가족돌봄휴직을 이유로 해당 근로자를 해고하거나 근로조건을 악화시키는 등 불리한 처우를 하여서는 아니 된다. ⑤ 가족돌봄휴직 기간은 근속기간에 포함한다. 다만, 근로기준법 제2조 제1항 제6호에 따른 평균임금 산정기간에서는 제외한다. ⑥ 회사는 소속 근로자가 건전하게 직장과 가정을 유지하는 데에 도움이 될 수 있도록 필요한 심리상담 서비스를 제공하도록 노력하여야 한다.	
제20조【복 직】① 사원은 휴직사유가 소멸되었을 때에는 지체없이 복직원을 제출해야 하며, 휴직기간이 만료된 때에는 그 만료일 7일 전까지 복직원을 제출하여야 한다. ② 사원은 부득이한 사유가 있는 경우 승인을 얻어 휴직기간을 연장할 수 있다. ③ 회사는 휴직 중인 사원으로부터 복직원을 제출받은 경우에는 최대한 빠른 시일 내에 휴직 전의 직무에 복직시키도록 노력하되, 부득이한 경우에는 그와 유사한 업무나 동등한 수준의 급여가 지급되는 직무로 복귀시키도록 노력한다.	[필수] 복직 절차는 사업장의 사정에 따라 달리 정할 수 있으나, 휴직 및 복직과 관련한 논란을 줄이기 위해 명확히 규정할 필요 ☞ (참고) 사업장에서 허용한 휴직기간은 근속기간에 산입하는 것이 일반적 * 육아휴직기간은 근속기간에 반드시 포함(남녀고용평등법 19조 4항 참조) * 개정된 「병역법」 제69조 제2항·제3항에는 현역 또는 실역에 복무하게 되어 휴직된 자는 복무 후 그 직장에 복직을 보장하고, 군복무로 인하여 휴직된 때에는 승진에 있어서 복무기간을 실무의 종사기간으로 보아야 한다고 규정하고 있으므로, 위 개정된 「병역법」이 시행된 이후에는 위 휴직기간을 승진의 경우 이외에 퇴직금의 지급기간에까지 가산할 수 없을 것이다(대법원 1993.1.15., 92다41968 판결).

취업규칙(안)	진단할 사항
제21조 【근속기간의 계산】 휴직기간은 근속기간에 산입한다. 다만, 제17조 제1항 제2호의 「병역법」에 의한 군복무기간은 퇴직금 산정을 위한 계속근로연수에서 제외한다.	
제5장 근로조건 제1절 근로시간	◈ 근로시간 관련 규정은 필수적 사항이며 「근로기준법」 등 관련법률에 위반되지 않도록 할 필요
제22조 【근무형태】 근무형태는 주간근무를 원칙으로 하며, 필요할 경우 사원의 대표와 합의하여 교대근무제를 시행할 수 있다.	[필수] 사업장의 특성을 감안하여 근무형태를 달리 규정할 수 있음
제23조 【근로시간】 ① 1주간의 근무일은 0요일부터 0요일까지 0일로 하고 이 경우 매주 토요일은 무급휴무일로 한다. ② 1주간의 근로시간은 휴게시간을 제외하고 40시간으로 한다. ③ 1일의 근로시간은 8시간으로 하되, 제24조의 휴게시간을 제외하고 00 : 00부터 00 : 00까지로 한다. 단, 18세 미만 사원의 경우 1일의 근로시간은 7시간 이내로 한다.	[필수] 「근로기준법」에 위배되지 않는 범위 내에서는 사업장 사정에 따라 근무요일, 근무시간을 달리 정할 수 있음 －근무일을 화요일부터 토요일까지로 하는 경우 －주당 근로시간을 35시간으로 하는 경우 －1일 근로시간을 7시간으로 하는 경우 등 ☞ (참고) 주40시간제를 주5일제 형태로 실시하는 경우 유급주휴일 외의 나머지 1일을 무급으로 할지 또는 유급으로 할지를 명확히 규정할 필요
제24조 【휴 게】 휴게시간은 제23조 제3항의 근로시간 중 00 : 00부터 00 : 00까지로 한다. 다만, 업무사정에 따라 휴게시간을 달리 정하여 운영할 수 있다.	[필수] 휴게시간은 「근로기준법」의 취지에 위배되지 않는 범위 내에서 사업

취업규칙(안)	진단할 사항
	장 사정에 따라 달리 정할 수 있음 ☞ (참고) 근로시간이 4시간인 경우에는 30분 이상, 8시간인 경우에는 1시간 이상의 휴게시간을 적정하게 부여하고, 휴게시간은 근로자가 자유롭게 이용할 수 있도록 보장해 줄 필요(근로기준법 54조 참조)
第25조【탄력적 근로시간제】① 회사는 00월부터 00월까지 00개월 동안 생산직사원에 대하여 다음 각 호에 정하는 바에 따라 2주단위의 탄력적 근로시간제를 시행한다. 1. 주당 근무시간 : 첫 주 00시간, 둘째 주 00시간 2. 첫 주의 1일 근무시간 : 0요일부터 0요일까지 00시간(00 : 00부터 00 : 00까지, 휴게시간은 00 : 00부터 00 : 00까지) 3. 둘째 주의 1일 근무시간 : 0요일부터 0요일까지 00시간(00 : 00부터 00 : 00까지, 휴게시간은 00 : 00부터 00 : 00까지) ② 회사는 제1항에 따라 사원이 첫 주에 00시간을 근무한 경우 8시간을 초과한 시간에 대하여는 가산수당을 지급하지 아니한다. ③ 15세 이상 18세 미만의 사원과 임신 중인 여성사원은 탄력적 근로시간제를 적용하지 아니한다.	[선택] 사업장의 사정에 따라 2주 단위의 탄력적근로시간제를 도입할 필요가 있는 경우에는 취업규칙에 필수적으로 명시하여야 함(근로기준법 51조 참조) －해당 사원의 범위, 각주·각일의 근로시간, 실시기간 등을 명확히 하여 논란이 없도록 할 필요 ☞ (참고) 이 경우 특정 주 또는 특정한 날의 근로시간이 법정근로시간을 초과하더라도 연장근로 가산수당을 지급하지 않을 수 있음
第26조【간주근로시간제】① 사원이 출장, 파견 등의 이유로 근로시간의 일부 또는 전부를 사업장 밖에서 근로하여 근로시간을 산정하기 어려운 경우에는 1일 8시간을 근로한 것으로 본다. ② 사원이 출장, 파견 등의 업무를 수행하기 위하여 통상적	[선택] 출장, 외부영업 등으로 사업장 밖에서의 근로시간을 계산하기 어려운 경우를 대비하여 규정할 필요

취업규칙(안)	진단할 사항
으로 1일 8시간을 초과하여 근로할 필요가 있는 경우에는 1일 10시간을 근로한 것으로 본다. 다만, 사원의 대표와 서면 합의를 통하여 이를 달리 정할 수 있다.	－제2항에 대하여는 근로자대표와 서면합의를 통해 사업장 사정에 따라 달리 정할 수 있음(근로기준법 58조 1항 및 2항 참조)
제27조【연장 · 야간 및 휴일근로】 ① 연장근로는 1주간 12시간을 한도로 사원의 동의하에 실시할 수 있다. 단, 18세 미만 사원은 1일 1시간, 1주일에 6시간을 한도로 사원의 동의하에 실시할 수 있으며, 산후 1년이 지나지 아니한 여성사원에 대하여는 단체협약이 있는 경우라도 1일 2시간, 1주 6시간, 1년 150시간을 한도로 사원의 동의하에 실시할 수 있으며, 임신 중인 여성사원은 연장근로를 실시할 수 없다. ② 연장 · 야간 및 휴일근로에 대하여는 통상임금의 50%를 가산하여 지급한다. ③ 회사는 사원의 대표와 서면 합의하여 연장 · 야간 및 휴일근로에 대하여 임금을 지급하는 것을 대신하여 휴가를 줄 수 있다.	[선택,필수] 「근로기준법」에 명시된 사항이며 확인적 차원에서 규정하는 것도 가능. 다만 산후 1년 미만 여성과, 임신 중인 근로자에 대한 내용은 필수 사항(근로기준법 53조 · 56조 · 69조 · 71조 · 74조 참조) ☞ (참고) 주40시간제를 처음 시행하는 사업장의 경우 최초 3년간은 연장근로를 1주16시간까지 할 수 있고 최초 4시간에 대해서는 25%를 할증임금으로 지급할 수 있음 다만, 탄력적 · 선택적 근로시간제 시행 사업장, 18세 미만 연소근로자, 산후 1년 미경과자는 부칙 제6조의 적용이 배제되므로 각각 해당법률 조항의 규정에 따라 시간이 제한되고 연장근로 수당도 50%를 지급해야 함

취업규칙(안)	진단할 사항
	☞ (참고) 주40시간제 시행 사업장의 경우 근로자대표의 서면합의로 연장·야간 및 휴일근로에 대하여 임금을 지급하는 것을 대신하여 휴가를 줄 수 있음(근로기준법 57조 참조)
제28조【야간 및 휴일근로의 제한】① 18세 이상의 여성 사원을 오후 10시부터 오전 6시까지 근로하게 하거나 휴일에 근로를 시킬 경우 당해 사원의 동의를 얻어 실시한다. ② 임산부와 18세 미만인 사원에 대하여는 오후 10시부터 오전 6시까지의 시간 및 휴일에 근로를 시키지 않는 것을 원칙으로 한다. 다만, 다음 각 호의 어느 하나에 해당하는 경우에는 그 시행 여부와 방법 등에 관하여 사원의 대표와 성실히 협의한 후 고용노동부장관의 인가를 받아 야간 및 휴일근로를 실시할 수 있다. 1. 18세 미만자의 동의가 있는 경우 2. 산후 1년이 지나지 아니한 여성의 동의가 있는 경우 3. 임신 중의 여성이 명시적으로 청구하는 경우	[필수] 근로자의 모성보호에 관한 사항으로 필수규정 사항 −18세 이상 여성 : 휴일, 야간근로를 시키고자 할 경우 당해근로자의 동의 필요(근로기준법 70조 1항 참조) −임산부와 18세 미만 사원 : 원칙적으로 야간 및 휴일근로를 제한, 업무상 필요한 경우 해당근로자의 동의 또는 명시적 청구와 더불어 시행 여부와 방법 등에 관하여 근로자대표와 성실히 협의한 후 고용노동부장관의 인가를 받아 실시할 수 있음(근로기준법 70조 2항 및 3항 참조)
제29조【근로시간 및 휴게·휴일의 적용제외】① 다음 각 호의 하나에 해당하는 사원에 대하여는 1주 40시간, 1일 8시간을 초과하여 연장근로하거나 휴일에 근로하더라도 연장근로 및 휴일근로 가산임금을 지급하지 않는다.	[선택] 「근로기준법」 제63조의 사항으로 해당자를 명확히 구분할 수 있는 사업장의 경우 확인적 차원

취업규칙(안)	진단할 사항
1. 감시 · 단속적 업무로서 고용노동부장관의 승인을 받은 경우 2. 관리 · 감독 업무 또는 기밀취급 업무에 종사하는 경우 ② 제1항의 각 호에 해당하는 사원이 야간에 근로한 경우 통상임금의 50%를 가산하여 지급한다.	에서 규정하는 것도 가능(근로기준법 63조 참조) ☞ (참고) 휴일 및 휴게, 근로시간 제도를 적용제외하더라도 야간근로에 대한 가산임금은 지급해야 함
제2절 휴일 · 휴가	◈ 휴일 · 휴가 관련 규정은 필수적 사항이며 내용상 「근로기준법」 등 관련 법률에 위반되지 않도록 할 필요
제30조【유급휴일】① 1주 동안 소정근로일을 개근한 사원에 대하여는 일요일을 유급주휴일로 부여한다. ② 근로자의 날(5월 1일)은 유급휴일로 한다. 다만, 근로자의 날에 근로를 한 경우 「근로기준법」 제57조(보상휴가제)에 따라 보상휴가를 줄 수 있다. ③ 관공서의 휴일에 관한 규정에 따른 휴일과 회사의 창립기념일인 00월 00일은 유급휴일로 한다. 다만 「공직선거법」 제34조에 따른 임기만료에 의한 선거일은 제11조에서 별도로 정하는 바에 따른다.	[필수] 유급 주휴일은 특정일을 지정하여 규정할 필요(근로기준법 55조 및 시행령 30조 참조) ☞ (참고) 유급 주휴일이 반드시 일요일이어야 하는 것은 아니고, 사업장 사정에 따라 근로자 그룹별로 다른 요일을 정할 수 있음 ☞ (참고) 창립기념일, 명절연휴 등을 휴일로 정할 수 있음
제31조【연차유급휴가】① 1년간 8할 이상 출근한 사원에게는 15일의 유급휴가를 준다. 다만, 1년간 80퍼센트 미만 출근한 사원에게도 개근한 1월에 대하여 1일의 유급휴가를 준다. ② 계속하여 근로한 기간이 1년 미만인 사원에게는 1개월 개근 시 1일의 유급휴가를 준다.	[필수] 연차휴가에 관한 사항(근로기준법 60조 참조)은 필수적 기재사항 ☞ (참고) 「근로기준법」 60조 개정(2012.2.1.)에 따라 1년간 80퍼센트 미

취업규칙(안)	진단할 사항
③ 최초 1년 간의 근로에 대하여 유급휴가를 주는 경우에는 제2항에 따른 휴가를 포함하여 15일로 하고, 사원이 제2항에 따른 휴가를 이미 사용한 경우에는 그 사용한 휴가 일수를 15일에서 뺀다. ④ 3년 이상 근속한 사원에 대하여는 제1항 규정에 의한 휴가에 최초 1년을 초과하는 계속근로연수 매 2년에 대하여 1일을 가산한 유급휴가를 주며, 가산휴가를 포함한 총휴가 일수는 25일을 한도로 한다.	만 출근한 근로자의 경우에도 1개월 개근 시 1일의 유급휴가를 주어야 함(시행일 : 2012.8.2.) ☞ (참고) 개정법 적용시점 예시 ① 입사일이 2010.8.2.인 근로자가 2011.8.2.부터 2012.8.1.까지 80% 미만으로 출근한 경우(월별 개근월이 6개월) 연차유급휴가 발생 일수 : 없음 ② 입사일이 2010.8.3.인 근로자가 2011.8.3.부터 2012.8.2.까지 80% 미만으로 출근한 경우(월별 개근월이 6개월) 연차유급휴가 발생 일수 : 6일
第32조【연차휴가의 사용】① 사원의 연차유급휴가는 1년간 행사하지 아니하면 소멸된다. 다만, 사용자의 귀책사유로 사용하지 못한 경우에는 그러하지 아니하다. ② 회사는「근로기준법」제61조에 따라 연차유급휴가 사용을 촉진할 수 있다. 회사의 사용촉진조치에도 불구하고 사원이 사용하지 아니한 연차유급휴가에 대하여는 금전으로 보상하지 아니한다.	[선택] 연차휴가 사용 방법 및 효과는「근로기준법」제60조에서 정하고 있어 별도 기재할 필요가 없으나, 근로자에게 주지시키는 차원에서 기재하는 것이 바람직 －아울러,「근로기준법」제61조에 따른 사용자의 연차휴가사용촉진도 취업규칙에서 명확히 하

취업규칙(안)	진단할 사항
	는 것이 바람직 ☞ (참고) 「근로기준법」 제61조 개정(2012.2.1.)에 따라 미사용 휴가일수 고지 및 사용 예정일 통보 요청 시기가 휴가사용청구권 소멸 3개월 전에서 6개월 전으로 변경되었음(시행일 : 2012.8.2.)
第33조 【연차유급휴가의 대체】 회사는 사원의 대표와 서면합의에 의하여 연차유급휴가일에 대신하여 특정한 근로일에 사원을 휴무시킬 수 있다.	[선택] 사업장 사정에 따라 적정하게 보완하여 규정할 수 있음(근로기준법 62조 참조) ☞ (참고) 근로자가 사전에 이를 충분히 알고 준비할 수 있도록 운영할 필요
第34조 【하기휴가】 사원은 00월 00일부터 00월 00일까지 사이에 하기휴가를 사용할 수 있다. 이 경우 휴가개시일 3일 전에 부서의 장에게 승인을 받아야 한다.	[선택] 사업장 사정에 따라 하기휴가를 특별휴가로 부여할 것인지 연차휴가를 사용하는 것으로 할 것인지 정할 수 있음 ☞ (참고) 연차휴가는 업무수행에 지장이 적도록 분산하여 사용하는 것이 바람직하지만 하기휴가 때에는 집단적으로 비교적 장기간의 휴가를 사용할 수 있도록 부여하는 경향이 확산되고 있음

취업규칙(안)	진단할 사항
第35조 【경조사 휴가】 ① 회사는 다음 각 호의 어느 하나에 해당하는 범위에서 사원의 신청에 따라 유급의 경조사휴가를 부여한다. 1. 본인의 결혼 : 5일 2. 배우자의 출산 : 5일 3. 본인·배우자의 부모 또는 배우자의 사망 : 5일 4. 본인·배우자의 조부모 또는 외조부모의 사망 : 2일 5. 자녀 또는 그 자녀의 배우자의 사망 : 2일 6. 본인·배우자의 형제자매 사망 : 1일 ② 제1항에 따른 경조사 휴가기간 중 휴일 또는 휴무일이 포함되어 있는 경우에는 이를 포함하여 휴가기간을 계산한다.	[선택,필수] 사업장 사정에 따라 달리 정할 수 있음 ☞ (참고) 반드시 유급으로 규정해야 하는 것은 아니며, 최소한의 기간은 유급으로 부여하고 추가로 필요한 기간은 연차휴가를 사용하도록 하는 방안도 가능 다만, 배우자 출산휴가는 3~5일의 범위에서 부여하여야 하며, 최초 3일은 유급으로 함(근로자의 일·가정 양립에 관한 사항으로 필수 기재 사항, 남녀고용평등법 18조의 2 참조) ☞ (참고) 경조사휴가일이 '근무일'을 의미하는지 여부를 명확히 하는 것이 바람직함
第36조 【생리휴가】 회사는 여성 사원이 청구하는 경우 월 1일의 무급생리휴가를 부여한다.	[필수] 필수적 기재사항으로 모성보호 제도의 정착 차원에서 규정(근로기준법 73조 참조)
第37조 【병 가】 ① 회사는 사원이 업무 외 질병·부상 등으로 병가를 신청하는 경우에는 연간 60일을 초과하지 않는 범위 내에서 병가를 허가할 수 있다. 이 경우 병가기간은 무급으로 한다. ② 상해나 질병 등으로 1주 이상 계속 결근 시에는 검진의사의 진단서를 첨부하여야 한다.	[선택] 필수적 사항은 아니지만 취업규칙에 규정하는 것이 일반적이며 사업장 사정에 따라 달리 정할 수 있음

취업규칙(안)	진단할 사항
제3절 모성보호	◈ 모성보호 관련 규정은 필수적 기재사항이며 관련 법률에 위반되지 않도록 할 필요
제38조【임산부의 보호】① 임신 중의 여성 사원에게 출산 전과 출산 후를 통하여 90일(한 번에 둘 이상 자녀를 임신한 경우에는 120일)의 출산전후휴가를 준다. 이 경우 반드시 출산 후에 45일(한 번에 둘 이상 자녀를 임신한 경우에는 60일) 이상 부여한다. ② 임신 중인 여성 사원이 유산의 경험 등 근로기준법 시행령이 정하는 사유로 제1항의 휴가를 청구하는 경우 출산 전 어느 때라도 휴가를 나누어 사용할 수 있도록 한다. 이 경우 출산 후의 휴가 기간은 연속하여 45일(한 번에 둘 이상 자녀를 임신한 경우에는 60일) 이상이 되어야 한다. ③ 임신 중인 여성 사원이 유산 또는 사산한 경우로서 해당 사원이 청구하는 경우에는 다음 각 호에 따른 휴가를 부여한다. 다만, 모자보건법에서 허용되지 않는 인공중절 수술은 제외한다. 1. 유산 또는 사산한 여성 사원의 임신기간이 11주 이내인 경우 : 유산 또는 사산한 날로부터 5일까지 2. 유산 또는 사산한 여성 사원의 임신기간이 12주 이상 15주 이내인 경우 : 유산 또는 사산한 날로부터 10일까지 3. 유산 또는 사산한 여성 사원의 임신기간이 16주 이상 21주 이내인 경우 : 유산 또는 사산한 날로부터 30일까지 4. 유산 또는 사산한 여성 사원의 임신기간이 22주 이상 27주 이내인 경우 : 유산 또는 사산한 날로부터 60일까지 5. 임신기간이 28주 이상인 경우 : 유산 또는 사산한 날로부터 90일까지 ④ 회사는 사원이 출산전후휴가 급여 등을 신청할 경우 고용보험법에 따라 출산전후휴가 급여 등을 받을 수 있도록 증빙서류를 제공하는 등 적극 협조한다.	[필수] 필수적 기재사항으로 모성보호 제도의 정착 차원에서 규정(근로기준법 74조 참조) ☞ (참고) 「고용보험법 시행령」 제12조(우선지원 대상기업의 범위)에 따른 우선지원대상기업(예 : 제조업 500인 이하)의 근로자가 고용센터에 신청하면 출산전후휴가기간(유산・사산휴가 포함) 중 90일분(한 번에 둘 이상 자녀를 임신한 경우의 출산전후휴가 급여는 120일분)의 통상임금을 출산전후휴가 급여로 지원함[한도금액 405만원(한 번에 둘 이상 자녀를 임신한 경우의 출산전후휴가 급여는 540만원)]. －이에 따라 사용자는 고용보험에서 지급받은 급여가 그 근로자의 통상임금보다 적을 경우 차액 중 60일분(한 번에 둘 이상 자녀를 임신한 경우

취업규칙(안)	진단할 사항
⑤ 제1항 및 제2항에 따른 휴가 기간 중에 사원이 「고용보험법」에 따라 지급받은 출산전후휴가 등 급여액이 그 사원의 통상임금보다 적을 경우 회사는 최초 60일분(한 번에 둘 이상 자녀를 임신한 경우의 출산전후휴가는 75일분)의 급여와 통상임금의 차액을 지급한다. ⑥ 임신 중의 여성 사원에게 연장근로를 시키지 아니하며, 요구가 있는 경우 쉬운 종류의 근로로 전환시킨다. ⑦ 회사는 임신 후 12주 이내 또는 36주 이후에 있는 여성 근로자가 1일 2시간의 근로시간 단축을 신청하는 경우 이를 허용하여야 한다. 다만, 1일 근로시간이 8시간 미만인 근로자에 대하여는 1일 근로시간이 6시간이 되도록 근로시간 단축을 허용할 수 있다. ⑧ 회사는 제7항에 따른 근로시간 단축을 이유로 해당 근로자의 임금을 삭감하여서는 아니 된다. ⑨ 회사는 임산부 등 여성근로자에게 「근로기준법」 제65조에 따른 도덕상 또는 보건상의 유해·위험한 직종에 근로시키지 아니한다.	의 출산전후휴가는 75일분)에 대하여만 지급의무가 있음 ☞ (참고) 우선지원대상기업이 아닌 경우에는 출산전후휴가기간 90일(한 번에 둘 이상 자녀를 임신한 경우의 출산전후휴가는 120일) 중 최초 60일(한 번에 둘 이상 자녀를 임신한 경우의 출산전후휴가는 75일)에 대하여 사용자의 지급의무가 있음. 나머지 30일분(한 번에 둘 이상 자녀를 임신한 경우의 출산전후휴가는 45일분)은 고용보험기금에서 지급[135만원 한도(한 번에 둘 이상 자녀를 임신한 경우의 출산전후휴가 급여는 202.5만원 한도)]

구 분	〈현 행〉		〈개 정 안〉
전체 출산전후 휴가 기간	90일 (출산 후 45일)		〈다태아〉 120일(출산 후 60일)
기업의 유급 의무 기간	60일		〈다태아〉 75일
출산전후 휴가 급여 지원 (고용보험)	우선 지원 대상	90일 모두 지원 (월 135만원 한도)	〈다태아〉 120일 모두 지원 (월 135만원 한도)
	대규모 기업	무급 30일 지원 (월 135만원 한도)	〈다태아〉 무급 45일 지원 (월 135만원 한도)

취업규칙(안)	진단할 사항
제39조 【태아검진 시간의 허용 등】 ① 회사는 임신한 여성 사원이 「모자보건법」 제10조에 따른 임산부 정기건강진단을 받는 데 필요한 시간을 청구하는 경우 이를 허용한다. ② 회사는 제1항에 따른 건강진단 시간을 이유로 사원의 임금을 삭감하지 않는다.	[필수] 필수적 기재사항으로 모성보호 제도의 정착 차원에서 규정(근로기준법 74조의 2 참조) ☞ (참고) 「모자보건법」에 따른 임산부 정기건강진단 실시기준 ① 임신 7개월까지 : 2개월마다 1회 ② 임신 8개월에서 9개월까지 : 1개월마다 1회 ③ 임신 10개월 이후 : 2주마다 1회
제40조 【육아기 근로시간 단축】 ① 회사는 제18조 제1항에 따라 육아휴직을 신청할 수 있는 남녀 사원이 육아휴직 대신 근로시간의 단축(이하 "육아기 근로시간 단축"이라 한다)을 신청하는 경우에는 이를 허용하여야 한다. 다만, 대체인력 채용이 불가능한 경우, 정상적인 사업 운영에 중대한 지장을 초래하는 경우 등 남녀고용평등법 시행령이 정하는 경우에는 그러하지 아니하다. ② 회사가 육아기 근로시간 단축을 허용하지 아니하는 경우에는 해당 사원에게 그 사유를 서면으로 통보하고 육아휴직을 사용하게 하거나 그 밖의 조치를 통하여 지원할 수 있는지를 해당 사원과 협의하여야 한다. ③ 회사가 해당 사원에게 육아기 근로시간 단축을 허용하는 경우 단축 후 근로시간은 주당 15시간 이상이어야 하고 30시간을 넘어서는 아니 된다. ④ 육아기 근로시간 단축의 기간은 1년 이내로 한다. ⑤ 회사는 사원이 육아기 근로시간 단축을 사용할 경우 고용보험법령이 정하는 육아기 근로시간 단축 급여를 받을 수 있도록 증빙서류를 제공하는 등 적극 협조한다.	[필수] 2012.8.2.부터 육아기 근로시간 단축제도가 의무화됨 ☞ (참고) 육아기 근로시간 단축 부여 여부는 사업주의 의무사항이며, 대통령령이 정하는 예외적인 경우에 한하여 허용하지 아니할 수 있음(위반 시 500만원 이하의 과태료) 허용하지 아니하는 경우 사유를 서면으로 통보하고 사원과 협의하여야 함(위반 시 500만원 이하의 과태료)

취업규칙(안)	진단할 사항
제41조【육아기 근로시간 단축 중 근로조건 등】 ① 회사는 제40조에 따라 육아기 근로시간 단축을 하고 있는 사원에 대하여 근로시간에 비례하여 적용하는 경우 외에는 육아기 근로시간 단축을 이유로 그 근로조건을 불리하게 하여서는 아니 된다. ② 제40조에 따라 육아기 근로시간 단축을 한 근로자의 근로조건(육아기 근로시간 단축 후 근로시간을 포함한다)은 회사와 그 사원 간에 서면으로 정한다. ③ 회사는 제40조에 따라 육아기 근로시간 단축을 하고 있는 사원에게 단축된 근로시간 외에 연장근로를 요구할 수 없다. 다만, 그 사원이 명시적으로 청구하는 경우에는 회사는 주 12시간 이내에서 연장근로를 시킬 수 있다. ④ 육아기 근로시간 단축을 한 사원에 대하여 「근로기준법」 제2조 제6호에 따른 평균임금을 산정하는 경우에는 그 사원의 육아기 근로시간 단축 기간을 평균임금 산정기간에서 제외한다.	[선택] 남녀고용평등법의 내용으로 취업규칙에 반드시 규정할 필요는 없으나 확인적인 취지로 명시할 수 있음(남녀고용평등법 19조의 3 참조)
제42조【육아휴직과 육아기 근로시간 단축의 사용형태】 사원은 제18조와 제40조에 따라 육아휴직이나 육아기 근로시간 단축을 하려는 경우에는 다음 각 호의 방법 중 하나를 선택하여 사용할 수 있다. 이 경우 어느 방법을 사용하든지 그 총기간은 1년을 넘을 수 없다. 1. 육아휴직의 1회 사용 2. 육아기 근로시간 단축의 1회 사용 3. 육아휴직의 분할 사용(1회만 할 수 있다) 4. 육아기 근로시간 단축의 분할 사용(1회만 할 수 있다) 5. 육아휴직의 1회 사용과 육아기 근로시간 단축의 1회 사용	[선택] 남녀고용평등법의 내용으로 취업규칙에 반드시 규정할 필요는 없으나 확인적인 취지로 명시할 수 있음(남녀고용평등법 19조의 4 참조)
제43조【육아시간】 생후 1년 미만의 아동이 있는 여성 사원의 청구가 있는 경우 제24조의 휴게시간 외에 1일2회 각 30분씩 유급 수유시간을 준다.	[필수] 근로자의 모성보호와 관련된 내용으로 필수 기재 사항(근로기준법 75조 참조)

취업규칙(안)	진단할 사항
제6장 임 금	◈ 임금 관련 규정은 필수적 기재사항이며 「근로기준법」 등 관련법률에 위반되지 않도록 할 필요
제44조【임금의 구성항목】① 사원에 대한 임금은 기본급 및 ○○수당과 연장·야간·휴일근로수당 등 법정수당으로 구성한다. ② 제23조의 근로시간을 초과하여 근로한 경우, 야간에 근로한 경우(22 : 00~06 : 00), 휴일에 근로한 경우에는 각각 시간급 통상임금의 50%를 가산하여 지급한다. ③ 제2항의 통상임금에 산입하는 임금의 범위는 기본급 및 ○○수당으로 하되, 시간급 통상임금은 월 통상임금을 209시간으로 나누어 계산한다.	[필수] 임금을 구성하고 있는 항목을 명확히 하여 연장근로 수당 등의 계산 시에 논란이 없도록 할 필요 ☞ (참고) 통상임금은 근로자에게 정기적·일률적으로 지급되는 금액(근로기준법시행령 6조 참조)이며 여러 가지 수당을 신설하여 임금체계를 복잡하게 하는 것은 바람직하지 않음 ☞ (참고) 월급제의 경우 시간급 통상임금 환산을 위해서는 1개월의 산정기준시간으로 나누어서 계산 ① 주당 소정근로시간이 40시간인 경우 : 209시간 {(주40시간 + 유급주휴일 8시간)×365÷7}÷12월 ② 주당 소정근로시간이 35시간인 경우 : 183시간 {(주35시간 + 유급주휴일 7시간)×365÷7}÷12월

취업규칙(안)	진단할 사항
제45조 【임금의 계산 및 지급방법】 ① 임금은 매월 초일부터 말일까지를 산정기간으로 하여 해당 월의 00일 사원에게 직접 지급하거나 사원이 지정한 사원 명의의 예금계좌에 입금하여 지급한다. 다만, 지급일이 토요일 또는 공휴일인 경우에는 그 전일에 지급한다. ② 신규채용, 승진, 전보, 퇴직 등의 사유로 임금을 정산하는 경우에는 발령일을 기준으로 그 월액을 일할 계산하여 지급한다.	[필수] 임금지급형태 및 임금계산기간을 명확히 규정하고, 임금지급기일 등을 명확히 하여야 하며 사업장 사정에 따라 달리 정할 수 있음 ☞ (참고) 임금지급 주기는 반드시 월 1회 이상이 되도록 설정하여야 함(근로기준법 43조 참조)
제46조 【비상시 지급】 사원이 다음 각 호의 사유로 청구하는 경우에는 지급기일 전이라도 이미 제공한 근로에 대한 임금을 지급한다. 1. 사원 또는 그의 수입에 의하여 생활을 유지하는 자의 출산, 질병 또는 재해의 비용에 충당하는 경우 2. 사원 또는 그의 수입에 의하여 생활하는 자의 혼인 또는 사망 시 그 비용에 충당하는 경우 3. 사원이 부득이한 사정으로 1주일 이상 귀향하는 경우	[선택] 「근로기준법」에 명시된 사항으로 확인적 차원에서 규정할 수 있음(근로기준법 45조 참조)
제47조 【휴업수당】 ① 회사의 귀책사유로 휴업하는 경우에는 휴업기간 동안 사원에게 평균임금의 100분 70의 수당을 지급한다. 다만, 평균임금의 100분의 70에 해당하는 금액이 통상임금을 초과하는 경우에는 통상임금으로 지급한다. ② 부득이한 사유로 사업을 계속하는 것이 불가능한 경우에는 노동위원회의 승인을 받아 제1항에 정한 금액에 못 미치는 휴업수당을 지급할 수 있다.	[선택] 「근로기준법」에 명시된 사항으로 확인적 차원에서 규정할 수 있음(근로기준법 46조 참조)
제48조 【상여금 지급】 ① 회사는 기본급의 00%를 상여금으로 지급한다. 다만, 단체협약에서 달리 정할 경우 그 기준에 의한다. ② 상여금은 연 0회 각 00%를 지급하고 지급사유로 속한 달의 정기 임금지급일에 지급한다. ③ 퇴직자의 경우 상여금 지급일을 기준으로 일할 계산하여	[선택] 상여금 지급 자체는 의무사항이 아님. 다만 상여금 규정을 두는 경우에는 취업규칙에 필수적으로 명시하여야 하며 사업장 사정에 따라 상여금

취업규칙(안)	진단할 사항
지급하고 계속근로 3개월 미만인 자는 지급대상에서 제외한다.	의 지급기준, 지급기일, 지급대상, 지급률 등을 달리 정할 수 있음 ☞ (참고) 상여금 지급기준을 합리적으로 설정하여 근로자간 차별 등에 대한 논란이 발생하지 않도록 주의할 필요 ☞ (참고) 상여금 지급 횟수는 명절 등(구정설날, 추석, 여름휴가, 연말 등)을 고려하여 정함
제7장 퇴직 · 해고 등	◈ 퇴직 관련 규정은 필수적 기재사항이며 특히 해고와 연계되어 많은 쟁점이 발생하므로 「근로기준법」 등 관련 법률에 위반되지 않도록 할 필요
제49조 【퇴직 및 퇴직일】 ① 회사는 사원이 다음 각 호에 해당할 때에는 사원을 퇴직시킬 수 있다. 1. 본인이 퇴직을 원하는 경우 2. 사망하였을 경우 3. 정년에 도달하였을 경우 4. 근로계약기간이 만료된 경우 5. 해고가 결정된 경우 ② 제1항에 의한 퇴직의 퇴직일은 다음 각 호와 같다. 1. 사원이 퇴직일자를 명시한 사직원을 제출하여 수리되었을 경우 그 날 2. 사원이 퇴직일자를 명시하지 아니하고 사직원을 제출하였을 경우 이를 수리한 날. 단, 회사는 업무의 인수인계를 위하여 사직원을 제출한 날로부터 30일을 넘지 않는 범	[필수] 근로계약 관계의 종료사유를 명확히 하기 위하여 규정하며 사업장 사정에 따라 달리 정할 수 있음 ☞ (참고) 사유별 효력발생(퇴직)시기를 명확히 규정하여 근속기간 산정 등에 다툼이 없도록 유의할 필요

취업규칙(안)	진단할 사항
위 내에서 퇴직일자를 지정하여 수리할 수 있다. 3. 사망한 날 4. 정년에 도달한 날 5. 근로계약기간이 만료된 날 6. 해고가 결정·통보된 경우 해고일	
제50조 【해 고】 사원이 다음 각 호의 경우와 같이 사회통념상 근로관계를 더 이상 존속하기 어렵다고 인정될 정당한 이유가 있는 경우 해고할 수 있다. 1. 신체 또는 정신상 장애로 직무를 감당할 수 없다고 인정되는 경우(의사의 소견이 있는 경우에 한함) 2. 휴직자로서 정당한 사유 없이 휴직기간 만료일 후 7일이 경과할 때까지 복직원을 제출하지 않은 경우 3. 징계위원회에서 해고가 결정된 경우 4. 기타 제1호 내지 제3호에 준하는 경우로서 정당한 이유가 있는 경우	[선택] 사회통념상 근로관계를 더 이상 존속하기 어렵다고 인정되는 경우 통상해고와 징계해고 등을 정할 수 있으며 사업장 사정에 따라 달리 정할 수 있음 ☞ (참고) 다만, 해고는 「근로기준법」 제23조에 따라 정당한 이유가 있을 때에만 허용되므로 해고사유는 사회통념상 합리성이 있어야 함
제51조 【해고의 제한】 ① 사원이 업무상 부상 또는 질병의 요양을 위하여 휴업한 기간과 그 후 30일 동안은 해고하지 아니한다. 다만, 「근로기준법」 제84조에 따라 일시보상을 하였을 경우에는 해고할 수 있다. ② 산전(産前)·산후(産後)의 여성 사원이 「근로기준법」에 따라 휴업한 기간과 그 후 30일 동안은 해고하지 아니한다. ③ 제1항 본문 및 제2항에도 불구하고 사업을 계속할 수 없게 된 경우에는 해당사원을 해고할 수 있다.	[선택] 「근로기준법」의 내용으로 반드시 취업규칙에 규정할 필요는 없으나 확인적인 취지로 규정하는 것도 가능(근로기준법 23조 2항 참조) ☞ (참고) '사업을 계속할 수 없게 된 경우'라 함은 전체적인 사업을 계속 수행하는 것이 상당기간동안 불가능한 경우임(근기 68207-1376, 2004.4.2.)
제52조 【해고의 통지】 ① 회사는 사원을 해고하는 경우에는 서면으로 그 사유 및 날짜를 기재하여 통지한다.	[선택] 「근로기준법」의 내용으로 반드시 취업규칙

취업규칙(안)	진단할 사항
② 회사는 제1항에 따라 해고를 통지하는 경우 해고일로부터 적어도 30일 전에 해고예고를 하거나, 30일 전에 해고예고를 하지 아니하였을 때에는 30일분의 통상임금을 지급한다.	에 규정할 필요는 없으나 확인적인 취지로 규정할 수 있음(근로기준법 27조 참조) ☞ (참고) 정당한 이유가 있어 해고하는 경우라도 30일 전에 예고하거나 30일분 이상의 통상임금을 지급하여야 함
제53조【해고예고의 예외】 다음 각 호의 사원에게는 해고예고를 하지 아니한다. 1. 일용 사원으로서 3개월을 계속 근무하지 아니한 자 2. 2개월 이내의 기간을 정하여 사용된 자 3. 월급제 사원으로서 6개월이 되지 아니한 자 4. 계절적 업무에 6개월 이내의 기간을 정하여 사용된 자 5. 수습기간 중인 자(3개월 이내) 6. 사원이 고의로 사업에 막대한 지장을 초래하거나 재산상 손해를 끼친 경우로서 고용노동부령이 정하는 사유에 해당하는 자	[선택] 「근로기준법」의 내용으로 반드시 취업규칙에 규정할 필요는 없으나 확인적인 취지로 규정할 수 있음(근로기준법 35조 참조)
제54조【정　년】 정년은 만00세에 도달한 날로 한다.	[선택] 필수적인 사항은 아니지만 정년을 규정하는 경우가 많으며 사업장 사정에 따라 달리 정할 수 있음. 다만, 2016.1.1.부터 300인 이상 사업장은 정년을 60세 이상으로 정하여야 하고 2017.1.1.부터는 300인 미만 사업장에 대해 정년을 60세 이상으로 정하여야 함 ☞ (참고) 「고용상 연령차별금지 및 고령자고용촉

취업규칙(안)	진단할 사항
	진에 관한 법률」 제19조 (정년) 개정(2013.5.22.)
第55조【차별금지】 퇴직 · 해고 · 정년에서 남녀를 차별하지 않는다.	[선택] 필수적인 사항은 아니지만 퇴직, 해고, 정년에서 남녀를 차별하지 않도록 규정(남녀고용평등법 11조 참조)
제 8 장 퇴직급여	◈ 퇴직급여 관련 규정은 필수적 기재사항이며 금액산정 등을 둘러싸고 많은 쟁점이 발생하므로 「근로기준법」 등 관련 법률에 위반되지 않도록 할 필요
第56조【퇴직급여제도의 설정 등】 ① 회사는 1년 이상 근무한 사원이 퇴직할 경우에는 계속근로기간 1년에 대하여 30일분의 평균임금을 퇴직금으로 지급한다. ② 회사는 「근로자퇴직급여보장법」 제4조에 따라 제1항의 퇴직금을 지급하는 대신 사원의 과반수 동의를 얻어 퇴직연금제도를 도입할 수 있다.	[필수] 필수적 사항으로 사업장 사정에 따라 법정기준을 상회하는 수준에서 달리 정할 수 있음(근로자퇴직급여보장법 8조 참조) ☞ (참고) 퇴직금제도를 설정한 회사에서 퇴직연금제도를 도입하고자 할 때에는 근로자의 과반수가 가입한 노동조합이 있는 경우에는 그 노동조합, 근로자의 과반수가 가입한 노동조합이 없는 경우에는 근로자 과반수의 동의를 얻어 퇴직연금규약을 작성하고 관할 지방고용노동관서에 신고하여야 함

취업규칙(안)	진단할 사항
제57조 【중간정산】 회사는 주택구입 등 「근로자퇴직급여보장법 시행령」에서 정한 사유로 사원이 요구하는 경우에는 퇴직하기 전에 해당 사원의 계속근로기간에 대한 퇴직금을 미리 정산하여 지급할 수 있다. 이 경우 미리 정산하여 지급한 후의 퇴직금 산정을 위한 계속근로기간은 정산시점부터 새로이 기산한다.	[선택] 퇴직금 중간정산을 하는 경우 그 요건 및 절차를 명확히 할 필요(근로자퇴직급여보장법 8조 2항 참조) ☞ (참고) 「근로자퇴직급여보장법」 제8조 개정(2011.7.25.)에 따라 사유에 따른 제한 없이 이루어지던 퇴직금 중간정산이 대통령령에 정한 사유에 해당할 경우에만 가능해졌음에 유의할 것 (시행일 : 2012.7.26.)
제9장 표창 및 징계	◈ 징계(제재) 관련 규정은 필수적 기재사항이며 부당해고 등과 연계되어 많은 쟁점이 발생하므로 「근로기준법」 등 관련 법률에 위반되지 않도록 할 필요
제58조 【표 창】 ① 회사는 사원이 다음 각 호의 1에 해당하는 경우 표창할 수 있다. 1. 회사의 업무능률향상에 현저한 공로가 인정된 자 2. 회사의 영업활동에 크게 기여한 자 3. 업무수행 성적이 우수한 자 4. 기타 표창의 필요가 인정되는 자 ② 표창 대상자 및 표창의 방법은 위원회를 거쳐 결정한다.	[선택] 임의적 사항으로 사업장 사정에 따라 달리 정할 수 있음
제59조 【징 계】 회사는 다음 각 호에 해당하는 사원에 대하여 징계위원회의 의결을 거쳐 징계할 수 있다(이 경우 징계위원회는 제13조의 인사위원회로 대신한다).	[필수] 필수적 사항으로 사업장 사정에 따라 달리 정할 수 있음

취업규칙(안)	진단할 사항
1. 부정 및 허위 등의 방법으로 채용된 자 2. 업무상 비밀 및 기밀을 누설하여 회사에 피해를 입힌 자 3. 회사의 명예 또는 신용에 손상을 입힌 자 4. 회사의 영업을 방해하는 언행을 한 자 5. 회사의 규율과 상사의 정당한 지시를 어겨 질서를 문란하게 한 자 6. 정당한 이유 없이 회사의 물품 및 금품을 반출한 자 7. 직무를 이용하여 부당한 이익을 취한 자 8. 회사가 정한 복무규정을 위반한 자 9. 직장 내 성희롱 행위를 한 자 10. 기타 이에 준하는 행위로 직장질서를 문란하게 한 자	☞ (참고) 징계는 노사 간 갈등의 요인이 될 수 있으므로 징계사유를 합리적으로 설정하려는 노력이 필요 ☞ (참고) 특히 징계위원회는 사업장 사정에 따라 그 구성 및 규모를 달리 정하거나 사업장 규모가 작을 경우 설치하지 않을 수도 있으나 투명한 운영을 위해 가급적 설치하는 것이 바람직함
제60조 【징계의 종류】 사원에 대한 징계의 종류는 다음과 같다. 1. 견책 : 징계사유 발생 자에 대하여 시말서를 받고 문서로 견책한다. 2. 감봉(감급) : 1회에 평균임금 1일분의 2분의 1, 총액은 월 급여금총액의 10분의 1을 초과하지 않는 범위의 금액을 감액한다. 3. 정직 : 중대 징계사유 발생 자에 대하여 3월 이내로 하고, 그 기간 중에 직무에 종사하지 못하며 그 기간 동안 임금을 지급하지 아니한다. 4. 해고 : 근로계약을 해지하는 것으로 한다.	[필수] 필수적 사항으로 사업장에 따라 달리 정할 수 있음 ☞ (참고) 감급의 제재를 정할 경우에는 그 감액은 1회의 액이 평균임금의 1일분의 2분의 1을, 총액이 1 임금지급기에 있어서의 임금총액의 10분의 1을 초과하지 못함(근로기준법 95조 참조) ※ 1일 평균임금이 5만원이고 월 급여 총액이 250만원인 경우 1회에 25,000원 범위 내, 10달에 걸쳐 10회를 감급할 경우 25만원 범위 내

취업규칙(안)	진단할 사항
제61조 【징계심의】 ① 징계위원회의 위원장은 징계의결을 위한 회의 7일 전까지 징계위원회의 위원들에게는 회의일시, 장소, 의제 등을, 징계대상 사원에게는 서면으로 별지2의 출석통지를 각 통보한다. ② 징계위원회는 징계사유를 조사한 서류와 입증자료 및 당사자의 진술 등 충분한 증거를 확보하여 공정하게 심의한다. 이 경우, 징계대상자가 징계위원회에 출석을 원하지 아니하거나 서면진술을 하였을 때는 별지2 하단의 진술권포기서 또는 별지3의 서면진술서를 징구하여 기록에 첨부하고 서면심사만으로 징계의결을 할 수 있다. ③ 징계위원회의 위원이 징계대상자와 친족관계에 있거나 그 징계사유와 관계가 있을 때에는 그 위원은 그 징계의결에 관여하지 못한다. ④ 징계위원회는 의결 전에 해당사원에게 소명할 기회를 부여한다. ⑤ 징계위원회는 징계대상자가 2회에 걸쳐 출석요구에 불응하거나 소명을 거부하는 경우 또는 소명을 포기하는 의사를 표시하는 경우에는 소명 없이 징계의결할 수 있다. ⑥ 간사는 징계의결을 위한 회의에 참석하여 회의록을 작성하고 이를 보관한다.	[필수] 「근로기준법」에 정한 필수적 사항으로 사업장에 따라 달리 정할 수 있음 ☞ (참고) 징계의 양정과 징계절차와 관련하여 노동위원회에 부당해고 등의 구제신청을 제기하는 등 논란이 발생할 수 있으므로 합리적인 수준의 징계와 공정한 절차 운영이 필요함
제62조 【징계결과 통보】 징계결과통보는 해당 사원에게 별지5의 징계처분사유 설명서에 의한다.	[필수] 징계결과를 서면으로 통보하도록 하는 것이 바람직함[징계처분사유설명서(별지5) 참조]
제63조 【재심절차】 ① 징계처분을 받은 사원은 징계결정이 부당하다고 인정될 때 징계통보를 받은 날로부터 7일 이내에 서면으로 재심신청을 할 수 있다. ② 재심을 요청받은 경우 징계위원회는 10일 이내에 재심을 위한 회의를 개최하여야 하며 그 절차는 제61조 및 제62조를 준용한다.	[선택] 사업장 사정에 따라 달리 정할 수 있으나 투명하고 공정한 운영을 위해 가급적이면 재심절차를 두는 것이 바람직함

취업규칙(안)	진단할 사항
제10장 교육 및 성희롱의 예방	◈ 교육 및 성희롱 예방 관련 규정은 필수적 기재사항은 아니지만 근로자의 사기 및 직장분위기 개선 차원에서 규정하는 것이 일반적임
제64조【직무교육】 ① 회사는 사원의 직무능력향상을 위하여 필요한 경우 직무교육을 시킬 수 있으며 사원은 교육과정에 성실히 임하여야 한다. ② 제1항에 의한 직무교육과 제65조에 의한 직장 내 성희롱 예방교육은 근무시간 중에 실시하는 것을 원칙으로 하고 교육을 받는 시간은 근로를 제공한 것으로 본다. 다만, 사원과 합의로 근무시간 외에 직무교육을 받도록 할 수 있으며 이 경우의 처우에 관하여는 교육의 장소·일정 등을 고려하여 따로 정한다. ③ 회사는 교육에 있어 남녀를 차별하지 않는다.	[선택] 사업장 사정에 따라 달리 정할 수 있음. 다만, 교육시설을 운영하는 경우는 필수사항임 ☞ (참고) 특히 교육시설의 운영 등과 관련하여 근로자간 공평한 기회가 부여될 수 있도록 합리적인 운영기준을 설정할 필요 ☞ (참고) 소정근로시간 내에 사용자의 지시로 이루어지는 직무교육의 경우 당사자 간 특약이 없는 한 그 시간은 근로를 제공한 것으로 보아야 하고, 교육에서의 합리적 이유 없이 남녀를 차별하지 않도록 한 법의 취지를 명확히 할 필요(남녀고용평등법 10조 참조)
제65조【성희롱의 예방】 ① 회사는 직장 내 성희롱을 예방하고 사원이 안전한 근로환경에서 일할 수 있는 여건 조성을 위해 1년에 1회 이상 성희롱 관련 법령의 요지, 성희롱 예방을 위한 사업주의 방침, 성희롱 피해자의 권리구제 방	[선택] 직장 내 성희롱 예방분위기 조성을 위해 필요 ☞ (참고) 특히 사업장에서 성희롱 피해자의 구제

취업규칙(안)	진단할 사항
법과 가해자의 조치 등을 내용으로 성희롱 예방교육을 한다. ② 회사의 모든 임원 및 사원은 남녀고용평등법에서 금지한 직장 내 성희롱에 해당하는 행위를 하여서는 안 된다. ③ 직장 내 성희롱을 하여 물의를 일으킨 임·직원에 대하여는 해고 등의 징계 조치를 취하여야 하며, 성희롱 피해자와 같은 장소에 근무하지 않도록 인사이동을 병행하여 실시한다. ④ 회사는 직장 내 성희롱 피해자의 고충을 해결을 위하여 별도의 고충처리위원회를 둘 수 있으며, 이 경우 고충처리위원은 남녀 동수로 구성하고 피해자의 요청이 있는 경우를 제외하고는 직장 내 성희롱에 대해서는 비공개를 원칙으로 한다.	를 위한 절차가 있을 경우 이러한 사항을 보완하여 구체적으로 규정할 필요 ☞ (참고) 제1항의 가해자 조치 및 피해자의 권리구제 방안을 구체적으로 규정할 필요
제11장 안전보건	◈ 안전보건 관련 규정은 필수적 기재사항이며 「산업안전보건법」 등 관련 법률에 위반되지 않도록 할 필요
제66조【안전보건관리규정】① 회사는 사업장의 안전·보건을 유지하기 위하여 다음 각 호의 사항이 포함된 안전보건관리규정을 작성하여 각 사업장에 게시하거나 갖춰 두고, 이를 근로자에게 알려야 한다. 1. 안전·보건 관리조직과 그 직무에 관한 사항 2. 안전·보건교육에 관한 사항 3. 작업장 안전관리에 관한 사항 4. 작업장 보건관리에 관한 사항 5. 사고 조사 및 대책 수립에 관한 사항 6. 그 밖에 안전·보건에 관한 사항 ② 각 부서는 회사의 안전보건관리규정에 따라 각 작업장의 안전보건관리를 실시하여야 한다.	[선택] 「산업안전보건법」 20조 참조 ☞ (참고) 상시근로자수 100인 이상의 회사는 산업안전보건법령에서 정한 취지를 명확히 이행하는 동시에 근로자는 안전의식을 고취할 수 있도록 안전보건관리계획이 필요

취업규칙(안)	진단할 사항
③ 사원은 안전보건관리계획의 효과적인 운용을 위하여 적극적으로 협력하여야 한다.	
第67조【안전보건 교육】회사는 사원의 산업재해예방을 위하여 안전 및 보건에 관한 정기교육, 채용 시의 교육, 작업내용 변경 시의 교육, 유해위험 작업에 사용 시 특별안전교육 등 산업안전보건법령에 따른 제반 교육을 실시하며 사원은 이 교육에 성실하게 참여하여야 한다.	[필수] 필수적 사항이며 사업장 사정에 따라 달리 정할 수 있음 ☞ (참고) 산업안전보건법령에 정한 취지를 명확히 이행하는 동시에 근로자의 안전의식을 고취할 수 있도록 규정할 필요(산업안전보건법 31조 및 시행규칙 33조 참조)
第68조【위험기계 · 기구의 방호조치】회사는 유해하거나 위험한 작업을 필요로 하거나 동력을 작동하는 기계 · 기구에 대하여 유해 · 위험 방지를 위한 방호조치를 하여야 하며 사원은 다음 각 호의 위험기계 · 기구의 방호조치 사항을 준수하여야 한다. 1. 방호조치를 해체하고자 할 경우 소속부서의 장의 허가를 받아 해체할 것 2. 방호조치를 해체한 후 그 사유가 소멸한 때에는 지체없이 원상으로 회복시킬 것 3. 방호장치의 기능이 상실된 것을 발견한 때에는 지체없이 소속부서의 장에게 신고할 것	[필수] 필수적 사항이며 사업장 사정에 따라 달리 정할 수 있음 ☞ (참고) 산업안전보건법령에 정한 취지를 명확히 이행하는 동시에 근로자의 안전의식을 고취할 수 있도록 규정할 필요(산업안전보건법 33조 및 시행규칙 46조 · 47조 · 48조 참조)
第69조【보호구의 지급 및 착용】회사는 사원이 유해 · 위험작업으로부터 보호받을 수 있도록 보호구를 지급하여야 하며 사원은 작업 시 회사에서 지급하는 보호구를 착용하여야 한다.	[필수] 필수적 사항이며 사업장 사정에 따라 달리 정할 수 있음 ☞ (참고) 산업안전보건법령에 정한 취지를 명확히 이행하는 동시에 근로자의 안전의식을 고취할 수 있도록 규정할

취업규칙(안)	진단할 사항
	필요
제70조【물질안전보건자료의 작성 · 비치】 회사는 사업장에서 사용하는 고용노동부령이 정하는 화학물질 및 화학물질을 함유한 제제에 대하여는 물질안전보건자료를 취급근로자가 쉽게 볼 수 있는 장소에 게시하거나 갖추어야 한다.	[필수] 필수적 사항이며 사업장 사정에 따라 달리 정할 수 있음 ☞ (참고) 화학물질 취급 사업장의 사업주 및 근로자의 안전의식을 고취할 필요(산업안전보건법 41조 참조)
제71조【작업환경측정】 ① 회사는 「산업안전보건법」에 의한 작업환경측정을 실시하되, 원칙적으로 매 6개월에 1회 이상 정기적으로 실시한다. ② 제1항의 작업환경측정 시 사원 대표의 요구가 있을 때에는 사원 대표를 입회시킨다. ③ 회사는 작업환경측정의 결과를 사원에게 알려주며 그 결과에 따라 당해 시설 및 설비의 설치 또는 개선, 건강진단 등 적절한 조치를 한다.	[필수] 필수적 사항이며 산업안전보건법령에 정한 취지를 명확히 이행할 수 있도록 규정할 필요(산업안전보건법 42조 참조) ☞ (참고) 작업장 또는 작업 공정이 신규로 가동되거나 변경되는 등으로 작업환경측정대상 작업장이 된 경우에는 그 날로부터 30일 이내에 작업환경측정을 실시하고, 그 후 6개월마다 1회 이상 정기적으로 작업환경측정을 실시하여야 함(산업안전보건법시행규칙 93조의 4 참조) －그러나 ① 화학적 인자 측정치가 노출기준을 초과한 경우는 작업환경측정 주기를 단축해야 함 －② 최근 1년간 작업

취업규칙(안)	진단할 사항
	공정에서 공정설비의 변경, 작업방법의 변경, 설비의 이전 등 작업환경측정 결과에 영향을 주는 변화가 없고, 작업환경측정 결과가 최근 2회 연속 노출기준 미만일 경우에는 1년에 1회 이상 작업환경을 측정할 수 있음(산업안전보건법시행규칙 93조의 4 참조)
第72조 【건강진단】 ① 회사는 사원의 건강보호・유지를 위하여 「산업안전보건법」이 정하는 바에 따라 매년 1회 일반건강진단을 실시한다. 단, 사무직은 매2년에 1회 실시한다. ② 회사는 「산업안전보건법」이 정하는 바에 따라 필요한 경우 특수・배치전・수시・임시건강진단 등을 실시한다. ③ 사원은 회사가 실시하는 건강진단을 성실히 받아야 한다.	[필수] 필수적 사항이며 산업안전보건법령에 정한 취지를 명확히 이행할 수 있도록 규정할 필요(산업안전보건법 43조 참조) ☞ (참고) 특히 노출기준 이상인 작업공정 및 특수・수시・임시건강진단 실시결과 직업유소견자가 발견된 작업공정에서 노출된 모든 사원에 대하여는 다음 회에 한하여 특수건강진단의 실시주기를 1/2로 단축하여야 함(산업안전보건법시행규칙 99조의 2)
第73조 【「산업안전보건법」 준수】 ① 회사는 이 규칙에서 정하지 아니한 사항에 대하여는 「산업안전보건법」에 따라 산업재해 예방을 위한 기준을 지켜 사원의 신체적 피로와	[필수] 필수적 사항이며 「산업안전보건법」에 정한 사업주와 근로자의 의무를

취업규칙(안)	진단할 사항
정신적 스트레스 등에 의한 건강장해를 예방하고 안전 및 보건을 유지·증진시킨다. ② 사원은 「산업안전보건법」에서 정하는 사항과 그 외에 업무에 관련되는 안전보건에 관하여 상사로부터 지시받은 사항을 정확하게 이행하여야 한다.	이해하도록 규정할 필요 ☞ (참고) 「산업안전보건법」 5조 및 6조
제12장 재해보상	◈ 재해보상 관련 규정은 필수적 기재사항이며 「근로기준법」 등 관련 법률에 위반되지 않도록 할 필요
제74조 【재해보상】 ① 사원이 업무상 부상 또는 질병에 걸린 경우와 사망하였을 때의 보상은 「산업재해보상보험법」에 의한다. ② 「산업재해보상보험법」의 적용을 받지 않는 업무상 부상 또는 질병에 대하여는 「근로기준법」이 정하는 바에 따라 회사가 보상한다.	[필수] 필수적 사항이며 사업장 사정에 따라 업무 외의 재해에 대한 부조 등을 반영하여 달리 정할 수 있음 ☞ (참고) 「산업재해보상보험법」 제52조 제1항에 따라 보험급여를 받았거나 받을 수 있으면 동일한 사유에 대한 「근로기준법」에 의한 재해보상책임이 면제됨 ☞ (참고) 부상 또는 질병이 3일 이내의 요양으로 치유될 수 있는 산업재해(산업재해보상보험법 37조 참조)로서 산재법 적용이 제외되는 경우 「근로기준법」에 따라 사업주가 보상해야 함

취업규칙(안)	진단할 사항
제13장 취업규칙	
제75조 **【취업규칙의 비치】** 회사는 본 규칙을 사업장 내의 사무실 · 휴게실 등에 비치하여 사원들이 자유롭게 열람할 수 있도록 한다.	[선택] 취업규칙 필수적 기재사항은 아니나, 「근로기준법」에서는 법령의 요지 및 취업규칙 비치의무를 규정하고 있으므로, 이를 근로자들에게 주지시킬 필요(근로기준법 14조 참조)
제76조 **【취업규칙의 변경】** 이 규칙을 변경할 때에는 사원의 과반수로 조직된 노동조합이 있는 경우 그 노동조합, 근로자의 과반수로 조직된 노동조합이 없는 경우 근로자의 과반수 의견을 청취하도록 한다. 다만, 취업규칙을 불리하게 변경하는 경우에는 그 동의를 받아야 한다.	[선택] 취업규칙 변경절차는 「근로기준법」 제94조에서 정하고 있으므로 이를 확인적 차원에서 취업규칙에 기재하는 것이 바람직 ☞ (참고) 사용자는 취업규칙의 작성 또는 변경에 관하여 해당 사업 또는 사업장에 근로자의 과반수로 조직된 노동조합이 있는 경우에는 그 노동조합, 근로자의 과반수로 조직된 노동조합이 없는 경우에는 근로자의 과반수의 의견을 들어야 한다. 다만, 취업규칙을 근로자에게 불리하게 변경하는 경우에는 그 동의를 받아야 한다(근로기준법 94조).
부 칙	
제 1 조 **【시행일】** 본 규칙은 20○○년 ○○월 ○○일부터 시행한다.	

(2) 2단계 : 취업규칙 확정

1단계에서 회사의 현황과 장래의 상황을 고려하여 각 조문별로 검토한 취업규칙의 내용을 의사결정 과정을 통하여 아래와 같이 최종 확정합니다.

취업규칙

－제 정 : 20○○년 ○○월 ○○일
－개정(1차) : 20○○년 ○○월 ○○일

제1장 총 칙

제1조【목 적】
이 규칙은 「근로기준법」(이하 "법"이라 한다)에 따라 주식회사 ○○○○(이하 "회사"라 한다)의 기본 규칙을 규정함으로써 사원의 기본적인 생활 및 신분을 보장하고 회사업무의 효율적인 운영 및 회사의 건전한 발전을 도모함에 있다.

제2조【적용범위】
① 회사에 근무하는 사원의 취업에 관하여 따로 정한 것을 제외하고는 이 규칙이 정하는 바에 의한다.
② 계약직, 임시직, 일용직에 대해서는 근로계약으로 정한 사항에 배치되지 않는 범위내에서 본 규칙을 준용할 수 있으며, 상충될 경우에는 근로계약이 우선한다.

제3조【사원의 정의】
본 규칙에서 사원이라 함은 본 규칙에서 정한 채용 절차에 따라 회사에 채용되어 근로계약을 체결한 자를 말한다.

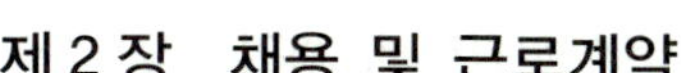

제 2 장 채용 및 근로계약

제 4 조【채용기회】

회사는 사원의 모집 및 채용에 있어서 합리적인 이유 없이 성별, 연령, 신앙, 사회적 신분, 출신지역, 출신학교, 혼인 · 임신 · 출산 또는 병력(病歷) 등에 의한 차등을 두지 않는다.

제 5 조【전형 및 채용서류】

① 회사는 취업희망자 중에서 소정의 서류심사 및 면접절차를 거쳐 합격한 자를 채용한다.

② 회사에 입사를 지원하는 자는 다음 각 호의 서류를 제출하여야 한다.

1. 채용 전 제출서류
   1) 자필이력서 1부
   2) 자기소개서 1부
   3) 주민등록등본 2부
   4) 최종학교 성적증명서
2. 채용 후 제출 서류
   1) 경력증명서(당사소정양식)
   2) 가족관계 증명서 2부
   3) 면허증 및 기타 자격증 사본
   4) 기타서류

③ 채용된 자가 회사에서 14일 이내에 정당한 사유 없이 채용서류를 제출치 않거나 채용서류에 허위 기재사항이 발견된 경우에는 채용 후라도 채용을 취소할 수 있다.

제 6 조【근로계약】

① 사원으로 채용된 자는 근로계약서에 서명 · 날인하여 근로계약을 체결하여야 하고, 해당자에게 근로계약서 사본 1부를 내어주어야 한다.

② 회사는 근로계약 체결 시 사원에게 임금, 소정근로시간, 휴일, 연차유급휴가, 취업의 장소와 종사하여야 할 업무에 관한 사항, 「근로기준법」 제93조 제1호부터 제12호까지의 규정(취업규칙의 작성 · 신고사항)에서 정한 사항, 「근로기준법」 제10장의 기숙사에 관한 사항(기숙사가 있는 경우에 한함)을 명확히 제시한다.

③ 회사는 제2항의 내용 중 임금의 구성항목 · 계산방법 · 지급방법, 소정근로시간, 휴일, 연차유급휴가에 관한 사항, 취업의 장소와 종사하여야 할 업무에 관한 사항을 서면으로 명확히 제시하여 교부한다. 또한 기간제 근로자인 경우 근로계약기간도

함께 명시한다.

④ 회사는 근로계약 불이행에 대한 위약금 또는 손해배상액을 예정하는 계약을 체결하지 못한다.

제7조【수습기간】

① 신규 채용된 자는 채용한 날로부터 3월간을 수습기간으로 한다.

② 수습기간중의 임금은 신입사원의 경우 감액하여(단, 최저임금의 90% 이상) 지급할 수 있다.

③ 수습기간이 만료된 경우에는 근무수행능력, 근무태도 및 근무성적, 건강상태, 동료와의 인간관계, 서류의 제출여부 등을 종합적으로 고려하여 정식 사원으로 채용한다. 다만, 수습기간 중인 자 또는 수습기간이 만료된 자가 다음 각 호의 1에 해당하는 경우에는 본채용을 하지 아니한다.

1. 근무평정결과 채용불가의 판정을 받았을 때
2. 근무신고, 결근 또는 지각, 조퇴가 빈번하여 3회 이상 지적을 받았을 때
3. 정당한 사유 없이 사규를 위반하였을 때
4. 제8조의 규정에 의한 채용결격 사유가 발생 또는 발견되었을 때
5. 기타 정식사원으로서 계속근무가 부적당하다고 인정될 때

④ 정식 채용한 자에 대하여는 수습기간을 계속근로연수에 포함하며, 평균임금산정기간에는 포함하지 아니한다.

제8조【채용결격사유】

다음 각 호에 해당하는 자는 사원으로 채용하지 않으며, 채용된 후라도 근로계약을 해지할 수 있다.

1. 금치산자 또는 한정치산자
2. 파산자로서 복권되지 아니한 자
3. 금고 이상의 형을 받고 그 집행이 종료되거나 집행을 받지 아니하기로 확정된 후 5년을 경과하지 아니한 자
4. 금고 이상의 형을 받고 그 집행유예의 기간이 완료된 날로부터 2년을 경과하지 아니한 자
5. 금고 이상의 형의 선고유예를 받은 경우에 그 선고유예기간 중에 있는 자
6. 법원의 판결 또는 다른 법원에 의하여 자격이 상실 또는 정지된 자
7. 경력 또는 학력, 이력 사항 등을 허위로 작성하여 채용된 자
8. 기타 사회통념상 본 채용을 유지할 수 없는 정당한 사유가 발생한 경우

제3장 복 무

제 9 조【복무규정사항】

사원은 다음 각 호의 사항을 사업장 내 및 사업장 외 파견근무 시에도 이를 준수하여야 한다.

1. 회사설립 목적과 경영목표 달성에 적극 노력하여야 한다.
2. 사원은 맡은 직무를 충실히 수행하여야 한다.
3. 사원은 근태(출근, 결근, 조퇴, 지각 등)관리를 충실히 하여야 한다.
4. 사원은 직무상 지득한 비밀을 엄수하고 회사기밀을 누설해서는 아니 된다. 단, 「공익신고자 보호법」상의 '공익신고자'의 경우에는 적용되지 아니한다.
5. 사원은 취업기간이나 그 이후에 비밀정보, 판매실적, 생산정보, 교육훈련정보, 마케팅 전략 및 계획, 마케팅 활동, 판매조건, 급여, 인센티브 계획과 같은 회사나 회사와 관련된 기관 또는 회사의 고객으로부터 알게 된 것들(이것에만 국한되는 것은 아니다)을 권한이 없는 사람에게 알리거나, 그 자신이나 다른 사람을 위하여 그러한 정보를 사용하지 못한다.
6. 사원은 회사의 제반규정을 준수하고 상사의 정당한 직무상 지시에 따라야 한다.
7. 사원은 사원으로서 품위를 손상하거나 회사의 명예를 실추시키는 행위를 하여서는 아니 된다.
8. 회사의 허가 없이 회사에 재직하면서 타인이나 타사에 고용되거나 임원으로 취임하지 아니한다.
9. 동료의 업무를 방해하거나 또는 정당한 권한 없이 간섭하지 아니한다.
10. 업무수행에 있어 규정된 복장을 착용해야 한다.
11. 정리정돈을 철저히 하여 직장을 항상 청결하게 보전한다.
12. 업무상 취급하게 되는 공금 및 상품을 유용, 횡령하는 행위를 하여서는 아니 되며, 재고관리에 최선을 다하여야 한다.
13. 회사 내에서 근무 중 음주, 도박이나 폭행, 협박, 기타 근무 분위기를 저해하는 행동을 해서는 아니 되며, 제반 안전수칙을 준수하고 사고를 미연에 방지하도록 노력하여야 한다.
14. 회사의 승인 없이 업무와 관련 없는 집회나 시위 및 정치활동에 참여하여서는 아니 된다.
15. 천재지변, 기타 비상사태 발생 시에는 근무시간의 내외를 막론하고 회사의 지시에 따라 신속히 대처하여야 한다.
16. 사원은 고객관리에 항상 최선을 다하여야 한다.

17. 사원은 회사의 승인 없이는 회사의 재산을 반출하여서는 안 되며 또 직무와 관련 없는 개인의 목적을 위하여 회사재산 및 시설을 사용해서도 안 된다.
18. 사원은 회사가 요구하는 절차, 등록 또는 보고서의 제출 거부, 태만, 또는 허위 작성을 금지한다.
19. 사원은 그 밖에 위의 각 호에 준하는 행위를 하여서는 아니 된다.

제10조【겸업의 금지】
사원은 회사에 재직 중에 겸업을 하여서는 아니 되며 이를 위반할 경우 징계할 수 있다. 또한 겸업으로 인하여 회사나 회사의 고객에게 피해가 발생하는 경우 이에 대한 손해배상의 책임을 진다.

제11조【회사물품 취급 시 유의사항】
사원은 다음 각 호를 지켜 항상 회사의 물품을 소중하게 취급함으로써 그 보전에 만전을 기해야 한다.
1. 회사의 사무용품, 소모품 등을 합리적으로 사용하며 절약할 것
2. 회사 일체의 물품을 개인 용도로 사용하지 말 것
3. 회사가 명하는 경우 외에는 회사의 건물 또는 기물을 파괴하거나 소각하지 말 것
4. 회사의 물품을 사적으로 타에 제공하거나 허가 없이 반출하지 말 것
5. 회사 물품을 분실한 경우에는 즉시 소속 상사 및 관계 담당자에게 보고할 것

제12조【사무인수인계】
① 전보, 퇴직, 휴직 또는 근무상의 변동이 있을 때에 사원은 담당업무, 보관문서, 비품, 업무의 접수, 종결, 미결 등의 진행사항을 열거한 인계서를 작성하여 후임자 또는 상사가 지정하는 자에게 인계하여야 한다.
② 금전, 물품의 출납 기타 계산에 종사하는 자는 계산서를 작성하고 장부에 기재하여 그 현상을 명확히 하여야 한다.
③ 사무인계자는 인계서 3통을 작성하여야 하며, 인계・인수자가 각 1통씩을 소지하고 1통은 주관부서에 보관한다.
④ 사무인수인계 후 사무인계에 대한 책임은 인수자가 진다.
⑤ 사무인수인계는 쌍방이 서명날인 후 차상급자가 입회 확인하여야 하며, 입회자는 사무인수인계 사항을 상사에게 보고하여야 한다.

제13조【출근, 결근】
① 사원은 업무시간 시작 전까지 출근하여 업무에 임할 준비를 하여 정상적인 업무수

행에 차질이 없도록 하여야 한다.

② 질병이나 그 밖의 부득이한 사유로 결근하고자 하는 경우에는 사전에 소속장의 승인을 받아야 한다. 다만, 불가피한 사유로 사전에 승인을 받을 수 없는 경우에는 유선통보 후 사후에 지체 없이 결근계를 제출하여야 한다.

③ 질병으로 인하여 3일 이상 계속 결근할 때에는 진단서를 첨부하여 제출하여야 한다.

④ 제2항, 제3항의 절차를 이행하지 아니한 경우 또는 다음 각 호의 1에 해당하는 경우에는 무단결근으로 처리한다.

1. 신고 또는 제출에 허위가 발견되었을 때
2. 신고결근 후 3일 이내에 결근계를 제출하지 아니할 때
3. 기타 결근사유가 정당하다고 인정되지 아니할 때

제14조 【지각 · 조퇴 및 외출】

① 사원은 질병 그 밖의 부득이한 사유로 지각하게 되는 경우에는 사전에 부서의 장 또는 직근 상급자에게 알려야 하며, 부득이한 사정으로 사전에 알릴 수 없는 경우에는 사후에라도 지체 없이 이 사실을 알려야 한다.

② 사원은 근로시간 중에 사적으로 근무 장소를 이탈할 수 없다. 다만, 질병이나 그 밖의 부득이한 사유로 인하여 조퇴 또는 외출하고자 할 경우에는 회사의 승인을 받아야 한다.

③ 사원이 지각 · 조퇴 및 외출한 시간은 무급으로 처리함을 원칙으로 하며, 승인을 얻지 않은 지각, 조퇴 및 외출의 경우에는 징계할 수 있다.

제15조 【신상변동신고】

사원이 전거, 전적, 기타 이력사항에 신상변동이 있을 때에는 그 사유발생일로부터 7일 이내에 신고하여야 한다.

제16조 【공민권행사 및 공의 직무 수행】

① 회사는 사원이 근무시간 중 선거권, 그 밖의 공민권을 행사하거나 공(公)의 직무를 수행하기 위하여 필요한 시간을 청구할 경우 이를 거부할 수 없으며, 그 시간은 유급으로 처리한다.

② 회사는 제1항의 권리 행사나 공(公)의 직무를 수행하는 데 지장이 없는 범위 내에서 사원이 청구한 시간을 변경할 수 있다.

제17조 【손해배상】

사원 고의, 과실 기타 귀책사유로 인하여 회사에 손해를 끼친 경우에는 실손실액의 90%를 배상한다.

제4장 인 사

제1절 인사위원회

제18조【인사위원회의 구성】

① 인사위원회(이하 "위원회"라 한다)는 대표이사와 부서장 또는 그에 준하는 직급의 사원 중 대표이사가 임명하는 자로 총 3명 이내로 구성한다.

② 위원회의 위원장은 대표이사 또는 대표이사가 위임한 자로 한다.

③ 위원회에는 인사(총무)담당자 1명을 간사로 둔다.

제19조【위원회의 기능】

위원회는 다음 각 호의 사항을 의결한다.

1. 사원의 표창에 관한 사항
2. 사원의 징계에 관한 사항
3. 그 밖에 사원의 인사에 관하여 위원회의 의결이 필요한 사항

제20조【위원회의 소집 및 운영】

① 위원회는 의결사항이 있을 경우 위원장이 소집한다.

② 위원장은 회의를 소집하고자 하는 경우 원칙적으로 회의개최 3일 전에 회의일시, 장소, 의제 등을 각 위원에게 통보한다.

③ 위원회는 재적위원 과반수의 출석과 출석위원 과반수의 찬성으로 의결한다.

④ 위원장은 표결권을 가지며 가부동수일 때에는 결정권을 가진다.

⑤ 위원회의 회의는 공개하지 아니하며 회의내용과 관련된 사항은 누설하여서는 아니 된다. 다만, 위원회의 의결로 공개할 수 있다.

⑥ 위원회의 의결사항이 특정위원에 관한 사항을 의결할 때에는 당해위원은 그 건의 의결에 참여할 수 없다.

⑦ 위원회의 운영방법 등 기타 필요한 사항에 대하여는 별도의 규정으로 정할 수 있다.

제2절 배치 · 전직 및 승진

제21조【배치, 전직, 승진】

① 회사는 사원의 능력, 적성, 경력 등을 고려하여 부서의 배치, 전직, 승진 등 인사발령을 하며, 사원은 정당한 사유 없이 이를 거부할 수 없다.

② 회사는 제1항의 인사발령을 함에 있어서 합리적인 이유 없이 남녀를 차별하지 아니한다.

제 3 절 휴직 및 복직

제22조【육아휴직】

① 회사는 만 8세 이하 또는 초등학교 2학년 이하의 자녀(입양한 자녀를 포함한다)를 가진 남녀 사원이 그 영유아의 양육을 위하여 육아휴직을 청구하는 경우에는 이를 허용한다. 단, 계속 근로한 기간이 1년 미만이거나 같은 영유아에 대하여 배우자가 육아휴직 중인 경우에는 허용하지 않을 수 있다.

② 육아휴직기간은 1년 이내로 한다.

③ 회사는 육아휴직을 이유로 해고나 그 밖의 불리한 처우를 하지 않으며 특히 육아휴직기간에는 해고하지 아니한다.

④ 회사는 사원이 육아휴직을 사용할 경우 고용보험법령이 정하는 육아휴직급여를 받을 수 있도록 증빙서류를 제공하는 등 적극 협조한다.

제23조【가족돌봄휴직 등】

① 회사는 사원이 부모, 배우자, 자녀 또는 배우자의 부모(이하 "가족"이라 한다)의 질병, 사고, 노령으로 인하여 그 가족을 돌보기 위한 휴직(이하 "가족돌봄휴직"이라 한다)을 신청하는 경우 이를 허용하여야 한다. 다만, 대체인력 채용이 불가능한 경우, 정상적인 사업 운영에 중대한 지장을 초래하는 경우 등 남녀고용평등법 시행령으로 정하는 경우에는 그러하지 아니하다.

② 제1항 단서에 따라 가족돌봄휴직을 허용하지 아니하는 경우에는 해당 사원에게 그 사유를 서면으로 통보하고, 다음 각 호의 어느 하나에 해당하는 조치를 하도록 노력하여야 한다.

1. 업무를 시작하고 마치는 시간 조정
2. 연장근로의 제한
3. 근로시간의 단축, 탄력적 운영 등 근로시간의 조정
4. 그 밖에 사업장 사정에 맞는 지원조치

③ 가족돌봄휴직 기간은 연간 최장 90일로 하며, 이를 나누어 사용할 수 있다. 이 경우 나누어 사용하는 1회의 기간은 30일 이상이 되어야 한다.

④ 회사는 가족돌봄휴직을 이유로 해당 근로자를 해고하거나 근로조건을 악화시키는 등 불리한 처우를 하여서는 아니 된다.

⑤ 가족돌봄휴직 기간은 근속기간에 포함한다. 다만, 「근로기준법」 제2조 제1항 제6호에 따른 평균임금 산정기간에서는 제외한다.

⑥ 회사는 소속 근로자가 건전하게 직장과 가정을 유지하는 데에 도움이 될 수 있도록

필요한 심리상담 서비스를 제공하도록 노력하여야 한다.

제24조【복 직】

① 사원은 휴직사유가 소멸되었을 때에는 지체 없이 복직원을 제출해야 하며, 휴직기간이 만료된 때에는 그 만료일 7일 전까지 복직원을 제출하여야 한다.

② 사원은 부득이한 사유가 있는 경우 승인을 얻어 휴직기간을 연장할 수 있다.

③ 회사는 휴직 중인 사원으로부터 복직원을 제출받은 경우에는 최대한 빠른 시일 내에 휴직 전의 직무에 복직시키도록 노력하되, 부득이한 경우에는 그와 유사한 업무나 동등한 수준의 급여가 지급되는 직무로 복귀시키도록 노력한다.

④ 휴직기간 만료 후 복직원을 제출하지 아니할 때 또는 휴직기간 내에 휴직사유가 소멸되지 않은 경우 퇴직한 것으로 간주한다.

제25조【근속기간의 계산】

휴직기간은 근속기간에 산입한다. 다만, 「병역법」에 의한 군복무기간은 퇴직금 산정을 위한 계속근로연수에서 제외한다.

제5장 근로조건

제1절 근로시간

제26조【근로시간 및 휴게시간】

① 직원의 소정 근로시간은 휴게시간(근로시간 4시간인 경우 30분 · 근로시간 8시간인 경우 1시간)을 제외하고 1주에 40시간, 1일에 8시간을 원칙으로 하되, 세부적인 사항은 개별적 근로계약서에 따른다.

② 근무시간 및 휴게시간은 직종의 특성과 근무지 특성을 감안하여 당사자 간 합의에 의하여 변경할 수 있다.

제27조【탄력적 근로시간제】

회사는 「근로기준법」에 근거하여 취업규칙 등에서 정하는 바에 따라 2주 이내의 단위로, 근로자 대표와의 서면 합의에 따라 3개월 단위로 탄력적 근로시간제를 운영할 수 있다. 탄력적 근로제의 적용 여부를 결정할 때에는 업무의 번한 정도, 성수기 · 비수기 · 휴면기 여부, 경영 사정, 근로자의 임금 저하 강구 방안 등을 고려하여 정하도록 한다.

제28조【간주근로시간제】

① 사원이 출장, 파견 등의 이유로 근로시간의 일부 또는 전부를 사업장 밖에서 근로하여 근로시간을 산정하기 어려운 경우에는 1일 8시간을 근로한 것으로 본다.

② 사원이 출장, 파견 등의 업무를 수행하기 위하여 통상적으로 1일 8시간을 초과하여 근로할 필요가 있는 경우에는 1일 10시간을 근로한 것으로 본다. 다만, 사원의 대표와 서면 합의를 통하여 이를 달리 정할 수 있다.

제29조【연장 · 야간 및 휴일근로】

① 연장 · 야간 및 휴일근로에 대하여는 통상임금의 50%를 가산하여 지급한다. 단, 연장 · 야간 및 휴일근로를 실시할 경우 반드시 사전에 회사의 승인을 받아야 하며 사전승인을 받은 경우에 한하여 연장 · 야간 및 휴일근로에 대한 가산임금을 지급한다.

② 회사는 사원의 대표와 서면 합의하여 연장 · 야간 및 휴일근로에 대하여 임금을 지급하는 것을 대신하여 휴가를 줄 수 있다.

③ 개별 연봉계약에 의거하여 포괄임금제를 채택한 경우 고정 연장 및 야간 근로에 대한 시간 외 근로수당을 매월 급여에 포함하여 지급한다. 다만, 토요일, 일요일 및 공휴일에 근로를 제공 시 휴일근로수당은 별도로 지급할 수 있다.

제30조【야간 및 휴일근로의 제한】

① 18세 이상의 여성 사원을 오후 10시부터 오전 6시까지 근로하게 하거나 휴일에 근로를 시킬 경우 당해 사원의 동의를 얻어 실시한다.

② 임산부와 18세 미만인 사원에 대하여는 오후 10시부터 오전 6시까지의 시간 및 휴일에 근로를 시키지 않는 것을 원칙으로 한다. 다만, 다음 각 호의 어느 하나에 해당하는 경우에는 그 시행 여부와 방법 등에 관하여 사원의 대표와 성실히 협의한 후 고용노동부장관의 인가를 받아 야간 및 휴일근로를 실시할 수 있다.

1. 18세 미만자의 동의가 있는 경우
2. 산후 1년이 지나지 아니한 여성의 동의가 있는 경우
3. 임신 중의 여성이 명시적으로 청구하는 경우

제 2 절 휴일 · 휴가

제31조【유급휴일】

① 회사는 다음과 같이 유급휴일을 정한다.

1. 주휴일

2. 5월 1일(근로자의 날)

단, 주휴일과 중복되었을 때에는 주휴일 1일만 인정한다.

② 회사의 업무상 막대한 지장이 있거나 특별한 사정이 있을 때 본 규정에서 정한 유급휴일을 다른 날로 대체할 수 있다.

제32조【연차유급휴가】

① 1년간 8할 이상 출근한 사원에게는 15일의 유급휴가를 준다. 다만, 1년간 80퍼센트 미만 출근한 사원에게도 개근한 1월에 대하여 1일의 유급휴가를 준다.

② 계속하여 근로한 기간이 1년 미만인 사원에게는 1개월 개근 시 1일의 유급휴가를 준다.

③ 최초 1년간의 근로에 대하여 유급휴가를 주는 경우에는 제2항에 따른 휴가를 포함하여 15일로 하고, 사원이 제2항에 따른 휴가를 이미 사용한 경우에는 그 사용한 휴가 일수를 15일에서 뺀다.

④ 3년 이상 근속한 사원에 대하여는 제1항 규정에 의한 휴가에 최초 1년을 초과하는 계속근로연수 매 2년에 대하여 1일을 가산한 유급휴가를 주며, 가산휴가를 포함한 총 휴가일수는 25일을 한도로 한다.

⑤ 단시간 근로자의 연차유급휴가는 통상근로자의 '근로시간'에 비례하여 부여한다.

제33조【연차휴가의 사용】

① 사원의 연차유급휴가는 1년간 행사하지 아니하면 소멸된다. 다만, 사용자의 귀책사유로 사용하지 못한 경우에는 그러하지 아니하다.

② 연차휴가를 사용하고자 하는 사원은 사전에 회사의 승인을 얻어야 한다.

③ 회사는 「근로기준법」 제61조에 따라 연차유급휴가 사용을 촉진할 수 있다. 회사의 사용촉진조치에도 불구하고 사원이 사용하지 아니한 연차유급휴가에 대하여는 금전으로 보상하지 아니한다.

제34조【연차유급휴가의 대체】

① 회사는 근로자 대표와의 연차휴가 대체 합의에 의하여 관공서 공휴일에 관한 규정에 따른 공휴일[설날연휴(설날전날, 설날, 설날다음날), 추석연휴(추석전날, 추석, 추석다음날), 여름휴가(3일)] 총 9일을 연차 휴가로 대체하기로 한다.

② 총 연차휴가 일수 중 전항에 의하여 사용한 휴가를 제외한 나머지 기간에 대해서는 직원이 청구한 날 연차휴가를 부여하거나, 근로자 대표와의 연차휴가 대체 합의에 의하여 특정 공휴일로 대체할 수 있다.

③ 특별한 사항이 없는 한 근로자 대표와의 합의는 매년 자동 갱신된다.

제35조 【경조사 휴가】

① 회사는 다음 각 호의 어느 하나에 해당하는 범위에서 직원의 신청에 따라 유급의 경조사휴가를 부여할 수 있다.

1. 본인 결혼 : 5일
2. 조부모, 부모, 배우자, 형제, 자녀 사망시 : 3일
3. 3촌 이내의 친인척 : 2일

② 제1항에 따른 경조사 휴가기간 중 휴일 또는 휴무일이 포함되어 있는 경우에는 이를 포함하여 휴가기간을 계산한다.

③ 제1항의 경조사 휴가를 승인받은 경우, 우선적으로 남은 개별연차유급휴가를 소진하도록 한다.

제36조 【생리휴가】

회사는 여성 사원이 청구하는 경우 월 1일의 무급생리휴가를 부여한다.

제 3 절 모성보호

제37조 【임산부의 보호】

① 사용자는 임신 중의 여성에게 출산 전과 출산 후를 통하여 90일(한 번에 둘 이상 자녀를 임신한 경우에는 120일)의 출산전후휴가를 주어야 한다. 이 경우 휴가 기간의 배정은 출산 후에 45일(한 번에 둘 이상 자녀를 임신한 경우에는 60일) 이상이 되어야 한다.

② 임신 중인 여성 사원이 유산의 경험 등 「근로기준법 시행령」이 정하는 사유로 제1항의 휴가를 청구하는 경우 출산 전 어느 때라도 휴가를 나누어 사용할 수 있도록 한다. 이 경우 출산 후의 휴가 기간은 연속하여 45일(한 번에 둘 이상 자녀를 임신한 경우에는 60일) 이상이 되어야 한다.

③ 임신 중인 여성 사원이 유산 또는 사산한 경우로서 해당 사원이 청구하는 경우에는 다음 각 호에 따른 휴가를 부여한다. 다만, 「모자보건법」에서 허용되지 않는 인공중절 수술은 제외한다.

1. 유산 또는 사산한 여성 사원의 임신기간이 11주 이내인 경우 : 유산 또는 사산한 날로부터 5일까지
2. 유산 또는 사산한 여성 사원의 임신기간이 12주 이상 15주 이내인 경우 : 유산 또는 사산한 날로부터 10일까지
3. 유산 또는 사산한 여성 사원의 임신기간이 16주 이상 21주 이내인 경우 : 유산 또는 사산한 날로부터 30일까지

4. 유산 또는 사산한 여성 사원의 임신기간이 22주 이상 27주 이내인 경우 : 유산 또는 사산한 날로부터 60일까지
5. 임신기간이 28주 이상인 경우 : 유산 또는 사산한 날로부터 90일까지

④ 회사는 사원이 출산전후휴가 급여 등을 신청할 경우 「고용보험법」에 따라 출산전후휴가 급여 등을 받을 수 있도록 증빙서류를 제공하는 등 적극 협조한다.

⑤ 제1항 및 제2항에 따른 보호휴가 기간 중에 사원이 「고용보험법」에 따라 지급받은 출산전후휴가 등 급여액이 그 사원의 통상임금보다 적을 경우 회사는 최초 60일분의 급여와 통상임금의 차액을 지급한다.

⑥ 임신 중의 여성 사원에게 연장근로를 시키지 아니하며, 요구가 있는 경우 쉬운 종류의 근로로 전환시킨다.

제38조【태아검진 시간의 허용 등】

① 회사는 임신한 여성 사원이 「모자보건법」 제10조에 따른 임산부 정기건강진단을 받는데 필요한 시간을 청구하는 경우 이를 허용한다.

② 회사는 제1항에 따른 건강진단 시간을 이유로 사원의 임금을 삭감하지 않는다.

제39조【육아기 근로시간 단축】

① 회사는 육아휴직을 신청할 수 있는 남녀 사원이 육아휴직 대신 근로시간의 단축(이하 "육아기 근로시간 단축"이라 한다)을 신청하는 경우에는 이를 허용하여야 한다. 다만, 대체인력 채용이 불가능한 경우, 정상적인 사업 운영에 중대한 지장을 초래하는 경우 등 남녀고용평등법 시행령이 정하는 경우에는 그러하지 아니하다.

② 회사가 육아기 근로시간 단축을 허용하지 아니하는 경우에는 해당 사원에게 그 사유를 서면으로 통보하고 육아휴직을 사용하게 하거나 그 밖의 조치를 통하여 지원할 수 있는지를 해당 사원과 협의하여야 한다.

③ 회사가 해당 사원에게 육아기 근로시간 단축을 허용하는 경우 단축 후 근로시간은 주당 15시간 이상이어야 하고 30시간을 넘어서는 아니 된다.

④ 육아기 근로시간 단축의 기간은 1년 이내로 한다.

⑤ 회사는 사원이 육아기 근로시간 단축을 사용할 경우 고용보험법령이 정하는 육아기 근로시간 단축 급여를 받을 수 있도록 증빙서류를 제공하는 등 적극 협조한다.

제40조【육아기 근로시간 단축 중 근로조건 등】

① 회사는 육아기 근로시간 단축을 하고 있는 사원에 대하여 근로시간에 비례하여 적용하는 경우 외에는 육아기 근로시간 단축을 이유로 그 근로조건을 불리하게 하여서는 아니 된다.

② 육아기 근로시간 단축을 한 근로자의 근로조건(육아기 근로시간 단축 후 근로시간을 포함한다)은 회사와 그 사원 간에 서면으로 정한다.
③ 사업주는 육아기 근로시간 단축을 하고 있는 사원에게 단축된 근로시간 외에 연장근로를 요구할 수 없다. 다만, 그 사원이 명시적으로 청구하는 경우에는 회사는 주 12시간 이내에서 연장근로를 시킬 수 있다.
④ 육아기 근로시간 단축을 한 사원에 대하여 「근로기준법」 제2조 제6호에 따른 평균임금을 산정하는 경우에는 그 사원의 육아기 근로시간 단축 기간을 평균임금 산정기간에서 제외한다.

제41조【육아휴직과 육아기 근로시간 단축의 사용형태】
사원은 육아휴직이나 육아기 근로시간 단축을 하려는 경우에는 다음 각 호의 방법 중 하나를 선택하여 사용할 수 있다. 이 경우 어느 방법을 사용하든지 그 총기간은 1년을 넘을 수 없다.
1. 육아휴직의 1회 사용
2. 육아기 근로시간 단축의 1회 사용
3. 육아휴직의 분할 사용(1회만 할 수 있다)
4. 육아기 근로시간 단축의 분할 사용(1회만 할 수 있다)
5. 육아휴직의 1회 사용과 육아기 근로시간 단축의 1회 사용

제42조【육아시간】
생후 1년 미만의 아동이 있는 여성 사원의 청구가 있는 경우 휴게시간 외에 1일2회 각 30분씩 유급 수유시간을 준다.

제 6 장 임 금

제43조【임금의 구성항목】
① 사원에 대한 임금은 기본급, 고정연장근로수당, 연차수당, 식대 등으로 구성한다.
② 연장 근로, 야간 근로(22 : 00~06 : 00) 및 휴일에 근로한 경우에는 각각 시간급 통상임금의 50%를 가산하여 지급한다.
③ 제2항의 통상임금에 산입하는 임금의 범위는 제수당 및 기타금품을 제외한 기본급을 기준으로 하되, 시간급 통상임금은 월 통상임금을 209시간으로 나누어 계산한다.

제44조【임금의 계산 및 지급방법】

① 임금은 연봉제를 원칙으로 한다. 다만, 필요한 경우에 월급제, 일급제, 시급제를 시행할 수 있다.

② 임금은 매월 초일부터 매월 말일까지를 산정기간으로 하여 근로계약상 정해진 날짜에 해당 사원에게 직접 지급하거나 사원이 지정한 사원 명의의 예금계좌에 입금하여 지급한다. 다만, 지급일이 토요일 또는 공휴일인 경우에는 그 전일에 지급한다.

③ 신규채용, 승진, 전보, 퇴직 등의 사유로 임금을 정산하는 경우에는 발령일을 기준으로 30일에서 일할계산하여 지급한다.

④ 근태(출·퇴근, 지각, 조퇴 및 결근) 관리가 미흡할 경우 「근로기준법」에 따른 시간급이나 일급 기준에 의해 임금에서 차감할 수 있다.

⑤ 사원이 무단결근을 한 경우, 무단결근일의 임금과 해당 주의 주휴수당을 월 급여에서 차감하여 지급한다.

제45조【포괄산정 임금제】

회사는 사원의 직무 특성상 근로형태가 예측가능하고 업무상 필요하다고 인정될 경우 본인의 서면 동의하에 연장근로수당, 야간근로수당, 휴일근로수당 등 제 수당을 포함하는 포괄 산정임금을 적용할 수 있다.

제46조【비상 시 지급】

사원이 다음 각 호의 사유로 청구하는 경우에는 지급기일 전이라도 이미 제공한 근로에 대한 임금을 지급한다.

1. 사원 또는 그의 수입에 의하여 생활을 유지하는 자의 출산, 질병 또는 재해의 비용에 충당하는 경우
2. 사원 또는 그의 수입에 의하여 생활하는 자의 혼인 또는 사망 시 그 비용에 충당하는 경우
3. 사원이 부득이한 사정으로 1주일 이상 귀향하는 경우

제47조【휴업수당】

① 회사의 귀책사유로 휴업하는 경우에는 휴업기간 동안 사원에게 평균임금의 100분 70의 수당을 지급한다. 다만, 평균임금의 100분의 70에 해당하는 금액이 통상임금을 초과하는 경우에는 통상임금으로 지급한다.

② 부득이한 사유로 사업을 계속하는 것이 불가능한 경우에는 노동위원회의 승인을 받아 제1항에 정한 금액에 못 미치는 휴업수당을 지급할 수 있다.

제 7 장 퇴직 · 해고 등

제48조 【당연면직】

사원이 다음 각 호의 1에 해당하는 경우에는 당연면직 처리한다.

1. 정년에 도달한 자
2. 사망한 자
3. 사원이 천재지변, 전쟁, 재해, 기타 사유로 인해 사원의 생사가 불명하거나 행방불명되어 1월이 경과한 자
4. 금치산, 한정치산 또는 파산선고를 받은 자
5. 정신적 · 신체적 장애로 인해 근로가 불가능하다고 인정되는 자 또는 치료 불가능한 전염병을 보유한 자
6. 병가사용 중인 사원이 1개월이 초과하여도 병가의 원인이 제거되지 아니하여 업무수행이 어려운 경우
7. 휴직기간 경과 후 7일까지 복직원을 제출하지 않거나, 휴직 연장 승인을 받지 못하였음에도 복직하지 않거나, 복직이 불가능하여 복직의 발령을 받지 못할 경우
8. 근로계약상 기간이 특정되어 근로계약기간이 종료되는 경우
9. 이 규칙에서 사원의 해고 규정에 해당되는 자
10. 일반적 계속 근로가 부적절하다고 인정되거나 판단되는 경우

제49조 【퇴직 및 퇴직일】

① 회사는 사원이 다음 각 호에 해당할 때에는 사원을 퇴직시킬 수 있다.
  1. 본인이 퇴직을 원하는 경우
  2. 사망하였을 경우
  3. 정년에 도달하였을 경우
  4. 근로계약기간이 만료된 경우
  5. 해고가 결정된 경우
  6. 주총에 의해 임원에 선임된 경우

② 제1항에 의한 퇴직의 퇴직일은 다음 각 호와 같다.
  1. 사원이 퇴직일자를 명시한 사직원을 제출하여 수리되었을 경우 그 날
  2. 사원이 퇴직일자를 명시하지 아니하고 사직원을 제출하였을 경우 이를 수리한 날. 단, 회사는 업무의 인수인계를 위하여 사직원을 제출한 날로부터 30일을 넘지 않는 범위 내에서 퇴직일자를 지정하여 수리할 수 있다.
  3. 사망한 날

4. 정년에 도달한 날
5. 근로계약기간이 만료된 날
6. 해고가 결정·통보된 경우 해고일

제50조【사직의 처리】

① 사원이 사직하고자 할 경우에는 사직일 30일 이전에 회사에게 사직서를 제출하여야 하고, 사직서가 수리될 때까지 업무인계를 하면서 성실하게 근무하여야 한다.
② 전 항의 규정에 의한 절차를 이행하지 아니하고 회사의 출근명령에 불응하여 즉시 퇴사할 경우 사직서 수리일까지를 무단결근으로 처리한다.

제51조【해　고】

사원이 다음 각 호의 경우와 같이 사회통념상 근로관계를 더 이상 존속하기 어렵다고 인정될 정당한 이유가 있는 경우 징계위원회의 의결을 거쳐 해고할 수 있다.

1. 근무성적이 극히 불량하여 취업이 부적당하다고 인정되며, 사회통념상 개선의 가망이 없는 경우
2. 본 규칙에서 정한 금지행위나 의무이행 위반을 3회 이상 한 때
3. 1개월 간 무단결근이 계속하여 5일, 누적하여 7일 이상인 경우
4. 고의 또는 불법 부당한 행위로 회사의 물품을 파손하거나 중대사고를 발생시켜 회사에 손해를 끼친 때
5. 회사의 정당한 인사명령에 불응한 자 또는 직계상사의 지시에 불응한 자
6. 제8조에 정한 채용결격사유가 발견되었을 때 또는 학력, 경력을 이력서에 누락시키거나 허위기재 등 부정한 방법으로 채용된 경우
7. 회사의 공금을 유용 착복하거나 배임한 때
8. 회사의 물품을 허가 없이 반출하거나 지출한 자
9. 업무상 부정한 방법으로 금품 또는 향응을 제공받은 경우
10. 회사의 업무상 비밀을 누설하여 회사의 명예를 훼손하거나 손해를 끼친 때
11. 금고 이상의 형을 받아 업무수행이 불가능할 때
12. 출근사항, 근무성적불량 또는 기타 사유로 2회 이상 징계처분을 받았을 때
13. 신체 또는 정신상의 장해로 직무를 수행할 수 없다고 의학적으로 인정되는 자
14. 업무의 축소, 폐쇄 또는 설비변경 등 경영상 이유에 의하여 감원이 필요하다고 인정된 때
15. 정당한 사유 없이 직원을 선동하여 출근거부, 업무거부, 업무진행의 방해를 초래한 자
16. 협박 또는 폭행으로 상사 또는 동료의 업무 집행을 방해한 자

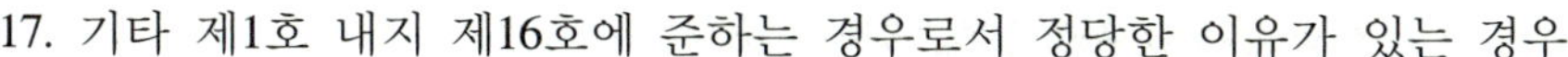

17. 기타 제1호 내지 제16호에 준하는 경우로서 정당한 이유가 있는 경우

제52조【해고의 제한】

① 사원이 업무상 부상 또는 질병의 요양을 위하여 휴업한 기간과 그 후 30일 동안은 해고하지 아니한다. 다만, 「근로기준법」 제84조에 따라 일시보상을 하였을 경우에는 해고할 수 있다.

② 산전(産前)·산후(産後)의 여성 사원이 「근로기준법」에 따라 휴업한 기간과 그 후 30일 동안은 해고하지 아니한다.

③ 제1항 본문 및 제2항에도 불구하고 사업을 계속할 수 없게 된 경우에는 해당사원을 해고할 수 있다.

제53조【해고의 통지】

① 회사는 사원을 해고하는 경우에는 서면으로 그 사유 및 날짜를 기재하여 통지한다.

② 회사는 제1항에 따라 해고를 통지하는 경우 해고일로부터 적어도 30일 전에 해고예고를 하거나, 30일 전에 해고예고를 하지 아니하였을 때에는 30일분의 통상임금을 지급한다.

제54조【해고예고의 예외】

다음 각 호의 사원에게는 해고예고를 하지 아니한다.

1. 일용 사원으로서 3개월을 계속 근무하지 아니한 자
2. 2개월 이내의 기간을 정하여 사용된 자
3. 계절적 업무에 6개월 이내의 기간을 정하여 사용된 자
4. 수습기간 중인 자(3개월 이내)
5. 사원이 고의로 사업에 막대한 지장을 초래하거나 재산상 손해를 끼친 경우로서 고용노동부령이 정하는 사유에 해당하는 자

제55조【정 년】

① 사원의 정년은 60세로 한다.

② 회사는 업무상 특별히 필요하다고 인정한 사원에 대하여는 전항의 규정에 불구하고 정년을 연장하거나 촉탁직으로 재고용할 수 있다. 단, 근로조건에 대해 특별한 정함을 둘 수 있다.

제56조【차별금지】

퇴직·해고·정년에서 남녀를 차별하지 않는다.

제8장 퇴직급여

제57조【퇴직급여제도의 설정 등】

① 회사는 1년 이상 근무한 사원이 퇴직할 경우에는 계속근로기간 1년에 대하여 30일분의 평균임금을 퇴직금으로 지급한다.

② 회사는「근로자퇴직급여보장법」제4조에 따라 제1항의 퇴직금을 지급하는 대신 사원의 과반수 동의를 얻어 퇴직연금제도를 도입할 수 있다.

제58조【중간정산】

회사는 주택구입 등「근로자퇴직급여보장법 시행령」에서 정한 사유로 사원이 요구하는 경우에는 퇴직하기 전에 해당 사원의 계속근로기간에 대한 퇴직금을 미리 정산하여 지급할 수 있다. 이 경우 미리 정산하여 지급한 후의 퇴직금 산정을 위한 계속근로기간은 정산시점부터 새로이 기산한다.

제9장 표창 및 징계

제59조【표　창】

① 회사는 사원이 다음 각 호의 1에 해당하는 경우 표창할 수 있다.

1. 업무에 공적이 현저한 사원
2. 재해 또는 손해를 미연에 방지하였거나 신속한 조치로써 그 피해를 최소화한 자
3. 회사의 명예를 대외에 드높인 사원
4. 기타 업무에 성실하여 타의 모범이 되는 사원

② 표창 대상자 및 표창의 방법은 위원회를 거쳐 결정한다.

제60조【징　계】

회사는 다음 각 호에 해당하는 사원에 대하여 징계위원회의 의결을 거쳐 징계할 수 있다. (이 경우 징계위원회는 인사위원회로 대신함)

1. 해당 규칙 및 회사 제반규정을 명백히 위반한 자
2. 회사의 명예 또는 신용을 손상하였을 경우
3. 상사의 정당한 업무지시에 불복하여 회사의 규율을 문란케 한 자
4. 고의, 과실로 회사의 시설물을 파괴, 분실, 훼손하는 자
5. 업무상 비밀 및 기밀을 누설하여 회사에 손해나 업무상 장애를 초래케 한 경우
6. 결근, 지각, 조퇴 등 근태가 불량한 자

7. 고의나 업무적 과실로 인하여 중대한 사고를 발생시켜 회사의 재산이나 명예, 신용 등에 손해를 입힌 자
8. 회사에 대한 공금의 횡령, 유용, 배임, 사기 등의 행위를 한 자
9. 회사에 재직하면서 겸업을 한 자
10. 근무태도나 근무성적이 불량하고 개선의 여지가 없다고 인정된 자
11. 상사나 회사의 비방, 근무 중 도박이나 음주 또는 풍기문란 등의 사유로 직장규율을 어지럽혀 근로자에게 악영향을 미치는 자
12. 사업장 내에서 직원 상호 간 폭력을 행사한 자
13. 회사의 제 규정을 정당한 사유 없이 위반하거나 비행의 정도가 확실하게 판명되어 회사의 규율문란이나 업무상 지장을 초래케 한 자
14. 직무와 관련하여 금품이나 향응을 정당한 사유 없이 받는 자
15. 불온적인 선동이나 집단행동을 주도하여 직장 또는 사회질서를 문란케 한 자
16. 작업 중 안전수칙을 위반한 자
17. 업무 중 고객에게 정당한 이유 없이 폭언, 폭행이나 민원을 야기시켜 물의를 일으킨 자
18. 사업장 내에서 성희롱을 하는 자
19. 연봉 비밀 유지의무를 위반한 자
20. 취업규칙의 복무규정을 위반한 자
21. 기타 사회통념상 징계사유에 준한 행동을 한 자

제61조【징계의 종류】

사원에 대한 징계의 종류는 다음과 같다.

1. 견책 : 징계사유 발생 자에 대하여 시말서를 받고 문서로 견책한다.
2. 감봉(감급) : 1회에 평균임금 1일분의 2분의 1, 총액은 월 급여금총액의 10분의 1을 초과하지 않는 범위의 금액을 감액한다.
3. 정직 : 중대 징계사유 발생 자에 대하여 1월 이내로 하고, 그 기간 중에 직무에 종사하지 못하며 임금을 지급하지 아니한다.
4. 해고 : 근로계약을 해지하는 것으로 한다.

제62조【징계심의】

① 징계위원회의 위원장은 징계의결을 위한 회의 3일 전까지 징계위원회의 위원들에게는 회의일시, 장소, 의제 등을, 징계대상 사원에게는 서면으로 출석통지를 각 통보한다. 단, 견책의 경우 징계심의 절차를 거치지 아니하고 사용자의 재량으로 처분

을 할 수 있다.

② 징계위원회는 징계사유를 조사한 서류와 입증자료 및 당사자의 진술 등 충분한 증거를 확보하여 공정하게 심의한다. 이 경우, 징계대상자가 징계위원회에 출석을 원하지 아니하거나 서면진술을 하였을 때는 진술권포기서 또는 서면진술서를 징구하여 기록에 첨부하고 서면심사만으로 징계의결을 할 수 있다.

③ 징계위원회의 위원이 징계대상자와 친족관계에 있거나 그 징계사유와 관계가 있을 때에는 그 위원은 그 징계의결에 관여하지 못한다.

④ 징계위원회는 의결 전에 해당사원에게 소명할 기회를 부여한다.

⑤ 징계위원회는 징계대상자가 출석요구에 불응하거나 소명을 거부하는 경우 또는 소명을 포기하는 의사를 표시하는 경우에는 소명 없이 징계의결할 수 있다.

⑥ 간사는 징계의결을 위한 회의에 참석하여 회의록을 작성하고 이를 보관한다.

제10장 교육 및 성희롱의 예방

제63조【직무교육】

① 회사는 사원의 직무능력향상을 위하여 필요한 경우 직무교육을 시킬 수 있으며 사원은 교육과정에 성실히 임하여야 한다.

② 제1항에 의한 직무교육과 제70조에 의한 직장 내 성희롱 예방교육은 근무시간 중에 실시하는 것을 원칙으로 하고 교육을 받는 시간은 근로를 제공한 것으로 본다. 다만, 사원과 합의로 근무시간 외에 직무교육을 받도록 할 수 있으며 이 경우의 처우에 관하여는 교육의 장소·일정 등을 고려하여 따로 정한다.

③ 회사는 교육에 있어 남녀를 차별하지 않는다.

제64조【성희롱의 예방】

① 회사는 직장 내 성희롱을 예방하고 사원이 안전한 근로환경에서 일할 수 있는 여건 조성을 위해 1년에 1회 이상 성희롱 관련 법령의 요지, 성희롱 예방을 위한 사업주의 방침, 성희롱 피해자의 권리구제 방법과 가해자의 조치 등을 내용으로 성희롱 예방교육을 한다.

② 회사의 모든 임원 및 사원은 남녀고용평등법에서 금지한 직장 내 성희롱에 해당하는 행위를 하여서는 안 된다.

③ 직장 내 성희롱을 하여 물의를 일으킨 임·사원에 대하여는 해고 등의 징계조치를 취하여야 하며, 성희롱 피해자와 같은 장소에 근무하지 않도록 인사이동을 병행하

여 실시한다.

④ 회사는 직장 내 성희롱 피해자의 고충해결을 위하여 별도의 고충처리위원회를 둘 수 있으며, 이 경우 고충처리위원은 남녀 동수로 구성하고 피해자의 요청이 있는 경우를 제외하고는 직장 내 성희롱에 대해서는 비공개를 원칙으로 한다.

제11장 안전보건

제65조 【안전보건관리규정】

① 회사는 사업장의 안전·보건을 유지하기 위하여 다음 각 호의 사항이 포함된 안전보건관리규정을 작성하여 각 사업장에 게시하거나 갖춰 두고, 이를 근로자에게 알려야 한다.

1. 안전·보건 관리조직과 그 직무에 관한 사항
2. 안전·보건교육에 관한 사항
3. 작업장 안전관리에 관한 사항
4. 작업장 보건관리에 관한 사항
5. 사고 조사 및 대책 수립에 관한 사항
6. 그 밖에 안전·보건에 관한 사항

② 각 부서는 회사의 안전보건관리규정에 따라 각 작업장의 안전보건관리를 실시하여야 한다.

③ 사원은 안전보건관리계획의 효과적인 운용을 위하여 적극적으로 협력하여야 한다.

제66조 【안전보건교육】

회사는 사원의 산업재해예방을 위하여 안전 및 보건에 관한 정기교육, 채용 시의 교육, 작업내용 변경 시의 교육, 유해위험 작업에 사용 시 특별안전교육 등 산업안전보건법령에 따른 제반 교육을 실시하며 사원은 이 교육에 성실하게 참여하여야 한다.

제67조 【위험기계·기구의 방호조치】

회사는 유해하거나 위험한 작업을 필요로 하거나 동력을 작동하는 기계·기구에 대하여 유해·위험 방지를 위한 방호조치를 하여야 하며 사원은 다음 각 호의 위험기계·기구의 방호조치 사항을 준수하여야 한다.

1. 방호조치를 해체하고자 할 경우 소속부서의 장의 허가를 받아 해체할 것
2. 방호조치를 해체한 후 그 사유가 소멸한 때에는 지체 없이 원상으로 회복시킬 것
3. 방호장치의 기능이 상실된 것을 발견한 때에는 지체 없이 소속부서의 장에게 신고할 것

제68조【보호구의 지급 및 착용】
회사는 사원이 유해·위험작업으로부터 보호받을 수 있도록 보호구를 지급하여야 하며 사원은 작업 시 회사에서 지급하는 보호구를 착용하여야 한다.

제69조【물질안전보건자료의 작성·비치】
회사는 사업장에서 사용하는 고용노동부령이 정하는 화학물질 및 화학물질을 함유한 제제에 대하여는 물질안전보건자료를 취급근로자가 쉽게 볼 수 있는 장소에 게시하거나 갖추어야 한다.

제70조【작업환경측정】
① 회사는 「산업안전보건법」에 의한 작업환경측정을 실시하되, 원칙적으로 매 6개월에 1회 이상 정기적으로 실시한다.
② 제1항의 작업환경측정 시 사원 대표의 요구가 있을 때에는 사원 대표를 입회시킨다.
③ 회사는 작업환경측정의 결과를 사원에게 알려주며 그 결과에 따라 당해 시설 및 설비의 설치 또는 개선, 건강진단 등 적절한 조치를 한다.

제71조【건강진단】
① 회사는 사원의 건강보호·유지를 위하여 「산업안전보건법」이 정하는 바에 따라 매년 1회 일반건강진단을 실시한다. 단, 사무직은 매2년에 1회 실시한다.
② 회사는 「산업안전보건법」이 정하는 바에 따라 필요한 경우 특수·배치전·수시·임시건강진단 등을 실시한다.
③ 사원은 회사가 실시하는 건강진단을 성실히 받아야 한다.

제72조【「산업안전보건법」 준수】
① 회사는 이 규칙에서 정하지 아니한 사항에 대하여는 「산업안전보건법」에 따라 산업재해 예방을 위한 기준을 지켜 사원의 신체적 피로와 정신적 스트레스 등에 의한 건강장해를 예방하고 안전 및 보건을 유지·증진시킨다.
② 사원은 「산업안전보건법」에서 정하는 사항과 그 외에 업무에 관련되는 안전보건에 관하여 상사로부터 지시받은 사항을 정확하게 이행하여야 한다.

제12장 재해보상

제73조【재해보상】

① 사원이 업무상 부상 또는 질병에 걸린 경우와 사망하였을 때의 보상은「산업재해보상보험법」에 의한다.

②「산업재해보상보험법」의 적용을 받지 않는 업무상 부상 또는 질병에 대하여는「근로기준법」이 정하는 바에 따라 회사가 보상한다.

제13장 취업규칙

제74조【취업규칙의 비치】

회사는 본 규칙을 사업장 내의 사무실 · 휴게실 등에 비치하여 사원들이 자유롭게 열람할 수 있도록 한다.

제75조【취업규칙의 변경】

이 규칙을 변경할 때에는 사원의 과반수로 조직된 노동조합이 있는 경우 그 노동조합, 근로자의 과반수로 조직된 노동조합이 없는 경우 근로자의 과반수 의견을 청취하도록 한다. 다만, 취업규칙을 불리하게 변경하는 경우에는 그 동의를 받아야 한다.

부 칙

제 1 조【시행일】

본 규칙은 20○○년 ○○월 ○○일부터 시행한다.

부 칙

제 1 조【시행일】

본 규칙은 20○○년 ○○월 ○○일부터 시행한다.

(3) 3단계 : 취업규칙 신고 및 게시

근로자의 과반수(근로자의 과반수로 조직된 노동조합이 있는 경우에는 그 노동조합)의 의견을 들어 1단계 및 2단계에서 검토된 사항 및 최종 결정한 취업규칙은 고용노동부 장관에게 신고하여야 하며(근로기준법 93조), 제정된 취업규칙은 근로자가 자유롭게 열람할 수 있는 장소에 항상 게시하거나 갖추어 두어 근로자에게 널리 알려야 합니다(근로기준법 14조). 만일 취업규칙을 제정한 후 고용노동부에 신고하지 않거나 사업장 내 게시 또는 비치하지 않았을 때에는 500만원 이하의 과태료를 부과합니다(근로기준법 116조).

3. 사후관리

확정된 취업규칙을 고용노동부에 신고한 후 취업규칙의 내용에 변경이 있는 경우 회사는 취업규칙의 작성 또는 변경에 관하여 해당 사업 또는 사업장에 근로자의 과반수로 조직된 노동조합이 있는 경우에는 그 노동조합, 근로자의 과반수로 조직된 노동조합이 없는 경우에는 근로자의 과반수의 의견을 들어야 합니다. 다만, 취업규칙을 근로자에게 불리하게 변경하는 경우에는 그 동의를 받아야 합니다(근로기준법 94조).

이와 같이 적법한 절차에 따라 변경된 취업규칙은 고용노동부에 변경사항을 신고하여야 하며 근로자가 자유롭게 열람할 수 있는 장소에 항상 게시하거나 갖추어 두어 근로자에게 널리 알려야 합니다(근로기준법 14조). 만일 취업규칙을 개정한 후 고용노동부에 신고하지 않거나 사업장 내 게시 또는 비치하지 않았을 때에는 500만원 이하의 과태료를 부과합니다(근로기준법 116조).

(직원)급여 및 퇴직금 지급규정

직원급여 및 퇴직금 지급규정의 조문별 진단

회사의 현행 지급규정 또는 신규로 제정하고자 하는 지급규정을 각 조문별로 진단하고 회사의 사정과 직원에 대한 보상범위에 맞게 각 조문별로 의사결정을 수행합니다.

2단계 **직원급여 및 퇴직금 지급규정의 확정(의사결정)**

1단계에서 각 조문별로 진단된 지급규정 의사결정 과정을 통하여 최종 규정을 확정합니다.

3단계 **확정된 직원급여 및 퇴직금 지급규정의 승인(「상법」절차)**

실무절차로 확정된 지급규정을 승인하는 「상법」상의 절차(이사회 소집통지 → 이사회의사록 작성)를 수행합니다.

사후관리

1. 의 의

(1) 지급하는 법인의 손금 여부

임원의 보수와 관련하여서는 '법인이 임원에게 지급하는 상여금 중 정관 · 주주총회 · 사원총회 또는 이사회의 결의에 의하여 결정된 급여지급기준에 의하여 지급하는 금액을 초과하여 지급한 경우 그 초과금액은 이를 손금에 산입하지 아니한다(법인세법시행령 43조 2항)'라고 규정하고 있어 임원급여에 대한 세법적 근거 및 그 지급한도에 대한 명확한 규정을 확인할 수 있습니다.

그러나 직원의 보수와 관련하여서는 지급받는 주체에 대한 명확한 규정은 없으며, "법인이 지배주주 등인 임원 또는 사용인에게 정당한 사유 없이 동일직위에 있는 지배주주 등 외의 임원 또는 사용인에게 지급하는 금액을 초과하여 보수를 지급하는 경우 그 초과금액은 이를 손금에 산입하지 아니한다"라고만 규정하고 있습니다(법인세법시행령 제43조 4항).

직원에게 지급하는 보수를 얼마까지 손금으로 인정되는가를 보면, 「법인세법」에서 손금은 자본 또는 출자의 환급, 잉여금의 처분 및 「법인세법」에서 규정하는 것은 제외하고 해당 법인의 순자산을 감소시키는 거래로 인하여 발생하는 손비의 금액으로 하며, 이 손비는 「법인세법」 및 다른 법률에서 달리 정하고 있는 것을 제외하고는 그 법인의 사업과 관련하여 발생하거나 지출된 손실 또는 비용으로서 일반적으로 인정되는 통상적인 것이거나 수익과 직접 관련된 것인 때에 비용으로 인정하고 있는바(법인세법 19조), 여기에서 말하는 수익과 관련하여 발생된 일반적으로 용인되는 통상적인 비용이라 함은 납세의무자와 같은 종류의 사업을 영위하는 다른 법인도 동일한 상황 아래에서는 지출하였을 것으로 인정되는 사회통념의 비용을 의미하고 그러한 비용에 해당하는지 여부는 지출의 경위와 목적, 형태, 액수, 효과 등을 종합적으로 고려하여 객관적으로 판단하여야 할 사항입니다.

(2) 지급받는 임직원의 소득구분

「소득세법」에서는 회사로부터 지급받는 금전 등은 현물이든 현금이든 근로제공에 대한 대가로 보며 이 금액은 근로소득으로 과세하는 것이 원칙입니다. 다만, 「소득세법」에서 비과세로 열거된 것은 과세하지 않습니다.[31]

이와 같이 고용관계에 따라 지급받은 근로소득으로 다른 종합소득(이자소득·배당소득·사업소득·연금소득·기타소득)이 있는 경우 합산하여 종합소득세가 과세됩니다.[32]

(3) 근로계약서의 작성

사업주가 근로자와 고용계약을 체결한 경우에는 근로시간, 휴게시간, 휴일, 휴가, 임금 등의 내용을 기재한 근로계약서를 작성하여야 하고, 체결된 계약서를 근로자에게 교부할 사용자의 의무를 규정하고 있습니다(근로기준법 17조).[33]

이를 사용자의 '근로조건 명시의무'라고 하는데, 근로기준법은 명시의무사항을 위반한 사업주에 대해 500만원 이하의 벌금을 부과하도록 처벌규정도 두고 있으므로 유의하여야 합니다(근로기준법 114조). 이와 같은 명시의무를 규정한 것은 근로

---

31) 「소득세법」에서 정하는 근로소득은 당해연도에 발생한 다음 각 호의 소득으로 하는 것으로 규정하면서 그 제1호 가목에서 '근로의 제공으로 인하여 받는 봉급·급료·보수·세비·임금·상여·수당'을 예시하고, 그 바로 뒤에 '이와 유사한 성질의 급여'라고 규정하고 있는바, 근로를 제공하고 대가로 받는 급여는 명칭이나 명목 여하에 불구하고 실질이 그에 해당하면 모두 근로소득의 범위에 포함된다 할 것으로 그 지급된 금원이 근로의 대가가 될 때는 물론이고 어느 근로를 전제로 그와 밀접히 관련되어 근로조건의 내용을 이루고 규칙적으로 지급되는 것이라면 과세의 대상이 되는 것입니다(헌법재판소 2001헌바74, 2002.9.19.; 대법원 2003두4089, 2005.4.15.).

32) 소득세는 원칙적으로 소득의 종류에 관계없이 일정한 기간(매년 1월 1일부터 12월 31일까지)을 단위로 합산하여 과세하는 '종합과세'방식을 기본원칙으로 채택하고 있습니다.

33) 「근로기준법」 제17조 【근로조건의 명시】

① 사용자는 근로계약을 체결할 때에 근로자에게 다음 각 호의 사항을 명시하여야 한다. 근로계약 체결 후 다음 각 호의 사항을 변경하는 경우에도 또한 같다.

1. 임금
2. 소정근로시간
3. 제55조에 따른 휴일
4. 제60조에 따른 연차유급휴가
5. 그 밖에 대통령령으로 정하는 근로조건

② 사용자는 제1항 제1호와 관련한 임금의 구성항목·계산방법·지급방법 및 제2호부터 제4호까지의 사항이 명시된 서면을 근로자에게 교부하여야 한다. 다만, 본문에 따른 사항이 단체협약 또는 취업규칙의 변경 등 대통령령으로 정하는 사유로 인하여 변경되는 경우에는 근로자의 요구가 있으면 그 근로자에게 교부하여야 한다.

자와 사용자간에 가장 중요한 근로조건인 근로시간, 임금 등을 서면으로 명확하게 확정하여 근로자가 안정적인 근로관계를 유지하도록 함이며, 향후 노사간 분쟁이 발생하는 경우에도 중요한 근로조건을 서면 계약서를 통해 쉽게 확인할 수 있도록 하기 위함입니다.

근로계약서와 연봉계약서의 차이점은?

근로계약서란 근로자의 근로조건을 문서화한 것을 말합니다. 근로계약은 문서로 하지 않아도 무방한 것이나 서로간의 근로조건을 더 명확히 하고 구체화하여 안정적인 근로관계를 유지하고 노사 간 분쟁이 발생하는 경우에도 쉽게 확인하기 위하여 문서로 계약합니다. 「근로기준법」에서도 이런 취지를 살려 임금 · 근로시간 · 휴일 · 연차유급휴가 등 법정사항을 기재한 근로계약서를 작성하고 이를 교부하도록 규정하고 있습니다(근로기준법 17조).

이와 달이 연봉계약서란 근로계약서에서 임금에 관한 사항만 따로 분리하여 작성한 계약서입니다. 연봉이라는 것은 근로자의 능력에 따라 매년 올라갈 수도 있고 낮아질 수도 있으므로, 연봉계약은 1년 동안 받을 임금에 대한 계약이며, 매년 새로 작성되는 것입니다. 따라서 연봉계약서는 근로계약서는 아닙니다. 근로계약서는 근로조건에 대한 계약으로 매년 새로 작성되는 것이 아니고, 채용 시 한 번 작성되는 근로조건에 대한 계약을 말합니다.

2. (직원)급여 및 퇴직금 지급규정 정비

직원의 보수의 법적한도 등 세법에서 정하는 근거로서 명확한 규정은 없으나, 그렇다고 하여 지급규정이 필요없다는 의미는 아닙니다. 합리적인 보상의 범위와 이의 공정한 집행을 위한 관리목적상의 이유만으로도 직원에 대한 급여 및 퇴직금 지급규정의 정비는 필요하다 할 것입니다.

회사의 급여정책과 회사의 현황에 맞는 직원급여 및 퇴직금 지급규정의 설계는 다음과 같은 절차로 진행합니다.

직원급여 및 퇴직금 지급규정의 조문별 진단

회사의 현행 지급규정 또는 신규로 제정하고자 하는 지급규정을 각 조문별로 진단하고 회사의 사정과 직원에 대한 보상범위에 맞게 각 조문별로 의사결정을 수행합니다.

직원급여 및 퇴직금 지급규정의 확정(의사결정)

1단계에서 각 조문별로 진단된 지급규정 의사결정 과정을 통하여 최종 규정을 확정합니다.

확정된 직원급여 및 퇴직금 지급규정의 승인(「상법」절차)

실무절차로 확정된 지급규정을 승인하는 「상법」상의 절차(이사회 소집통지 → 이사회의사록 작성)를 수행합니다.

일반적인 급여 및 퇴직금 지급규정의 사례를 살펴보면 다음과 같습니다.[34)]

---

34) 제1장 · 제2장 · 제3장 · 제4장의 규정설계는 '진단 → 확정 → 승인 → 사후관리'의 순서로 기술하였으나, 이 장에서는 지급규정의 사례만을 살펴봅니다. 지급규정에서 정하고자 하는 조문별 사항에 대한 의사결정은 '제2장 임원보수 지급규정'과 거의 동일하므로 제2장을 참조하시기 바랍니다.

급여 및 퇴직금 지급규정

－제 정：20○○년 ○○월 ○○일
－개정(1차)：20○○년 ○○월 ○○일

제1장 총 칙

제1조【목 적】
이 규정은 주식회사 ○○○○(이하 "회사"라 함)에 근무하는 정규직 사원의 급여에 관한 사항을 규정함을 목적으로 한다.

제2조【적용범위】
이 규정은 회사에 근무하는 전 직원에 대하여 적용하며 관계법령이나 다른 규정에 특별히 따로 정한 경우 이외에는 이 규정에 의한다.

제3조【용어의 정의】
① 급여란 사용자가 근로의 대가로 근로자에게 임금, 봉급 기타 여하한 명목으로 지급하는 일체의 금품을 말한다.
② 연봉이란 급여조정의 기준이 되는 개인별 급여를 말한다.
③ 연봉 외 급여란 약정된 연봉 외에 별도로 회사가 개인 또는 집단에게 지급하는 급여를 말한다.
④ 통상임금이란 통상 근로의 대가로 정기적, 일률적으로 지급되는 월 고정 지급 제 수당을 합한 것으로서, 임시적, 부분적, 부정기적으로 지급되는 임금을 제외한 금액을 말한다. 통상임금에서 중식대 및 상여금은 제외한다.
⑤ 평균임금이란 이를 산정하여야 할 사유가 발생한 날 이전 3개월간에 지급된 급여의 총액을 그 기간의 총일수로 나눈 금액을 말하며, 임시적, 부분적, 부정기적으로 지급되는 임금의 경우에는 이를 산정하여야 할 사유가 발생한 날 이전 1년간에 지급된 전액을 그 기간 동안의 근로월수로 분할계산하여 평균임금 산정에 산입한다. 단, 평균임금액이 통상임금보다 적을 때에는 그 통상임금을 평균임금으로 간주한다.
⑥ 급여의 일할계산이란 그 달의 보수를 그 달의 일수로 나누어 계산하는 것을 말한다.

제4조【급여의 구성】

① 급여는 연봉 및 연봉 외 급여로 구성한다.

② 연봉은 기본급, 중식대로 구성된다.

③ 연봉 외 급여는 상여금, 인센티브, 퇴직금 등이 있다.

제2장 연 봉

제5조【기본급】

① 각 직원의 기본급은 직전연도 개인별 연봉을 기초로 인사평가 결과를 반영하여 향후 1년간의 기본급을 결정한다.

② 회사에서의 기본급은 시간 외 근로수당이 포함된 것으로 하고, 이를 제외한 보수는 통상임금을 의미한다.

③ 인사평가 제외자의 경우에는 직전연도와 동일한 기본급을 적용한다.

④ 연봉계약은 [별지 1] 연봉계약서에 따라 개별적으로 1년 단위(매년 4월 1일부터 다음 해 3월 31일까지)로 체결한다. 다만, 연도 중에 신규로 채용된 경우에는 매년 3월 31일을 종료일로 체결한다.

제6조【중식대】

① 중식대는 전직원에게 월 10만원을 지급한다.

② 실제로 근무하지 않은 기간 중에는 중식대를 지급하지 않는 것을 원칙으로 하며, 중식대의 일부를 지급하지 않아야 할 사유가 발생할 때에는 일할계산한다.

제3장 연봉 외 급여

제7조【상여금】

① 제5조의 기본급과는 별도로 당해 연도의 상여금을 이사회 결의로써 지급한다. 이 경우 지급시기와 지급금액의 범위는 다음과 같다.

설날(구정)	여름휴가(7월 또는 8월)	추석
기본급×1/12×100% 범위 내	기본급×1/12×100% 범위 내	기본급×1/12×100% 범위 내

② 제1항에 따라 지급하는 상여금은 당해 연도 영업이익이 발생하는 경우에 한하여 지급하는 것으로 하되, 구체적인 지급액에 대한 성과평가가 있어야 하며 성과평가에 대한 지급율은 다음과 같다.

우 수	정 상	보 통
80~100%	50~80%	20~50%

제8조【인센티브】

① 제5조의 기본급과는 별도로 매 연도의 4/4분기에 인센티브를 이사회 결의로써 지급한다. 이 경우 지급금액의 범위는 다음과 같다.

지급금액의 범위
기본급×1/12×300% 범위 내

② 제1항에 따라 지급하는 인센티브는 매년도 초에 수립하는 경영계획에 근거하여 매출목표 등의 달성이 이루어진 경우에 한하여 지급하되 성과평가방법이 있어야 하며 성과평가에 대한 지급율은 아래의 표와 같다. 또한, 인센티브의 총지급액은 당해 연도 영업이익의 30%를 초과하지 않아야 한다.

구 분	우 수	정 상	보 통
매출목표 200% 달성	260~300%	230~260%	200~230%
매출목표 150% 달성	160~200%	130~160%	100~130%
매출목표 100% 달성	80~100%	50~80%	20~50%

제9조【퇴직금】

퇴직금에 관한 사항은 제5장에서 별도로 정한 바에 의한다.

제4장 급여의 지급 및 산정

제10조【지급제도】

직원의 급여는 연봉제를 원칙으로 하며, 정해진 연봉은 1개월 단위로 지급한다.

제11조【지급시기 및 산정기간】

급여의 지급시기 및 산정기간은 취업규칙에 의한다.

제12조【지급방법】

급여는 보험료, 제세금, 대출금, 가불금 등을 공제하고 직원이 지정하는 은행 계좌로 지급한다.

제13조【일할계산】

① 급여를 일할계산할 때는 월의 대소에 관계없이 월액의 30분의 1로 계산한다.
② 계산에 있어서 10원 미만의 단수가 있을 경우에는 이를 절사한다.

제14조【신규채용자 및 복직자의 급여】

① 신규 채용된 자는 능력, 경력, 학력, 면접평가결과, 스카우트 여부 등을 감안하여 급여를 책정한다.
② 연중에 입사한 경우에 급여산정기간은 입사일부터 다음해의 3월 31일까지의 기간으로 한다.
③ 매월 20일 이내 입사자에 대해서는 입사일로부터 일할계산하여 해당월 급여일에 지급하고, 20일 이후 입사자는 입사일로부터 일할계산하여 익월 급여일에 합산하여 지급한다.
④ 복직자는 신규채용자와 동일한 방법으로 급여를 계산, 지급한다.

제15조【승진자의 급여】

승진자의 급여는 승진 당해 월의 승진된 급여로 지급한다.

제16조【수습기간의 급여】

① 신규 채용된 자는 채용한 날로부터 3월간을 수습기간으로 한다.
② 수습기간 중의 임금은 신입사원의 경우 감액하여(단, 최저임금의 90% 이상) 지급할 수 있다.
③ 수습기간이 만료된 경우에는 근무수행능력, 근무태도 및 근무성적, 건강상태, 동료와의 인간관계, 서류의 제출 여부 등을 종합적으로 고려하여 정식 사원으로 채용한다.
④ 첫 월의 급여는 일할계산하여 지급한다.

제17조【병가 및 산전후휴가기간의 급여】

① 병가 및 산전후휴가기간의 급여는 기본급만 지급한다.
② 병가 및 산전후휴가기간의 급여는 휴가시작일로부터 기산하여 일할계산하여 지급한다.

제18조【휴직자의 급여】

① 휴직당월의 급여는 발령일로부터 기산하여 일할계산하여 지급한다.

② 업무상 부상이나 질병 또는 장애로 인한 휴직자는「산업재해보상보험법」에 따른다.

③ 업무상 이외의 신체나 정신상의 장애로 인하여 휴직하는 경우에는 다음의 구분에 따라 기본급의 일부만 지급한다.

구 분	급 여
휴직기간이 6개월 이하인 경우	기본급의 70%
휴직기간이 6개월 초과 2년 이하인 경우	기본급의 50%
휴직기간이 2년 초과인 경우	기본급의 0%

제19조【인사대기자 및 정직자의 급여】

① 인사대기자의 급여는 기본급만을 지급하며, 정직자는 급여를 지급하지 아니한다.

② 인사대기당월의 급여는 발령일로부터 기산하여 일할계산하여 지급한다.

③ 정직기간의 급여는 발령일 기준으로 일할계산한다.

제20조【퇴직자의 급여】

퇴직하는 직원의 급여는 전월 지급액을 기준으로 해당분을 일할 계산하여 지급한다. 단, 당해월 근무일수가 20일 이상인 경우에는 1개월분 급여 전액을 지급하되, 퇴직자에게 부여된 휴가가 남아있는 경우에는 해당 월의 말일을 기한으로 잔여휴가를 사용한 것으로 보며, 순서는 정기휴가, 연차휴가의 순으로 한다.

제21조【급여의 권리보호와 시효】

①「근로기준법」에 의해 종업원의 최종 3개월분 임금과 퇴직금 및 재해보상금은 여하의 채권에 우선하여 변제한다.

② 급여채권은 3년간 행사하지 않을 때는 시효로 인하여 소멸된다.

제 5 장 퇴직금

제22조【퇴직금】

① 회사는 1년 이상 근무한 사원이 퇴직할 경우에는 계속근로기간 1년에 대하여 30일분의 평균임금을 퇴직금으로 지급한다.

② 회사는 제1항의 퇴직금을 지급하는 대신 사원의 과반수 동의를 얻어 퇴직연금제도

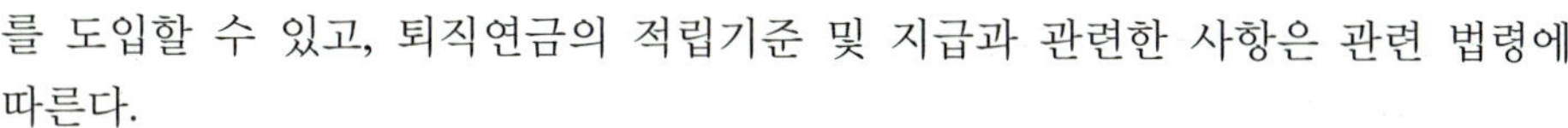

를 도입할 수 있고, 퇴직연금의 적립기준 및 지급과 관련한 사항은 관련 법령에 따른다.

제23조【퇴직금의 산정】
퇴직금은 퇴직일이 속하는 달의 전월부터 과거 3개월분의 연봉에 근속월수에 해당하는 지급 월수를 곱하여 12로 나누어 산정하며, 연봉 외 급여의 경우에는 이를 산정하여야 할 사유가 발생한 날 이전 1년간에 지급된 전액을 그 기간 동안의 근로월수로 분할 계산하여 평균임금 산정에 산입한다. 단 퇴직일이 속하는 달이 1월 미만인 경우에도 1월로 계산한다.

제24조【근속연수 계산】
근속연수란 채용 당시의 형태에 상관없이 회사에 출근한 날로부터 퇴직, 해고, 사망한 날까지의 근로기간을 말하며, 취업규칙에서 정하는 휴직기간은 근속연수에서 제외한다.

제25조【퇴직위로금】
회사가 경영상의 사유로 인하여 희망퇴직, 권고사직, 정리해고 등을 실시한 경우에는 3개월분 월급여의 범위 내에서 회사가 정한 금액을 퇴직금에 추가하여 지급할 수 있다. 여기에서 월급여란 [연봉÷12]의 금액을 말한다.

제26조【퇴직금 중간정산】
① 회사는 주택구입 등 「근로자퇴직급여보장법 시행령」에서 정한 사유로 사원이 요구하는 경우에는 퇴직하기 전에 해당 사원의 계속근로기간에 대한 퇴직금을 미리 정산하여 지급할 수 있다. 이 경우 미리 정산하여 지급한 후의 퇴직금 산정을 위한 계속 근로기간은 정산시점부터 새로이 기산한다.
② 제1항에 따라 퇴직금을 중간정산하고자 하는 경우 [별지 3] 퇴직금 중간정산 신청서 서식에 의하여 신청하여야 한다.

제 6 장 보 칙

제27조【계약직 급여】
계약직의 급여에 관한 사항은 대표이사가 정한다.

제28조【잔무처리기간 중의 보수】
퇴직자가 업무의 인계 등을 위하여 회사의 요청에 의하여 근무한 경우에는 실제 근무일수에 대하여 퇴직당시의 보수(평균임금)를 일할 계산하여 지급할 수 있다. 다만, 그 기간은 30일을 초과할 수 없다.

제29조【준 용】
이 규정에 명시되지 아니한 사항은 「근로기준법」 및 취업규칙이 정하는 바에 따른다.

제30조【위임규정】
이 규정의 시행에 관하여 세칙 또는 지침이 필요한 경우 이사회의 결의를 거쳐 대표이사가 정한다.

부 칙

제1조【시행일자】
이 규정은 20○○년 ○○월 ○○일부터 시행한다.

부 칙

제1조【시행일자】
이 규정은 20○○년 ○○월 ○○일부터 시행한다.

[별지 1]

<table>
<tr><td colspan="4">연봉계약서</td></tr>
<tr><td>사 용 자</td><td colspan="2">주식회사 ○○○○</td><td>주 소</td><td></td></tr>
<tr><td rowspan="2">피사용자</td><td>성 명</td><td></td><td>주민등록번호</td><td></td></tr>
<tr><td>부 서</td><td></td><td>직 위</td><td></td></tr>
<tr><td colspan="5">'사용자'와 '피사용자'는 아래와 같이 연봉직 근로계약을 체결한다.</td></tr>
<tr><td colspan="2">1조 [연봉계약 기간]</td><td colspan="3">① 계약기간은 20○○년 1월 1일부터 20○○년 12월 31일까지이다.
② 제1항의 연봉계약기간 만료 후 '사용자'는 '피사용자'의 업무평가 후 연봉액의 조정 또는 본 계약의 갱신 · 해지 여부를 결정한다.</td></tr>
<tr><td colspan="2">2조 [근로시간 · 휴게 · 휴일 등]</td><td colspan="3">① 근로시간대 : 09 : 00~18 : 00, 주5일 근무제
② 휴게시간 : 12 : 00~13 : 00(점심 1시간)
③ 제1항의 근로시간은 회사사정에 의해 연장될 수 있다.</td></tr>
<tr><td colspan="2">3조 [임금 등]</td><td colspan="3">① '을'의 보수는 포괄임금 연봉제로 연간 <u>00,000,000원</u>으로 한다.
② 제1항 연봉액의 구성항목은 아래 표와 같으며, 월간 지급액은 연봉액의 1/12을 '을'의 지정계좌로 입금한다.
<table><tr><td>기본급</td><td>식대</td><td>시간외수당</td><td>직책수당</td><td>연차수당</td><td>연봉계</td></tr><tr><td></td><td></td><td></td><td></td><td></td><td>00,000,000</td></tr></table>③ 제2항 표의 시간외수당(야근수당)은 소정근로시간 외 회사의 업무량 증가를 고려하여 산정한 것으로 실제 근로에서 발생되는 제 수당 사이의 과부족은 포괄연봉제임을 감안하여 임금구성 항목 간에 상계조정되는 것으로 본다.</td></tr>
<tr><td colspan="2">4조 [임금지급방법]</td><td colspan="3">임금은 <u>1</u>일부터 <u>30</u>일 분을 정산하여 <u>매월 급여지급일</u>에 지급한다.</td></tr>
<tr><td colspan="2">5조 [연차휴가]</td><td colspan="3">연차휴가는 충족요건을 예정하여 제3조 제2항 표와 같이 수당으로 지급하나 휴가사용권 자체를 박탈하지는 않는다.</td></tr>
<tr><td colspan="2">6조 [퇴직금]</td><td colspan="3">① 퇴직시 퇴직금은 계속근로연수 1년 이상자에 대해 1년에 대하여 30일분의 평균임금 이상을 회사의 규정에 따라 지급한다.
② '피사용자'의 요청이 있는 경우로서 법정사유에 해당하는 경우 중간정산하여 지급한다.</td></tr>
<tr><td colspan="2">7조 [연장근로 동의]</td><td colspan="3">'피사용자'는 1주 ○○시간 이내의 연장근로에 동의한다.</td></tr>
<tr><td colspan="2">8조 [기 타]</td><td colspan="3">연봉에 대한 비밀엄수, 업무상 영업비밀 퇴직 후 1년간 비밀유지를 확인하며, 본 계약서에 명시되지 않은 사항은 노동관계법 및 인사규정에 따른다.</td></tr>
<tr><td colspan="5">20○○년 ○○월 ○○일

(사용자) 주식회사 ○○○ 대표이사 ○ ○ ○ (인)
(피사용자) ○ ○ ○ (인)</td></tr>
</table>

[별지 2]

근 로 계 약 서

주식회사 ○○○○(이하 "사용자"라고 함)와 근로자 ＿＿＿＿＿＿ (이하 "근로자"라고 함)는 상호간 「근로기준법」 및 회사 제반 규정을 성실히 준수할 것을 약정하고 다음과 같이 근로계약을 체결한다.

제1조【고용목적】
① 담당직무(업무) : ＿＿＿＿＿＿＿＿＿＿＿＿＿＿
② 근무지 : 주식회사 ○○○○ 본점의 경영관리팀
③ 입사 후 "근로자"의 직무와 근무지는 "사용자"의 경영상 사정(인사발령)에 따라 변경될 수 있다.

제2조【근로계약기간】
근로계약기간은 20○○년 ○월 ○일부터 기한의 정함이 없는 계약을 한다.

제3조【근로시간】
① 근로시간은 1일 8시간(09 : 00～18 : 00), 주40시간 근로를 원칙으로 한다.
단, 업무상 필요 시 연장 및 휴일근무를 명할 수 있으며 "근로자"는 이에 따라야 한다.
② 휴게시간은 1일 1시간(12 : 00～13 : 00)으로 하며 전 1항의 근무시간에는 포함되지 않는다.

제4조【임 금】
① 월 급여 : ＿＿＿＿＿＿＿＿＿＿＿원
㉮ 기 본 급 : ＿＿＿＿＿＿＿＿＿＿원(월 209시간)
㉯ 연장근로수당 : ＿＿＿＿＿＿＿＿＿＿원(1주 12시간)
㉰ 기타 제수당 : ＿＿＿＿＿＿＿＿＿＿원
② "사용자"는 매월 1일부터 매월 말일까지의 급여를 해당 월 25일에 "근로자"의 명의로 된 통장으로 지급한다.
③ "사용자"는 법에서 정한 바에 따라 "근로자"에게 지급하는 제 급여에서 제세공과를 원천징수한다.

제5조【퇴직금】

"사용자"는 「근로자퇴직급여보장법」에 의하여 퇴직금 제도를 운영하며, 만 1년 이상 근속한 경우 「근로기준법」에서 정하는 바에 따라 지급하되, 회사에 규정이 있는 경우 규정에서 정하는 금액을 지급한다.

제6조【휴일 및 휴가】

① 휴일 : 다음날은 유급휴일로 한다.
 ㉮ 「관공서의 공휴일에 관한 규정」에서 공휴일로 정한 날
 ㉯ 회사창립기념일
 ㉰ 근로자의 날
 ㉱ 주휴일(매주 일요일)
 ㉲ 기타 회사에서 정한 날

② 휴가(연차유급휴가)
 ㉮ 1년 미만자 : 1개월 만근 시 익월에 1개의 연차유급휴가를 부여한다.
 ㉯ 1년 이상자 : 소정 근로일수 8할 이상 출근 시 1년이 경과한 시점에서 15일의 연차유급휴가를 부여하되, 1년 미만 기간 동안 사용한 연차유급휴가는 공제하며 「근로기준법」에 의거하여 가산연차를 지급한다.

제7조【수습기간】

입사일로부터 3개월 동안은 수습기간이며, 수습기간 만료시점에서 수습평가를 통해 적격성 여부를 판단하고 부적격 시 채용취소할 수 있다.

제8조【근로계약의 해지사유】

① 1년에 3회 이상 견책 이상의 징계처분을 받았거나, 3일 이상 계속하여 무단결근한 자 또는 월간 5일 이상 무단결근한 자
② 형사사건으로 구속기소되어 형이 확정된 자
③ 고의 · 중대한 과실로 사고를 발생시켜 회사에 막대한 재산상의 손해를 끼친 자
④ 중요한 경력을 속이거나 부정한 방법을 사용하여 채용된 자
⑤ 정신 · 신체의 장해, 허약노쇠 또는 질병에 의하여 담당업무를 수행할 수 없다고 인정된 자
⑥ 성희롱 행위를 한 자로서 그 정도가 중대하거나 또는 반복하는 자
⑦ 회사의 승인 없이 다른 사업장에 취업한 자
⑧ 회사의 공금을 유용, 착복, 배임하거나 회사의 물품을 무단유출한 자
⑨ 징계에 의하여 면직이 결정된 자

⑩ 공갈, 협박 또는 폭행 등으로 업무집행을 방해한 자

제9조【복무규율】

① "근로자"는 회사의 제반규정에 따른 일체의 복무규율에 따라 성실히 근무할 것이며, 계약기간 중 회사의 동의 없이 개인사업이나 타 직업에 종사하지 않는다.

② "근로자"는 사직하는 경우, 사직일로부터 30일 전에 사직서를 제출하고, 업무인수인계 및 후임자를 선임할 때까지 성실하게 근무하기로 한다.

제10조【비밀유지의무】

"근로자"는 "사용자"의 평가에 따라 지급되는 연봉액에 대하여 긍정적으로 수용하고 계약내용에 대한 비밀을 유지하며, 계약서상 명시된 연봉액은 직원 상호 간에 비교 및 공개하여서는 안 된다. 만일 누설 시 어떠한 인사상의 불이익도 감수한다.

제11조【효력발생시기】

본 계약은 "사용자"와 "근로자"가 서명한 날로부터 효력이 발생한다.

제12조【준 용】

"사용자"와 "근로자"의 권리, 의무에 관하여 본 계약에 명시되지 아니한 사항은 「근로기준법」 및 취업규칙, 사규 및 지침 등에 따른다.

이상의 계약을 명확히 하기 위하여 "사용자"와 "근로자"는 계약서 2부를 작성 교부하고, 각각 서명 날인한 후 1부씩 보관한다.

년 월 일

(사용자)

회 사 명 : 주식회사 ○○○○

소 재 지 :

대표이사 : ○ ○ ○ (인)

(근로자)

주 소 :

주민번호 :

성 명 : ○ ○ ○ (인)

[별지 3]

퇴직금 중간정산 신청서

소 속		직 급		성 명	
주민등록번호		주 소			
정산신청기간	년 월 일부터 년 월 일까지(년 개월)				

상기와 같이 보수규정에 의거 퇴직금 중간정산을 신청합니다.

년 월 일

신청인 (인)

주식회사 ○○○○ 귀중

제 2 편 개별 규정정비

제 1 장 유족보상금 지급규정
제 2 장 여비교통비 지급규정
제 3 장 교육훈련 규정
제 4 장 학자금 지급규정
제 5 장 경조금 지급규정
제 6 장 복리후생 지급규정
제 7 장 통신비 지급규정
제 8 장 모범사원 포상규정
제 9 장 위임전결규정
제10장 회계규정(별표 : 계정과목 체계 및 해설)
제11장 규정정비 작업을 수행하는 경우 「상법」절차

유족보상금 지급규정

1. 의 의

거주자가 고용관계나 이와 유사한 계약에 의하여 노무를 제공하고 지급받는 금액은 명칭이나 지급방법에 불구하고 근로소득에 해당하는 것이나, 근로의 제공으로 인한 부상·질병·사망과 관련하여 지급받는 급여 등은 일반적으로 세금을 과세하지 않습니다(소득세법 12조 3호). 이와 같은 유족보상금 등의 과세문제를 살펴보면 다음과 같습니다.

(1) 지급하는 법인의 손금 여부

손금이란 자본 또는 출자의 환급, 잉여금의 처분 및 「법인세법」에서 규정하는 것은 제외하고 해당 법인의 순자산을 감소시키는 거래로 인하여 발생하는 손비의 금액으로 하고 손비는 그 법인의 사업과 관련하여 발생하거나 지출된 손실 또는 비용으로서 일반적으로 인정되는 통상적인 것이거나 수익과 직접 관련된 것으로 합니다(법인세법 19조). 이와 같은 손비의 구체적인 범위는 시행령에서 그 범위를 열거하고 있는데, 이에 대한 내용은 다음과 같습니다.

1) 유족보상금 손금산입 관련

「법인세법」 제19조에서 손금의 정의를 규정하고 있고 손비의 구체적인 범위는 시행령에서 열거하고 있는데, '임원 또는 사용인(지배주주 등인 자는 제외)의 사망 이후 유족에게 학자금 등으로 일시적으로 지급하는 금액'을 손금에 산입하는 시행령의 개정이 있었으며, 이에 대한 내용은 다음과 같습니다(법인세법시행령 19조 21호, 법인세법시행규칙 10조의 3).[1]

---

1) 출자자인 임원 또는 사용인에게 지급하는 유족위로금은 법인의 손금에 해당하는 것이나, 임원 또는 사용인이 지배주주에 해당하는 경우에는 해당 위로금을 법인의 손금으로 보지 않는다는 규정이 2015년 2월 3일 신설되었으므로, 유족보상금을 정비하는 경우 이 점을 유의하여야 합니다(법인세법 시행령 19조 21호, 대통령령 제26068호 부칙 3조, 2015년 2월 3일이 속하는 사업연도에 지급하는 분부터 적용). 또한 지배주주를 포함하여 유족보상금을 지급한다는 규정이 이미 정비되어 있는 경우라면, 그 규정을 폐기할지 여부를 진단해 보아야 합니다.

■「법인세법 시행령」 제19조 【손비의 범위】

「법인세법」 제19조 제1항에 따른 손비는 법 및 이 영에서 달리 정하는 것을 제외하고는 다음 각 호에 규정하는 것으로 한다.

1. 판매한 상품 또는 제품에 대한 원료의 매입가액(기업회계기준에 따른 매입에누리금액 및 매입할인금액을 제외한다)과 그 부대비용

(중략)

21. 임원 또는 사용인(지배주주 등인 자는 제외)의 사망 이후 유족에게 학자금 등으로 일시적으로 지급하는 금액으로서 임원 또는 사용인의 사망 전에 정관이나, 주주총회·사원총회 또는 이사회의 결의에 의하여 결정되어 임원 또는 사용인에게 공통적으로 적용되는 지급기준에 따라 지급되는 것[2)]

◈ "지배주주 등"이란 법인의 발행주식총수 또는 출자총액의 100분의 1 이상의 주식 또는 출자지분을 소유한 주주 등으로서 그와 특수관계에 있는 자와의 소유주식 또는 출자지분의 합계가 해당 법인의 주주 등 중 가장 많은 경우의 해당 주주 등을 말합니다(법인세법시행령 43조 7항).

Q&A

지배주주인 임원에 대한 유족보상금이 손금산입 대상인지?

법인이 「법인세법 시행령」 제19조 제21호(2015.2.3. 대통령령 제26068호로 개정된 것) 및 같은 법 시행규칙 제10조의 3(2015.3.13. 기획재정부령 제480호로 개정된 것)에 따라 임원 또는 사용인의 사망 이후 유족에게 '학자금 등'으로 일시적으로 지급하는 금액은 각 사업연도의 소득금액을 계산할 때 손금에 산입할 수 있는 것이며, 이 경우 임원 또는 사용인의 사망 사유에는 업무상 재해나 질병으로 인한 것이 아닌 경우도 포함하는 것이나, 임원 또는 사용인에는 지배주주 등인 자는 제외하는 것입니다. 또한 법인이 임원(지배주주 등인 임원 포함)의 순직과 관련하여 지급하는 장례비나 위로금 등으로서 사회통념상 타당하다고 인정되는 범위 내의 금액은 각 사업연도 소득금액을 계산할 때 손금에 산입할 수 있는 것입니다(서면－2015－법령해석법인－0324[법령해석과－2114], 2015.8.28.).

2) 이 개정규정은 2015년 1월 1일 이후 시행일(2015년 2월 3일)이 속하는 사업연도에 지급하는 분부터 적용합니다(법인세법시행령 19조 21호, 대통령령 제26068호 부칙 3조).

출자임원에 대한 유족보상금이 손금산입 대상인지?

출자자인 임원 또는 사용인에게 지급하는 유족위로금은 법인의 손금에 해당하는 것이나 임원 또는 사용인이 지배주주에 해당하는 경우에는 해당 위로금을 법인의 손금으로 보지 않는다는 규정이 2015년 2월 3일 신설되었으며, 임원이 지배주주에 해당하는 경우에는 법인의 손금으로 처리 불가능한 것으로 사료됩니다(국세청홈택스 인터넷상담사례, 2015.2.24.).

2) 경조사비 손금산입 관련

회사의 임직원이 회사와의 고용계약에 의하여 근로를 제공하고 지급받는 모든 대가는 근로소득으로 보아 소득세를 과세하나 장의비 및 장제비 등 사회통념상 타당한 범위 내의 경조사비는 손금에 산입합니다.

■ 「법인세법 집행기준」 19−19−19 【임원에 대한 경조비 등의 손금산입】

① 출자자인 임원에게 지급한 경조비 중 사회통념상 타당하다고 인정되는 범위 안의 금액은 이를 각 사업연도의 소득금액 계산상 손금에 산입한다.

② 임원의 순직과 관련하여 지급하는 장례비나 위로금 등으로서 사회통념상 타당하다고 인정되는 범위 안의 금액은 이를 해당 사업연도의 손금에 산입할 수 있다.

Q&A

경조비, 장례비 등 손금산입관련 통칙 사례

■ 불우종업원에 대한 보조금의 손금처리는?

불우종업원에게 지급하는 생계비 및 학비보조금은 인건비로 보아 이를 각 사업연도의 소득금액 계산상 손금에 산입합니다(법인세기본통칙 19−19−6).

■ 지급규정 없이 지급한 장례비도 손금인정이 되는지?

법인이 임원의 순직과 관련하여 지급하는 장례비나 위로금 등으로서 사회통념상 타당하다고 인정되는 범위 안의 금액은 이를 당해 사업연도의 소득금액 계산상 손금에 산입할 수 있는 것입니다(법인 46012−2730, 1993.9.11.).

(2) 지급받는 임직원의 소득구분

근로의 제공으로 인한 부상·질병·사망과 관련하여 지급받는 급여 등은 세금을 과세하지 않는데(소득세법 12조 3호), 해당 근로자가 살아있는 경우에는 「소득세법」이 적용되고 사망하는 경우에는 「상속세 및 증여세법」이 적용됩니다. 이와 관련한 비과세 여부에 대하여 살펴보면 다음과 같습니다.

1) 소득세가 비과세되는 경우(지급받는 근로자 입장)

근로자가 회사와의 고용계약에 의하여 근로를 제공하고 지급받는 모든 대가는 근로소득으로 보아 소득세를 과세하나 다음에 해당하는 부상·질병·사망과 관련한 경우에는 소득세를 과세하지 않습니다(소득세법 12조 3호).

① 「산업재해보상보험법」에 따라 수급권자가 받는 요양급여, 휴업급여, 장해급여, 간병급여, 유족급여, 유족특별급여, 장해특별급여, 장의비(소득세법 12조 3호 다목)

② 근로의 제공으로 인한 부상·질병·사망과 관련하여 근로자(임원을 포함)나 그 유족이 받는 배상·보상 또는 위자의 성질이 있는 급여(소득세법 12조 3호 다목)

③ 「근로기준법」 또는 「선원법」에 따라 근로자·선원 및 그 유족이 받는 요양보상금, 휴업보상금, 상병보상금, 일시보상금, 장해보상금, 유족보상금, 행방불명보상금, 소지품 유실보상금, 장의비 및 장제비(소득세법 12조 3호 라목)

④ 「국민연금법」에 따라 받는 반환일시금(사망으로 받는 것만 해당) 및 사망일시금(소득세법 12조 3호 바목)

⑤ 「공무원연금법」, 「군인연금법」, 「사립학교교직원 연금법」 또는 「별정우체국법」에 따라 받는 요양비·요양일시금·장해보상금·사망조위금·사망보상금·유족보상금·유족일시금·유족연금일시금·유족연금부가금·유족연금특별부가금·재해부조금·재해보상금 또는 신체·정신상의 장해·질병으로 인한 휴직기간에 받는 급여(소득세법 12조 3호 사목)

⑥ 근로자가 천재·지변·기타 재해로 인하여 받는 급여(소득세집행기준 12-12-8 1항)

⑦ 집중폭우로 거주용 주택이 침수되어 생활상의 어려움을 겪고 있는 직원에게

이사회의 의결을 거쳐 일정금액의 생활보조금을 지급하는 경우 천재·지변·기타 재해로 인해 받는 실비변상적 급여(소득세집행기준 12－12－8 2항)

Q&A

업무와 관련 없이 근로자가 사망한 경우의 소득구분은?

업무와 관련 없이 근로자 사망으로 그 유족이 받는 위로금 성격의 급여는 비과세소득에 해당하지 아니하는 것이며(소득세과－156, 2011.2.18.), 법인이 업무 외의 사유로 사망한 근로자에게 「노동조합 및 노동관계조정법」에 따른 단체협약에 따라 위로금 성격으로 지급하는 유족보상금 명목 등의 금원은 해당 근로자의 퇴직소득에 해당하는 것입니다(소득세과－157, 2011.2.18.).

Q&A

업무상 순직하는 경우 유족보상금은 얼마까지 비과세되는지?

법인이 임원의 순직과 관련하여 지급하는 장례비나 위로금 등으로서 사회통념상 타당하다고 인정되는 범위 안의 금액은 이를 당해 사업연도의 소득금액 계산상 손금에 산입할 수 있는 것이며(법인 46012－2730, 1993.9.11.), 임원의 순직과 관련하여 유족에게 지급하는 유족보상금 및 장의비 등이 사회통념상 인정되는 범위 안의 금액인지 여부는 관련법령(예 : 산업재해보상보험법, 근로기준법 등)이 정하는 장례비 등의 지급기준 및 회사사규의 내용 등을 감안하여 사실 판단할 사항입니다(제도 46013－354, 2000.11.14.).

2) 상속세가 비과세되는 경우(지급받는 유족 입장)

피상속인에게 지급될 퇴직금, 퇴직수당, 공로금, 연금 또는 이와 유사한 것이 피상속인의 사망으로 인하여 지급되는 경우 그 금액은 상속재산으로 봅니다. 다만, 다음의 어느 하나에 해당하는 것은 상속재산으로 보지 아니합니다(상속세및증여세법 10조).

① 「국민연금법」에 따라 지급되는 유족연금 또는 사망으로 인하여 지급되는 반환일시금

② 「공무원연금법」 또는 「사립학교교직원 연금법」에 따라 지급되는 유족연금, 유족연금부가금, 유족연금일시금, 유족일시금 또는 유족보상금

③ 「군인연금법」에 따라 지급되는 유족연금, 유족연금부가금, 유족연금일시금, 유족일시금 또는 재해보상금

④ 「산업재해보상보험법」에 따라 지급되는 유족보상연금 · 유족보상일시금 · 유족특별급여 또는 진폐유족연금

⑤ 근로자[3]의 업무상 사망으로 인하여 「근로기준법」 등을 준용하여 사업자가 그 근로자의 유족에게 지급하는 유족보상금 또는 재해보상금과 그 밖에 이와 유사한 것

근로자가 지급받는 유족보상금이 상속재산인지?

근로자의 업무상 사망으로 인하여 「근로기준법」 등을 준용하여 사업자가 그 근로자의 유족에게 지급하는 유족보상금 또는 재해보상금과 그 밖에 이와 유사한 것에 해당하는 금액의 경우 상속재산으로 보지 아니하는 것입니다(재산세과－166, 2011.3.30.; 서면4팀－701, 2007.2.26.).

Q&A

대표이사의 업무상 사망으로 지급하는 유족보상금이 상속세 대상인지?

근로자의 업무상 사망으로 인하여 「근로기준법」 등을 준용하여 사업자가 당해 근로자의 유족에게 지급하는 유족보상금 또는 재해보상금과 기타 이와 유사한 것에 해당하는 경우에는 상속재산으로 보지 아니하는 것이며, 다만 동 비과세 규정은 업무상 이유로 사망한 것인지 여부 및 「근로기준법」상 근로자에 해당하는지 여부를 관할세무서장이 구체적으로 확인하여 판단할 사항으로서, 만약 대표이사가 실질적인 업무집행권을 갖는 경우에는 「근로기준법」상 근로자에 해당하지 아니하여 법인의 정관규정에 따라 유족보상금을 지급한다 하더라도 비과세 규정이 적용되지 않는 것으로서 피상속인의 상속재산에 포함함이 타당하다 판단됩니다(국세청홈택스 인터넷상담사례, 2015.10.5.).

3) 「상속세 및 증여세법」을 적용하는 경우 임원이 근로자에 해당하는지의 여부는 해당 임원의 선임경위, 수행하는 업무, 사용자와의 관계 등으로 보아 「근로기준법」상 근로자에 해당하는지 여부를 구체적으로 확인하여 판단할 사항입니다(재산세과－166, 2011.3.30.).

(3) 유족보상금의 소득구분별 비과세 여부

앞에서 살펴본 바와 같이 근로의 제공으로 인한 사망과 관련하여 근로자의 유족이 받는 배상·보상 또는 위자의 성질이 있는 급여는 소득세가 비과세되는 것이며(소득세법 12조 3호 다목), 근로자의 업무상 사망으로 인하여 「근로기준법」 등을 준용하여 사업자가 그 근로자의 유족에게 지급하는 유족보상금 또는 재해보상금과 그 밖에 이와 유사한 것(상속세및증여세법 10조 5호)은 상속세가 비과세됩니다. 이와 같은 사항을 업무상 사망과 업무 외 사망으로 구분하여 그 과세문제를 정리하면 다음과 같습니다.

구 분		근로자	임 원
업무상 사망	손금 여부	손금산입(지배주주 제외)	손금산입(지배주주 제외)
	소득세	비과세(지배주주 제외)	비과세(지배주주 제외)
	상속세	비과세	과세*1
업무 외 사망	손금 여부*2	손금산입(지배주주 제외)	손금산입(지배주주 제외)
	소득세*3	과세(퇴직소득)	과세(퇴직소득, 3배 한도 내)
	상속세	과세	과세

*1 대표이사를 포함한 임원에 대한 유족보상금이 상속재산에서 제외되는지 여부를 「상속세 및 증여세법」 규정에 따라 살펴보면 '근로자의 업무상 사망으로 인하여 「근로기준법」 등을 준용하여 사업자가 그 근로자의 유족에게 지급하는 유족보상금 또는 재해보상금과 그 밖에 이와 유사한 것'이라고 규정되어 있습니다. 따라서 대표이사가 근로자가 아니고 업무상 사망이 아닌 경우 유족보상금은 상속세 과세대상 재산에서 제외될 수 없는 것입니다.
이와 같은 판단을 하는 경우 비과세 또는 감면은 조세법률주의에 의거 그 법조문에 따라 엄격하게 해석되는 것이며, 세법의 해석이나 국세행정의 관행이 일반적으로 납세자에게 받아들여진 후에는 그 해석이나 관행에 의한 행위 또는 계산은 정당한 것으로 봅니다(국세기본법 18조 3항). 여기서 세법의 해석 또는 국세행정의 관행이 일반적으로 납세자에게 받아들여진 후라 함은 성문화의 여부에 관계없이 행정처분의 선례가 반복됨으로써 납세자가 그 존재를 일반적으로 확신하게 된 것을 말하며 명백히 법령위반인 경우는 제외하는 것입니다(국세기본법집행기준 18-0-1).

*2 「법인세법 시행령」 제19조 제21호[임원 또는 사용인(지배주주 등인 자는 제외)의 사망 이후 유족에게 학자금 등으로 일시적으로 지급하는 금액으로서 임원 또는 사용인의 사망 전에 정관이나, 주주총회·사원총회 또는 이사회의 결의에 의하여 결정되어 임원 또는 사용인에게 공통적으로 적용되는 지급기준에 따라 지급되는 것]에서 정하는 바에 따라 지급하는 유족보상금인 경우를 말합니다.
상기 표에서 '업무 외 사망의 경우도 손금산입(지배주주 제외)한다'는 것은 임원 또는 사용인의 사망 이후 유족에게 '학자금 등'으로 일시적으로 지급하는 금액에 대한 행정해석(서면-2015-법령해석법인-0324[법령해석과-2114], 2015.8.28.)을 근거로 표시한 것입니다.

그러나 이 행정해석은 '손비는 이 법(법인세법) 및 다른 법률에서 달리 정하고 있는 것을 제외하고는 그 법인의 사업과 관련하여 발생하거나 지출된 손실 또는 비용으로서 일반적으로 인정되는 통상적인 것이거나 수익과 직접 관련된 것으로 한다(법인세법 19조)'는 손금의 정의와 다른 해석임에 유의하여야 합니다.

*3 「법인세법」에서 규정하는 손금의 범위인 '손비는 「법인세법」 및 다른 법률에서 달리 정하고 있는 것을 제외하고는 그 법인의 사업과 관련하여 발생하거나 지출된 손실 또는 비용으로서 일반적으로 인정되는 통상적인 것이거나 수익과 직접 관련된 것으로 한다(법인세법 19조 2항)'에 해당하는 경우이며, 2013년부터는 명칭 여하에 관계없이 퇴직을 원인으로 지급받은 대가는 원칙적으로 퇴직소득으로 인정합니다(소득세법 22조).

(4) 유족보상금이 손금불산입되는 경우 세액효과4)

업무상 사망으로 인한 근로자에 대한 유족보상금의 경우 지급하는 법인의 입장에서도 손금에 산입되고 소득세(지배주주는 제외) 및 상속세(임원은 제외)가 비과세되는 것이나, 임원으로서 지배주주 등에 해당하는 경우 손금불산입(상여)되는바 이 경우 세액효과는 다음과 같습니다(유족보상금으로 10억원을 지급하는 경우를 가정).

구 분	적 요	금 액
법인세 손금불산입	10억원×22%	220,000,000원
상여처분에 대한 소득세	10억원×44%	440,000,000원
유족보상금에 대한 상속세	(10억원－440,000,000원)×50%*1	280,000,000원
합 계		940,000,000원

◈ 상기 세액효과 분석은 주민세를 포함하여 법인세의 경우 22%, 소득세의 경우 44%, 상속세의 경우 50%를 가정하여 산출한 것입니다.

4) 출자자인 임원 또는 사용인에게 지급하는 유족위로금은 법인의 손금에 해당하는 것이나, 임원 또는 사용인이 지배주주에 해당하는 경우에는 해당 위로금을 법인의 손금으로 보지 않는다는 규정이 2015년 2월 3일 신설되었으므로, 유족보상금을 정비하는 경우 이 점을 유의하여야 합니다(법인세법 시행령 19조 21호, 대통령령 제26068호 부칙 3조, 2015년 2월 3일이 속하는 사업연도에 지급하는 분부터 적용).

2. 유족보상금 지급규정 사례

제1편의 규정설계는 '진단→확정→승인→사후관리'의 순서로 기술하였으나, 이 장에서는 지급규정의 사례만을 살펴봅니다. 지급규정에서 정하고자 하는 조문별 사항에 대한 의사결정은 회사의 규모·종업원 수·자금능력·경영자의 의지 등 개별 회사마다 모두 다르기 때문에 조문별 진단을 표시하는 것보다 사례에서 정하는 조문별 내용을 참조하여 회사에서 필요한 사항을 의사결정하고, 승인과 관련된 「상법」절차 관련 사항은 제1편을 참조하시기 바랍니다.

일반적인 유족보상금 지급규정의 사례를 살펴보면 다음과 같습니다.[5)]

유족보상금 지급규정

－제 정 : 20○○년 ○○월 ○○일
－개정(1차) : 20○○년 ○○월 ○○일

제1조【목 적】
이 규정은 주식회사 ○○○○(이하 "회사"라 한다)의 임직원이 업무상 재해로 인하여 사망한 경우에 지급하는 사망위로금(장의비)으로서 유족에게 지급하는 유족보상금에 관한 사항을 정함을 목적으로 한다.

제2조【적용범위】
① 이 규정은 당해 회사의 정규직(임시직, 일용직, 계약직은 제외한다) 직원인 임직원으로서 계속하여 1년을 초과하여 근속한 자에 대하여 적용한다. 다만, <u>제5조에서</u>

5) 출자자인 임원 또는 사용인에게 지급하는 유족위로금은 법인의 손금에 해당하는 것이나, 임원 또는 사용인이 지배주주에 해당하는 경우에는 해당 위로금을 법인의 손금으로 보지 않는다는 규정이 2015년 2월 3일 신설되었으므로, 유족보상금을 정비하는 경우 이 점을 유의하여야 합니다(법인세법 시행령 19조 21호, 대통령령 제26068호 부칙 3조, 2015년 2월 3일이 속하는 사업연도에 지급하는 분부터 적용).

정하는 '유족보상금'의 경우에는 「법인세법 시행령」 제43조 제7항에서 규정하는 '지배주주 등'은 제외한다.

② 제1항의 근속연수를 계산함에 있어 계약직으로 입사하여 정직원이 되는 경우에는 계약직으로 입사한 때부터 근속연수를 산정한다.

제 3 조 【주관부서】

유족보상금의 지급에 관한 업무의 주관부서는 본사 인사부로 한다.

제 4 조 【유족보상금 및 장의비의 지급방법】

유족보상금(사망위로금) 및 장의비는 유족에게 지급하며 유족의 범위는 「민법」이 정하는 바에 따른다.

제 5 조 【유족보상금 및 장의비 지급액의 산정】

① 업무와 관련한 유족보상금의 지급은 다음의 금액을 지급하는 것으로 한다.

[SAMPLE 1]

구 분	지급금액
유족보상금	「산업재해보상보험법」에 따른 평균임금의 1,300일분
장의비	실비(2천만원 한도)

[SAMPLE 2]

구 분	지급금액
유족보상금	「근로기준법」에 따른 평균임금의 1,000일분
장의비	실비(2천만원 한도)

② 제1항의 유족보상금은 이 규정과 별도로 보험 등의 가입으로 지급되는 금액이 있는 경우 그 금액을 차감하고 지급한다.

제 6 조 【재임연수의 계산】

1년 미만의 기간은 월할계산하고 1개월 미만의 기간은 1개월로 계산한다.

제 7 조 【청구기간】

이 규정에 의하여 발생한 청구권은 권리발생일(사망일을 말한다)로부터 6개월간 이행하지 않으면 소멸한다.

제 8 조【청구절차】

① 이 규정의 유족보상금 지급청구는 유족임을 입증하는 서류를 첨부하여 [별지 1]의 유족보상금 지급신청서를 작성하여 회사에 제출한다.

② 회사는 유족보상금 지급청구서의 접수일로부터 14일 이내에 수령 해당자에게 사망위로금을 지급하여야 한다.

부 칙(20○○년 ○○월 ○○일)

제 1 조【시행일】

이 규정은 20○○년 ○○월 ○○일부터 시행한다.

제 2 조【일반적 적용례】

이 규정은 시행 후 사망사고가 발생하는 임직원에게 적용한다.

[별지 1]

유족보상금 지급신청서

성 명	소속부서	직 위	본인과의 관계	경조사 내용	입사연월일

위와 같이 경조금(유족보상금)을 신청합니다.

20○○년 ○○월 ○○일

신청자 : ○○○ (인)

주식회사 ○○○○ 귀중

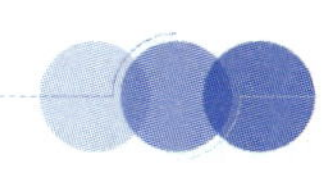

제 2 장

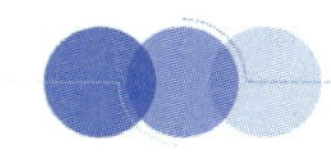

여비교통비 지급규정

1. 의 의

(1) 지급하는 법인의 손금 여부

「법인세법」에서 손금은 자본 또는 출자의 환급, 잉여금의 처분 및 「법인세법」에서 규정하는 것은 제외하고 해당 법인의 순자산을 감소시키는 거래로 인하여 발생하는 손비의 금액으로 하며, 이 손비는 「법인세법」 및 다른 법률에서 달리 정하고 있는 것을 제외하고는 그 법인의 사업과 관련하여 발생하거나 지출된 손실 또는 비용으로서 일반적으로 인정되는 통상적인 것이거나 수익과 직접 관련된 것인 때에 비용으로 인정합니다(법인세법 19조). 따라서 업무상 출장 등의 경우 여비 또는 교통비는 당연히 비용으로 인정됩니다. 다만, 업무와 관련 없는 출장비의 경우는 손금으로 인정되지 아니하고 해당 귀속자의 급여로 보아 소득세를 부과합니다.

Q&A

해외여비의 손금산입기준은?

임원 또는 사용인의 해외여행에 관련하여 지급하는 여비는 그 해외여행이 당해 법인의 업무수행상 통상 필요하다고 인정되는 부분의 금액에 한합니다. 따라서 법인의 업무수행상 필요하다고 인정되지 아니하는 해외여행의 여비와 법인의 업무수행상 필요하다고 인정되는 금액을 초과하는 부분의 금액은 원칙적으로 당해 임원 또는 사용인에 대한 급여로 봅니다. 다만, 그 해외여행이 여행기간의 거의 전 기간을 통하여 분명히 법인의 업무수행상 필요하다고 인정되는 것인 경우에는 그 해외여행을 위해 지급하는 여비는 사회통념상 합리적인 기준에 의하여 계산하고 있는 등, 부당하게 다액이 아니라고 인정되는 한 전액을 당해 법인의 손금으로 합니다(법인세법기본통칙 19－19…22).

Q&A

업무수행상 필요한 해외여행의 판정기준은?

① 임원 또는 사용인의 해외여행이 법인의 업무수행상 필요한 것인가는 그 여행의 목적, 여행지, 여행기간 등을 참작하여 판정합니다. 다만, 다음 각 호에 해당하는 여행은 원칙적으로 법인의 업무수행상 필요한 해외여행으로 보지 아니합니다.

1. 관광여행의 허가를 얻어 행하는 여행

2. 여행알선업자 등이 행하는 단체여행에 응모하여 행하는 여행
3. 동업자단체, 기타 이에 준하는 단체가 주최하여 행하는 단체여행으로서 주로 관광목적이라고 인정되는 것

② 제1항 단서에 해당하는 경우에도 그 해외여행 기간 중에 있어서의 여행지, 수행한 일의 내용 등으로 보아 법인의 업무와 직접 관련이 있는 것이 있다고 인정될 때에는 법인이 지급하는 그 해외여행에 소요되는 여비 가운데 법인의 업무에 직접 관련이 있는 부분에 직접 소요된 비용(왕복 교통비는 제외한다)은 여비로서 손금에 산입합니다(법인세법기본통칙 19－19…23).

(2) 지급받는 임직원의 소득구분

여비로서 실비변상정도의 금액은 비과세되는데, 여비가 비과세가 적용되기 위하여는 다음과 같은 요건을 충족하여야 합니다(소득세법시행령 12조 3호).

① 지급규정, 사규 등의 합리적인 기준이 있을 것
② 업무수행상 필요하다고 인정되는 범위 안의 금액일 것
③ 거래증빙과 객관적인 자료에 의하여 지급사실을 입증할 것

이 경우 임원 또는 사용인의 국내여행과 관련하여 지급하는 여비는 당해 법인의 업무수행상 통상 필요하다고 인정되는 부분의 금액에 한하여 손금산입하며 초과되는 부분은 당해 임원 또는 사용인의 급여로 합니다(법인세법기본통칙 19－19…36).

직급별로 일정액을 지급하는 일비도 비과세가 되는지?

국내여행과 관련하여 지급하는 여비는 법인의 업무수행상 필요하다고 인정되는 범위 안에서 지급규정, 사규 등의 합리적인 기준에 의하여 계산하고 거래증빙과 객관적인 자료에 의하여 지급사실을 입증하여야 합니다. 다만, 사회통념상 부득이하다고 인정되는 범위 내의 비용과 당해 법인의 내부통제기능을 감안하여 인정할 수 있는 범위 내의 지급은 그러하지 아니합니다(법인세법기본통칙 19－19…36).

해외여행 동반자의 경비도 비과세가 되는지?

임원이 법인의 업무수행상 필요하다고 인정되는 해외여행에 그 친족 또는 그 업무에 상시 종사하고 있지 아니하는 자를 동반한 경우에 있어서 그 동반자와 관련된 여비를 법인이 부담하는 때의 그 여비는 그 임원에 대한 급여로 합니다. 다만, 그 동반이 다음의 경우와 같이 분명히 그 해외여행의 목적을 달성하기 위하여 필요한 동반이라고 인정되는 때에는 그러하지 아니합니다(법인세법기본통칙 19-19…24).

① 그 임원이 상시 보좌를 필요로 하는 신체장애자이므로 동반하는 경우
② 국제회의의 참석 등에 배우자를 필수적으로 동반하도록 하는 경우
③ 그 여행의 목적을 수행하기 위하여 외국어에 능숙한 자 또는 고도의 전문적 지식을 지니는 자를 필요로 하는 경우에 그러한 적임자가 법인의 임원이나 사용인 가운데 없기 때문에 임시로 위촉한 자를 동반하는 경우

Q&A

출 · 퇴근교통비를 '시내 출장 등에 소요된 실제 여비'로 볼 수 있는지?

직원의 출 · 퇴근의 편의를 위하여 지급하는 교통보조금은 '시내 출장 등에 소요된 실제 여비가 아닌 「소득세법」 제20조에 따른 근로소득에 해당하는 것입니다(원천세과-597, 2012.11.7.).

Q&A

여비지급규정에 따른 현장체재여비가 실비변상적 급여인지?

여비지급규정에 따라 지급받는 현장체재여비는 출장목적 등을 감안하여 실지 소요되는 비용을 충당할 정도의 범위 내에서는 비과세하는 것으로 이에 해당되는지 여부는 실질내용에 따라 사실판단할 사항입니다(원천세과-596, 2011.9.30.).

(3) 자가운전보조금과 비과세 요건

자가운전보조금은 다음 요건을 충족하는 경우 월 20만원 이내의 금액을 비과세합니다(소득세법시행령 12조, 소득세법집행기준 12-12-6).

① 당해 사업체의 규칙 등에 의하여 정하여진 지급기준이 있을 것
② 종업원의 소유차량일 것(소유차량임을 확인할 수 있는 차량등록증 관리 필요)
③ 종업원이 직접 운전하여 사용자의 업무수행에 이용할 것
④ 시내출장 등에 소요된 실제 여비를 별도로 받지 않을 것
⑤ 월 20만원 이내의 금액일 것

◈ 직원의 출・퇴근 편의를 위하여 지급하는 교통보조금은 자기차량운전보조금에 해당하지 않습니다.

자가운전보조금의 비과세 요건은 위에서 보는 바와 같이 여러 가지 요건이 필요합니다. 따라서 실무에 적용하는 경우 그 요건의 충족 여부를 제대로 판단하여야 할 것입니다. 자가운전보조금의 비과세 요건과 관련한 사례별로 자가운전보조금을 지급받는 경우의 사례들을 살펴보면 다음과 같습니다.

구 분	비과세 여부	근 거
부부 공동명의 차량	비과세	원천세과−688, 2011.10.28.
어머니와의 공동명의 차량	과세	서면1팀−327, 2008.3.13.
공동명의 차량	과세	서면1팀−58, 2006.1.17.
타인명의 차량	과세	법인 46012−615, 1996.2.24.
랜트카	과세	서면1팀−459, 2008.4.2.
이륜자동차	비과세	원천세과−2528, 2008.11.14.
시내출장에 따른 여비를 별도로 지급받으면서 자가운전보조금을 지급받는 경우	과세	소득세법기본통칙 12−12…1
시외출장에 소요된 경비를 지급받으면서 자가운전보조금을 지급받는 경우	비과세	서면1팀−52, 2006.1.16.

Q&A

자가운전보조금 비과세를 받으려면 차량운행일지를 작성해야 하는지?

자가운전보조금의 비과세를 위해 차량운행일지 등을 작성할 필요는 없는 것입니다(법인 46013−2615, 1996.9.17.).

2. 여비교통비 지급규정 사례

제1편의 규정설계는 '진단 → 확정 → 승인 → 사후관리'의 순서로 기술하였으나, 이 장에서는 지급규정의 사례만을 살펴봅니다. 지급규정에서 정하고자 하는 조문별 사항에 대한 의사결정은 회사의 규모·종업원 수·자금능력·경영자의 의지 등 개별 회사마다 모두 다르기 때문에 조문별 진단을 표시하는 것보다 사례에서 정하는 조문별 내용을 참조하여 회사에서 필요한 사항을 의사결정하고, 승인과 관련된 「상법」절차 관련 사항은 제1편을 참조하시기 바랍니다.

일반적인 여비교통비 지급규정의 사례를 살펴보면 다음과 같습니다.

여비교통비 지급규정

－제 정 : 20○○년 ○○월 ○○일
－개정(1차) : 20○○년 ○○월 ○○일

제 1 장 총 칙

제 1 조【목 적】
이 규정은 주식회사 ○○○○(이하 "회사"라 한다)의 업무상 그 필요성이 인정되어 출장을 명하였을 경우 출장 중에 소요되는 비용으로 일당, 숙박비, 교통비, 부대비 등의 지급기준을 정함을 목적으로 한다.

제 2 조【여비의 종류】
여비는 일반여비와 전근여비로 구분한다.
① 일반여비는 국내출장과 해외출장으로 구분한다.

구 분	적 요
국내출장여비	운임 · 일비 · 숙박비 · 식비
해외출장여비	운임 · 일비 · 숙박비 · 식비 · 준비금

② 전근여비는 국내이전여비와 국외이전여비로 구분한다.

구 분	적 요
국내이전여비	운임 · 일비 · 숙박비 · 식비 · 이전비
국외이전여비	운임 · 일비 · 숙박비 · 식비 · 이전비 및 준비금

③ 전항의 구분에 따른 출장자는 국내출장의 경우 출발 1일 전까지, 해외출장의 경우에는 출발 14일 전까지 결재권자의 승인을 받아 출장신청을 하여야 한다. 이 경우 출장의 신청은 [별지4] 출장신청서에 의한다.

제 3 조【여비계산】

① 여비는 일반적인 경로 및 방법에 의하여 계산한다. 다만, 용무의 형편상 또는 천재지변이나 그 밖의 부득이한 사유로 인하여 일반적인 경로 및 방법에 의한 여행을 하기 곤란한 경우에는 실제로 여행한 경로 및 방법에 의하여 계산한다.

② 근무지 또는 출장지 외의 곳에 거주하거나 체재하는 직원이 그 거주지 또는 체재지로부터 목적지까지 직접 여행하는 경우에는 그곳에서 목적지에 이르는 여비를 지급한다. 다만, 그 여비는 근무지 또는 출장지로부터 목적지까지의 여비를 초과하지 못한다.

제 4 조【출장일수의 계산】

① 출장일수는 출장을 위하여 실제로 필요한 일수에 의하여 계산한다. 다만, 공무의 형편상 또는 천재지변이나 그 밖의 부득이한 사유로 늘어나는 일수는 출장일수에 포함한다.

② 국외출장 시 원거리의 공항 또는 항구로의(로부터의) 이동을 위해 출 · 입국일 전후에 추가로 발생하는 국내출장 일수는 국외출장의 일부로 포함하여 계산할 수 있다.

제 5 조【일비, 식비, 숙박비, 운임】

① 일비는 일수에 따라 지급한다.

② 숙박비는 숙박수에 따라 지급한다. 다만, 항공 또는 선박출장 시 항공기 내 또는 선박 내에서의 숙박은 숙박비를 지급하지 아니한다.

③ 식비는 일수에 따라 지급하는 것을 원칙으로 한다. 다만, 다음 각 호에 해당하는

경우에는 해당일의 식비를 차감하여 지급할 수 있으며 차감지급기준은 별도로 정하는 바에 따른다.

1. 식비를 요하지 않는 항공 또는 선박출장 시
2. 일정상 전일 식사가 제공되는 교육, 세미나, 워크숍 등등의 집합행사에 참여하거나 행사를 주관하는 경우

④ 운임은 출발지에서 목적지까지의 왕복이동 교통편의 운임 혹은 유류비 및 유료도로 통행료 등 자가차량운행에 소요된 실비를 지급한다.

제6조【신분변경 및 지급기준 변경 시 여비】

① 출장 중 신분이 변경된 경우에는 그 발령일로부터 변경된 신분에 따라서 여비를 지급한다.

② 출장 중 여비지급기준이 변경된 경우에는 잔여기간도 종전의 기준으로 지급하되 국내출장의 경우에 잔여출장기간이 10일 이상인 경우와 국외출장의 경우에는 변경된 기준으로 지급한다.

제7조【수행출장】

① 국내출장의 경우 직원이 임원 및 이사대우를 수행출장할 때에는 운임, 식비, 숙박비는 피수행자와 동액, 일비는 8할 해당액을 지급하되 8할 해당금액이 당해 직급 기준금액에 미달하는 경우에는 당해 직급 기준금액을 지급한다. 다만, 항공료의 경우에는 수행자 해당 등급의 금액만을 지급한다.

② 국외출장의 경우 직원이 임원 및 이사대우를 수행출장할 때 숙박비는 피수행자 숙박장소 최저등급 해당액을, 식비는 피수행자와 동액을 지급하며 일비는 피수행자 기준금액의 8할 해당액을 지급하되 8할 해당금액이 수행자의 기준금액에 미달할 경우에는 당해 직급 기준금액을 지급한다. 다만, 항공료의 경우에는 수행자 해당 등급의 금액만을 지급한다.

③ 수행출장자는 국내출장의 경우 1인으로, 해외출장의 경우 비서를 포함하여 2인 이내로 제한한다.

제8조【여비지불 및 정산】

① 여비는 복귀 후 정산내역에 따라 지급한다. 다만, 국내 출장자가 여비 중 운임과 숙박비를 결제할 때에는 법인카드 중 출장전용 법인카드를 사용하여야 하며, 출장지에서 법인카드를 사용할 수 없는 경우 등 특별한 사유가 있는 경우에는 그러하지 아니하다.

② 제1항에 따른 출장자는 출장을 마친 날의 다음 날부터 기산(起算)하여 2주일 이내에

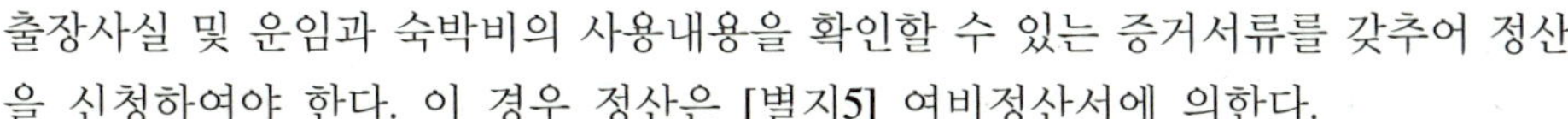

출장사실 및 운임과 숙박비의 사용내용을 확인할 수 있는 증거서류를 갖추어 정산을 신청하여야 한다. 이 경우 정산은 [별지5] 여비정산서에 의한다.

③ 제1항 단서의 특별한 사유와 그 경우의 여비지급기준 및 방법, 출장자가 친지 집 등에 숙박하거나 2인 이상이 공동의 숙박시설에서 숙박하여 숙박비의 전부 혹은 일부를 미지출한 경우의 숙박비 지급 기준 및 방법 등에 관하여 필요한 사항은 주관부서장이 정한다.

제 2 장 국내출장여비

제 9 조【국내출장】

국내출장의 경우에는 [별표1] 국내출장여비 지급기준에 따른 운임 · 일비 · 식비 및 숙박비를 지급한다. 다만, 회사의 교통수단 또는 요금지불을 필요로 하지 아니하는 교통수단을 이용할 때에는 운임을 지급하지 아니한다.

제10조【항공편의 이용】

특별히 급한 용무로서 항공편을 이용하는 것이 유리하다고 인정되는 경우에는 그 실비를 지급할 수 있다. 이 경우에는 주관부서의 장이 확인하여야 한다.

제11조【철도운임】

① 철도 이용 시 지급 해당 등급이 없을 때에는 그 실요금을 지급한다.

② 철도 및 전철이 병행운행되는 구간에 있어서의 운임은 철도요금에 갈음하여 전철요금을 지급한다.

제12조【자동차운임】

① 자동차임은 철도 또는 선박을 이용하지 못하거나 자동차를 이용하는 것이 출장목적상 적합한 구간에 한하여 다음과 같이 지급한다.

구 분	적 요
버 스	출발지에서 목적지까지 버스이용 실비 지급
자가용승용차	유류비(또는 전기차충전요금), 통행료, 주차료 등의 실비 지급

② 하이패스가 장착된 회사차량으로 유료도로를 이용할 때에는 해당 통행료를 지급하지 아니한다.

제13조【선박운임】

① 국내 선박운임은 [별표1] 국내출장여비 지급기준에 따라 지급한다.

② 국외 선박운임[부선임(艀船賃) 및 부두임(埠頭賃)을 포함한다]은 다음 각 호의 구분에 따라 지급한다.

1. 선박운임에 2등급 이상의 등급 구별이 있는 경우 : 최상 등급의 선박운임
2. 선박운임에 등급 구별이 없는 경우 : 그 승선에 필요한 실비
3. 공무상의 사유로 침대요금이 필요한 경우 : 그 실비

제14조【여비의 지급제한】

타 기관으로부터 여비의 전액 또는 일부를 지급받는 경우에는 규정된 여비 중 그 금액을 공제하고 지급한다.

제15조【사고 시의 여비】

출장 중 질병 또는 불의의 사고로 인하여 부득이 체재하였을 때에는 의사의 진단서 또는 기타 확실한 증거가 있는 경우에 한하여 일비 · 식비 및 숙박비를 지급한다.

제16조【장기출장】

① 동일지역에 장기간 체재하는 경우의 일비 및 숙박비에 대하여 처음 15일간은 전액을, 다음 15일간은 정액의 9할을, 다음 30일간은 정액의 8할을, 60일을 초과하는 기간은 정액의 7할을 지급한다. 다만, 업무의 성질 또는 지역의 실정에 비추어 본문의 감액비율을 적용하는 것이 부적당하다고 인정하는 경우에는 주관부서장과 협의하여 감액비율을 따로 정할 수 있다.

② 출장에서 귀임 후 7일 이내에 동일 목적으로 동일 지역에 출장하는 경우에는 그 전후기간을 합산하여 16일 이상이 될 때에는 제1항의 규정을 적용한다.

③ 제1항의 경우에 장기체재 기간 중 일시 다른 지역에 출장하는 경우에는 그 출장기간을 빼고 그 체재기간을 계산한다.

제17조【출장 중 해직 시 여비】

① 출장 중 해직하였을 때에는 구임지에 도착할 때까지 해직 당시와 동일한 여비를 지급한다.

② 직원이 출장 중 사망하였을 때에는 사망 다음날로부터 출장종료예정일까지의 해당 전불여비는 전액 회수하되 그 유족에 대하여는 근무지역에서부터 사망지까지 3일 한도로 [별표1] 국내출장여비 지급기준에 따른 여비를 지급할 수 있다. 이 경우, 유족의 신분은 사망자의 신분으로 하고 유족의 수는 3명 이내로 한다.

제18조 【휴직자 출장】
사무인계 또는 잔무정리 등의 용무로 휴직자 또는 퇴직자를 출장하게 할 때에는 휴직 또는 퇴직당시의 신분에 따라 여비를 지급한다.

제19조 【출장 중 경비】
감사인이 업무수행상 조회·열람·증명·확인 등에 소요된 경비는 증빙서류에 따라 그 실비를 지급한다.

제20조 【사망자에 대한 여비】
국내출장 중 사망한 경우에는 [별표1] 국내출장여비 지급기준에 정한 여비를 그 유족에게 지급한다.

제 3 장 국외출장여비

제21조 【국외출장】
국외출장의 경우에는 다음 각 호에 따른 여비를 지급한다.

1. 운임 :

   철도임, 선임, 항공임 또는 자동차임(통행세·급행료·침대료를 필요로 할 때에는 이를 포함). 다만, 항공임은 직급별로 아래와 같이 지급한다.

구 분	항 공 임
임 원	Business Class
직 원	Economy Class

2. 일비, 숙박비 및 식비 :

   일비, 숙박비 및 식비는 [별표 3] 해외출장여비 지급기준에 따라 지급한다. 다만, 임원에 한하여 실 숙박비가 기준금액을 초과할 경우 초과액에 대해서 실비로 정산할 수 있으며, 직원의 경우에도 해외사업 또는 기업설명(IR)활동 등 대외활동 목적 출장이거나 기타 공무형편상 부득이 숙박비가 당해직급 기준금액을 초과할 때에는 담당임원의 확인을 받아 초과집행한 후 실비로 정산할 수 있다. 이 경우 초과액에 대해서는 귀국일로부터 2주일 이내에 신용카드의 사용 시에 받은 매출전표에 세부 사용내역이 명시된 증빙서류를 첨부하여 정산신청을 하여야 한다.

3. 준비금 :

   예방주사료·여권교부수수료·사증(査證)수수료·외화교환 수수료 또는 출입국세

의 실비

제22조【항공운임】

① 항공임은 이 규정 제21조에 따라 지급하되 공무상 출장으로 적립된 항공마일리지(이하 "항공마일리지"라 한다)를 활용하여 항공권을 확보하거나, 항공기 좌석 등급을 상향 조정할 수 있는 경우에는 여비담당부서장이 정하는 바에 따라 항공마일리지를 우선적으로 사용하여야 하며, 항공마일리지만으로 부족한 때에는 여비담당부서장이 정하는 바에 따라 사적 항공마일리지를 합산하여 사용할 수 있다. 그러나 항공사 연계노선 등으로 항공마일리지를 사용하더라도 운임절감효과가 없거나 미미한 경우 또는 마일리지 사용에 제한이 있거나 사용이 불가능한 저비용 항공사를 이용함으로써 운임이 절감되는 경우는 항공마일리지를 우선 사용하지 않을 수 있다.

② 항공임은 출장으로 적립된 마일리지를 활용할 수 없는 경우에 한하여 지급하고, 제1항에 따라 항공마일리지를 우선적으로 사용하는 경우에는 항공임의 전부 또는 일부를 감액하여 지급한다. 다만, 사적 항공마일리지를 합산하여 사용하는 경우에는 여비담당부서장이 정하는 범위에서 해당 사적 항공마일리지에 상당하는 금액은 감액하지 아니하고 지급한다.

③ 항공임은 항공사 또는 여행사에 직접 송금하거나, 지정 법인카드로 결제하여야 하며 국외출장자에게 지급하여서는 아니 된다.

제23조【여비의 공제】

① 국외출장자가 타 기관에서 여비의 전액 또는 일부를 지급받은 경우에는 이 규정에 따른 국외출장 규정에 따른 여비 중에서 그 금액을 공제한 잔액만을 지급한다.

② 직원이 초청으로 국제행사 등에 출장하는 경우, 그 여비는 당해 행사일수에 6일(왕복소요일수 포함)을 가산한 일수 범위 내에서만 지급한다.

제24조【사망자에 대한 여비】

국외출장, 연수 또는 해외근무 중 사망한 경우에는 [별표 3] 해외출장여비 지급기준에 정한 여비를 그 유족에게 지급한다.

제 4 장 전근여비 등

제25조【이전비의 지급대상】

① 국내 이전여비는 다음 각 호의 어느 하나에 해당하는 임직원(이하 "국내이전자"라 한다)으로서 전임지(제2호의 경우에는 구사옥 소재지를 말한다. 이하 같다)에서 신임지(제2호의 경우에는 신사옥 소재지를 말한다. 이하 같다)로 거주지와 이사화물을 이전하는 임직원에게 지급한다. 다만, 같은 시·군 및 섬 안에서 거주지를 이전하는 국내 이전자에게는 국내 이전여비를 지급하지 아니한다.

1. 근무지 외의 지역으로 부임의 명을 받은 임직원
2. 본사 및 사업소 사옥 소재지 이동에 따라 거주지를 이전하는 임직원

② 국내 이전자가 전근의 명을 받은 날 또는 사옥 이전이 완료된 다음 날부터 기산하여 1년 이내에 정당한 사유 없이 거주지 및 이사화물을 이전하지 아니한 경우에는 이전비를 지급하지 아니한다.

③ 국외 이전여비는 외국으로 부임할 때, 외국에서 다른 지역으로 전근할 때, 외국에서 본국으로 전근할 때 지급한다.

제26조【이전비의 지급】

① 국내 이전비는 이전거리에 따라 아래(이전료의 지급상한액)와 같이 지급하며 이전비를 지급받고자 하는 직원은 이전한 날의 다음 날부터 기산하여 6개월 이내에 이사화물의 운송명세(이동구간, 이동거리, 운송비 지급내역 등)를 확인할 수 있는 증거서류를 갖추어 지급 신청하여야 한다.

<table>
<tr><th>화물량 ＼ 이동거리 (전임지→부임지)</th><th>150km 이내</th><th>150km 초과
300km 이내</th><th>300km 초과</th><th>해상운임
발생 시</th></tr>
<tr><td>5톤 이하</td><td>100만원</td><td>200만원</td><td>250만원</td><td rowspan="3">구간별
한도액의
150% 적용</td></tr>
<tr><td rowspan="2">7.5톤 이하</td><td>150만원</td><td>250만원</td><td>300만원</td></tr>
<tr><td colspan="3">5톤의 이사화물에 해당하는 이전비의 실비에 5톤 초과 7.5톤 이하의 이사화물에 해당하는 이전비의 실비의 50퍼센트를 더한 금액</td></tr>
</table>

② 국외 이전비는 화물의 부피에 따라 아래와 같이 실비로 지급하며 이전비를 지급받고자 하는 직원은 이전한 날의 다음 날부터 기산하여 6개월 이내에 이사화물의 운송명세(이동구간, 이동거리, 운송비 지급내역 등)를 확인할 수 있는 증거서류를 갖

추어 지급 신청하여야 한다.

지 급 기 준	지 급 액
10 CBM 이하의 이사화물	실비
10 CBM 초과 15 CBM까지의 이사화물	실비의 85퍼센트
15 CBM을 넘는 이사화물 (25CBM을 넘는 경우에 25CBM을 상한으로 한다)	실비의 80퍼센트

* CBM(Cubic Meter)은 무역용어로서 컨테이너에 적재가능한 상품의 양을 계산하기 위한 가로, 세로, 높이가 각 1m인 부피환산 단위를 말한다.

③ 국내 이전자가 부임의 명을 받은 날 또는 청사 이전이 완료된 날의 다음 날부터 기산하여 1년 이내에 정당한 사유 없이 거주지 및 이사화물을 이전하지 아니한 경우에는 제1항에 따른 이전비를 지급하지 아니한다.

④ 이전비의 신청은 [별지6] 이전비 지급신청서에 의한다.

제27조【이전여비의 지급】

① 전임지로부터 신임지까지의 소요일수에 대한 출장여비를 지급하되 국내인 경우에는 국내출장여비규정을, 국외인 경우에는 국외출장여비규정을 적용한다.

② 제1항의 소요일수 계산은 다음에 정하는 바에 따른다.

1. 국내 : 국내이전소요일수는 1일로 한다. 다만, 이전거리 300km 이상으로 노정(路程)의 일부 또는 전부가 선편을 이용하여야 하는 경우에는 2일로 한다.
2. 국외 : 국외이전소요일수는 아래와 같다.

일 본	동남아	미주, 구주 및 기타지역
2일	3일	4일

제28조【신규채용자의 여비】

신규로 채용 또는 복직되어 부임하는 자에 대하여는 특히 필요하다고 인정하는 자에 한하여 소정의 전근여비를 지급한다.

제29조【수습기간 중의 여비】

수습직원이 수습기간 중 이동하는 경우에는 부임지까지의 소요일수에 대한 출장여비만을 지급한다.

제30조【파견근무 및 교육 중의 여비】

① 회사형편에 의하여 근무지 외부로 교육명령 또는 50km 이상 지역에 파견근무 명령

을 받은 직원에게는 [별표1] 국내출장여비 지급기준 운임을 지급하되, 숙박을 필요로 하는 경우에는 [별표1] 국내출장여비 지급기준의 숙박비를 지급한다. 다만, 다음 각 호의 경우에는 숙박비를 지급하지 아니한다.

1. 회사(또는 파견 · 교육지 소속)의 숙박시설을 이용하는 경우
2. 실거주지가 파견 및 교육지와 동일 시 · 군이거나 자가 숙박인 경우

② 제1항의 숙박비는 실제 숙박한 경우에 한하여 영수증 등 증빙자료를 첨부하여 지급한도 내에서 파견 및 교육종료일 이후에 실비정산한다.

③ 파견근무자가 실제 이전한 경우에는 전근여비를 지급한다.

제31조【직원이 아닌 자에 대한 여비】

① 직원이 아닌 자가 회사와 관련된 용무 등을 수행하기 위하여 국내 · 외에 출장할 필요가 있다고 인정하는 경우에는 소속기관에서 여비를 지급하지 아니할 경우에 한하여 이 규정을 준용하여 여비를 지급할 수 있다.

② 제1항의 여비 지급대상, 지급기준 등은 대표이사가 정한다.

부 칙

제 1 조【시행일자】

이 규정은 20○○년 ○○월 ○○일부터 시행한다.

부 칙

제 1 조【시행일자】

이 규정은 20○○년 ○○월 ○○일부터 시행한다.

[별표 1]

국내출장여비 지급기준

(단위 : 원)

구분	철도 운임	선박 운임	항공 운임	자동차 운임	일비 (1일)	숙박비 (1박)	식비 (1일)
임원	실비 (특실)	실비 (1등급)	실비 (1등석)	실비	20,000	실비	실비 또는 30,000
직원	실비 (일반실)	실비 (2등급)	실비 (2등석)	실비	20,000	실비 (상한액 : 60,000)	실비 또는 21,000

[주석]

1. 출장자는 출장목적 및 일정, 이동 소요시간 및 편이성 등을 판단하여 적정한 대중교통편을 이용하며 출발지에서 도착지까지 이동 경로상 상기의 대중교통 이용불가 시 실비로 대체 교통수단(택시, 렌트카, 자가승용차 등)을 이용할 수 있다.
2. 현지에서의 이동 시 대중교통 및 택시 이용 요금은 일비지급으로 갈음한다. 다만, 구간특성상 현지 대중교통 및 택시이용 요금이 일비를 현저히 초과할 경우 소속부서장의 승인으로 일비를 지급하지 않는 조건으로 현지교통비를 실비로 정산지급할 수 있다.
3. 부득이한 사유로 자가용 승용차를 이용하는 경우에는 유류비(또는 전기차충전요금), 통행료, 주차비 등을 지급할 수 있고 구체적인 지급은 [별표 3] 자가이용 지급기준에 의한다.
4. 전근여비 지급 시 운임과 숙박비는 현금 또는 개인신용카드 사용분에 대해 정산지급할 수 있다.
5. 공무형편상 부득이한 사유로 숙박비의 상한액을 초과하여 지출하였을 때에는 숙박비 상한액의 10분의 3을 넘지 아니하는 범위에서 추가로 지급할 수 있다.
6. 임원의 식비를 실비로 정산할 경우 해당일의 정액 식비는 전액 지급하지 아니한다.
7. 숙박비는 2인 1실 기준의 한도 금액이며, 증빙을 통해 실비로 정산한다.

[별표 2]

해외출장여비 지급기준

(단위 : US$)

구분 / 자격	일비($)	숙박비 실비 상한액($)				식비 실비 상한액($)			
		가	나	다	라	가	나	다	라
대표이사사장	50	실비	실비	실비	실비	실비	실비	실비	실비
감 사	40	280	200	160	100	130	100	70	60
임원	35	220	160	130	80	100	70	55	50
차장 이상	30	170	130	100	80	80	60	40	35
과장 이하	25	150	120	90	70	60	50	35	30

[주석]

1. 업무출장으로 1개월을 초과하여 동일 지역에 출장 시의 일비는 기준금액의 50%를 지급한다.
2. 국가 및 도시별 등급구분은 다음과 같다.

구 분	도시명
가. 가등급	도쿄, 뉴욕, 런던, 로스엔젤레스, 모스크바, 샌프란시스코, 워싱턴D.C, 파리, 홍콩, 제네바, 싱가포르, 두바이
나. 나등급	(1) 아시아주・오세아니아주 : 일본(도쿄 제외), 타이완, 베이징, 인도, 인도네시아, 방콕, 쿠알라룸푸르, 하노이, 시드니, 멜버른, 카자흐스탄, 파푸아뉴기니, 터키, 파키스탄, 네팔 (2) 남・북아메리카주 : 멕시코, 미국(뉴욕, 워싱턴, 로스앤젤레스, 샌프란시스코 제외), 브라질, 세인트루시아, 세인트킷츠네비츠, 아르헨티나, 아이티, 자메이카, 캐나다, 앤티가바부다 (3) 유럽주 : 네덜란드, 노르웨이, 덴마크, 독일, 러시아(모스크바 제외), 룩셈부르크, 벨기에, 스웨덴, 스위스(제네바 제외), 스페인, 아이슬란드, 영국(런던 제외), 오스트리아, 우크라이나, 이탈리아, 프랑스(파리 제외), 핀란드, 헝가리, 그리스, 포르투칼, 소피아 (4) 중동・아프리카주 : 가봉, 남아프리카공화국, 수단, 아랍에미리트, 우간다, 오만, 코트디브와르, 콩고민주공화국, 쿠웨이트, 리비아, 남수단, 바레인, 사우디아라비아, 세이셸, 앙골라, 이스라엘, 이집트, 에티오피아, 적도기니, 카타르

구 분	도시명
다. 다등급	(1) 아시아주・오세아니아주 : 뉴질랜드, 마샬군도, 말레이시아(쿠알라룸프루 제외), 방글라데시, 부루나이, 아제르바이잔, 오스트레일리아(시드니, 멜버른 제외), 중국(베이징 제외), 키르기스공화국, 타이(방콕 제외), 우즈베키스탄, 타지키스탄, 투르크메니스탄 (2) 남・북아메리카주 : 가이아나, 도미니카공화국, 바베이도스, 베네수엘라, 벨리즈, 세인트빈센트그레나딘, 우루과이, 칠레, 코스타리카, 트리니다드토바고, 파나마 (3) 유럽주 : 불가리아, 리투아니아, 라트비아, 루마니아, 세르비아, 몬테네그로, 슬로베니아, 슬로바키아, 체코, 폴란드 (4) 중동・아프리카주 : 가나, 기니, 나이지리아, 니제르, 라이베리아, 모로코, 모리시어스, 모잠비크, 보츠와나, 부르키나파소, 상토메프린시페, 세네갈, 스와질랜드, 시에라리온, 알제리, 요르단, 이라크, 잠비아, 중앙아프리카공화국, 카메룬, 케냐, 리비아, 탄자니아, 아프가니스탄
라. 라등급	(1) 아시아주・오세아니아주 : 동티모르, 라오스, 미크로네시아, 몽골, 미얀마, 베트남(하노이 제외), 스리랑카, 캄보디아, 피지, 필리핀 (2) 남・북아메리카주 : 과테말라, 니카라과, 볼리비아, 수리남, 에콰도르, 엘살바도르, 온두라스, 콜롬비아, 파라과이, 페루 (3) 유럽주 : 마케도니아, 몰도바, 보스니아헤르체코비나, 벨라루스, 알바니아, 에스토니아, 크로아티아 (4) 중동・아프리카주 : 감비아, 기니비사우, 나미비아, 레바논, 레소토, 르완다, 마다가스카르, 말라위, 말리, 모리타니, 소말리아, 예멘, 이란, 짐바브웨, 튀니지

3. 제2호의 국가 및 도시별 등급구분에 없는 국가는 여행 또는 근무예정지에서 2의 국가의 수도까지의 거리가 가장 가까운 국가의 등급을 적용한다.
4. 환율은 결의서 작성 당일 한국은행의 매매기준율을 적용한다.
5. 숙박비, 식비 등은 증빙(영수증)을 첨부하는 경우에만 지급한다.

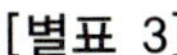
[별표 3]

자가이용 지급기준

1. 통행료 산출기준

산출기준 : 출발지 요금소 ~ 도착지 요금소 통행료 기준

구 분	적 요
검색방법	▪ 한국도로공사 홈페이지(www.ex.co.kr) −고속도로 안내 > 통행요금조회
차량구분	▪ 1종으로 선택 −승용차, 16인승 이하 승합차, 2.5t 미만 화물차 −운행차량이 1,000cc 미만 경차일 경우 '1종(경차)'로 선택 −출퇴근 할인율 미적용

2. 유류비 산출기준

산출기준 : 거리 ÷ 공인연비 × 유류가격 × 120%

구 분	적 요
차 량	▪ 종합보험 가입된 출장자 이용차량
거 리	▪ 출발지에서 목적지까지의 이동 거리 −현지 내 이동거리 제외 −경유지 있는 경우 경유지 포함하여 거리 계산 −map.naver.com 지도 활용
유류가격	▪ 출장신청일이 속한 해당주 월요일 현재 전국평균 유류단가(한국석유공사 Opinet 공시 기준)
공인연비	▪ 이용차종의 해당 공인연비 적용 (에너지관리공단 수송에너지 > 자동차연비 검색)
실제연비 보전	▪ 공인연비와 실제연비와의 차이보전을 위해 유류가격의 10% 추가반영
차량가격 및 감각상각비 적용	▪ 자가차량의 차량가격 및 감가상각비 보전을 위해 유류가격의 10% 추가반영

3. 주차료 지급기준

1일 한도 1만원까지 실비로 지급

[별지 4]

출 장 신 청 서				결재	담 당	팀 장	임 원	사 장
신 청 일		소속부서						
직 위		성 명						
출장목적								
출장기간	년 월 일 시 ~ 년 월 일 시							
출장지역		법인카드 유 무	유 , 무					
교 통 편								

여 비 산 출 내 역		
여비구분	내 역	금 액
교 통 비		
숙 박 비		
일 비		
기 타		
합 계		

※ 참고란

접대관련	상 대 방	
	목 적	
비 고		

[별지 5]

여 비 정 산 서		결재	담 당	팀 장	임 원	사 장
정 산 일		소속부서				
직 위		성 명				
출장목적 및 결과						
출장기간	년 월 일 시 ~ 년 월 일 시					
출장지역						
집행금액		법인카드유무	유 , 무			

■ 여비 내역

구 분	발생일	교통편	출발지	도착지(경유지)	거리(km)	단가(km당)	금액(원)
교통비	/						
	/						
	/						
	/						
	/						
	소 계						
숙박비							
일 비							
유류비							
기 타							
합 계							

▶ 교통편 : 1.버스 2.택시 3.열차 4.전철 5.자가운전 6.항공편 7.기타
▶ 자가운전 : 차종( ), 배기량( ), 연료종류( ), 공인연비( ), 유류가격( )

■ 부대비용 등

	상대방	목 적	금 액
접대관련			
기타(계정과목을 달리하는 내역)			
환 율			

[별지 6]

이전비 지급신청서

신청인	소 속		직 급		성 명	
	주민등록번호					
	이사전주소					
	이사후주소					
이사내용	이사업체명					
	이 사 물 량					
	이 사 일 자	·				
	이 사 비 용	일금 __________ 원 (₩)				

상기와 같이 이전비를 신청합니다.

20○○년 ○○월 ○○일

신청자 : ○○○ (인)

주식회사 ○○○○ 귀중

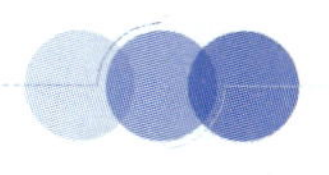 제 3 장 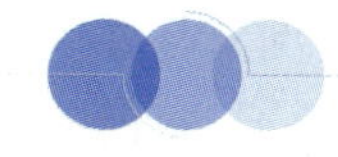

교육훈련 규정

1. 의 의[6)]

(1) 지급하는 법인의 손금 여부

「법인세법」에서 손금은 자본 또는 출자의 환급, 잉여금의 처분 및 「법인세법」에서 규정하는 것은 제외하고 해당 법인의 순자산을 감소시키는 거래로 인하여 발생하는 손비의 금액으로 하며, 이 손비는 「법인세법」 및 다른 법률에서 달리 정하고 있는 것을 제외하고는 그 법인의 사업과 관련하여 발생하거나 지출된 손실 또는 비용으로서 일반적으로 인정되는 통상적인 것이거나 수익과 직접 관련된 것인 때에 비용으로 인정합니다(법인세법 19조).

회사에서 지출하는 교육훈련 비용도 법인의 사업과 관련된 업무관련 비용인 경우에는 당연히 비용으로 인정되는 것이며, 이를 명확히 하거나 관리목적을 위하여 교육훈련 규정을 제정 시행합니다. 이와 같은 교육훈련 비용의 비용인정 여부는 업무와 관련성이 있는지 여부에 대한 사실판단 문제이기 때문에 법령에서 정하는 사항은 많지 않으나 몇 가지 사례를 살펴보면 다음과 같습니다.

Q&A

특수관계에 있는 지배주주에게 교육훈련비를 지출하는 경우는?

법인이 임원 또는 사용인이 아닌 지배주주 등(특수관계에 있는 자를 포함)에게 지급한 여비 또는 교육훈련비는 당해 사업연도의 소득금액 계산에 있어서 이를 손금에 산입하지 아니합니다(법인세법시행령 46조).

6) 이 장의 교육훈련비와 다음 장의 학자금은 지급하는 회사입장에서 보면 교육훈련비이고 지급받는 근로자의 입장에서 보면 학자금이기 때문에 중복되거나 유사한 것처럼 보이나, 교육훈련 규정은 근로자 본인인 직원을 대상으로 회사에서 필요한 업무와 관련한 다양한 교육을 대상으로 규율하고, 학자금 규정은 복리후생의 목적에서 근로자 자녀의 학자금 등을 지원하는 것을 그 규율대상으로 한다는 점에서 차이가 있습니다.

Q&A

임원에게 지급하는 자녀교육비가 손금산입대상인지?

법인이 임원 또는 사용인에게 지급하는 자녀교육비 보조금은 그 임원 또는 사용인에 대한 인건비로 보아 손금에 산입합니다. 다만, 임원의 경우는 영 제43조 제2항 및 제3항에 해당하는 금액(법인이 임원에게 지급하는 상여금 중 정관 · 주주총회 · 사원총회 또는 이사회의 결의에 의하여 결정된 급여지급기준에 의하여 지급하는 금액을 초과하여 지급한 경우 그 초과금액)은 손금에 산입하지 아니합니다(법인세법기본통칙 19－19…37).

(2) 지급받는 임직원의 소득구분

근로자 본인이 지급받은 경우로서 「초 · 중등교육법」 및 「고등교육법」에 따른 학교(외국에 있는 이와 유사한 교육기관을 포함)와 「근로자직업능력 개발법」에 따른 직업능력개발훈련시설의 입학금 · 수업료 · 수강료, 그 밖의 공납금 중 다음의 요건을 갖춘 교육훈련비(학자금)는 손금으로 인정되며 소득세를 과세하지 않습니다. 이 경우 비과세하는 교육훈련비(학자금)는 해당 과세기간에 납입할 금액을 한도로 하며(소득세법시행령 11조), 비과세 요건은 다음과 같습니다.

① 사업체의 규칙 등에 의하여 정하여진 지급기준에 따라 받는 것일 것
② 당해 근로자가 종사하는 사업체의 업무와 관련 있는 교육 · 훈련을 위하여 받는 것일 것
③ 교육 · 훈련기간이 6월 이상인 경우 교육 · 훈련 후 당해 교육기간을 초과하여 근무하지 아니하는 때에는 지급받은 금액을 반납할 것을 조건으로 하여 받는 것일 것

Q&A

근로자에게 지급하는 대학원 학자금이 비과세 대상인지?

대학원에 수학 중인 종업원이 받는 학자금은 「소득세법 시행령」 제11조에서 정한 요건을 갖춘 경우에 비과세 학자금에 해당하는 것이나, 당해 학자금은 근로소득세액 연말정산 시 교육비 공제대상에는 해당되지 아니하는 것입니다(법인 46013－2380, 1999.6.24.).

2. 교육훈련 지급규정 사례

제1편의 규정설계는 '진단 → 확정 → 승인 → 사후관리'의 순서로 기술하였으나, 이 장에서는 지급규정의 사례만을 살펴봅니다. 지급규정에서 정하고자 하는 조문별 사항에 대한 의사결정은 회사의 규모·종업원 수·자금능력·경영자의 의지 등 개별 회사마다 모두 다르기 때문에 조문별 진단을 표시하는 것보다 사례에서 정하는 조문별 내용을 참조하여 회사에서 필요한 사항을 의사결정하고, 승인과 관련된 「상법」절차 관련 사항은 제1편을 참조하시기 바랍니다.

일반적인 교육훈련 지급규정의 사례를 살펴보면 다음과 같습니다.

교육훈련규정

－제 정 : 20○○년 ○○월 ○○일
－개정(1차) : 20○○년 ○○월 ○○일

제 1 장 총 칙

제 1 조 【목 적】
이 규정은 주식회사 ○○○○(이하 "회사"라 한다)의 임직원을 대상으로 교육훈련을 통해 개인의 자질향상과 능력개발을 도모하고, 그들의 직무수행에 필요한 지식, 기능, 태도를 육성함으로써, 자기성장과 회사발전에 기여함을 목적으로 한다.

제 2 조 【적용범위】
이 규정은 회사 전 임직원, 가족 및 협력업체 임직원 등을 위한 교육훈련을 대상으로 적용한다.

제 3 조 【교육훈련의 구분】

교육훈련은 아래와 같이 구분한다.

① 신규입사자 교육 :
당사에 신규 채용되는 직원에 대해 당사의 개요, 경영이념에 대한 이해와 신규 입사자가 갖추어야 할 정신자세를 확립하는 교육(경력 입사자 포함)

② 계층 교육 :
각 직위별 역할 인식과 관리 및 업무 능력 향상을 목적으로 실시하는 교육

③ 직능 교육 :
당사 전 임직원이 맡은 바 직무를 수행하는 데 필요한 부문별 전문지식, 기능, 태도를 육성하고자 실시하는 교육

④ 조직개발 교육 :
복리후생적 성격의 교육으로 임직원의 정서 및 교양을 함양시키고, 직장인으로서 올바른 가치관과 인생관 정립을 목적으로 하는 교육

⑤ 기타 교육 :
상기 구분에 속하지 않는 국내교육을 지칭하며, 통신교육과 선택강좌 등이 이에 해당

⑥ 국내 및 해외유학(연수) :
당사 경영상 장기적인 인재 육성 및 고급인력 양성 요구에 따라 국내 및 해외 유수 대학이나 교육기관(연구소 포함)에 장기유학이나 연수를 지칭

제 4 조 【교육의 주관】

회사의 교육의 전반적인 집행, 관리는 인사담당부서에서 주관한다.

제 5 조 【교육주관부서의 임무】

교육주관부서는 다음 각 호의 직무를 수행한다.

① 교육에 관한 조사, 연구 및 자료의 작성, 배포, 보관에 대한 업무
② 교육에 대한 평가 및 임직원 교육 이력의 정리 및 보관
③ 기타 교육과 관련된 제반 업무

제 6 조 【각 부서장의 의무】

① 각 부서장은 본인 및 소속사원의 교육을 통한 자질향상이 자기의 중요한 책무임을 인식하고, 일상 업무를 통하여 계획적으로 소속 사원의 지도육성에 노력하여야 한다.
② 각 부서장은 정당한 사유가 없는 한 제반교육에 소속 사원을 참가시켜야 한다.
③ 각 부서장은 교육훈련에 필요한 각종 자료요청에 적극 협력하여야 한다.

제 7 조【피교육자의 의무】
① 피교육자로 선정된 자는 정당한 사유가 없는 한, 회사에서 실시하는 제 교육에 필히 참가해야 한다.
② 피교육자는 교육의 목적을 명확히 인식하고, 주어진 교육과정에 적극적으로 임해야 한다.
③ 교육과정에서 얻은 지식, 기능은 즉시 현업에 활용하여야 하며, 대외비에 관한 사항은 외부에 유출시켜서는 아니 된다.

제 2 장 국내 및 해외유학(연수)

제 8 조【위탁교육의 대상자】
① 회사의 경영상 장기적인 인재 육성 및 고급인력 양성 요구에 따라 국내 및 해외 유수대학이나 교육기관(연구소 포함)에 장기유학이나 연수를 위탁하여 실시할 수 있다.
② 제1항의 위탁교육대상자는 입사일로부터 3년 이상을 계속 근무한 자로서 집행부서의 장이 추천하여 이사회에서 결정하고, 구체적인 교육기관 · 훈련기간 등은 집행부서장이 제안하고 대표이사가 승인한다.
③ 위탁교육의 대상자가 해당 교육훈련을 받을 수 없게 되거나 해당 교육훈련을 계속 받을 수 없게 된 경우에는 지체 없이 집행부서의 장에게 보고하고 그 지시를 따라야 한다.
④ 위탁교육대상자가 교육훈련 중 교육훈련의 중지 또는 소환을 명할만한 사유가 있다고 판단되는 경우 대표이사에게 즉시 보고하고 그 경과를 알려야 한다.

제 9 조【위탁교육훈련 기간】
위탁교육훈련은 다음의 구분에 의한 교육기간을 최대의 기간으로 한다.
① 국내 장기위탁교육훈련 : 2년 미만
② 국내 대학(원) 장기위탁교육훈련 : 4년 미만
③ 해외 위탁교육훈련 : 3년 미만

제10조【의무복무】
① 국내장기위탁교육훈련 · 국내대학(원)위탁교육훈련 또는 해외위탁교육훈련을 받은 직원은 [별표 1]의 의무복무기간이 경과하기까지는 복무를 의무적으로 하여야 한다.
② 제1항의 의무복무기간은 교육훈련기간의 종료일 다음 날부터 기산한다. 다만, 의무

복무 중에 있는 직원이 복무의무가 부과되는 또 다른 교육훈련을 받은 경우의 새로운 교육훈련에 대한 의무복무기간은 교육훈련기간의 시작일이 선행하는 교육훈련의 의무복무기간의 종료일 다음 날부터 기산한다.

③ 제1항의 의무복무기간의 계산에 있어 다음 각 호의 기간은 복무의무를 이행한 기간으로 간주하지 아니한다.

1. 정직 · 직위해제(형사사건으로 기소되었다 무혐의로 확정된 자 제외) 기간
2. 업무상의 사유로 부득이 발생하는 휴직기간을 제외한 휴직기간

④ 제1항 및 제2항의 규정에 불구하고 복무의무가 있는 직원이 다음 각 호에 해당할 때에는 그 사유가 발생한 날을 기준으로 복무의무를 면제한다.

1. 사망하였을 때
2. 정년에 도달하였을 때
3. 정원감축으로 인하여 직권면직되었을 때

제11조 【의무위반 시 소요경비 반납】

집행부서의 장은 위탁교육훈련을 받고 있거나 받은 소속 직원이 다음의 어느 하나에 해당하는 때에는 [별표 2]의 반납액 산정기준에 따라 해당 직원의 교육훈련을 위하여 소요된 경비의 전액 또는 일부를 본인 또는 그의 연대보증인으로 하여금 반납하게 하여야 한다.

① 교육훈련 중에 질병 · 사고 등 부득이한 사유 외의 사유로 인하여 면직된 때

② 제8조 제3항의 규정에 의하여 교육훈련의 중지 또는 소환 명령을 받고 정당한 사유 없이 지정된 기일까지 공사에 복귀하지 아니하거나 복귀 후 교육훈련 중 발생한 사유로 인하여 면직된 때

③ 의무 또는 지시사항에 위반하여 중도에 복귀되었거나 특별한 사유 없이 교육훈련을 중도에 포기하거나 탈락된 때

④ 제10조의 규정에 의한 의무복무를 이행하지 아니한 때

제12조 【신원보증】

① 국내장기위탁교육훈련 · 국내대학(원)위탁교육훈련 · 해외위탁교육훈련을 받는 직원은 교육훈련기간의 시작 전까지 [별지 3] 신원보증서를 총괄부서의 장에게 제출하여야 한다.

② 제1항의 규정에 의하여 신원보증서를 제출하는 경우 연대보증인의 인감증명서 및 재산세납부증명서(연간 2만원 이상)를 함께 제출하여야 한다.

③ 제1항의 규정에 의한 신원보증서의 연대보증인은 국내거주 내국인 1명으로 한다.

④ 제1항의 규정에 불구하고 피보험자를 공사로 하고 해당교육훈련에 소요되는 경비의 전액을 보험가액으로, 교육훈련기간과 의무복무기간을 합산한 기간을 보험기간으로 한 교육훈련비 보증보험증권을 제출하는 경우에는 제1항의 규정에 의한 신원보증서의 연대보증인은 세우지 아니한다.

제13조【결과보고】

① 국내장기위탁교육훈련 · 국내대학(원)위탁교육훈련을 받은 직원은 교육훈련기간의 종료 후 30일 이내에 [별지 4] 위탁교육훈련 결과보고서를 소속 상임이사에게 제출하고 총괄부서의 장에게 그 사본을 제출하여야 한다. 총괄부서의 장에게 제출하는 경우 논문 또는 교육훈련수료증 등 이수증빙서류 및 기타 총괄부서의 장이 요구하는 서류를 함께 제출하여야 한다.

② 국내대학(원)위탁교육훈련을 받고 있는 직원은 다음 학기 시작 전까지 직전 학기의 수강결과와 다음 학기의 수강계획을 총괄부서의 장에게 제출하여야 한다.

③ 해외에서 교육훈련을 받은 직원은 교육훈련기간의 종료 후 60일 이내에 교육훈련 결과보고서를 소속 집행부서의 장을 통하여 교육훈련담당 상임이사에게 제출하고 총괄부서의 장에게 그 사본을 제출하여야 한다. 총괄부서의 장에게 제출하는 경우 논문 또는 교육훈련수료증 등 이수증빙서류 및 기타 총괄부서의 장이 요구하는 서류를 함께 제출하여야 한다.

④ 해외대학(원)위탁교육훈련을 받고 있는 직원은 다음 학기 시작 전까지 직전 학기의 수강결과와 다음 학기의 수강계획을 총괄부서의 장에게 제출하여야 한다.

제3장 교육훈련 운영

제14조【교육명령】

① 교육명령은 해당 교육과정 대상자를 통보하여 교육에 참가시키고자 할 때 적용한다.

② 교육명령은 교육 주관 부서의 명의로 발한다. 사외의 기관에 위탁하여 시행하는 교육의 경우에는 대표이사의 승인을 얻어 교육 주관 부서의 명의로 발한다.

제15조【교육훈련의 평가】

① 교육의 평가는 각 교육과정에 대한 평가, 피교육자에 대한 평가 등으로 구분한다.

② 평가방법은 필기시험, 논문, report, 설문지, 평가회 등으로 실시한다.

③ 사외 위탁교육을 이수한 자에 대한 평가는 교육보고서, 교재제출, 수료증, 성적평가 등을 대상으로 한다.

제16조 【교육결과 통보】

① 교육주관부서는 필요에 따라 교육실시 결과를 교육대상자의 소속 부서장에게 인사 비밀로 결과를 통보할 수 있다.

② 교육대상자는 교육수료 후, 전달교육의 필요성이 있을 경우, 부서장에게 보고하여 관련 직원에게 전달교육을 실시한다.

제17조 【교육결과의 기록 · 관리】

① 교육주관부서는 교육결과를 인사 관련 전산프로그램에 입력하여 유지 · 관리한다.

② 전산 프로그램에 입력된 자료는 승진 심사, 전보 등 인사상 기초자료 및 향후 교육 운영의 자료로 활용한다.

제18조 【사내교육의 운영】

사내교육 운영의 세부사항은 별도의 규정에 정한 바에 의한다.

부 칙

제 1 조 【시행일자】

이 규정은 20○○년 ○○월 ○○일부터 시행한다.

부 칙

제 1 조 【시행일자】

이 규정은 20○○년 ○○월 ○○일부터 시행한다.

[별표 1]

의무복무기간

구 분	교육훈련기간	의무복무기간
국내장기위탁교육훈련	6개월 이상~1년 미만 1년 이상~2년 미만	1년 2년
국내대학(원)위탁교육훈련	1년 미만 1년 이상~2년 미만 2년 이상~3년 미만 3년 이상~4년 미만	2년 3년 4년 5년
해외위탁교육훈련	3개월 미만 3개월 이상~6개월 미만 6개월 이상~1년 미만 1년 이상~2년 미만 2년 이상~3년 미만	1년 2년 3년 5년 교육훈련기간의 3배수

[별표 2]

반납액 산정기준

구 분 \ 기 준	반 납 액
제11조 제1항 · 제2항 · 제4항 해당자	소요경비 전액
제11조 제3항 해당자	소요경비 $\times \frac{1}{2}$
제11조 제3항 해당자가 다시 동조 제4항에 해당된 경우	소요경비 전액 − 기 반납액

[별지 3]

신원보증서

본인은 ( )교육훈련을 받는 자로서 다음 사항을 성실히 이행할 것을 서약합니다.

1. 교육훈련기간 중 회사의 직원으로서 긍지를 가지며, 회사의 명예에 손상되는 행위를 하지 아니하겠습니다.
2. 교육훈련기간 중 회사의 교육훈련규정 및 제반사규를 준수하고, 소정의 교육훈련을 성실히 이수하여 소기의 교육훈련목적을 달성하겠으며, 교육훈련의 중지 또는 소환명령을 받은 때에는 언제든지 이에 따르겠습니다.
3. 교육훈련을 받은 후 공사의 교육훈련규정에 의하여 부과되는 복무의무를 성실히 이행하겠습니다.

년 월 일

(서약인) 소 속 :
직 급 :
주민등록번호 :
성 명 : (인)

위 서약인이 이 신원보증서에 정한 제반사항을 불이행함으로써 귀사에 손해를 끼쳤을 때에는 귀사의 조치에 따라 본인 등이 전부 배상하고 귀사에 손해가 없도록 신원보증 책임을 질 것을 서약합니다.

년 월 일

(연대보증인) 소 속 :
직업 및 직위 :
주민등록번호 :
성 명 : (인)

주식회사 ○○○○ 귀중

[별지 4]

위탁교육훈련 결과보고서

소 속 :
직 급 :
성 명 : (인)

상기 본인은 위탁교육훈련 결과를 다음과 같이 보고합니다.

－ 다 음 －

1. 교육훈련과정명 :
2. 교육훈련기관 :
3. 교육훈련기간 : . . . ~ . . .(일간)
   총 시간
4. 교육훈련장소 :
5. 소 요 경 비 :
6. 교육훈련내용 : 별첨
7. 교육훈련소감 : 별첨
8. 전달교육훈련계획 :
9. 실무적용계획 :
10. 기 타 : 수집자료 등

주식회사 ○○○○ 귀중

제 4 장

학자금 지급규정

1. 의 의

「초ㆍ중등교육법」 및 「고등교육법」에 따른 학교(외국에 있는 이와 유사한 교육기관을 포함)와 「근로자직업능력 개발법」에 따른 직업능력개발훈련시설의 입학금ㆍ수업료ㆍ수강료, 그 밖의 공납금 중 다음의 요건을 갖춘 학자금은 소득세를 과세하지 않습니다. 이 경우 비과세하는 학자금은 해당 과세기간에 납입할 금액을 한도로 합니다(소득세법시행령 11조).

(1) 지급하는 법인의 손금 여부

「법인세법」에서 손금은 자본 또는 출자의 환급, 잉여금의 처분 및 「법인세법」에서 규정하는 것은 제외하고 해당 법인의 순자산을 감소시키는 거래로 인하여 발생하는 손비의 금액으로 하며, 이 손비는 「법인세법」 및 다른 법률에서 달리 정하고 있는 것을 제외하고는 그 법인의 사업과 관련하여 발생하거나 지출된 손실 또는 비용으로서 일반적으로 인정되는 통상적인 것이거나 수익과 직접 관련된 것인 때에 비용으로 인정합니다(법인세법 19조).

회사에서 지출하는 학자금도 법인의 사업과 관련된 업무관련 비용인 경우에는 당연히 비용으로 인정되는 것이며, 이의 손금산입 요건은 다음과 같습니다.

① 사업체의 규정 등에 의하여 정하여진 지급기준에 따라 받는 것일 것
② 당해 근로자가 종사하는 사업체의 업무와 관련 있는 교육ㆍ훈련을 위하여 받는 것일 것

(2) 지급받는 임직원의 소득구분

본인이 지급받은 학자금으로서 비과세되는 요건은 다음과 같습니다(소득세법시행령 11조).

① 사업체의 규정 등에 의하여 정하여진 지급기준에 따라 받는 것일 것
② 당해 근로자가 종사하는 사업체의 업무와 관련 있는 교육ㆍ훈련을 위하여 받는 것

일 것
③ 교육 · 훈련기간이 6월 이상인 경우 교육 · 훈련 후 당해 교육기간을 초과하여 근무하지 아니하는 때에는 지급받은 금액을 반납할 것을 조건으로 하여 받는 것일 것

이와 같이 학자금은 일정한 요건을 갖춘 경우에 비과세하며, 그렇지 않은 경우 과세되며 지급대상자와 업무관련성 여부에 따라 그 과세문제가 아래와 같이 달라짐에 유의하여야 합니다.

구 분		적 요
① 지급대상자	근로자 본인	법정요건 충족 시 비과세
	근로자의 자녀 등	근로소득으로 과세
② 업무관련성 여부	업무와 관련이 있는 경우	손금으로 인정되며, '①'의 구분에 따라 소득구분
	업무와 관련이 없는 경우	손금불산입하고, 상여로 처분

(3) 학자금 종류에 따른 과세 여부

학자금의 지급과 관련하여 실무에서는 다양한 형태의 학자금이 있는데, 이와 관련한 과세 여부에 대한 사례를 살펴보면 다음과 같습니다.

학자금의 종류	과세 여부	근 거
대학원에 납입한 학자금	비과세	소득세법집행기준 26－44－3
출자임원에 대한 학자금	비과세	소득세법집행기준 26－44－3
해외 MBA과정에 납입한 교육훈련비	비과세	소득세법집행기준 26－44－3
사설 어학원 수강료	과세	소득세법집행기준 26－44－3
자치회비 및 교재비	과세	소득세법집행기준 26－44－3
(본인 이외)자녀학자금	과세	소득세법집행기준 26－44－3
학비보조금(또는 연수비)	과세	소득세법집행기준 26－44－3
대리점주 자녀 학자금	사업소득	법규소득 2014－54, 2014.4.22.
명예퇴직자에게 지급한 자녀학자금	과세	원천세과－598, 2011.9.30.
사내근로복지기금에서 받은 자녀학자금	비과세	소득세제과－67, 2003.12.13.

유족학자금 등의 손금 인정 요건은?

유족에게 지급하는 학자금 등의 손금산입 요건은 임원 또는 사용인의 사망 이후 유족에게 학자금 등으로 일시적으로 지급하는 금액으로서 임원 또는 사용인의 사망 전에 정관이나, 주주총회 · 사원총회 또는 이사회의 결의에 의하여 결정되어 임원 또는 사용인에게 공통적으로 적용되는 지급기준에 따라 지급되는 것을 말합니다(서면－2016－법인－3222, 2016.5.18.).

주재특파원의 체재비 및 자녀학자금이 비과세인지?

주재특파원에게 지급하는 체재비는 주재특파원 운영을 위해 지급된 업무관련 경비와는 달리 업무를 위하여 사용되는 것인지 분명하지 아니할 뿐만 아니라, 주재특파원은 해외 발령 시 별도로 부임여비를 지급받고 있는 점 등을 감안할 때, 동 체재비를 「소득세법 시행령」 제12조에서 규정하는 여비 등의 실비변상적인 성질의 급여로 인정하기는 어렵다 할 것입니다. 또한, 주재특파원의 자녀학자금의 경우 「소득세법」 제12조 제4호 사목 규정의 비과세되는 학자금 요건을 충족하지 아니하므로 과세대상 근로소득에 해당됩니다(조심 2010서1763, 2012.2.28.).

2. 학자금 지급규정 사례

제1편의 규정설계는 '진단 → 확정 → 승인 → 사후관리'의 순서로 기술하였으나, 이 장에서는 지급규정의 사례만을 살펴봅니다. 지급규정에서 정하고자 하는 조문별 사항에 대한 의사결정은 회사의 규모 · 종업원 수 · 자금능력 · 경영자의 의지 등 개별 회사마다 모두 다르기 때문에 조문별 진단을 표시하는 것보다 사례에서 정하는 조문별 내용을 참조하여 회사에서 필요한 사항을 의사결정하고, 승인과 관련된 「상법」절차 관련 사항은 제1편을 참조하시기 바랍니다.

일반적인 학자금 지급규정의 사례를 살펴보면 다음과 같습니다.

학자금 지급규정

－제 정 : 20○○년 ○○월 ○○일
－개정(1차) : 20○○년 ○○월 ○○일

제 1 조【목 적】
이 규정은 주식회사 ○○○○(이하 "회사"라 한다)의 복리후생제도의 일환으로 임원 및 직원자녀의 학자금지급을 위한 기준과 절차를 규정함을 목적으로 한다.

제 2 조【용어의 정의】
이 규정에서 사용하는 용어의 정의는 다음과 같다.
① 취학자녀라 함은 호적에 등재된 자녀로서「고등교육법」등 관련 법령에서 규정하는 학교로서, 국내에 소재하는 중학교, 고등학교, 대학교(전문대학 포함, 대학원 제외)에 입학하거나 재학 중인 자를 말한다.
② 학자금이라 함은 입학금, 등록금, 수업료, 육성회비, 학생회비를 포함하는 매기 정규적으로 납입하는 필요적 비용을 말하며, 통상적인 교육 목적 이외의 부대비용인 기숙사비, 통학비 등은 지급대상에서 제외한다.

제 3 조【지급대상】
학자금 지급은 입사일로부터 계속근속연수 1년 이상인 직원 및 임원의 취학자녀로 한다. 이 경우 수혜자녀가 2명 이상인 경우 지급대상은 2명 이내로 한다.

제 4 조【지급기준】
① 학자금의 지급기준은 다음과 같다.

구 분	중학교, 고등학교	대학교
지급방법	학기별로 지급	학기별로 지급
지급한도	연간 200만원	연간 1,000만원

② 수혜자녀가 등록금면제 또는 장학금 수혜 등으로 인하여 등록금의 전액 또는 일부를 납부하지 않는 경우에도 해당 학자금 전액을 지급한다.

제 5 조【지급기간】

학자금은 각급 학교의 정규수업 연한에 한하여 지급한다.

제 6 조【신청절차】

학자금을 신청하고자 하는 임직원은 [별지1] 학자금 지급신청서에 다음의 서류를 구비하여 관리부서에 제출하여야 한다.

① 등록금 납부고지서 사본 또는 등록금 납부영수증 사본 : 1부

② 주민등록등본(비동거 시 호적등본) : 1부(최초신청 시만 제출)

제 7 조【지급방법】

① 직원이 연도 중에 학자금을 지급받을 자격이 개시되는 경우에는 새로이 시작되는 학기의 학자금부터 지급한다.

② 직원이 연도 중에 학자금을 지급받을 자격이 상실되는 경우에는 이미 지급된 학자금은 전액 지급된 것으로 본다.

제 8 조【지급절차】

관리부서는 신청서를 매월 말일까지 접수하여, 그 적격 여부를 확인하고 지급금액을 결정한 후 익월 급여지급일에 일괄하여 지급한다.

제 9 조【지급제한】

다음의 어느 하나에 해당하는 경우에는 학자금 지급을 중지하고 이미 지급한 경우에는 기 지급한 금액을 변상하여야 한다.

① 취학자녀가 법령에 의하여 학비가 면제되거나 학비가 무상인 학교에 취학하고 있는 경우

② 휴학 · 군입대 기타의 사유로 인하여 3개월 이상 학업을 계속할 수 없는 경우

③ 신청서류의 기재사항이 허위로 판명되었을 때

제10조【지급특례】

① 직원이 휴직한 경우에는 휴직기간 중 학자금을 지급하지 아니한다.

② 회사는 순직자의 회사에 대한 공헌도 및 근무기간 등을 감안하여 순직자 자녀에 한하여 지급기간 내에 학자금을 계속 지급할 수 있다.

제11조【기타사항】

이 규정의 시행과 관련하여 적용대상, 지급금액 등 해석이 다른 경우 구체적인 지급에 대한 사항은 이사회 결의로 결정한다.

부 칙

제 1 조 【시행일자】
이 규정은 20○○년 ○○월 ○○일부터 시행한다.

부 칙

제 1 조 【시행일자】
이 규정은 20○○년 ○○월 ○○일부터 시행한다.

[별지 1]

학자금 지급신청서

<table>
<tr><td rowspan="2">지급대상자</td><td>소 속</td><td>직 급</td><td colspan="2">성 명</td><td colspan="2">주민등록번호</td><td>비 고</td></tr>
<tr><td></td><td></td><td colspan="2"></td><td colspan="2"></td><td></td></tr>
<tr><td rowspan="7">지원내용</td><td>자녀성명</td><td>관계</td><td colspan="2">학교명 및 전공</td><td>학년</td><td>주민등록번호</td><td>학자금종류</td></tr>
<tr><td></td><td></td><td colspan="2"></td><td></td><td></td><td></td></tr>
<tr><td></td><td></td><td colspan="2"></td><td></td><td></td><td></td></tr>
<tr><td></td><td></td><td colspan="2"></td><td></td><td></td><td></td></tr>
<tr><td></td><td></td><td colspan="2"></td><td></td><td></td><td></td></tr>
<tr><td colspan="2">신청금액</td><td colspan="5">금 원정</td></tr>
<tr><td colspan="2">입금계좌번호</td><td colspan="5"></td></tr>
</table>

첨부서류 : 납입영수증 사본 1부(납입고지서)

위와 같이 학자금의 지급을 신청하오니 지급하여 주시기 바랍니다.

2○○○년 ○○월 ○○일

신 청 인 : (인)

주식회사 ○○○○ 귀중

제 5 장

경조금 지급규정

1. 의 의

경조금의 비과세 요건은 종업원에게 지출한 것과 거래처에 지출한 것으로 구분하여 판단하는데, 그 내용은 다음과 같습니다.

(1) 거래처에 지출하는 경조금

내국법인이 한 차례의 접대에 지출한 접대비 중 경조금으로 20만원을 초과하는 금액은 세금계산서 · 계산서 · 신용카드매출전표 · 현금영수증을 수취하지 아니한 것은 손금에 산입하지 않습니다. 다만, 증거자료를 구비하기 어려운 접대비가 지출된 장소에서 현금 외에 다른 지출수단이 없어 증빙을 구비하기 어려운 국외 지역에서 지출한 것으로서 지출사실이 객관적으로 명백한 경우에는 그러하지 않습니다(법인세법 25조 2항, 법인세법시행령 41조 1항).

거래처 접대비의 구분		손금산입 요건
국내 경조금	20만원 이하	세금계산서 등 적격증빙이 없어도 지출사실 확인되면 손금인정
	20만원 초과	세금계산서 등 적격증빙을 수취하는 경우에만 손금인정
국외 경조금		세금계산서 등 적격증빙이 없어도 지출사실 확인되면 손금인정

◈ 경조금 이외의 일반접대비의 경우 1만원 이하인 경우 세금계산서 등 적격증빙이 없어도 지출사실 확인되면 손금인정되나, 1만원을 초과하는 접대비의 경우에는 세금계산서 등 적격증빙을 수취하는 경우에만 손금인정됩니다.

◈ 거래처경조금은 접대비이므로 접대비는 일정한 한도 금액의 범위 내에서 손금으로 인정됩니다.

Q&A

거래처에 지급한 경조금의 접대비 인정 여부는?

법인이 거래처에 지급한 경조금 중 사회통념상 타당하다고 인정되는 범위 내의 금액은 접대비로 보는 것이며, 경조금 지급사실은 지급규정, 사규, 청첩장 등 객관적인 자료에 의하여 입증하여야 하는 것입니다(법인 46012－4017, 1998.12.22.).

Q&A

청첩장이 경조금 지급 시의 증빙자료로 가능한지?

법인이 당해 법인의 사용인이나 거래처에 지급한 경조금 중 사회통념상 타당하다고 인정하는 범위 안의 금액은 그 사용인에 대한 복리후생비 또는 거래처에 대한 접대비로 보는 것이며, 경조금 지급사실은 지급규정 · 사규 · 청첩장 등 객관적인 자료에 의하여 입증하면 되는 것입니다(법인 46012-537, 1993.3.5.).

(2) 종업원에게 지출하는 경조금

사업자가 임원 또는 사용인에게 사회통념상 타당하다고 인정되는 범위 안에서 지급하는 경조사비는 손금에 산입하는 것이며, 그 종업원에게 지급한 경조금 중 다음의 요건을 충족하는 경우에는 이를 지급받은 자의 근로소득으로 보지 않습니다(소득세법시행규칙 10조 1항).

① 사규 등 지급규정이 있을 것
② 사회통념상 타당하다고 인정되는 범위 내의 금액일 것

Q&A

사회통념상 타당한 경조금의 범위는?

법인이 임원 또는 사용인에게 사회통념상 타당하다고 인정되는 범위 안에서 지급하는 경조사비는 손금에 산입하는 것이나 동 범위를 초과하는 금액은 손금에 산입하지 아니하는 것인데, 이 경우 '사회통념상 타당하다고 인정되는 범위'는 경조사비지급규정, 경조사내용, 법인의 지급능력, 종업원의 직위 · 연봉 등을 종합적으로 감안하여 사실판단할 사항입니다(서이 46012-11058, 2003.5.27.).

Q&A

상조회에 경조금 명목으로 자금을 대여한 경우 세무처리는?

종업원에 대한 경조금을 직접 비용처리하지 아니하고 상조회에 대여하는 사유 등이 불분명하여 정확한 회신을 할 수 없으나, 법인이 당해 법인의 사용인에게 지급한 경조금 중 사회통념상 타당하다고 인정하는 금액에 대하여는 지급받은 사용인에 대한 복리후생비로 보아 이를 사업연도의 소득금액 계산에 있어서 손금에 산입할 수 있는 것입니다(법인 46012-4610, 1995.12.19.).

2. 경조금 지급규정 사례

제1편의 규정설계는 '진단→확정→승인→사후관리'의 순서로 기술하였으나, 이 장에서는 지급규정의 사례만을 살펴봅니다. 지급규정에서 정하고자 하는 조문별 사항에 대한 의사결정은 회사의 규모·종업원 수·자금능력·경영자의 의지 등 개별 회사마다 모두 다르기 때문에 조문별 진단을 표시하는 것보다 사례에서 정하는 조문별 내용을 참조하여 회사에서 필요한 사항을 의사결정하고, 승인과 관련된 「상법」절차 관련 사항은 제1편을 참조하시기 바랍니다.

일반적인 경조금 지급규정의 사례를 살펴보면 다음과 같습니다.

경조금 지급규정

－제 정 : 20○○년 ○○월 ○○일
－개정(1차) : 20○○년 ○○월 ○○일

제 1 조【목 적】
이 규정은 주식회사 ○○○○(이하 "회사"라 한다)의 임직원 및 그 가족의 경조사에 대하여 회사에서 지급하는 경조금에 관한 기준과 절차를 규정함을 그 목적으로 한다.

제 2 조【적용범위】
이 규정은 회사에 재직 중인 정직원을 대상으로 한다. 단, 무급휴직 중인 직원은 제외한다.

제 3 조【경조의 종류】
이 규정의 적용대상이 되는 경조의 종류는 다음과 같다.

구 분	적 요
경사	결혼·회갑·출산 시의 경조금

구 분	적 요
조사	사망(조의) 시의 경조금
조사	사망(조의) 시의 장례비

제 4 조【지급기준】

① 경조금의 지급기준은 [별표1] 경조금 지급기준표와 같다.

② 임직원 본인의 업무상 순직인 경우 제1항의 경조금 외에 2천만원 이내의 금액을 한도로 장례비를 지급한다.

③ 특수한 사정으로 인하여 지급기준에 대한 예외를 요하는 경우에는 대표이사가 결정하여 집행한다.

제 5 조【지급신청】

① 이 규정에서 정하는 경조사유가 발생한 경우 전표를 작성한 후 [별지 2] 경조금 지급신청서 및 증빙서류를 첨부하여 관리부서에 제출한다.

② 이 규정에 의한 신청은 본인이 하는 것을 원칙으로 하며, 불가능한 경우 대리인을 통해 할 수 있다.

③ 이 규정에 의하여 발생한 경조금청구권은 권리발생일로부터 1개월간 행사하지 않으면 소멸한다.

제 6 조【지급방법】

① 이 규정에 의한 경조금의 지급은 본인에게 직접 지급함을 원칙으로 한다. 다만, 본인의 직접수령이 불가능할 경우 대리인에게 지급할 수 있다.

② 본인사망의 경우 유족에게 지급하며, 지급받을 유족은 사장이 정하는 자로 한다.

제 7 조【예외지급】

1년 이상 근속한 여사원이 결혼으로 인하여 퇴직한 후 1개월 내에 결혼한 경우에도 이 규정이 정한 결혼에 대한 축의금을 지급한다.

제 8 조【경조휴가】

① 경조휴가는 아래의 기준에 의하여 유급휴가로 부여한다.

구분	본인	배우자	자녀	부모*1	조부모 (외조부모)	형제자매*1
결혼	5일	–	1일	1일	–	1일

구분	본인	배우자	자녀	부모[*1]	조부모 (외조부모)	형제자매[*1]
회갑	1일	1일	–	1일	–	–
출산	법정[*2]	1일	–	–	–	–
조의	–	5일	5일	5일	3일	3일

*1 부모 및 형제자매의 경우 배우자의 부모와 형제자매를 포함한다.
*2「근로기준법」 및 취업규칙에 따른다.

② 경조휴가기간 중에 있는 휴일 및 휴무일과 중복될 경우 경조휴가를 추가로 부여하지 않는다.

제 9 조【특 례】
이 규정에서 정하는 경조의 범위와 회사의 다른 규정에서 정하는 내용이 중복되는 경우 이 규정을 우선하여 적용한다.

부 칙

제 1 조【시행일자】
이 규정은 20○○년 ○○월 ○○일부터 시행한다.

부 칙

제 1 조【시행일자】
이 규정은 20○○년 ○○월 ○○일부터 시행한다.

[별표 1]

경조금 지급기준표

(단위 : 원)

구 분	대 상 자	직 급 별 금 액					
		임 원	부 장	차 장	과 장	대 리	사 원
결 혼	본 인	1,000,000	800,000	700,000	600,000	500,000	500,000
	자 녀	1,000,000	800,000	700,000	600,000	500,000	500,000
회 갑	본 인	500,000	400,000	350,000	300,000	300,000	300,000
	부 모	500,000	400,000	350,000	300,000	300,000	300,000
	배우자부모	250,000	200,000	200,000	150,000	150,000	150,000
조 의	본 인	2,500,000	2,000,000	1,800,000	1,500,000	1,500,000	1,500,000
	배 우 자	1,500,000	1,200,000	1,000,000	1,000,000	1,000,000	1,000,000
	부 모	1,000,000	800,000	700,000	600,000	500,000	500,000
	배우자부모	500,000	400,000	350,000	300,000	300,000	300,000
	자 녀	500,000	400,000	350,000	300,000	300,000	300,000
	조 부 모	250,000	200,000	200,000	200,000	200,000	200,000
	외조부모	100,000	100,000	100,000	100,000	100,000	100,000
	형제자매	100,000	100,000	100,000	100,000	100,000	100,000
출산	자 녀	100,000	100,000	100,000	100,000	100,000	100,000

[별지 2]

경조금 지급신청서

성 명	소속부서	직 위	본인과의 관계	경조사 내용	입사연월일

위와 같이 경조금을 신청합니다.

- 별 첨 : 관련증빙 1부

20○○년 ○○월 ○○일

신청자 : ○○○ (인)

주식회사 ○○○○ 귀중

제 6 장

복리후생 지급규정

1. 의 의

(1) 지급하는 법인의 손금 여부

법인이 그 임원 또는 사용인을 위하여 지출한 복리후생비 중 다음의 어느 하나에 해당하는 비용 외의 비용은 손금에 산입하지 않습니다(법인세법시행령 45조 1항).

① 직장체육비 및 직장연예비, 직장회식비
② 우리사주조합의 운영비
③ 「국민건강보험법」, 「노인장기요양보험법」에 따라 사용자로서 부담하는 보험료 및 부담금
④ 「영유아보육법」에 의하여 설치된 직장어린이집의 운영비
⑤ 「고용보험법」에 의하여 사용자로서 부담하는 보험료
⑥ 기타 임원 또는 사용인에게 사회통념상 타당하다고 인정되는 범위 안에서 지급하는 경조사비 등 '①' 내지 '⑤'의 비용과 유사한 비용

◈ 세법상 상기 이외의 비용은 복리후생비가 아님에 유의하여야 합니다.

Q&A

법인대표를 피보험자로 하는 종신보험의 보험료 부담 시 손금인정 여부는?

법인이 그 임원 또는 사용인을 위하여 지출한 복리후생비 중 법인세법시행령 제45조 제1항에 규정하는 비용을 제외하고는 당해 법인의 손금에 산입할 수 없는 것으로 법인의 대표이사가 부담하여야 할 보험료를 당해 법인이 부담한 때에는 각 사업연도의 소득금액 계산상 손금으로 산입하지 아니하는 것입니다(법인 46012－1815, 2000.8.25.).

(2) 지급받는 임직원의 소득구분

근로소득의 범위에서 보듯이 고용관계에 의한 근로의 제공으로 인하여 지급받는 것은 명칭 여하에 불구하고 현금이든, 현물이든 모두 근로소득에 해당합니다. 따라서 회사에서 근로자 등에게 명절·창립기념일·생일 등 특정한 날에 지급하는 금품은 법정의 복리후생비를 제외하고는 모두 근로소득에 해당하는 것임에 유의하여야 합니다.

예를 들면 명절날 지급하는 선물, 직원의 생일에 지급하는 문화상품권, 장기근속자에 지급하는 금거북이, 창립기념일에 지급하는 회사의 제품 등은 모두 과세대상 근로소득에 해당하는 것입니다. 이를 정리하면 다음과 같습니다.

구 분	과세 여부	근 거
임직원의 생일축하금, 결혼기념일, 출산 시 지급하는 2~3만원 상당의 선물	근로소득	원천세과-296, 2009.4.9.
명절에 지급하는 선물	근로소득	원천세과-825, 2009.10.6.
체육대회에서 지급하는 추첨경품	근로소득	서일 46011-11724, 2002.12.20.
특별공로로 회사가 지급하는 상금	근로소득	원천세과-129, 2010.2.8.
종업원 주택구입자금 대출금 이자 보전액	손금불산입	법인세과-1043, 2011.12.28.

Q&A

노조전임자에게 지급하는 복리후생비의 손금 여부는?

노조전임자에게 지급하는 복리후생비가 종업원의 후생복지차원에서 일반 무급휴직자에게도 일률적으로 지급되는 것으로서 경조사비 등 「법인세법 시행령」에서 인정하고 있는 복리후생비에 해당하는 경우 손금산입 가능합니다(법인세과-1038, 2011.12.28.).

Q&A

조합원들에게 명절선물비를 지출한 것이 복리후생비로 손금인지?

조합원들은 광고수입의 원천인 광고판이 부착된 버스를 운행하면서 광고판의 청결을 유지·관리하는 등 원고의 버스외부광고업이 영위되도록 하였음에도 그에 관한 별도의 보상이 없었기 때문에 명절 선물을 구입하여 이를 조합원들에게 교부한 것은 업무에 관련된 지출로서, 조합원들의 사기진작과 의욕의 향상을 위하여 지출된 복리후생비적 성격의 비용으로서 그 규모가 사회통념상 용인될 수 있는 범위 내의 것으로 이는 업무와 관련이 있는 지출이므로 「법인세법」상 손금으로 인정됩니다(인천지방법원 2014구합32312, 2015.4.30., 국패, 완료).

2. 복리후생 지급규정 사례

제1편의 규정설계는 '진단 → 확정 → 승인 → 사후관리'의 순서로 기술하였으나, 이 장에서는 지급규정의 사례만을 살펴봅니다. 지급규정에서 정하고자 하는 조문별 사항에 대한 의사결정은 회사의 규모·종업원 수·자금능력·경영자의 의지 등 개별 회사마다 모두 다르기 때문에 조문별 진단을 표시하는 것보다 사례에서 정하는 조문별 내용을 참조하여 회사에서 필요한 사항을 의사결정하고, 승인과 관련된 「상법」절차 관련 사항은 제1편을 참조하시기 바랍니다.

일반적인 복리후생 지급규정의 사례를 살펴보면 다음과 같습니다.

복리후생 지급규정

－제 정 : 20○○년 ○○월 ○○일
－개정(1차) : 20○○년 ○○월 ○○일

제 1 장 총 칙

제 1 조 【목 적】
이 규정은 주식회사 ○○○○(이하 "회사"라 한다)에서 근무하는 임직원의 생활안정 및 복리후생에 관한 사항을 규정함을 그 목적으로 한다.

제 2 조 【적용범위】
이 규정은 회사 복리후생제도 운영 전반에 적용되며, 그 외 세부 사항은 별도로 정한 바에 따른다.

제 3 조 【적용대상】
이 규정에서 정하는 복리후생의 적용대상은 회사에서 근무하는 임원 및 정규직 사원으로 한다.

제4조【구 분】

회사는 복리후생제도를 다음과 같이 구분한다.

1. 건강·문화생활 지원부문
2. 생활 지원부문
3. 시설 지원부문

제5조【운영원칙】

① 이 규정에서 정하는 제도 및 시설은 모든 임직원이 평등하게 혜택을 받을 수 있게 운영되어야 한다.

② 이 규정에서 정하는 복지제도 및 시설의 신설과 운영에 필요한 비용은 특별한 규정이 없는 한 전액 회사의 부담으로 한다.

제6조【주관부서】

이 규정에서 정하는 복리후생제도의 운영업무에 관한 주관부서는 회사의 인사총무부서로 한다.

제2장 건강·문화생활지원 부문

제7조【건강진단】

① 회사는 사원들의 보건과 질병예방을 위하여 정기 또는 수시진단을 실시하여야 한다.

② 건강진단결과 치료를 요하는 자에 대하여는 지체 없이 필요한 조치를 취하여야 한다.

③ 제1항의 건강진단에 관한 세부 사항은 관계법령, 취업규칙을 고려하여 이사회에서 정하는 별도의 규칙에 의한다.

제8조【의료비지원】

① 회사는 사원들이 건강생활을 향유할 수 있도록 하기 위하여 일정한 조건을 만족하는 경우 본인 및 배우자 의료비의 일부 또는 전부를 지원할 수 있다.

② 제1항의 의료비지원의 기준 및 방법에 대한 세부사항은 이사회 결의로 정한 별도의 규칙에 의한다.

제 9 조【동호회지원】

① 회사는 사원들의 친목도모 및 화합증진을 위한 사내동호회활동을 장려하기 위하여 재정적인 지원을 할 수 있다.

② 제1항의 지원의 범위 및 방법 등 구체적인 사항은 이사회 결의로 정한 별도의 규칙에 의한다.

제10조【자기계발비지원】

① 회사는 사원들이 자기계발을 위하여 어학수강, 체육시설 등을 이용하는 경우 그 비용의 일부를 지원할 수 있다.

② 지원의 범위 및 방법 등 구체적인 사항은 이사회 결의로 정한 별도의 규칙에 의한다.

제11조【종합행사】

회사는 사원들의 소속감 제고와 사기 진작을 위해 각종 문화행사 및 체육대회를 개최할 수 있다. 구체적인 시행과 관련한 사항은 대표이사가 결정한다.

제 3 장 생활지원 부문

제12조【피복지급】

회사는 임직원의 안전근무와 소속감 제고 및 업무 능률의 향상을 위해 작업복 및 운동복 등을 지급할 수 있으며, 업무에 필요한 용구 및 방호구를 임직원에게 지급하여야 한다.

제13조【경조금지급】

① 회사는 임직원의 사기진작을 위해 취업규칙에서 정한 바에 따라 경조금을 지급한다.

② 제1항의 경조금지급에 대한 세부적인 사항은 별도로 정하는 규정에 의한다.

제14조【선물 및 금전 지급】

회사는 임직원의 사기진작을 위해 별도 기준에 의하여 설날, 추석, 창립기념일, 생일 등 특별히 이유 있다고 판단되는 날을 정하여 선물 및 금전을 지급할 수 있다.

제15조【주택자금대출】

① 회사는 임직원이 주택구입 및 임차를 할 경우 필요한 자금의 일부 또는 전부를 대여할 수 있다.

② 제1항의 주택자금대출에 관한 세부사항은 이사회 결의로 정한 별도의 규칙에 의한다.

第16条【자녀교육비지원】

① 회사는 임직원자녀의 교육비 중 일부 또는 전부를 지원할 수 있다.
② 교육비의 지원기준인 취학자녀의 수는 임직원 1인당 2명까지로 한다.
③ 교육비의 구체적인 지원범위 및 방법은 별도로 정하는 규정에 의한다.

第17条【주차료지원】

① 회사는 임직원이 자기차량을 이용하여 통근을 하는 경우 소요되는 차량의 주차료 중 전부 또는 일부를 지원할 수 있다.
② 주차료의 지원대상이 되는 임직원과 구체적인 지원액은 별도로 정하며, 별도로 정한 바가 없으면 과장급 이상으로 한다.

제 4 장 시설지원 부문

第18条【사원주택지원】

① 회사는 임직원들의 주거안정 도모를 위하여 사원주택(기숙사)을 제공할 수 있다.
② 사원주택 운용에 관한 세부사항은 이사회 결의로 정한 별도의 규칙에 의한다.

第19条【휴양소운영】

① 회사는 사원들의 근로의욕 증진을 위하여 휴양소를 설치·운영할 수 있다.
② 휴양소에 관한 세부사항은 이사회 결의로 정한 별도의 규칙에 의한다.

제 5 장 기 타

第20条【사내근로복지기금】

① 회사는 회사에서 시행하는 복리후생제도와는 별도로 임직원의 복리후생을 위한 사내근로복지기금을 조성하여 운영할 수 있다.
② 사내근로복지기금의 조성 및 운영에 대하여는 관계법령 및 별도로 정한 바에 의한다.

第21条【특 칙】

회사는 이 규정에 정한 내용 중 일부에 대하여 계약직 사원에 대하여도 적용할 수 있다.

부 칙

제 1 조【시행일자】
이 규정은 20○○년 ○○월 ○○일부터 시행한다.

부 칙

제 1 조【시행일자】
이 규정은 20○○년 ○○월 ○○일부터 시행한다.

제 7 장

통신비 지급규정

1. 의 의

(1) 지급하는 법인의 손금 여부

「법인세법」에서 손금은 자본 또는 출자의 환급, 잉여금의 처분 및 「법인세법」에서 규정하는 것은 제외하고 해당 법인의 순자산을 감소시키는 거래로 인하여 발생하는 손비의 금액으로 하며, 이 손비는 「법인세법」 및 다른 법률에서 달리 정하고 있는 것을 제외하고는 그 법인의 사업과 관련하여 발생하거나 지출된 손실 또는 비용으로서 일반적으로 인정되는 통상적인 것이거나 수익과 직접 관련된 것인 때에 비용으로 인정합니다(법인세법 19조). 따라서 회사에서 지출하는 통신비 비용도 법인의 사업과 관련된 업무관련 비용인 경우에는 당연히 비용으로 인정되는 것이며, 이를 명확히 하거나 관리목적을 위하여 통신비 지급규정을 제정 시행합니다.

통신비의 지원형태에 따른 손금 여부를 구분하면 다음과 같습니다.

구 분	적 요
회사명의의 휴대폰을 임직원이 사용하고 그 사용료를 지급하는 경우	업무수행상 통상 필요하다고 인정되는 부분은 '통신비' 계정과목으로 비용으로 처리하고, 업무 외 사용한 부분은 직원에 대한 급여로 처리
임직원 개인명의의 휴대폰을 임직원이 사용하고 그 사용료를 회사가 지급하는 경우	업무상 사용이라는 객관적인 증빙을 갖추어야 하고 통신비 지원에 대한 합리적인 규정 등이 있는 경우 비용으로 인정되며, 그렇지 않은 경우 해당 직원의 근로소득으로 과세

Q&A

법인이 종업원의 휴대폰 비용을 부담하는 경우 손금산입 여부

법인이 종업원의 휴대폰을 법인의 업무에 사용하도록 하고 이에 대하여 부담하는 통신비용이 건전한 사회통념에 비추어 법인의 비용으로 인정될 수 있는 범위 안의 금액인 경우에는 이를 당해 법인의 각 사업연도 소득금액 계산 시 손금에 산입할 수 있는 것이나, 당해 법인의 업무와 관련되었는지의 여부 및 부담범위의 적정성에 대하여는 당해 법인의 업종, 종업원의 업무내용 및 부담기준 등에 따라 사실판단할 사항입니다(법인 46012－368, 2001.2.16.).

(2) 지급받는 임직원의 소득구분

회사에서 업무상 사용하고 지출하는 통신비는 당연히 업무관련비용이고 실비인 비용이므로 지급받는 임직원의 소득구분은 그 자체가 의미가 없습니다. 그러나 휴대폰 명의와 그 지원형태에 따라 지급받은 임직원의 조세문제가 달라질 수 있습니다.

통신비의 지원형태에 따른 달라지는 조세문제는 다음과 같습니다.

구 분	적 요
회사명의의 휴대폰을 임직원이 사용하고 그 사용료를 지급하는 경우	임직원이 업무 외 사용한 부분은 직원에 대한 급여로 하여 소득세 과세
임직원 개인명의의 휴대폰을 임직원이 사용하고 그 사용료를 회사가 지급하는 경우	합리적인 규정 등이 있고 업무상 사용료를 지원하는 경우 과세문제는 없으나, 그렇지 않은 경우 급여로 하여 소득세 과세

종업원의 납부통지서상의 금액을 전액 법인이 부담하는 경우는?

법인이 종업원(일용근로자 제외)이 소유하고 있는 휴대폰을 법인의 업무에 사용하도록 하고 사용료납부통지서상의 금액 전액을 법인이 부담하는 경우에 업무수행상 통상 필요하다고 인정되는 부분은 손금에 산입하는 것이나, 그 초과부분은 당해 종업원에 대한 급여로 하여 손비처리하는 것입니다(제도 46012－11811, 2001.6.29.).

2. 통신비 지급규정 사례

제1편의 규정설계는 '진단 → 확정 → 승인 → 사후관리'의 순서로 기술하였으나, 이 장에서는 지급규정의 사례만을 살펴봅니다. 지급규정에서 정하고자 하는 조문별 사항에 대한 의사결정은 회사의 규모·종업원 수·자금능력·경영자의 의지 등 개별 회사마다 모두 다르기 때문에 조문별 진단을 표시하는 것보다 사례에서 정하는 조문별 내용을 참조하여 회사에서 필요한 사항을 의사결정하고, 승인과 관련된 「상법」절차 관련 사항은 제1편을 참조하시기 바랍니다.

일반적인 통신비 지급규정의 사례를 살펴보면 다음과 같습니다.

통신비 지급규정

－제 정 : 20○○년 ○○월 ○○일
－개정(1차) : 20○○년 ○○월 ○○일

제 1 조【목 적】
이 규정은 주식회사 ○○○○(이하 "회사"라 한다)의 임직원이 원활한 업무수행을 위하여 필요한 경우 단말기 및 통신비 지원에 관하여 필요한 사항을 정함을 목적으로 한다.

제 2 조【관리부서】
이 규정에 의해 임직원에 지급되는 이동통신 단말기 및 통신비의 지원에 관한 사무는 총무담당부서에서 관리한다.

제 3 조【지원대상】
단말기 지급 및 통신비 지원의 대상은 다음의 어느 하나에 해당하는 경우로 한다.
① 회사의 임원인 자
② 영업부서에 근무하는 자로 업무상 항상 필요한 자
③ A/S관련 부서에 근무하는 자로 업무상 항상 필요한 자
④ 개발용, 테스트용, 서비스용 등 업무상 필요한 부서
⑤ 기타 회사에서 필요하다고 인정하는 자

제 4 조【지원방법】
① 통신비의 지원은 대상자의 직위 및 업무의 특성에 따라 단말기와 통신비를 모두 지원하거나 통신비의 전부 또는 일부를 지원하는 것으로 하며, 그 구체적인 내용은 아래와 같다.

대 상	단말기 지급	통신비지원율
임 원	○	총액의 100%
영 업 직	×	총액의 80%
고 객 지 원 직	×	총액의 70%

대 상	단말기 지급	통신비지원율
개발, 테스트 등의 용도로 사용하는 부서 (개인용도로 전혀 사용하지 않는 경우)	○	총액의 100%
기타 회사에서 인정한 자	사안에 따라 관리부서에서 정함	

② 제1항의 규정에도 불구하고 특별한 경우에는 별도의 지원을 할 수 있다.

제 5 조【신청방법】
통신비의 지원을 받고자 하는 자는 [별지 1]의 단말기신청서 또는 [별지 2]의 통신비지원신청서를 작성하여 결재를 득한 후 관리부서에 신청한다.

제 6 조【단말기의 관리 및 손망실】
① 회사명의의 단말기의 교체주기는 3년으로 하되, 노후화 등을 고려하여 필요한 경우 3년 이내의 기간이라도 교체할 수 있다.
② 회사에서 지급한 단말기를 손망실한 경우, 즉시 사용정지신청을 하고 관리부서에 경위서를 제출해야 한다. 이 경우 손망실한 책임이 사용자에게 있는 경우 해당 단말기의 수리비 또는 신규기기 구입비를 해당 사용자가 부담하여야 한다.

제 7 조【단말기의 반납】
회사에서 지급한 단말기는 그 사용목적이 다했거나 사용자가 퇴직하는 경우, 휴직하는 경우 등 업무상 필요성이 없는 경우 관리부서에 반납하여야 한다.

부 칙

제 1 조【시행일자】
이 규정은 20○○년 ○○월 ○○일부터 시행한다.

부 칙

제 1 조【시행일자】
이 규정은 20○○년 ○○월 ○○일부터 시행한다.

[별지 1]

<table>
<tr><td rowspan="2">단말기신청서</td><td rowspan="2">요
청
부
서</td><td>담 당</td><td>팀 장</td><td>임 원</td></tr>
<tr><td></td><td></td><td></td></tr>
</table>

<table>
<tr><td>부 서 명</td><td></td></tr>
<tr><td>사 용 자
(사용부서)</td><td></td></tr>
<tr><td>희망번호</td><td></td></tr>
<tr><td>단말기종류</td><td>(모델명 :)</td></tr>
<tr><td>요청일자</td><td>20 년 월 일</td></tr>
<tr><td>사용기간</td><td>20 년 월 일 ~ 20 년 월 일(또는 퇴사 시)</td></tr>
<tr><td>반납예정일</td><td>20 년 월 일</td></tr>
<tr><td>용 도</td><td></td></tr>
<tr><td colspan="2">위와 같이 단말기를 신청하오니 결재 바랍니다.

20 년 월 일

신 청 자 : (인)</td></tr>
</table>

<table>
<tr><td rowspan="2">의
견</td><td rowspan="2"></td><td rowspan="2">관
리
부
서</td><td>담 당</td><td>팀 장</td><td>임 원</td><td>사 장</td></tr>
<tr><td></td><td></td><td></td><td></td></tr>
</table>

[별지 2]

<table>
<tr><td colspan="3" rowspan="2">통신비지원신청서</td><td rowspan="2">요
청
부
서</td><td>담 당</td><td>팀 장</td><td>임 원</td></tr>
<tr><td></td><td></td><td></td></tr>
<tr><td>부 서 명</td><td colspan="6"></td></tr>
<tr><td>사 용 자</td><td colspan="6"></td></tr>
<tr><td>단말기번호</td><td colspan="6"></td></tr>
<tr><td rowspan="5">요금체계</td><td colspan="2">기 본 요 금</td><td colspan="4">원 / 1개월</td></tr>
<tr><td rowspan="3">통
화
료</td><td>일 반</td><td colspan="4">원/10초 (시부터 시까지)</td></tr>
<tr><td>할 인</td><td colspan="4">원/10초 (시부터 시까지)</td></tr>
<tr><td>심 야</td><td colspan="4">원/10초 (시부터 시까지)</td></tr>
<tr><td colspan="2">기타 특약사항</td><td colspan="4"></td></tr>
<tr><td>지원기간</td><td colspan="6">20 년 월 일 ~ 20 년 월 일(또는 퇴사 시)</td></tr>
<tr><td>지원사유</td><td colspan="6"></td></tr>
<tr><td>지원율</td><td colspan="6">총 이용요금의 %</td></tr>
<tr><td colspan="7">※ 지원율은 관리부서에서 작성

위와 같이 통신비의 지원을 신청하오니 지급하여 주시기 바랍니다.

20 년 월 일

신 청 자 : (인)</td></tr>
</table>

<table>
<tr><td rowspan="2">의

견</td><td rowspan="2"></td><td rowspan="2">관
리
부
서</td><td>담 당</td><td>팀 장</td><td>임 원</td><td>사 장</td></tr>
<tr><td></td><td></td><td></td><td></td></tr>
</table>

제 8 장

모범사원 포상규정

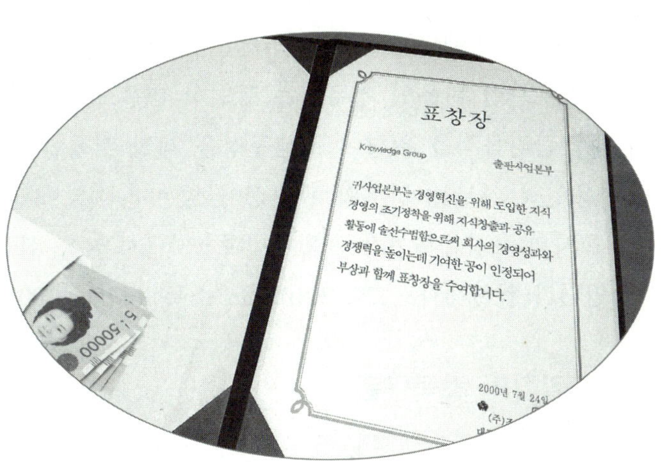

1. 의 의

포상이란 말 그대로 칭찬하고 장려하여 상을 준다는 의미입니다. 일반적으로 회사에서는 효율적인 업무수행과 회사의 발전에 기여한 뚜렷한 공로가 있는 임직원에게 포상하여 직원으로서 자긍심을 높이고 더욱 더 열심히 일하는 분위기를 조성하기 위하여 포상제도를 운영합니다.

(1) 지급하는 법인의 손금 여부

「법인세법」에서 손금은 자본 또는 출자의 환급, 잉여금의 처분 및 「법인세법」에서 규정하는 것은 제외하고 해당 법인의 순자산을 감소시키는 거래로 인하여 발생하는 손비의 금액으로 하며, 이 손비는 「법인세법」 및 다른 법률에서 달리 정하고 있는 것을 제외하고는 그 법인의 사업과 관련하여 발생하거나 지출된 손실 또는 비용으로서 일반적으로 인정되는 통상적인 것이거나 수익과 직접 관련된 것인 때에 비용으로 인정합니다(법인세법 19조). 따라서 회사에서 지출하는 포상금도 법인의 사업과 관련된 업무관련 비용인 경우에는 당연히 비용으로 인정되는 것이며, 이를 명확히 하거나 관리목적을 위하여 포상규정을 제정 시행합니다. 이와 같은 포상금 비용의 비용인정 여부는 업무와 관련성이 있는지 여부에 대한 사실판단 문제이기 때문에 회사의 포상계획 · 각종 행사계획 · 지급사유 등 실질내용에 따라 사실판단할 사항입니다(원천세과－129, 2010.2.8.; 소득 46011－10094, 2001.2.5.).

(2) 지급받는 임직원의 소득구분

종업원에게 지급하는 공로금 · 위로금 · 개업축하금 기타 이와 유사한 성질의 사실상 급여에 속하는 상금은 근로소득에 해당하는 것이며, 종업원의 특별한 공로에 대하여 경진 · 경영 · 경로대회 · 전람회 등에서 우수한 자에게 지급하는 상금은 기타소득에 해당합니다(소득세과－434, 2014.8.5.; 원천세과－129, 2010.2.8.; 서면1팀－275, 2005.3.9. 외).

2. 모범사원 포상규정 사례

제1편의 규정설계는 '진단 → 확정 → 승인 → 사후관리'의 순서로 기술하였으나, 이 장에서는 지급규정의 사례만을 살펴봅니다. 지급규정에서 정하고자 하는 조문별 사항에 대한 의사결정은 회사의 규모·종업원 수·자금능력·경영자의 의지 등 개별 회사마다 모두 다르기 때문에 조문별 진단을 표시하는 것보다 사례에서 정하는 조문별 내용을 참조하여 회사에서 필요한 사항을 의사결정하고, 승인과 관련된 「상법」절차 관련 사항은 제1편을 참조하시기 바랍니다.

일반적인 모범사원 포상규정의 사례를 살펴보면 다음과 같습니다.

모범사원 포상규정

－제 정 : 20○○년 ○○월 ○○일
－개정(1차) : 20○○년 ○○월 ○○일

제 1 조【목 적】
이 규정은 주식회사 ○○○○(이하 "회사"라 한다)에 근무하는 임직원들 중 근무태도가 우수하며, 성실한 자세로 업무에 임하여 타의 모범이 되는 사원에게 포상에 관한 기본절차와 기준을 규정함으로써 사원들의 사기진작과 근무의욕 증진을 도모함을 그 목적으로 한다.

제 2 조【적용범위】
이 규정의 포상은 회사의 발전에 기여한 공적이 현저한 임직원 및 부서에 대하여 적용한다.

제 3 조【주관부서 및 담당업무】
① 모범사원 포상제도 시행의 주관부서는 인사담당부서로 한다.
② 주관부서의 담당업무는 다음 각 호와 같다.
　1. 수상대상자 자격 검토 및 추천

2. 추천자의 인사위원회 심의 회부
3. 수상자 선정 주관

제 4 조【포상의 종류】
모범사원에게 포상하는 포상의 종류는 다음과 같다.
1. 올해의 우수사원상
2. 장기근속상
3. 공로상
4. 기타포상

제 5 조【올해의 우수사원상】
① 회사는 매년 모범적이고 회사에 대해 공로가 인정되는 직원을 대상으로 올해의 우수사원상을 수여한다.
② 선정자에게는 대표이사 명의의 상장과 부상을 수여한다.
③ 시상은 매년 말 종무식에서 행한다. 단, 종무식을 개최하지 않은 경우에는 별도의 날을 정하여 시상을 할 수 있다.
④ 주관부서는 각 부서의 장으로부터 수상 자격이 있다고 생각되는 직원에 대한 추천서를 받아 당해 직원에 대한 직원명세, 인사평가결과, 추천서 등을 정리하여 인사위원회에 상정하며, 인사위원회는 제출된 기초자료를 검토, 심의하여 수상자를 선정한다.
⑤ 수상자의 선정은 인원을 고려하여 부서별로 안배하며, 총 인원은 5인 이내로 한다.

제 6 조【장기근속상】
① 회사는 회사에 장기근속한 임직원을 대상으로 "장기근속상"을 수여한다.
② 대상자는 5년 이상 계속 근속한 사원으로부터 매 5년 단위로 근속한 사원을 대상으로 한다.
③ 대상자에게는 대표이사 명의의 상장과 부상을 수여한다. 단, 근속연수에 따라 부상은 가중한다.
④ 장기근속상의 시상은 매년 회사의 창립기념일에 행한다.

제 7 조【공로상】
① 20년 이상 근속한 임직원이 정년퇴직하는 경우 공로상을 수여한다.
② 대상자에게는 대표이사 명의의 상장과 부상을 수여한다.
③ 공로상의 시상은 당해 임직원의 정년퇴직일에 행한다.

제 8 조【기타포상】

회사는 다음의 어느 하나에 해당하거나 이에 준하는 사유에 해당하는 경우 이 규정에서 정한 사항 이외에 특별히 포상할 수 있다.

① 업무수행에 있어서 창의와 연구를 가하여 현저한 효과를 올려 회사 발전에 기여한 공로가 있을 때

② 수익실적 또는 판촉실적 등이 우수하고 근무태도가 타의 모범이 되었을 때

③ 품행이 방정하고 근무에 성실하며 타직원의 모범이 되었을 뿐 아니라 회사의 명성을 떨치게 한 행위를 하였을 때

④ 사고 및 재해의 미연방지 또는 비상사태 하에서 공로가 있을 때

⑤ 기타 회사에 대하여 특히 공로가 있다고 인정되었을 때

제 9 조【포상의 특례】

다음의 어느 하나에 해당하는 경우 전조에 불구하고 포상의 특례를 적용한다.

① 회사의 업무에 적극 협조하여 공로가 현저한 사외 개인 및 단체에게는 감사장 또는 표창장을 수여하고 감사패 및 기념품을 증여할 수 있으며, 이 경우 인사위원회를 생략할 수 있다.

② 각종 대회 및 교육훈련 등에 우수한 성적을 거둔 사외 개인 및 단체에게는 상장을 수여하고 부상을 줄 수 있다.

제10조【공적심의】

① 인사위원회는 제출된 포상신청에 대하여 심의하고 그 결과를 대표이사에게 보고하여야 한다. 단, 대표이사가 구체적인 포상자 선정 기준을 정하여 이에 따라 행하는 포상인 경우에는 인사위원회 개최를 생략할 수 있다.

② 회사 직원을 대외에 추천할 경우에는 제1항의 절차를 준용하여 대표이사 명의로 추천한다. 다만, 단일후보이거나 부득이한 사유로 인사위원회를 개최할 수 없는 경우에는 이를 생략할 수 있다.

제11조【기 록】

이 규정에 의한 포상이 이루어지는 경우 해당 포상자의 인사기록부에 기록한다.

부 칙

제 1 조 【시행일자】
이 규정은 20○○년 ○○월 ○○일부터 시행한다.

부 칙

제 1 조 【시행일자】
이 규정은 20○○년 ○○월 ○○일부터 시행한다.

[별지 1]

공 적 조 서				
소 속	직 위	성 명	주민등록번호	재직기간
주요경력				
과거표창				
공 적 사 항				

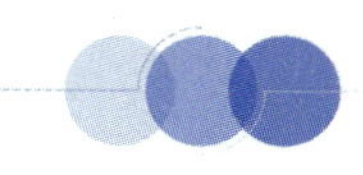

제 9 장

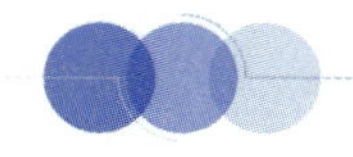

위임전결규정

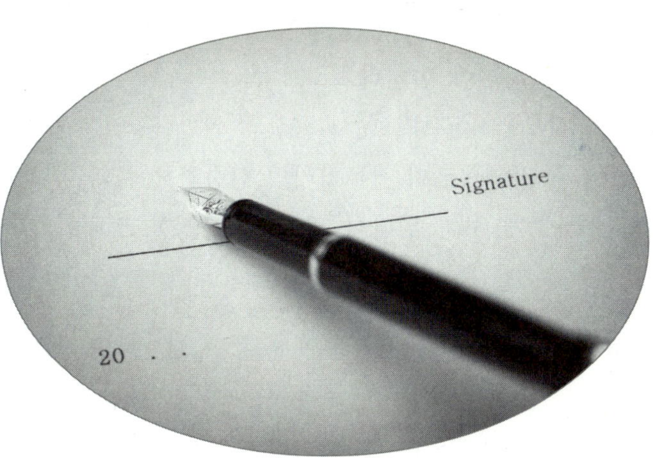

1. 의 의

위임전결이란 일반 최종결재자 이전의 중간결재자 선에서 결재를 마치거나 기관이 가진 권한을 다른 보조기관이 대신 수행하는 것을 말합니다.

회사에서 발생하는 다양한 사안에 따라 규정에 따라 최종결재자가 결재를 하지 않고도 충분히 업무가 진행되고 최종결재자까지 올라가지 않아도 되는 경우 위임전결을 하게 됩니다.

위와 같은 위임전결은 업무수행상 직책별 전결사항을 정하여 권한과 책임을 명백히 밝힘으로써 업무처리의 신속과 업무능률의 향상을 도모하는 데 그 목적이 있으며, 전결권자는 규정에 따라 위임된 권한을 성실히 수행하여야 하며 전결처리사항에 관해 감독상의 책임을 지게 됩니다. 이처럼 권한과 책임에 기초한 결정권자가 결재를 내릴 때의 원칙을 기록한 문서를 위임전결규정이라 합니다.

위임전결규정에는 전결사항, 부재 시 결재, 업무 협조, 전결권의 재위임 등에 관한 사항을 구체적으로 명시해야 하며 그 밖에 필요에 따라 업무별 위임전결기준표 등을 함께 첨부하도록 하여야 합니다.[7)]

일반적인 기업의 실무에서는 대표이사 사장의 권한 중 일부를 하위직에 위임하여 전결처리할 기준을 정함으로써 업무처리의 신속과 능률의 향상을 기하고 직위별 권한과 책임을 다하게 하기 위하여 위임전결규정을 정비합니다.

---

7) 전결이라 함은 행정기관의 장으로부터 사무의 내용에 따라 결재권을 위임받은 자(보조기관 · 보좌기관 · 업무담당 공무원)가 행하는 결재를 말하는데, 위임전결사항은 당해기관의 장이 위임전결규정 또는 지자체규칙(사무전결처리규칙)으로 정합니다. 이와 달리 대결이라 함은 결재권자가 휴가 · 출장 기타의 사유로 결재할 수 없는 때에 그 직무를 대리하는 자가 행하는 결재를 말합니다.

2. 위임전결규정 사례

제1편의 규정설계는 '진단→확정→승인→사후관리'의 순서로 기술하였으나, 이 장에서는 위임전결규정의 사례만을 살펴봅니다. 지급규정에서 정하고자 하는 조문별 사항에 대한 의사결정은 회사의 규모·종업원 수 등 개별 회사마다 모두 다르기 때문에 조문별 진단을 표시하는 것보다 사례에서 정하는 조문별 내용을 참조하여 회사에서 필요한 사항을 의사결정하고, 승인과 관련된 「상법」절차 관련 사항은 제1편을 참조하시기 바랍니다.

일반적인 위임전결규정의 사례를 살펴보면 다음과 같습니다.

위임전결규정

－제 정 : 20○○년 ○○월 ○○일
－개정(1차) : 20○○년 ○○월 ○○일

제 1 조 【목 적】
이 규정은 주식회사 ○○○○(이하 "회사"라 한다)의 업무를 수행함에 있어서 임원을 포함한 각 직위자가 처리할 수 있는 업무처리의 범위와 경비 집행의 한도를 정함으로써 각급 직위의 권한과 책임을 명확히 하고 업무처리의 간소화와 업무능률의 향상을 기함을 목적으로 한다.

제 2 조 【적용범위】
업무처리에 관여하는 다른 규정에서 특별히 정한 경우를 제외하고는 이 규정이 정하는 바에 의한다.

제 3 조 【용어의 정의】
본 규정에서 사용하는 용어의 정의는 다음과 같다.
① 전결권자
특정 업무에 대하여 자신의 권한과 책임하에 최종적으로 결정할 수 있는 권한(전결

권)을 행사하는 팀장 이상의 직위를 가진 임직원을 말한다.

② 직　　위

회사가 회사 조직의 책임자로 임명한 팀장, 담당임원, 사장 등의 직책상 지위를 말한다.

③ 합　　의

결재과정에서 관련 부서와의 의견 일치 또는 동의를 말한다.

④ 통　　보

업무내용 또는 업무처리 결과를 관련부서 또는 그 직무 유관자에게 알리는 것을 말한다.

⑤ 공　　석

해당 직책에 임명된 자가 없을 경우를 말한다.

⑥ 부　　재

해당 직책에 임명된 자가 출장·결근·휴가·휴직 등의 사유로 그 직무를 일시적으로 수행할 수 없는 경우를 말한다.

⑦ 대　　결

전결권자를 대리하여 행하는 결재 행위를 말한다.

제4조【권한의 행사】

① 전결권자의 전결권 행사는 직책상 직위에 의거하여, [별표1]의 위임 전결표에 의한다. 단,

1. 위임전결 사항에 중대하고 특별한 사정이 있는 경우에는 사장이 전결권의 일부 또는 전부를 정지 또는 수정할 수 있다.
2. 팀장책임 부서단위의 경우는 담당임원 전결권을 팀장이 행사한다.
3. 부서 또는 부문 책임자의 직급이 부장인 경우 담당임원의 전결을 부장이 행사한다.

② 권한의 행사는 법령, 정관, 사규에 정한 바에 의하여 성실히 행사하여야 한다.

③ 긴급을 요하는 사항으로서 결재권자의 결재를 득할 시간적 여유가 없을 경우에 이를 긴급 조치하고 사후 소정의 절차를 밟아 결재행위를 득해야 한다.

제5조【공석 또는 부재자의 대결】

① 전결사항을 처리할 전결권자가 공석 또는 부재 시 그 차상위자가 전결권을 행사하되 제4조에 충실해야 한다.

② 전결권자가 사전에 차하위자에게 권한을 위임한 경우라도 특별히 유보한 사항에 대하여는 대결할 수 없다.

제 6 조【직무대행자의 전결권】

직무대행자로 임명된 자는 그 직책의 전결권을 갖는다.

제 7 조【보 고】

① 전결권자는 전결한 사항 중 중요하거나 이례적인 사항은 차상위자에게 보고하여야 한다.

② 전항의 보고사항 중 차상위자가 시정을 지시하였을 경우에는 즉시 그 시정지시에 따라야 한다.

제 8 조【부서 간의 협조】

① 소관 업무라 할지라도 [별표1] 위임전결 규정표에서 정한 타 부서와 직접 관계되는 업무는 반드시 해당 부서의 동등 직책자와 사전합의 또는 사후통보하여야 한다.

② 합의는 최종 결재권자의 결재 전에 행하여야 하며, 합의사항에 대하여 이의가 있을 경우에는 그 사유를 첨기하여야 한다.

③ 사전에 타 부서와의 합의를 필요로 하는 업무로서 긴급히 처리하여야 할 사유가 발생하였을 경우에는 먼저 전결권자의 결재를 얻어 이를 신속히 처리하고 사후 합의를 득할 수 있다. 사후 합의에 이르지 못하면 제7조에 의거 처리한다.

제 9 조【대외관계】

전결권자가 결재한 사항일 경우에도 대외관계는 대표이사 명의로 함을 원칙으로 한다.

제10조【적용원칙】

① [별표1]의 위임전결 규정표에 있어서 공통기준과 업무 직능별 적용기준이 일치하지 아니할 경우에는 직능별 적용기준을 우선 적용한다.

② [별표1] 위임전결 규정표에 열거되지 아니한 사항으로써 그 위임전결사항보다 경미한 유사사항은 소관전결권자가 전결한다.

③ 전결권자를 판단하기 어려운 업무는 이 위임전결규정 관리부서의 유권해석에 의한다.

제11조【효 력】

이 규정에 의하여 전결된 사항은 대표이사 사장이 결재한 것과 동일한 효력을 가진다.

부 칙

제 1 조 【시행일자】
이 규정은 20○○년 ○○월 ○○일부터 시행한다.

부 칙

제 1 조 【시행일자】
이 규정은 20○○년 ○○월 ○○일부터 시행한다.

[별표 1] 위임전결 규정표

목 차 :

제1조 공통 규정

항 목		업 무 명		직책상 지위			협조부서
				팀장	담당 임원	사장	
1.	경영계획	1)	경영계획			○	관리(합의)
		2)	투자계획			○	관리(합의)
		3)	중장기사업계획			○	관리(합의)
2.	예산관리	1)	연간 예산계획			○	관리(합의)
		2)	예산 집행계획				
			① 예산범위 내	○			
			② 예산초과		○		관리(합의)
3.	조직관리	1)	조직기구개편 의뢰		○		총무(통보)
		2)	정원 조정의뢰		○		총무(통보)
		3)	업무분장 조정의뢰		○		총무(통보)
		4)	위임전결규정 조정의뢰		○		관리(통보)
4.	사규 · 내규	1)	경영방침, 지침제정, 개폐 품질방침, 목표제정, 개폐			○	
		2)	사규 · 규정의 제정, 개폐			○	총무(통보)
		3)	기타사규 · 내규제정, 개폐의뢰	○			
5.	인사관리	1)	채용, 휴직, 복직, 퇴직, 이동, 파견, 포상, 징계처분				
			① 정규직			○	
			② 계약직 사원		○		
			③ 임시직		○		
		2)	5항 1호의 의뢰		○		
6.	교육훈련	1)	국내교육(1개월 이상)의뢰			○	총무(통보)
		2)	사외교육(1개월 이내)의뢰			○	총무(통보)
		3)	해외 교육훈련			○	총무(통보)
7.	복무관리	1)	근태관리(휴가, 연차, 훈련, 지각, 조퇴, 결근)				총무(통보)
			① 팀장 이상		○		
			② 팀원	○			

항 목		업 무 명		직책상 지위			협조부서
				팀장	담당 임원	사장	
7.	복무관리	2)	연장, 휴일근무 처분	○			총무(통보)
		3)	국내출장				
			① 팀장 이상		○		
			② 팀원	○			
		4)	해외출장			○	총무(통보)
8.	문서 및 비품관리	1)	서식, 양식의 제정·개폐의뢰 문서의 이관, 폐기			○	총무(통보)
		2)	문서정리 보관 및 수발	○			
		3)	① 대내문서	○			
			② 대외문서		○		
		4)	사무용품, 비품신청				
			① 사무용품	○			
			② 비품(100원 초과)		○		
		5)	업무용 차량 배차신청	○			총무(통보)
9.	통계자료 작성	1)	대외 통계자료 작성 제출				
			① 정기적, 일상적인 것	○			
			② 비정기적, 특수한 것		○		관리(통보)
		2)	유관부서 협조자료 작성	○			
10.	직인관리	1)	법인인감(인사총무팀)	○			
		2)	사용인감 보유 의뢰		○		총무(합의)
		3)	사용인감(해당 부서)	○			
11.	계약업무	1)	대외 계약업무				
			① 국제계약			○	관리(합의)
			② 기타 대외 계약업무			○	
12.	재고자산의 매각폐기처분	1)	제품, 상품, 원재료, 개발자재, 기타 재고자산류				관리(합의)
			① 500만원까지		○		
			② 500만원 초과			○	

항 목		업 무 명		직책상 지위			협조부서
				팀장	담당임원	사장	
13.	기타유동자산 및 기타자산 취득	1)	전도자금 신청		○		
		2)	선급업무경비	해당비목의 전결 규정에 준함			
		3)	선급금, 임차보증금 및 기타자산				
			① 300만원까지		○		
			② 1,000만원까지		○		
			③ 1,000만원 초과			○	
14.	유형고정자산 취득과 처분	1)	토지 및 부동산			○	관리(합의)
		2)	설비투자 및 공사원안 품의				관리(합의)
			① 1,000만원까지		○		
			② 1,000만원 초과			○	
		3)	공기구 및 차량, 비품 의뢰				부서(합의)
			① 100만원까지		○		
			② 1,000만원까지		○		
			③ 1,000만원 초과			○	
15.	무형고정자산 취득과 처분	1)	지적재산권(상표권, 의장권, 특허권 등) 원안 품의			○	관리(통보)
16.	노무비, 제조경비, 판매관리비 및 영업 외 비용	1)	퇴직금 지급결의	○			
		2)	잡급 지급결의	○			
		3)	정책성 및 법령성 경비 (급료, 임금, 상여금, 제수당, 감가상각, 대손상각, 대손금, 잡손실)				
			① 원안품의		○		
			② 지출결의	○			
		4)	통제성 경비 집행				
			① 교통비, 팀 간담회비, 휴일/야근식대, 자기계발비	○			
			② 회의비, 부서간담회비				
			가. 30만원까지	○			

항 목		업 무 명		직책상 지위			협조부서
				팀장	담당임원	사장	
16.	노무비, 제조경비, 판매관리비 및 영업 외 비용		나. 30만원 초과		○		
			③ 예산초과 시		○		관리(합의)
		5)	접대비				
			① 팀장 이하 사용				
			가. 20만원까지	○			
			나. 30만원까지		○		
			다. 30만원 초과			○	
			② 임원 사용				
			가. 50만원까지		○		
			나. 50만원 초과			○	
			③ 예산초과 시				관리(합의)
			가. 5만원 이하		○		관리임원
			나. 5만원 초과			○	
			④ 현금가불				
			가. 100만원까지		○		
			나. 100만원 초과			○	
		6)	기타 경비				
			① 예산범위 내				
			가. 30만원까지	○			
			나. 30만원 초과		○		
			다. 1,000만원 초과			○	
			② 예산초과 시		○		관리(합의)
		7)	기부금			○	
17.	원안결재의 집행과 보고	1)	원안결재의 집행 (별도 정한 사항은 제외)	결재권자의 차하위자 결재권자에게 보고			
		2)	중요사항의 보고				

제 2 조 경영관리

항 목		업 무 명		직책상 지위			협조부서
				팀장	담당임원	사장	
1.	경영계획 수립	1)	중장기 사업계획			○	관리(통보)
		2)	연간 기본운영계획			○	
		3)	반기, 분기 운영계획 조정			○	
		4)	월별 집행계획 조정		○		
2.	경영일반	1)	경영방침 제정, 개폐 품질방침 제정, 개폐			○	관리(통보)
		2)	경영성과 분석 보고			○	
		3)	경영진단			○	
		4)	경영활동의 조정, 통제			○	
3.	경영개발	1)	신경영기법 도입 개발			○	
		2)	경영정보 관리제도 도입			○	
4.	신규사업	1)	투자타당성 검토			○	관리(합의)
		2)	신규사업계획서			○	관리(합의)
5.	예산관리	1)	종합예산 편성			○	
		2)	손익계획 수립			○	
		3)	예산관리제도 수립 운영		○		
		4)	본부별 예산조정, 책정		○		
		5)	예산집행 통제		○		
		6)	예산집행실적 분석 보고		○		
6.	조직관리	1)	조직기구의 개편			○	
		2)	T/O 조정			○	
		3)	업무분장 조정				
			① 부서 내		○		
			② 부서 간			○	
		4)	위임전결규정 조정				
			① 중요사항			○	
			② 일반사항		○		

항 목		업 무 명		직책상 지위			협조부서
				팀장	담당 임원	사장	
7.	감사업무	1)	업무감사 계획				
			① 일반감사		○		
			② 특별감사			○	
			③ 내부품질감사		○		
		2)	업무감사보고			○	
8.	정보관리	1)	전사 대외정보 관리			○	관리(통보)
		2)	도서관리	○			
9.	대외업무조정	1)	정부, 유관단체 교섭				
			① 일반사항(정기적, 일상적)		○		
			② 중요사항			○	
		2)	대외자료 작성				
			① 정기적, 일상적인 것	○			
			② 비정기적, 특수적인 것		○		관리(통보)
10.	영업조정	1)	영업 및 마케팅에 관한 기본 운영정책 조정			○	
		2)	대내외 가격정책 조정		○		
11.	생산조정	1)	공장관리에 대한 기본운영 정책 조정			○	
		2)	생산성 향상 정책 조정			○	
12	광고홍보	1)	PR(Public Relation)				
			① 기업 PR 개발		○		
			② 대외기관 섭외활동 보고				
			가. 정부 중앙부처			○	
			나. 방송 및 인쇄매체		○		
			다. 기타	○			
		2)	IR(Invester Relation)				
			① 기업 IR 개발		○		
			② IR 실시			○	
13.	계열사 관리	1)	계열사 경영계획 보고			○	
		2)	계열사 경영실적 보고			○	
		3)	계열사 내부감사			○	

제3조 전 산

항 목		업 무 명		직책상 지위			협조부서
				팀장	담당임원	사장	
1.	전산OA장비 및 주변기기	1)	전산장비 구매				
			① 장비, P/C, Printer 및 주변기기 구매의뢰				
			가. 100만원까지	○			
			나. 500만원까지		○		
			다. 500만원 초과			○	
			② 장비, P/C, Printer 및 주변기기 구매				
			가. 300만원까지	○			
			나. 300만원 초과		○		
		2)	S/W 도입				
			① S/W 도입/구매 의뢰				현업부서
			가. 300만원까지		○		
			나. 300만원 초과			○	
			② S/W 도입/구매				전산팀
			가. 300만원까지	○			
			나. 300만원 초과		○		
2.	전산System 설계	1)	H/W 및 통신 Network 설계			○	
		2)	정보System 기본설계			○	
		3)	정보System 상세설계		○		
3.	운영관리	1)	업무System 변경			○	
		2)	단위Program 변경		○		
		3)	단순개발업무의 전산처리	○			
		4)	업무System의 Document	○			
		5)	외부용역 계약			○	관리(합의)
4.	전산정보 및 기타관리	1)	전산System 정보/보안 관리		○		
		2)	新 전산자료 Report 의뢰	○			
		3)	전산소모품 의뢰	○			
5.	홈페이지 관리	1)	홈페이지 Layout 관리 및 Contents 변경				
			① 정기적, 일상적인 것	○			
			② 전체적, 특수적인 것			○	

제 4 조 연구개발

항 목		업 무 명		직책상 지위			협조부서
				팀장	담당임원	사장	
1.	연구개발	1)	연구개발 계획 품의			○	관리(합의)
		2)	연구개발 추진결과 보고			○	관리(통보)
		3)	현 제품의 개량, 개선		○		
		4)	대체재료 조사 개발	○			구매(통보)
		5)	제품・재료의 각종 실험분석	○			
		6)	실험기기 관리	○			
2.	제품관리	1)	BOM 설정 및 변경조정	○			구매(합의)
		2)	개발 BOM 확정		○		구매(통보)
3.	정보분석 관리	1)	신제품의 종합정보 수집		○		
		2)	산업재산권의 획득			○	관리(통보)
		3)	개발이력서 관리	○			
4.	개발용 외주용역 계약, 자재구매, 개발비 지출	1)	외주용역 계약, 발주				
			① 100만원까지	○			
			② 1,000만원까지		○		
			③ 1,000만원 초과			○	
		2)	개발용 자재(산) 구매요청 (직접 구매 포함)				
			① 100만원까지	○			
			② 1,000만원까지		○		
			③ 1,000만원 초과			○	
		3)	기타 경상개발비(소모품등) 지출				
			① 30만원까지	○			
			② 30만원 초과		○		
		4)	개발용 제품(재공) 출고요청				
			① 100만원까지	○			
			② 500만원까지		○		
			③ 500만원 초과			○	
5.	개발제품의 생산의뢰	1)	개발제품의 생산의뢰		○		
		2)	개발제품의 스펙변경 (BOM변경 포함)		○		
6.	연구소 운영	1)	연구소의 등록 유지	○			
		2)	연구소 보안 유지		○		

제 5 조 총무, 인사, 교육

항 목		업 무 명		직책상 지위			협조부서
				팀장	담당 임원	사장	
1	기업정체	1)	정관의 제정, 개폐			○	관리(통보)
2.	주주총회 및 주식관리	1)	주주총회 소집 및 의안 결정			○	
		2)	주주총회 통지사항 및 공고			○	
		3)	배당방침 결정			○	
		4)	주주총회 의사록 작성 관리		○		
		5)	주식관리				관리(통보)
			① 일반사항		○		
			② 중요사항			○	
		6)	공시업무(증권기관 등)				
			① 일반사항		○		
			② 중요사항			○	
3.	인사관리	1)	인력종합수급계획			○	
		2)	신규채용				
			① 정규직			○	
			② 계약직, 임시직		○		
		3)	전배(이동배치)				
			① 팀장 이상			○	
			② 팀원(부서 내의 동일직군에 한함)		○		
		4)	포상, 징계 및 사직자 처리				
			① 정규직			○	
			② 계약직, 임시직		○		
		5)	승격 결정			○	
		6)	인사고과 및 평가				
			① 부서장 이상			○	
			② 팀장		○		
			③ 팀원	○			
		7)	연봉책정				
			① 팀장 이상			○	
			② 팀원		○		

항 목		업 무 명		직책상 지위			협조부서
				팀장	담당 임원	사장	
4.	총무업무	1)	문서관리				
			① 수발업무	○			
			② 문서관리	○			
			③ 문서폐기		○		
		2)	사무용품관리				
			① 소모품관리	○			
			② 비품관리	○			
		3)	제증명 발급관리	○			
		4)	복무관리	○			
		5)	국내외 출장비 정산				
			① 국내 출장비	○			
			② 해외 출장비	○			
		6)	통신관리				
			① 전화, 통신기기 관리	○			
		7)	각종 회의 및 행사주관				
			① 중요사항			○	
			② 일반사항	○			
		8)	사무실 환경관리		○		
		9)	승용차 운행 및 차량관리	○			
		10)	경조금 지급관리	○			
		11)	복리후생 관리업무				
			① 사원주택 관리	○			
			② 각종 복리후생제도개발 시행		○		
		12)	우리사주조합의 결성 및 운영기준			○	
		13)	사내복지기금				
			① 설립 및 운영기준			○	
			② 기금의 운영		○		
			③ 기금의 운영계획 및 결과보고			○	
		14)	보안관리				
			① 보안관리 운영기준			○	
			② 보안관리 세부운영	○			

항 목		업 무 명		직책상 지위			협조부서
				팀장	담당임원	사장	
5.	관재업무	1)	화재보험의 가입 해약				
			① 신규, 특별사항		○		
			② 일반사항	○			
		2)	공기구 · 비품의 관리				
			① 공기구 · 비품의 구입 · 폐기 · 매각처분				
			가. 100만원까지	○			
			나. 1,000만원까지		○		
			다. 1,000만원 초과			○	
			② 이력관리	○			
			③ 배치, 이동	○			
		3)	고정자산 관리				
			① 부동산 취득, 매각			○	
			② 권리보전		○		
			③ 재물조사		○		
			④ 임대차 근저당권 설정	○			
		4)	전화가입권의 신청, 해지	○			
		5)	Lease 물건 관리(복사기 등)	○			
6.	규정관리	1)	규정의 제정, 개폐				
			① 전사공통			○	
			② 부문공통			○	
7.	교육훈련	1)	연간 기본교육훈련 계획			○	
		2)	교육Program 개발			○	관리(통보)
		3)	사내강사 양성 계획			○	
		4)	자문교수 운영 계획			○	
		5)	직원 교육훈련				
			① 부문별 집체교육			○	
			② 부서간 O.J.T교육	○			
			③ 외부교육기관 참가				
			가. 대학원 위탁교육			○	
			나. 1개월 이상		○		
			다. 1개월 미만		○		
			④ 해외 교육훈련			○	

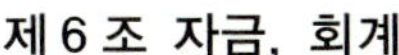

제 6 조 자금, 회계

항 목		업 무 명		직책상 지위			협조부서
				팀장	담당 임원	사장	
1.	자금계획	1)	연간 자금계획			○	
		2)	월간 자금수지계획			○	
		3)	주간 자금수지계획			○	
		4)	재무구조 개선계획			○	
2.	자금조달	1)	증자			○	
		2)	사채발행			○	
		3)	장기차입금의 기채			○	
		4)	장기차입금의 상환		○		
		5)	단기차입금의 기채와 상환		○		
		6)	지급보증계약			○	
		7)	리스계약			○	
3.	자금운영	1)	매출대금의 수납	○			
		2)	결제대금의 지급				
			① 원안 품의 득한 것 (현업 전표결재 포함)	○			
			② 원안품의 없는 것				
			가. 100만원까지	○			
			나. 500만원까지		○		
			다. 500만원 초과			○	
		3)	현금, 보통예금의 운용	○			
		4)	예금의 가입 및 해약				
			① 장기			○	
			② 단기		○		
		5)	보험계약의 해약				
			① 장기		○		
			② 단기	○			
		6)	출자주식의 취득 및 처분			○	
		7)	유가증권의 취득 및 처분		○		
		8)	받을어음의 관리	○			
		9)	리스료, 리스이자의 지급관리	○			
		10)	수입이자의 수입관리	○			

항 목		업 무 명		직책상 지위			협조부서
				팀장	담당 임원	사장	
4.	일반금융거래	1)	은행보통거래 및 해약	○			
		2)	종합금융회사, 보험사, 증권회사 기타 금융기관 거래약정 및 해약		○		
		3)	담보물 감정 의뢰		○		
		4)	채권보증 및 담보제공			○	
		5)	금융기관 제 자료 제출	○			
		6)	기업공시			○	
5.	일반회계	1)	일계표 작성 관리	○			
		2)	합계잔액시산표 작성 및 보고			○	
		3)	월별 재무제표 작성 및 보고			○	
		4)	월별손익보고(추정 및 확정분)			○	
		5)	전표 기표	○			
		6)	결산보고서			○	
		7)	회계정책의 수립 및 변경			○	
6.	관리회계	1)	제품별 사전 및 사후원가계산	○			
		2)	제품 품목별 판매수익 계산		○		
		3)	품목별 총원가 계산			○	
		4)	부서 회계관리 및 지도	○			
		5)	회계처리 및 원가계산제도에 관한 검토 및 개선		○		
		6)	무형자산 관리				
			① 중요사항		○		
			② 일반사항	○			
7.	세무회계	1)	경상업무				
			① 월별 · 분기별 세무보고와 납부(소득세, 부가세, 지방세)		○		
			② 연말정산 신고납부		○		
			③ 사업장 변경, 신설 · 폐업에 따른 신청 및 승인			○	

항 목		업 무 명		직책상 지위			협조부서
				팀장	담당임원	사장	
			④ 법인세 중간예납신고납부			○	
			⑤ 연간 접대비 지출기준			○	
			⑥ 제세에 관련된 정책검토 세무행정 지원	○			
		2)	결산업무				
			① 자산, 부채, 자본에 관련된 계정명세서 작성 및 검토	○			
			② 세무조정계산서			○	
			③ 법인세 신고와 납부			○	
		3)	「조세특례제한법」에 의한 감면세액 확정		○		
		4)	각종 준비금 확정		○		
		5)	개정세법 보고			○	
		6)	세무조사에 따른 대책 수립		○		
		7)	기타 세무대책 수립		○		
8.	재무제표 공시	1)	외부회계감사에 의한 재무제표 부속명세서 작성			○	
		2)	공인회계사 감사계약 및 세무조정계약			○	
		3)	기타 재무제표 공시 관련			○	

제7조 구 매

항 목		업 무 명		직책상 지위			협조부서
				팀장	담당 임원	사장	
1.	구매계획	1)	연간 자재구매계획			○	관리(통보)
		2)	분기 자재구매계획			○	관리(통보)
		3)	월간 자재구매계획		○		관리(통보)
		4)	Project별 구매계획		○		관리(통보)
2.	원부자재 및 개발자재 기자재 구매	1)	국내구매				
			① 소요량 및 구매시기 결정	○			
			② 구매 발주				
			가. 500만원까지	○			
			나. 5,000만원까지		○		
			다. 5,000만원 초과			○	
		2)	해외구매				
			① 장기 수급계약 및 비축구매			○	
			② 구매발주서				
			가. 미화 5천$까지	○			
			나. 미화 5만$까지		○		
			다. 미화 5만$ 초과			○	
		3)	구매실적 보고				관리(통보)
			① 월, 분기, 반기, 연간 실적			○	
3.	구매전표 자금신청	1)	원안품의 결재분	○			
		2)	원안 미결재분		○		
4	기타	1)	협력업체의 선정			○	
		2)	구매거래선 변경			○	

제 8 조 품질, 고객지원

항 목		업 무 명		직책상 지위			협조부서
				팀장	담당 임원	사장	
1.	품질표준화 및 제도운영	1)	제품 및 자재별 품질표준 설정		○		부서(통보)
		2)	QC 사무관리 및 제도운영	○			
		3)	기술에 대한 보안유지	○			
2.	품질개선	1)	대체 자재 개발	○			
		2)	클레임 대책 및 개선지도		○		
3.	분석, 검수관리	1)	자재 및 외주반제품 분석	○			
		2)	자재 및 각종 수납물품 검수	○			
		3)	검수기준 및 규격관리		○		
		4)	검수장비 계량기기 관리	○			
		5)	검수결과 분석보고				
			① 정기적, 일상적인 것	○			
			② 월, 분기, 연(年) 결과보고			○	
			③ 비정기적, 특별사항			○	구매(통보)
		6)	협력업체 지도 및 점검	○			구매(통보)
4.	클레임 처리	1)	고객 불만 접수				
			① 중요사항			○	
			② 일반사항	○			부서(통보)
		2)	클레임 처리결과 분석보고				
			① 정기적, 일상적인 것		○		부서(통보)
			② 월, 분기, 연 결과보고			○	
			③ 비정기적, 특별사항			○	
		3)	A/S용 재고출고 요청				
			① 500만원까지	○			
			② 1,000만원까지		○		
			③ 1,000만원 초과			○	

제9조 영 업

항 목		업 무 명		직책상 지위			협조부서
				팀장	담당임원	사장	
1.	마케팅 정책	1)	기본정책방향 설정			○	연구(합의) 관리(통보)
2.	판매계획	1)	제품별 · 업체별 판매계획 수립 (매출액, 수량, 단가, M/S 등)			○	생산(통보) 관리(통보)
3.	제품관리	1)	기존 제품의 개량, 개선		○		연구(통보)
		2)	매출계약 및 출고요청				
			① 1억원까지	○			
			② 1억원 초과		○		
		3)	반품처리				
			① 300만원까지	○			
			② 1,000만원까지		○		관리(통보)
			③ 1,000만원 초과			○	
		4)	제품이력서 작성관리	○			
4.	수출업무	1)	신규거래 계약			○	관리(통보)
		2)	기존거래 관리		○		
		3)	외상거래				
			① 단기(90일 미만)	○			
			② 장기(90일 이상)		○		관리(합의)
		4)	클레임 처리				관리(통보)
			① 미화 3천$까지	○			
			② 미화 1만$까지		○		
			③ 미화 1만$ 초과			○	
		5)	수출 건별 집행 품의				
			① 미화 5만$까지	○			
			② 미화 10만$까지		○		
			③ 미화 10만$ 초과			○	
		6)	수출관리				
			① 수출금융			○	

항 목		업 무 명		직책상 지위			협조부서
				팀장	담당 임원	사장	
			② 수출에 관한 보험, 수송, 통관, Nego, 기타 일상 관리 업무	○			
5.	미수관리	1)	채권관리				관리(통보)
			① 월별 채권보고			○	
		2)	부실 사고채권 관리				총무(통보)
			① 부실거래처 관리대책			○	
			② 법적 조치				
			가. 사고발생 보고 및 대책			○	
			나. 가압류처분	○			
			다. 소송제기, 판결 취득	○			
			라. 압류, 경매, 배당회수	○			
			마. 최종결과보고			○	
		3)	대손채권관리				관리(합의)
			① 대손처리 승인			○	
			② 대손금 회수 실적보고			○	

제10조 생산, 재고

항 목		업 무 명		직책상 지위			협조부서
				팀장	담당 임원	사장	
1.	생산계획	1)	연간 생산 기본운영계획			○	부서(통보)
		2)	월간 생산계획		○		부서(통보)
		3)	주간 생산계획	○			부서(통보)
		4)	연간 제조원가 목표 수립			○	관리(통보)
2.	생산관리	1)	원가분석				
			① 월별 제품별 개별원가		○		
			② 원단위 분석		○		
		2)	생산성 분석				
			① 생산실적		○		
			② 수율, 공수 실적		○		
		3)	종합생산지표 분석			○	관리(통보)
3.	외주관리	1)	외주계약				
			① 신규업체			○	
			② 기존업체		○		
		2)	외주 생산계획		○		
		3)	외주설비 투자 및 대여			○	
		4)	외주업체 자재관리	○			
4.	생산일반관리	1)	제품, 재고품 인수인계	○			
		2)	원자재 청구, 수불관리	○			
		3)	생산 수율관리	○			
		4)	설비 수리 의뢰	○			
5.	작업장 관리	1)	현장 위생, 소방관리	○			
		2)	현장 안전관리	○			
		3)	작업 지도 관리	○			

항 목		업 무 명		직책상 지위			협조부서
				팀장	담당 임원	사장	
6.	자재관리	1)	자재 입·출고				
			① 자재 입·출고 통제	○			
			② 월간 자재 입·출고 보고		○		
		2)	자재 안전재고 관리	○			
		3)	자재 수불업무 (입·출고전표)	○			
		4)	불용자재 처리보고	공통규정 12항에 준함			관리(합의)
		5)	자재 매각 결과보고		○		관리(합의)
		6)	월말 원부자재 수불현황		○		관리(통보)
7.	제품관리	1)	제품/상품 재고관리 업무				
			① 입·출고 관리	○			
			② 전산수불 관리	○			
		2)	제품/상품 폐기 결과보고	공통규정 12항에 준함			
		3)	월말제품/상품 수불현황		○		관리(통보)
8.	재고조사	1)	월, 분기별 재고조사 차이 분석		○		관리(통보)
		2)	반기, 연 재고조사 결과 보고			○	관리(통보)

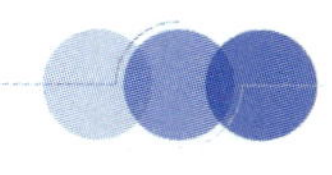

제 10 장

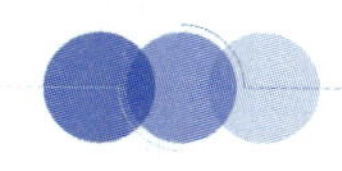

회계규정

[별표 : 계정과목 체계 및 해설]

1. 의 의

회계규정이란 회사 내 회계업무 처리에 관한 주요기준을 규정한 문서를 말합니다. 회계규정에는 회계처리의 원칙 및 출납담당자의 책임과 의무사항을 명시하고 감가상각 및 원가계산, 재무제표 작성 등의 사항을 구체적으로 기재하도록 하여야 합니다.

회계규정은 경영의 합리화와 업무의 원활한 집행을 도모하는 것을 그 목적으로 하고 궁극적인 목적은 재무보고를 통해 기업실체 외부의 다양한 이해관계자의 경제적 의사결정을 위해 경영자가 기업실체의 경제적 자원과 의무, 경영성과, 현금흐름, 자본변동 등에 관한 재무정보를 제공하는 것을 말하며 그 수단은 바로 재무제표입니다.

재무제표(financial statement)란 기업실체가 외부의 정보이용자에게 재무정보를 전달하는 핵심적 수단으로서 일반적으로 재무상태표, 포괄손익계산서, 자본변동표, 현금흐름표로 구성되고, 주석을 포함하며, 주석에는 법률적 요구에 의해 작성하는 이익잉여금처분계산서 등이 포함될 수 있습니다.

회계규정의 정비와 운영은 기업실체의 정보를 올바르게 재무제표에 반영하기 위함이며, 그 핵심은 재무제표의 작성이라 할 수 있습니다.[8)]

---

8) 재무제표 작성과 표시의 일반원칙(일반기업회계기준, 제02장 재무제표의 작성과 표시 I)
① 경영진은 재무제표를 작성할 때 계속기업으로서의 존속가능성을 평가해야 합니다.
② 재무제표의 작성과 표시에 대한 책임은 경영진에게 있습니다. 재무제표는 경제적 사실과 거래의 실질을 반영하여 기업의 재무상태, 경영성과, 현금흐름 및 자본변동을 공정하게 표시하여야 하며, 일반기업회계기준에 따라 적정하게 작성된 재무제표는 공정하게 표시된 재무제표로 봅니다.
③ 중요한 항목은 재무제표의 본문이나 주석에 그 내용을 가장 잘 나타낼 수 있도록 구분하여 표시하며, 중요하지 않은 항목은 성격이나 기능이 유사한 항목과 통합하여 표시할 수 있습니다.
④ 재무제표의 기간별 비교가능성을 제고하기 위하여 전기 재무제표의 모든 계량정보를 당기와 비교하는 형식으로 표시합니다.
⑤ 재무제표의 기간별 비교가능성을 제고하기 위하여 재무제표 항목의 표시와 분류는 특별한 사유가 있는 경우를 제외하고는 매기 동일하여야 합니다.
⑥ 재무제표는 이해하기 쉽도록 간단하고 명료하게 표시하여야 합니다.

2. 회계규정 사례

제1편의 규정설계는 '진단→확정→승인→사후관리'의 순서로 기술하였으나, 이 장에서는 회계규정의 사례만을 살펴봅니다. 회계규정에서 정하고자 하는 조문별 사항에 대한 의사결정은 회사의 규모·상장 여부 등에 따라 다르게 적용될 수 있으나 실무적으로 중요한 재무회계, 결산 등의 내용은 기업회계기준에 따른 일반적으로 인정된 회계원칙에 따르게 되므로 의사결정할 사항이라기보다는 기업회계기준에 따라 회계처리하는 준수의무의 개념이 더 강합니다.

일반적인 회계규정의 사례를 살펴보면 다음과 같습니다.

회계규정

－제 정 : 20○○년 ○○월 ○○일
－개정(1차) : 20○○년 ○○월 ○○일

제 1 장 총 칙

제 1 조【목 적】
이 규정은 주식회사 ○○○○(이하 "회사"라 한다)의 회계업무수행에 필요한 제반원칙을 체계화함으로써 정확한 회계 업무처리와 경영성과에 대한 진실한 보고자료 제공, 경영관리의 합리화를 기하는 데 그 목적이 있다.

제 2 조【적용범위】
회사의 일반적인 경리회계 업무처리는 다른 규정에서 특별히 정한 것이 있는 경우를 제외하고는 이 규정이 정하는 바에 의한다.

제 3 조【회계처리의 원칙】
모든 회계업무는 기업회계기준에 따라 기장, 처리한다.

제 4 조【회계단위】

① 회계업무를 효율적으로 처리하기 위하여 다음 각 호의 회계단위를 설정한다.

1. 본사
2. 각 지점 또는 공사현장, 지사

② 각 회계단위의 총괄은 본사에서 관장한다.

제 5 조【회계책임자】

본사는 경리부장이, 각 회계단위에 있어서는 그 단위조직의 장이 회계책임자가 되어 각 소관 회계업무를 관장한다.

제 6 조【회계업무의 내용】

이 규정에서의 회계업무는 다음 각 호와 같다.

1. 장표체계 및 계정과목의 제정
2. 회계서류의 기장정리 및 보존
3. 재무회계
4. 재고자산회계
5. 고정(비유동)자산회계
6. 업무회계
7. 회계단위간의 거래
8. 원가계산
9. 결산
10. 내부감사

제 7 조【회계연도】

회계연도는 정관이 정하는 바에 따라 매년 ○○월 ○○일부터 ○○월 ○○일까지로 한다.

제 8 조【서류의 보존】

회계에 관한 장부 및 서류는 작성일이 속하는 사업연도로부터 5년간 보존함을 원칙으로 하고 특별한 경우는 보존기간을 연장할 수 있다. 단, 재무제표는 영구 보존하여야 한다.

제 2 장 계정과목 및 회계장부

제 9 조 【전 표】

① 전표의 종류는 입금전표, 출금전표, 대체전표로 구분하며 전표양식은 입금, 출금, 대체전표의 내용을 겸한 분개전표를 사용한다.

② 모든 거래는 거래발생 부서의 지출결의서에 의하여 경리부에서 전표를 기표, 처리하며 회계장부는 전표에 따라 기장하여야 한다.

③ 회계전표에는 거래의 정당성, 계산의 정확을 증명하는 영수증, 계산서 등의 증빙서류를 첨부하여야 한다.

④ 회계담당자 및 책임자는 필요하다고 인정되는 경우에 지급상대방에게 전표에 대한 관련 부속서류의 제출을 요구할 수 있다.

⑤ 회계담당자 및 책임자는 증빙서류가 허위이거나 정식으로 처리할 수 없는 경우에는 지급거절 또는 지급대상자에게 지출결의서를 반송할 수 있다.

⑥ 전표에는 다음 각 호의 내용을 기재하여야 한다.

1. 발행연월일, 거래내용, 거래처, 금액
2. 거래처의 사업자등록번호
3. 증빙으로 세금계산서가 첨부된 경우 공급가액과 부가가치세

⑦ 완결된 전표는 일자별로 편철, 보관하고 회계담당자 및 과장은 일련번호를 기재, 보관하여야 한다.

제10조 【계정과목】

① 계정과목은 재무상태표 과목, 손익계산서 과목, 이익잉여금처분계산서 과목 및 원가계산서 과목으로 구분하며 그 명칭과 내용은 [별표1] 계정과목 체계 및 해설에 따른다. 이 경우 회사의 별표와 기업회계기준에 따른 계정분류가 다른 경우 기업회계기준을 우선하여 적용한다.

② 계정과목은 장부정리상 이를 중과목분류 및 소과목분류로 세분하여 설정할 수 있으며 그 설정에 대해 경리부장은 사장에게 보고하여야 한다.

③ 계정과목을 신설, 개폐할 경우에 본사 경리부장은 즉시 이를 회사 전체에 주지시켜야 한다.

④ 계정과목의 과목분류는 기업회계기준에 따라 분류한다.

제11조 【회계장부】

각 회계단위에서는 다음 각 호의 회계장부를 갖추어 계정을 구분, 정리한다.

1. 분개장(전표 및 일계표)

2. 총계정원장
3. 보조부(각 계정의 보조원장, 현금출납부)
4. 기타 필요한 장부

제12조【장부잔액의 확인】
원장과 각 관계 장부에 대하여 책임자 및 각 담당자는 항상 그 잔액을 점검, 상호간에 틀림이 없도록 하여야 한다.

제13조【개서 또는 정정】
① 경리에 관한 서류에 개서 또는 정정하고자 할 때에는 당해 자구 혹은 숫자에 두 줄의 주선을 긋고 정정자의 날인과 함께 정정하여야 하며 이외의 어떠한 방법의 개서 또는 정정도 인정되지 아니한다.
② 전항의 경우 횡서는 주선의 상부에, 종서는 주선의 우측에 정정 자구 또는 숫자를 기입한다.

제14조【기장필 전표의 정정】
기장필 전표의 정정은 새로운 대체전표의 발급에 의하여야 하며 기장필 전표 그 자체를 정정하여서는 아니 된다.

제 3 장 재무회계

제 1 절 금전출납

제15조【금전의 범위】
① 이 규정에서 금전이라 함은 현금 및 예금을 말한다.
② 현금은 통화, 수표, 우편환증서, 대체예금증서를 말한다.
③ 어음 및 유가증권도 금전에 준하여 취급한다.

제16조【출납책임자】
① 금전의 출납책임자는 직제관련규정이 정하는 바에 의한다.
② 회계단위별 장은 금전출납에 대하여 각각 출납책임자로서 위임받은 범위의 책임을 진다.

제17조 【출납담당자】

① 출납담당자는 출납책임자가 정하며 금전의 출납사무를 취급한다.

② 출납담당자는 특별히 정하여진 경우 및 경리부장의 승인이 있는 경우를 제외하고는 전표를 발급하지 못하며 금전의 수납과 내역에 관한 기장업무 이외의 장부기장업무는 경리부장의 지시가 없는 한 이에 임할 수 없다.

제18조 【출납담당자의 책임과 의무】

현금의 출납은 출납담당자만 이를 취급하고 출납담당자는 현금의 출납에 특히 유의하여 출납의 정확성을 기하여야 한다.

제19조 【현금의 출납】

① 어떠한 경우를 막론하고 전표 없이는 현금을 출납하지 못한다.

② 현금의 지급은 원칙적으로 출납창구를 통하여야 하며 지급전표에 담당책임자의 날인이 없으면 이를 지급하지 못한다.

제2절 수 납

제20조 【금전의 수납】

① 현금의 수납은 입금통지서 또는 기타 증빙서류에 의한다.

② 현금의 수납 시 입금자의 면전에서 현금의 금액을 확인한 후에 이를 취급하여야 한다.

③ 당좌예금 및 어음에 의한 수납의 경우도 전항에 준한다.

④ 수납한 현금은 원칙적으로 당일 중 은행에 예금입금시킨다.

⑤ 수표, 어음, 우편환증서, 기타 이에 준하는 증서 등을 수납할 시에는 다음 각 호의 사항을 확인, 조사하여야 한다.

1. 도난, 분실, 기타 사고증서 여부
2. 거래정지 처분을 받은 자가 발급한 것인가의 여부
3. 배서 또는 전서의 확인

제21조 【간접입금】

① 출납담당자 이외의 자가 금전을 수령한 경우에는 지체 없이 출납담당자에게 인도하여야 한다.

② 경리부 이외의 부서에서 회사의 매출대금을 수령할 때는 경리부 출납관리자로부터 소정양식의 세금계산서 및 영수증(입금표)을 수령하여 입금자에게 작성 교부하고 소정양식의 세금계산서 및 영수증(입금표)의 부본과 금전 또는 어음을 지체 없이

출납담당자에게 인도하여야 한다.

제22조【영수증의 발행】

① 출납책임자가 금전을 수납한 경우에는 소정양식의 세금계산서, 수입계산서 또는 입금표를 작성, 교부하여야 한다. 다만, 사내관계의 영수증은 출납책임자의 확인인이 있는 입금전표로서 이를 대신할 수 있다.

② 상대방이 금전의 수납 이전에 영수증의 발행을 요구하는 경우에는 영수증 발행의뢰서를 제출받아야 한다.

제23조【당좌예금의 처리】

출납담당자는 은행당좌예금 계정으로 금전이 입금된 때에는 신속히 은행에 확인하고 관계부서에 그 사실을 통지하며 관계부서의 담당자가 발급한 입금내역서로서 전표를 작성한다. 이 경우 당좌예금 입금증을 전표에 첨부하여야 한다.

제24조【수표의 예입】

출납책임자는 수납한 수표를 즉시 은행에 예입하여야 한다.

제25조【어음의 보관 및 추심】

출납담당자는 수납한 어음을 받을어음 계정으로 처리하고 특별한 사유가 없는 한 당일 중 거래은행에 보관시킨 후 어음보관증을 증빙으로 보관하여야 한다. 또한 어음 만기일 전(서울은 1일 전, 지방은 2~3일 전)에 은행에 보관된 받을어음을 추심의뢰하여 입금 여부를 확인하여야 한다.

제3절 지 급

제26조【금전의 지급】

① 금전의 지급은 거래발생 부서의 지출결의서와 최종지급처의 세금계산서, 입금표 등의 증빙서류에 따라 지급전표에 의하여 지급한다.

② 금전의 지급은 현금으로 지급하되 상대방이 지정하는 계좌로 입금하는 것을 원칙으로 한다. 다만, 필요한 경우 당좌수표 또는 지급어음을 발행하여 지급할 수 있다.

제27조【지출원인행위】

지출원인행위를 하고자 할 때에는 품의서 또는 지출결의서를 작성하여야 한다.

제28조【영수증의 징구】

금전을 지급할 때에는 반드시 수취인의 영수증 또는 이에 갈음하는 증서를 징수하고

증빙서류로서 출금전표 또는 대체전표에 첨부하여야 한다.

제29조【송금지급】

① 송금지급을 할 필요가 있는 경우에는 은행계좌입금, 은행환, 우편환, 대체저금 등 통상의 송금방법에 의한다.

② 수취인의 요구에 의하여 은행온라인망을 통해 입금 또는 우편환으로 지급하는 경우에는 정규의 수령증을 갖추기까지 은행계좌 입금증, 수령서 또는 우편환부본으로서 영수증에 대신할 수 있다. 다만, 이 경우에는 지체 없이 수취인으로부터 정규의 영수증을 징구하여야 한다.

제30조【지급어음의 발행】

① 지급어음의 발행은 원칙적으로 본사에서 행한다.

② 어음발행은 자금담당 책임자의 지시에 의하여 지급어음계정 담당자가 어음을 발행하고 지급어음장에 기입한 후에 전표 및 증빙서류를 첨부하여 자금담당 책임자를 경유, 사장 또는 사장이 임명하는 어음발행자에게 제출하여 기명날인을 받는다.

③ 지급어음은 자금담당 책임자의 책임 하에 보관 관리하고, 지급어음 발행자인(고무인)은 출납담당 관리자가 보관하며, 발행인장은 사장 또는 사장이 임명하는 자에게 보관한다.

④ 당좌수표 발행의 경우에도 전항의 절차에 준한다.

제31조【어음의 결제】

만기일이 도래한 지급어음은 지급은행의 당좌계정에 의하여 결제한다.

제32조【어음의 발행인 및 배서인】

지급어음의 발행 및 지급기일 도래 전에 받을어음과 금융어음의 할인 배서양도는 대표이사의 명의로 한다.

제33조【어음잔액의 확인】

① 지급어음계정 담당자는 그 어음원장의 장부잔액을 매월말 미결재 어음잔액과 대조하고 어음잔액표를 작성하여 자금담당 책임자에게 제출한다.

② 받을어음의 경우에도 전항과 같이 한다.

제4절 자 금

제34조【자금업무】

이 규정에서 자금업무란 자금의 조달 및 운용에 관한 일체의 업무를 말한다.

제35조【자금의 조달】
자금의 조달은 회사의 영업수입 및 재무적 수입으로서 충당한다. 영업수입이란 회사의 영업에 의한 매출금을 말하며 재무적 수입이란 증지, 차입금, 사채발행 및 영업수입 이외의 기타수입을 말한다.

제36조【자금의 운용】
자금의 운용은 영업지출 및 재무적 지출로서 이루어진다. 영업지출은 영업을 위한 매입금을 말하며 재무적 지출이란 사채상환, 차입금반제, 예금, 설비자금지출, 투자, 재무등의 영업지출을 말한다.

제37조【차입 및 어음보증】
자금의 차입 및 어음의 보증은 사장의 결재를 받아 본사가 행한다.

제38조【투자 및 대부】
유가증권의 취득, 매매 및 자금의 대부행위는 사장의 결재를 받아 본사가 한다.

제39조【유가증권】
① 유가증권의 취득가격은 구입가격에 구입수수료를 가산한 가격으로 함을 원칙으로 한다.
② 지점, 건설본부와 공사현장의 공사대금은 접수 즉시 금액을 본사에 송금함을 원칙으로 한다. 어음으로 지급받은 경우에도 또한 같다.

제40조【자금계획표】
① 자금운용을 원활히 하기 위해서 지급예정과 수입예정, 그리고 시재액을 나타내는 익월 자금계획표를 작성하여야 한다.
② 수입부족의 경우 자금계획표상에 그에 대한 대책을 수립하여 기입하여야 한다.

제5절 보 칙

제41조【금전의 확인】
① 출납책임자는 매일 출납시간 종료 후에 현금잔액을 관계장부와 대조하여 일치되도록 하여야 한다.
② 예금은 매월말에 예금잔액을 은행장부와 대조하고 매반기 말 및 기말에는 은행의 예금잔액확인 증명을 발급받아 그 잔액을 확인한다.

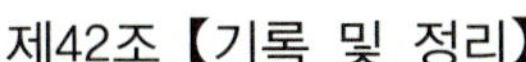

제42조【기록 및 정리】

출납담당자에 의한 금전의 수지 및 어음의 접수에 대하여는 그때마다 출납담당자 이외의 자가 이를 기록 정리한다.

제43조【거래은행의 신설, 변경】

① 거래은행의 신설, 변경 또는 취소에 대하여는 사장의 승인을 받아야 한다.
② 거래명의는 원칙적으로 법인명의로 한다.

제44조【현금의 과부족】

현금의 과부족이 발생한 때에는 출납담당자는 지체없이 출납책임자에게 보고하여야 한다.

제45조【규정 외의 조치】

이 규정의 각 조에 규정된 이외의 금전출납상의 조치에 대하여는 사장의 승인을 받아 이를 시행한다.

제 4 장　재고자산회계

제46조【재고자산의 범위】

이 규정에서 재고자산이라 함은 상품, 제품, 반제품, 재공품 등 기업회계기준에서 정하는 바에 따라 분류한다.

제47조【관리책임자】

재고자산의 관리책임자는 직제규정이 정하는 바에 의한다.

제48조【입고처리】

① 재고자산 중 구입품에 대하여는 검수를 마친 후 입고절차를 밟아야 한다.
② 자가생산제품에 있어서는 생산일자에 의하여 입고처리한다.

제49조【구매가격】

① 구매가격은 구입원가에 구입수수료, 운임, 하역비, 보험료, 관세 등 직접 이에 소요된 취득부대비용을 가산한 금액으로 하고 할인금액 및 반품액은 구매가격에서 공제한다.
② 자가생산한 것은 그 제조원가를 구매가격으로 한다.

제50조【출고처리】

① 재고자산을 공사 또는 생산을 위하여 출고하는 경우에는 청구부서에서 발행하는 자재청구서를 징구하여야 한다.

② 제품을 판매 또는 다른 회계단위에 이관하기 위하여 출고하는 경우에는 출고지시서에 의하여 출고절차를 밟는다.

제51조【폐품, 불용품의 처분】

① 원자재 및 저장품 등의 폐품 및 불용품을 처분하고자 하는 경우에는 사장의 승인을 받아야 한다.

② 자재관리부서 및 각 회계단위에서 소정의 절차를 밟아 처리한 폐품 및 불용품의 판매대금을 입금시킬 경우 경리부에서 필요한 증빙서를 접수하고 세금계산서를 발급하여야 하며 영업외수익으로 처리한다.

제52조【반 납】

재고자산의 출고를 받아 사용 후 처분잔량이 남았을 경우에는 지체 없이 재고자산 관리책임자에게 반납하여야 한다.

제53조【기 장】

관리책임자는 재고자산의 입고 및 출고를 관계증빙에 의하여 재고기장에 품명, 품질, 규격 등을 명확히 구분하여 수량, 단가, 금액, 기타 필요사항을 기장하고 항상 잔량을 파악하여야 한다.

제54조【재고조사】

① 관리책임자는 재고자산에 대하여 매 월말 또는 수시로 재고조사를 실시하여 장부상의 잔량과 현품을 대조하고 그 결과에 대한 재고조사보고서를 작성하여야 한다.

② 재고조사결과 차이가 발생하거나 파손, 변질 등으로 사용 불가능함을 발견한 경우에는 보관자는 즉시 관리책임자에게 원인을 보고하고 관리책임자의 지시에 따라 필요한 경리처리를 행한다.

③ 재고조사는 원칙적으로 본사는 경리부장, 공장은 공장장, 지점 및 공사본부나 출장소 또는 공사현장에 있어서는 지명하는 자가 반드시 입회하여야 한다.

제55조【재고자산의 평가방법】

재고자산의 평가는 총평균법, 이동평균법, 선입선출법 등 기업회계기준에서 정하는 바에 따라 평가한다.

제 5 장 고정(비유동)자산회계

제 1 절 고정(비유동)자산

제56조【범 위】

이 규정에서 고정(비유동)자산이라 함은 영업을 목적으로 소유하는 다음 각 호의 유형 및 무형고정(비유동)자산과 투자자산을 말한다.

1. 투자자산 : 투자부동산, 장기금융상품, 장기대여금, 장기미수금, 지분법적용투자주식 등
2. 유형자산 : 토지, 건물, 구축물, 기계장치, 전산설비, 차량운반구, 공구와 기구, 비품, 건설중인자산 등
3. 무형자산 : 영업권, 브랜드명, 상표권, 특허권, 광업권, 개발비 등
4. 기타비유동자산 : 이연법인세자산, 장기선급금 등

제57조【취득가액】

① 고정(비유동)자산의 취득가액은 다음 각 호의 기준에 의한다.

  1. 유형자산

    가. 공사 또는 제작에 의한 것은 그 원가에 취득세, 등록세를 가산한 금액

    나. 구입에 의한 것은 구입원가에 부대비용을 가산한 금액

    다. 교환에 의한 것은 교환에 제공한 물품의 가액

    라. 증여에 의한 것은 평가액

  2. 무형자산은 유상취득한 경우에 한하여 그 대가를 취득가액으로 한다.

② 고정(비유동)자산의 배치변경 등에 소요된 비용은 고정(비유동)자산가액에 산입하지 않음을 원칙으로 한다.

③ 유형자산 중 건설 중에 있는 것 또는 구입한 것으로서 부대비용이 불명한 것에 대하여는 건설중인자산 계정으로 정리하고 건설완료 후 및 부대비용 확정 시에 각각 고정(비유동)자산계정에 대체 정리한다.

제58조【관리책임자】

고정(비유동)자산의 관리책임자는 직제규정에서 정하는 바에 의한다.

제59조【경리책임자】

고정(비유동)자산의 경리책임자는 직제규정에서 정하는 바에 의한다.

제60조【기 장】

고정(비유동)자산에 대하여는 고정(비유동)자산대장을 작성 비치하되 카드식에 의하여 물건별 명칭, 취득연월일, 종류, 구조, 용도, 취득가액, 감가상각금액, 소재지, 평수 또는 용량 등의 기타 필요한 사항을 기재한다.

제61조【재고조사】

고정(비유동)자산 관리책임자는 매기말 또는 수시로 고정자산의 현상에 대한 실사를 통하여 고정(비유동)자산대장과 대조하고 그 과부족 및 수리 여부에 대하여 보고서를 작성하여 주관부서장에게 제출한다.

제62조【취득, 개보수, 매각, 이관 등】

고정(비유동)자산을 취득, 개량, 보수, 매각, 임차, 이관하는 경우에는 사장의 승인을 받아야 한다. 다만, 사장이 인정하는 소액범위 이내의 것을 취득, 개량, 보수하는 경우에는 공장 또는 지점, 공사본부나 출장소, 현장소장의 승인으로 행할 수 있다.

제63조【저당권의 설정】

유형고정(비유동)자산에 저당권을 인정하는 경우에는 그 사유, 조건, 내용 등을 명료하게 하여 사장의 승인을 받아야 한다.

제64조【자본적지출과 수익적지출】

자본적지출과 수익적지출의 구분은 원칙적으로 다음 각 호의 기준에 의한다.

1. 고정(비유동)자산의 내용연수를 연장시키거나 당해 고정(비유동)자산의 가치를 현실적으로 증가시키는 경우의 수선비는 이를 자본적지출로 한다.
2. 고정(비유동)자산의 원형을 회복하거나 능률유지를 위하여 지출하는 수선비는 수익적지출로 하여 비용으로 처리한다.

제 2 절 감가상각

제65조【감가상각】

토지를 제외한 유형자산과 무형고정자산에 대하여는 매기 감가상각을 실시하여 감가상각을 시행한다. 이 경우 감가상각의 대상이 되는 자산의 종류는 기업회계기준에서 정하는 바에 따른다.

제66조【감가상각의 계산방법】

① 감가상각은 유형고정자산에 대하여는 정액법 또는 정률법 등 기업회계기준에서 정하는 합리적인 방법에 의한다. 다만, 무형자산에 대하여는 정액법에 의한 직접상

각을 실시한다.

② 기간 중에 취득한 고정(비유동)자산에 대하여는 취득한 월부터 감가상각을 계상하고 기간 중에 처분한 고정(비유동)자산에 대하여는 처분한 월의 전월까지 감가상각을 계상한다.

③ 법령의 적용 또는 특별한 사유에 의하여 상각을 할 필요가 있을 경우에는 소정의 절차에 의하여 특별상각을 할 수 있다.

제67조【감가상각의 예외】
건설중인자산으로 계상되어 있는 자산에 대하여는 감가상각법을 시행하지 아니한다.

제68조【감액 시의 감가상각】
① 고정(비유동)자산의 훼손, 부식, 폐기 등의 이유로 장부가액의 감액을 하는 경우에는 평가액으로 취급하여 감가상각으로 처리하지 아니한다.
② 고정(비유동)자산의 매각이나 폐기를 요할 경우에는 소정의 절차에 의하여 처리하고 이에 발생하는 손익은 영업외비용으로 처리한다.

제 6 장 업무회계

제 1 절 구매회계

제69조【외상매입금】
자재의 구입에 따라 발생하는 외상매입채무는 당해 자재검토 담당자의 검수확인에 의하여 외상매입금계정에 계상한다.

제70조【외상매입금의 지급】
경리담당자는 구매담당자로부터 회부된 청구서와 외상매입금내역서를 토대로 하여 청구서의 기재사항을 확인한 후 지급전표를 작성하고 지급절차를 밟는다.

제71조【전도금 및 선급금】
① 공사현장의 전도금의 지급은 전도금 취급규정에 의한다.
② 구입대금의 전도가 필요한 때에는 구매담당자는 경리담당자에게 선급금청구서를 제출하고 경리담당자는 기재사항을 검토한 후 지급전표를 작성하여 지급절차를 밟는다.
③ 전항의 선급금 지급에는 품의 후 결재를 받아야 한다.

④ 구입대금에 대하여 선급금을 지출 품의한 구매부서 담당자는 매 월말 선급금의 대체정리 및 회수현황을 작성, 경리부의 선급금 장부와 대조하여 차이가 파악되면 원인을 규명하고 선급금의 대체정리 및 회수현황을 경리부에 제출하여야 한다.

제72조【미지급금】
고정(비유동)자산의 구입과 외주 또는 사무용품 등의 구입에 따라 발생하는 미지급채무에 대하여는 경리담당자가 원인행위 발생부서로부터 회부된 채무의 확정을 증명하는 증빙서류에 의하여 미지급금계정에 계상하고, 그 지급은 외상매입금 지급방법과 같이 한다.

제 2 절 판매회계

제73조【외상매출금】
① 제품판매 및 완성공사에 따라서 발생하는 외상매출채권은 외상매출금, 공사미수금 계정에 계상한다.
② 반기 및 기말 결산 시에는 기업회계기준 및 기업회계기준에 의한 작업진행률에 의하여 기업회계기준에서 정하는 바에 따라 공사수입과 공사미수금을 계상한다.
③ 공사대금의 청구 시 세금계산서의 작성교부는 업무부에서 주관한다.

제74조【청구, 회수】
업무부의 자금담당자는 외상매출금, 공사미수금 등을 회수한다. 외상매출금, 공사미수금을 회수한 때에는 지체 없이 출납담당자에게 납입하여야 한다.

제75조【선수금】
제품판매 및 공사에 대한 선금을 받았을 경우에는 선금을 선수금계정에 계상하고 그 해당하는 금액을 외상매출금, 공사미수금에서 차감한다.

제76조【회수불능 외상매출금】
외상매출금 및 공사미수금에 대하여 회수불능의 것이 발생하여 대물변제받는 경우에는 관련업무 책임자는 그 경위를 지체없이 사장에게 보고하고 그 처리에 대한 지시를 받아야 한다.

제77조【대손처리】
외상매출금, 공사미수금, 전도금 등의 채권을 대손으로 처리하는 경우에는 사장의 승인을 받아야 한다.

제 7 장 회계단위 간의 거래

제78조【본사계정】

회계단위 간의 거래(사내거래)를 처리하기 위하여 본사에서는 지점계정을 설정하고 본사 이외의 회계단위에서는 본사계정을 설정한다.

제79조【집중계산】

본사 이외의 각 회계단위 간의 거래는 본사계정을 통하여 이루어지며 거래는 본사계정을 사용하지 않고 지점 대 지점거래로서 정리할 수 있으나 반드시 잔액을 일치시켜야 한다.

제80조【대체통지서】

각 회계단위 간에 거래는 대체통지서에 의하며 대체통지서는 2매 복사하여 그 중 1매(대체전표)는 본사 경리부에 송부, 정리한다.

제81조【보고 및 통보】

본사 이외의 회계단위 간의 거래 시 대체통지서는 매월 말일 기준 익월 5일까지 해당 지점 및 현장에 필착토록 하고 본사에 보고하여 본사에서는 이를 종합정리한다.

제 8 장 원가계산

제82조【원가계산의 목적】

원가계산은 제품에 대한 정확한 원가를 계산하여 경영능률을 향상시킴을 목적으로 한다.

제83조【원가의 범위】

원가는 생산에 수반하여 발생하는 재료비, 노무비, 외주비 및 생산본부의 경비로 한다.

제84조【원가의 계산기간】

원가계산기간은 달력에 의한 1개월로 한다.

제85조【원가계산의 방법】

원가의 계산방법은 기업회계기준에서 정하는 원가계산준칙이 정하는 바에 의한다.

제86조【재료원가의 계산】

생산자재의 구입원가는 그 구입대금과 부대되는 운반비 등 제비용을 합계한 금액으로 한다.

제87조【노무비의 계산】

고정 인건비 및 생산에 직접 종사하여 작업을 행하는 기능공 및 노무자의 인건비, 그리고 외주노무비의 지급액의 총액을 말한다.

제88조【외주비의 계산】

외주한 용역비는 도급자와의 계약조건에 의하여 지급한 금액과 지급하여야 할 금액의 총액을 계산한다.

제89조【생산경비의 계산】

생산경비는 비용발생 시마다 직접 각 해당 과목에 계상한다.

제90조【원가요소별 계산】

원가의 요소별 계산은 다음과 같이 원가명세서(보고서)를 작성하여야 한다.

1. 직접원가에 있어서는 전기이월액에 당기비용을 합계한 금액에서 차기이월액을 공제한 금액으로 계산한다.
2. 간접비에 있어서는 원가계산기간의 간접비 발생비용의 총액을 부문별 또는 제품별로 합리적인 배부기준에 의하여 배분한다.

제91조【결산의 기준】

원가계산의 수치는 관계계정과목의 금액과 일치하여야 한다.

제9장 결 산

제92조【결산의 목적】

결산은 1회계기간의 회계기록을 정리하여 당해 기간의 경영성과 및 기말의 재무상태를 정확히 표시함을 목적으로 한다.

제93조【결산의 기준】

결산을 행함에 있어서는 기업회계기준에 의하여 다음 각 호의 사항에 적합한 재무제표를 작성하여야 한다.

1. 회계처리 및 보고는 신뢰할 수 있도록 객관적인 자료와 증거에 의하여 공정하게 처리하여야 한다.
2. 재무제표의 양식 및 과목과 회계용어는 이해하기 쉽도록 간단・명료하게 표시하여야 한다.
3. 중요한 회계방침과 회계처리기준・과목 및 금액에 관하여는 그 내용을 재무제표상에 충분히 표시하여야 한다.
4. 회계처리에 관한 기준 및 추정은 기간별 비교가 가능하도록 매기 계속하여 적용하고 정당한 사유 없이 변경하여서는 아니 된다.
5. 회계처리와 재무제표 작성에 있어서 과목과 금액은 그 중요성에 따라 실용적인 방법에 의하여 결정하여야 한다.
6. 회계처리과정에서 2 이상의 선택가능한 방법이 있는 경우에는 재무적 기초를 견고히 하는 관점에 따라 처리하여야 한다.
7. 회계처리는 거래의 실질과 경제적 사실을 반영할 수 있어야 한다.

제94조【결산사무책임자】

결산사무책임자는 직제가 정하는 바에 의한다.

제95조【결산의 종류】

결산은 월차결산 및 기말결산으로 한다.

제96조【월차결산】

① 각 회계단위의 결산사무책임자는 매월 말 회계기록을 정리하고, 미경과 선급・미지급비용을 계산하고 다음 서류를 경리부장에게 제출한다.
   1. 합계잔액시산표
   2. 각 계정명세서
   3. 제조원가명세서
   4. 기타 부속서류

② 경리부장은 각 회계단위의 계산을 종합하여 다음 서류를 작성하고 설명서를 첨부하여 경영진에게 보고한다.
   1. 합계잔액시산표
   2. 재무상태표
   3. 손익계산서
   4. 제조원가명세서
   5. 기타 부속서류

제97조【기말결산】

① 각 회계단위의 결산사무책임자는 매기 말에 회계기록을 정리하고, 미경과 선급금·미지급 등의 비용을 계산하고, 감가상각·충당금의 확정, 재고자산의 수정 기타 필요한 계정을 정리하고 다음 서류를 경리부장에게 제출한다.

1. 월차결산으로 제출할 서류로서 기중의 누계를 필요로 하는 것
2. 자산부채내역서
3. 기타 부속서류

② 경리부장은 회계단위의 계산을 종합정리하고 다음 서류를 작성하여 대표이사에게 보고한다.

1. 재무상태표
2. 손익계산서
3. 자본변동표
4. 현금흐름표
5. 이익잉여금처분계산서 또는 결손금처리계산서
6. 재무제표의 부속명세서
7. 기타 부속서류

제98조【경영분석】

경리부장은 월차 및 기말결산의 서류를 조사하고 경영의 분석 및 비교를 하여 경영진에게 보고하고 또한 결산에 있어 경영상의 중요한 변화를 발견하였을 때에는 그 변화의 원인을 규명·보고하여야 한다.

제10장 내부감사

제99조【내부감사】

회사의 각급 부서의 수지, 수불 및 제 계산에 있어 부정, 보류, 부당처리의 유무를 가려내고 또한 그러한 잘못의 발생을 예방하기 위하여 내부감사를 실시한다.

제100조【회계업무 종사자】

회계업무에 종사하는 직원은 회계업무처리에 있어서 불명하거나 부당하다고 인정되는 점이 발견되면 즉시 담당자에게 확인하고 서류 및 자료를 검토하여 거래처에 조회하여 확인하여야 한다.

제101조 【감사담당자】
내부회계감사의 담당자는 직제규정과 감사규정이 정하는 바에 의한다.

제102조 【감사방법】
내부회계감사의 방법 등에 대하여는 감사규정이 정하는 바에 의한다.

부 칙

제 1 조 【시행일자】
이 규정은 20○○년 ○○월 ○○일부터 시행한다.

부 칙

제 1 조 【시행일자】
이 규정은 20○○년 ○○월 ○○일부터 시행한다.

[별표 1]

계정과목 체계 및 해설[9)]

(1) 재무상태표 계정과목

계정과목	해 설
[자산]	
Ⅰ. 유동자산	
(1) 당좌자산	
1. 현금 및 현금성 자산	보유현금, 기타 요구불예금, 현금성자산으로 분류된 ① 단기예금 ② 단기투자자산 ③ 은행거래 약정 등이 해당됨. * 보통예금, 보통예금(지출), 보통예금(수입), 자유저축예금, EPS해외계좌
2. 단기금융상품	금융기관이 취급하는 정기예금 · 정기적금 · 사용이 제한되어 있는 예금 및 기타 정형화된 상품 등(현금성자산으로 분류되는 상품 제외)으로 유동성 항목에 해당하는 것. 다만, 사용이 제한되어 있는 예금에 대해서는 그 내용을 주석으로 기재함.
3. 단기대여금	금전소비대차계약에 의하여 금전을 타인에게 빌려 준 것으로서 대여금에 대한 회수기간이 보통 결산일의 익일부터 기산하여 1년 이내에 기한이 도래하는 채권
4. 매출채권	주된 영업활동에서 발생한 외상매출금 및 받을어음 중 유동성 항목
5. 미수금	주된 영업활동 이외에서 발생한 미수채권 중 유동성 항목
6. 미수수익	당기에 귀속되는 수익 중 미수된 금액으로 보고기간 후 12개월 이내에 회수될 것으로 기대되는 금액
7. 보증금	전세권 · 전신전화가입권 · 임차보증금 및 영업보증금 등으로 보고기간 후 12개월 이내에 회수될 것으로 기대되는 금액 * 단기보증금(전세권), 단기보증금(기타)
8. 선급금	매입처에 대하여 상품 · 원재료의 매입을 위하여 또는 제품의 외주가공을 위하여 선급한 금액. 선급금으로 처리할 수 있는 거래는 그것이 정상적 영업순환과정에서 일반적 상거래로 인하여 발생하는 것으로 후에 매입계정으로 대체될 수 있는 것에 한함.

9) 한국회계기준원 회계기준위원회에서 2014년 6월 27일 의결한 '일반기업회계기준'에 따릅니다.

계정과목	해 설
9. 선급비용	선급된 비용 중 1년 이내에 비용으로 되는 것. 보험이나 임대차계약과 같이 계속적으로 용역을 제공받는 경우에 특정시점에서의 미경과 계약기간에 대한 비용이 발생되며, 그 중 1년 내에 기간이 도래하는 부분은 선급비용으로서 당좌자산으로 분류되고, 1년 후에 비용으로 되는 부분은 장기선급비용으로서 투자자산으로 분류 * 선급비용의 예 : 지급이자의 선급액, 보험료선급액, 임차료선급액 등
10. 선급법인세	은행 등에서 이자수익 발생 시 원천징수한 원천징수 상당액, 중간예납세액으로 납부한 법인세 등
11. 부가세대급금	재화 또는 용역 등을 공급받고 부담한 매입세액으로서 부가가치세 신고 시 공제되는 금액
12. 이연법인세자산	당기말 현재 다음의 항목들로 인하여 미래 회계기간에 회수될 수 있는 법인세금액 ① 차감할 일시적 차이 ② 미사용 세무상 결손금의 이월액 ③ 미사용 세액공제 등의 이월액
13. 기타유동채권	전 각 계정에 속하지 아니하는 채권 중 보고기간 후 12개월 이내에 회수되거나 결제될 것으로 기대되는 금액
(2) 재고자산	(1) 정상적인 영업과정에서 판매를 위하여 보유 중인 자산 (2) 정상적인 영업과정에서 판매를 위하여 생산 중인 자산 (3) 생산이나 용역제공에 사용될 원재료나 소모품
1. 원재료	제품 생산을 위한 원료·재료·매입부품 등
2. 상품	판매를 목적으로 구입한 상품·미착상품·적송품 등으로 하며, 부동산 매매업에 있어서 판매를 목적으로 소유하는 토지·건물 및 기타 이와 유사한 부동산은 이를 상품에 포함
3. 소모품	생산이나 용역의 제공에 사용될 소모품
4. 재공품	제품 또는 반제품의 제조를 위하여 재공과정에 있는 것
5. 제품	판매를 목적으로 제조한 생산품·부산물 등
6. 반제품	자가제조한 중간제품과 부분품 등으로 제품과 별도로 표시하는 경우 사용

계정과목	해　　설
7. 저장품	소모품 · 소모공구기구비품 · 수선용부분품 및 기타 저장품 등으로 소모품과 별도로 표시하는 경우 사용
8. 미착품	운송 중인 자산
9. 기타재고	전 각 계정에 속하지 아니하는 재고자산
Ⅱ. 비유동자산	
(1) 투자자산	
1. 투자부동산	임대수익이나 시세차익 또는 두 가지 모두를 얻기 위하여 소유자나 금융리스의 이용자가 보유하고 있는 부동산 단, 재화의 생산이나 용역의 제공 또는 관리목적으로 사용하거나 정상적인 영업과정에서 판매하기 위해 보유하는 부동산 제외
2. 장기금융상품	금융기관이 취급하는 정기예금 · 정기적금 · 사용이 제한되어 있는 예금 및 기타 정형화된 상품 등(현금성자산으로 분류되는 상품 제외)으로 비유동성 항목에 해당하는 것. 다만, 사용이 제한되어 있는 예금에 대해서는 그 내용을 주석으로 기재함.
3. 매도가능증권	유가증권의 분류 중 하나로서 단기매매증권, 만기보유증권, 지분법적용투자주식으로 분류되지 않는 그밖의 모든 유가증권. 지분법적용투자주식 또는 단기매매증권이 아닌 주식이나 만기보유증권 또는 단기매매증권이 아닌 채권을 말하며, 재무상태표일로부터 1년 내에 만기가 도래하거나 매도 등에 의하여 처분할 것이 거의 확실한 경우(유동자산으로 분류)를 제외하고는 투자자산으로 분류
4. 지분법적용투자주식	투자주식 중 피투자회사에 중대한 영향력을 행사할 수 있는 주식을 말하며 지분법으로 평가. 일반적으로 다른 회사에 20% 이상을 투자한 경우, 20% 미만으로 투자했어도 중대한 영향력을 행사할 수 있는 경우를 지분법 적용투자로 분류 지분법이란 투자회사는 지분법적용투자주식의 취득시점에 취득원가로 평가하고, 취득시점 이후 발생한 파투자회사의 순자산 증가 또는 감소분(투자회사 지분율에 해당하는 금액)을 지분법적용투자주식의 장부가액에 가감하는 방법
5. 장기대여금	금전을 대여한 경우에 회계처리하는 계정. 대여금은 대여기간에 따라 장기대여금과 단기대여금으로 구분되는데, 장기대여금은 보고기간종료일로부터 1년 이후에 회수되는 것

계정과목	해 설
6. 장기매출채권	주된 영업활동에서 발생한 외상매출금 및 받을어음 중 비유동성 항목
7. 장기미수금	주된 영업활동 이외에서 발생한 미수채권 중 비유동성 항목
8. 장기미수수익	당기에 귀속되는 수익 중 미수된 금액으로 보고기간 후 12개월 후에 회수될 것으로 기대되는 금액
9. 장기보증금	전세권 · 전신전화가입권 · 임차보증금 및 영업보증금 등으로 보고기간 후 12개월 후에 회수될 것으로 기대되는 금액
10. 이연법인세자산	당기말 현재 다음의 항목들로 인하여 미래 회계기간에 회수될 수 있는 법인세금액 ① 차감할 일시적 차이 ② 미사용 세무상 결손금의 이월액 ③ 미사용 세액공제 등의 이월액
11. 기타비유동채권	전 각 계정에 속하지 아니하는 채권 중 보고기간 후 12개월 후에 회수되거나 결제될 것으로 기대되는 금액
(2) 유형자산	**재화나 용역의 생산이나 제공, 타인에 대한 임대 또는 관리활동에 사용할 목적으로 보유하는 물리적 형태가 있는 자산으로서 한 회계기간을 초과하여 사용할 것이 예상되는 자산**
1. 토지	대지 · 임야 · 전답 · 잡종지 등
2. 건물	토지에 정착되는 구축물 중 지붕과 기둥 또는 벽이 있는 것과 이에 부속되어 건물 자체의 효용을 증대시키는 부속시설물 등
3. 구축물	토지에 정착된 부동산 중 입목, 건물 및 부속시설 등을 제외한 시설물
4. 기계장치	동력 등의 힘을 이용해 물리적 · 화학적으로 원 · 부재료를 가공제품으로 변환시키는 각종 제조설비 및 작업장치
5. 전산설비	컴퓨터, 부속장비 등 영업활동에 사용하는 전산용품
6. 선박	사람이나 화물의 해상운송을 목적으로 하는 선박과 수상운반구
7. 철도차량	레일 또는 이에 준하는 궤조 위를 차륜을 이용하여 주행하고, 인력 또는 축력 이외의 동력을 사용하여 운전하는 차량
8. 항공기	비행기 · 글라이더 · 헬리콥터 · 비행선 · 기구 등 사람이 탑승하는 모든 비행체
9. 차량운반구	자동차 및 기타의 육상운반구. 단, 철도차량은 별도의 계정으로 표시

계정과목	해　　설
10. 집기와 비품	책상, 의자 등 고정시켜 사용하는 물품과 집물 등
11. 공구와 기구	기계에 물리거나 손으로 제조를 위하여 사용되는 절단공구, 렌치금형 등과 제품용기, 압력계, 속도계 등의 계기류 등
12. 입목	토지에 부착된 수목 또는 그 집단으로 유형자산의 정의를 충족하는 금액
13. 건설중인자산	유형자산의 건설을 위한 재료비 · 노무비 및 경비로 하되, 건설을 위하여 지출한 도급 금액 또는 취득한 기계 등을 포함
14. 복구추정자산	유형자산을 해체, 제거하거나 부지를 복구하는 데 소요될 것으로 추정되는 원가. 일반적으로 취득원가 결정 시 자산의 원가에 포함하여 회계처리되나, 본 자산과 별도로 복구활동을 수행하는 경우에는 별도계정 사용 가능
15. 기타유형자산	전 각 계정에 속하지 아니하는 유형자산
(3) 무형자산	
1. 영업권	개별적으로 식별하여 별도로 인식할 수 없으나, 사업결합에서 획득한 그 밖의 자산에서 발생하는 미래경제적 효익을 나타내는 자산
2. 브랜드명	특정 기업의 제품 및 서비스를 식별하는 데 사용되는 명칭 · 기호 · 디자인 등 중 말로써 표현할 수 있으며 무형자산의 인식요건을 충족시키는 자산(단, 내부적으로 창출된 자산은 제외)
3. 컴퓨터소프트웨어	사용을 위해 외부구입 또는 자체개발한 컴퓨터소프트웨어는 무형자산의 인식요건을 충족하면 자산으로 처리 후 사용기간에 걸쳐 상각
4. 라이선스와 프랜차이즈권	라이선스는 행정기관의 허가 하에, 사용권이 보호되는 타인 소유의 브랜드, 영화필름, 비디오 녹화물, 희곡, 원고, 특허권 및 저작권 등의 지적재산권에 대한 이용허가를 의미 프랜차이즈권은 일정 지리적 관할권 내에서 특정제품, 용역, 상호 등을 사용하여 영업을 할 수 있는 권리
5. 저작권, 특허권, 기타 산업재산권	저작권 · 특허권 · 실용신안권 · 상표권 · 의장권 등의 산업 및 경제활동과 관련된 사람의 정신적 창작물이나 창작된 방법을 인정하는 무체재산권을 취득하기 위한 직접비용이 무형자산의 인식요건을 충족하여 자산화한 금액

계정과목	해 설
6. 광업권	탐사권과 채굴권의 취득을 위해 지출한 금액이 무형자산의 인식요건을 충족할 경우 광업권 계정과목으로 인식
7. 개발비	신제품, 신기술 등의 개발과 관련하여 발생한 비용으로서 개별적으로 식별가능하고 미래의 경제적 효익을 확실하게 기대할 수 있는 것
8. 개발 중인 무형자산	현재 무형자산의 인식요건을 만족하는 자산의 취득을 위해 지출이 발생하고 있으며, 동 자산의 취득이 완료되지 아니하여 본 계정으로 대체되지 못한 자산을 의미하며 상각하지 아니하고, 취득 완료 후 본 계정으로 대체
9. 사용수익기부자산 등 용역운영권	사용수익기부자산은 금전 외의 자산을 국가, 지방자치단체, 기타 법령에 의한 단체에 기부한 후, 그 자산을 사용하거나 그 자산으로부터 수익을 얻는 경우 당해 자산을 의미하며 그 외의 특정설비 등에 대해 운용할 수 있는 권리를 포함
10. 차지권	타인 소유 토지를 사용·수익할 수 있는 권리를 취득하기 위하여 지급한 대가 중 무형자산의 인식요건을 충족시키는 금액을 의미
11. 채굴권	광구에서 등록한 광물과 이와 같은 광산에 묻혀 있는 다른 광물을 채굴하고 취득하는 권리를 취득하기 위해 지급한 대가 중 무형자산의 인식요건을 충족시키는 금액을 의미
12. 기타무형자산	영업권 이외의 무형자산 중, 상기에 속하지 않는 기타의 무형자산
(4) 기타비유동자산	
1. 이연법인세자산	자산·부채의 장부금액이 회수나 결제되는 미래 회계기간의 과세소득(세무상 결손금) 결정 시 차감할 일시적 차이, 미사용 세무상 결손금의 이월액, 혹은 미사용 세액공제 등의 이월액과 관련하여 미래 회계기간에 회수될 수 있는 법인세 금액
2. 장기선급금	선급금 중 1년 후에 정산이 예정되는 선급금
3. 장기선급비용	선급비용 중 1년 후에 정산이 예정되는 선급비용
4. 기타비유동자산	기타비유동자산 중 상기 계정과목에 포함되지 않는 자산
자산총계	
[부채]	
I. 유동부채	

계정과목	해　　설
1. 단기매입채무	금융부채의 하나로, 일반적 상거래에서 발생한 외상매입금과 지급어음으로서 보고기간 후 12개월(정상적인 영업주기가 1년을 초과하는 경우 정상적인 영업주기) 이내에 상환을 통하여 소멸되는 것
2. 단기미지급금	주된 영업활동 이외에서 발생한 채무 중 보고기간 말 현재 미지급된 금액 중 유동성 항목
3. 단기미지급비용	일정기간 계속 발생하는 비용으로서 당기에 발생하였으나 아직 지급기일이 도래하지 않아 지급되지 않고 있는 비용 중 유동성 항목
4. 단기임대보증금	임대기간이 1년 이내인 임대보증금
5. 단기기타보증금	임대보증금 이외의 보증금으로서 그 임대기간 등이 1년 이내인 임대보증금
6. 금융리스부채	리스이용자가 금융리스로 분류하는 경우 계상하는 부채 중 보고기간 후 12개월 이내에 결제하기로 되어 있는 금액이며, 리스약정일에 측정된 최소리스료의 현재가치와 리스자산의 공정가치 중 작은 금액으로 인식
7. 미지급배당금	주주총회에서 재무제표를 승인하고 이익잉여금을 처분결의하고 아직 미지급한 배당금 총액
8. 단기차입금	금융기관으로부터의 당좌차월액과 유동성으로 분류되는 차입금
9. 유동성장기차입금	결산일로부터 1년 이내에 그 상환기간이 도래하는 장기차입금
10. 유동성사채	결산일로부터 1년 이내에 그 상환기간이 도래하는 장기사채
11. 유동성전환사채	결산일로부터 1년 이내에 그 상환기간이 도래하는 전환사채
12. 유동성교환사채	결산일로부터 1년 이내에 그 상환기간이 도래하는 교환사채
13. 미지급법인세	당기 및 과거기간에 대한 「법인세법」상 당기법인세 중 납부되지 않은 미지급액
14. 이연법인세부채	당기 및 과거기간에 대한 당기법인세 중 납부되지 않은 미지급액
15. 단기선수금	수주공사·수주품 및 기타 영업활동에 따라 발생한 선수금액
16. 단기선수수익	대가의 수입은 이루어졌으나 수익의 귀속시기가 차기 이후인 것. 즉, 이미 수취한 수익 중 차기 이후에 귀속될 수익

계정과목	해 설
17. 단기예수금	일반적 영업활동 이외에서 발생한 일시적 제 예수금액 • 원천징수예수금, 국민연금예수금, 건강보험예수금, 주택자금예수금, 기타예수금 등
18. 부가세예수금	재화 또는 용역의 공급으로 거래징수한 부가가치세 예수금
19. 단기제품보증충당부채	제조자가 판매 계약조건에 따라 수선해주거나 대체해주는 등 제품의 보증을 이행하는 원가에 대한 최선의 추정치 중 12개월 이내 결제될 것으로 기대되는 금액
20. 기타유동부채	전 각 계정에 속하지 아니하는 유동부채
II. 비유동부채	
1. 장기매입채무	일반적 상거래에서 발생한 외상매입금과 지급어음으로서 보고기간 후 12개월(정상적인 영업주기가 1년을 초과하는 경우 정상적인 영업주기) 후에 상환을 통하여 소멸되는 것
2. 장기미지급금	주된 영업활동 이외에서 발생한 채무 중 보고기간 말 현재 미지급된 금액 중 비유동성 항목
3. 장기미지급비용	일정기간 계속 발생하는 비용으로서 당기에 발생하였으나 아직 지급기일이 도래하지 않아 지급되지 않고 있는 비용 중 비유동성 항목
4. 장기임대보증금	임대기간이 1년을 초과하는 장기임대보증금
5. 장기기타보증금	장기임대보증금 이외의 보증금으로서 1년을 초과하는 장기의 기타보증금
6. 금융리스부채	리스이용자가 금융리스로 분류하는 경우 계상하는 부채 중 보고기간 후 12개월 후 결제하기로 되어 있는 금액이며, 리스약정일에 측정된 최소리스료의 현재가치와 리스자산의 공정가치 중 작은 금액으로 인식
7. 장기차입금	보고기간 후 1년 후에 결제될 예정인 차입금
8. 사채	보고기간 후 1년 후에 상환되는 사채의 가액으로 하되, 사채의 종류별로 기재하고 그 내용을 주석으로 기재
9. 전환사채	일정한 요건에 따라 사채권자에게 사채를 발행주식으로 전환할 수 있는 권리가 부여된 사채로서, 복합금융상품의 성격을 가질 때 금융부채에 해당하는 금액

계정과목	해 설
10. 신주인수권부 사채	일정한 요건에 따라 사채권자에게 사채를 발행주식으로 전환할 수 있는 권리가 부여된 사채로서, 복합금융상품의 성격을 가질 때 금융부채에 해당하는 금액
11. 교환사채	일정한 요건에 따라 사채권자에게 사채를 다른 유가증권으로 전환할 수 있는 권리가 부여된 사채로서, 복합금융상품의 성격을 가질 때 금융부채에 해당하는 금액
12. 장기선수금	거래처로부터 주문받은 상품 또는 제품을 인도하거나 공사를 완성하기 이전에 그 대가의 일부 또는 전부를 수취한 선수금으로서 1년 후에 의무 등이 도래하는 금액
13. 장기선수수익	대가의 수입은 이루어졌으나 수익의 귀속시기가 차기 이후인 선수수익 중 1년 후에 수익으로 대체되는 금액
14. 퇴직급여충당부채	결산일 현재 「근로기준법」이나 회사의 사규에 의하여 종업원의 퇴직시에 지급할 퇴직금에 충당하기 위하여 설정하는 부채
15. (퇴직연금운용자산)	퇴직연금이란 기업의 법정퇴직금을 사외에 예탁하는 것으로서 확정급여형 퇴직연금제도에 가입하고 납입한 금액. 퇴직급여충당부채의 차감계정
16. 장기제품보증충당부채	제조상 결함이 명백한 경우 제조자가 판매 계약조건에 따라 수선해주거나 대체해주는 등 제품의 보증을 이행하는 원가에 대한 최선의 추정치 중 12개월 이내 결제되지 않을 것으로 기대되는 금액
17. 이연법인세부채	자산·부채의 장부금액이 회수나 결제되는 미래 회계기간의 과세소득(세무상 결손금) 결정 시 가산할 일시적 차이와 관련하여 미래 회계기간에 납부할 법인세 금액
18. 기타비유동부채	전 각 계정에 속하지 아니하는 비유동부채
부채총계	
[자본]	
I. 자본금	주주가 주권발행 등의 대가로 납입한 금액
1. 보통주자본금	주주의 납입자본금으로, 보통주자본금
2. 우선주자본금	신주주의 납입자본금으로, 우선주자본금
II. 자본잉여금	

계정과목	해 설
1. 주식발행초과금	주식의 발행가액(유상증자의 경우에 신주발행수수료 등 신주발행을 위하여 직접 발생한 기타의 비용을 차감한 후의 가액)이 액면가액을 초과하는 경우 그 초과하는 금액
2. 감자차익	자본감소의 경우에 그 자본금의 감소액이 주식의 소각, 주금의 반환에 요한 금액과 결손의 보전에 충당한 금액을 초과한 때에 그 초과금액. 다만, 자본금의 감소액이 주식의 소각, 주금의 반환에 요한 금액에 미달하는 금액이 있는 경우에는 동 금액을 차감한 후의 금액
3. 자기주식처분이익	자기주식의 처분가액이 취득가액을 초과하는 금액을 말하며, 자기주식처분손실이 있는 경우 동 금액을 차감한 후의 금액
4. 기타자본잉여금	기타의 자본거래로 인하여 발생하는 이익
III. 자본조정	
1. (자기주식)	회사가 발행한 주식의 일부를 일정목적을 위해 재취득한 금액 자기주식은 이익배당을 받을권리 및 의결권이 제한되어 실질적으로 감자와 동일한 효과가 발생되므로 취득원가를 자본조정(△)으로 하여 자본에서 차감하는 형식으로 기재(미발행주식설)
2. (주식할인발행차금)	주식의 발행가액이 액면가액에 미달하는 경우 그 미달하는 금액. 해당 주식의 발행연도부터 3년 이내의 기간에 매기 균등액을 상각하고 동 상각액은 이익잉여금으로 처분하여 장부에서 제거
3. 주식매수선택권	회사의 설립과 경영·기술혁신 등에 기여하였거나 기여할 능력을 갖춘 당해 법인의 임직원에게 특별히 유리한 가격으로 당해 법인의 신주를 매입할 수 있도록 부여한 권리. 기업회계기준에서는 주식매수선택권을 주식선택권으로 규정하고 있으며 현금결제형과 주식교부형으로 분류하고, 회사가 주식매수선택권을 임직원에게 부여하는 경우 보상원가를 약정용역제공기간에 안분하여 주식보상비용으로 하여 비용처리함과 동시에 주식선택권으로 하여 자본조정(주식결제형)처리 및 장기미지급비용으로 하여 부채(현금결제형)로 계상
4. 미교부주식배당금	주주총회에서 주식배당을 결의하는 경우 주식을 발행하기 전에 임시로 계상되는 계정
5. (감자차손)	자본 감소 시 주식의 액면금액을 초과하여 취득하는 경우 동 초과금액

계정과목	해 설
6. (자기주식처분손실)	자기주식을 처분하는 경우 처분금액이 자기주식의 취득가액에 미달하는 경우 그 미달하는 금액
7. 기타자본	전 각 계정에 속하지 아니하는 기타자본구성요소의 항목
Ⅳ. 기타포괄손익누계액	
1. 매도가능증권평가손익	매도가능증권을 공정가치로 평가하는 경우 발생하는 평가손익 매도가능증권평가손익은 차기 이후 발생하는 평가손익과 상계하여 표시하고, 해당 증권이 처분되는 때에 처분손익에 가감
2. 해외사업환산손익	해외지점의 외화로 표시된 재무제표를 현행환율법으로 환산하는 경우에 발생하는 환산손익. 해외사업환산손익은 차기 이후 발생하는 환산손익과 상계하여 표시하고, 해외지점이 폐쇄, 청산, 매각하는 때에 당기손익으로 처리
3. 현금흐름위험회피	특정위험에 기인하고 당기손익에 영향을 줄 수 있는 것으로서 인식된 자산이나 부채 또는 발생가능성이 매우 높은 예상거래의 현금흐름 변동에 대한 위험회피에 대한 회계처리 1. 위험회피수단의 손익 중 위험회피에 효과적인 부분은 기타포괄손익으로 인식 2. 위험회피수단의 손익 중 비효과적인 부분은 당기손익으로 인식
4. 지분법자본변동	지분법 회계처리를 하는 경우 피투자회사의 자본잉여금, 자본조정, 기타포괄손익누계액이 변동하는 경우 지분율에 해당하는 금액만큼 지분법자본변동으로 처리. 지분법자본변동은 지분법적용투자주식을 처분하는 때에 처분손익에 가감
5. 파생상품평가손익	현금흐름 위험회피 목적으로 투자된 파생상품을 평가하는 경우 발생하는 평가손익
Ⅴ. 이익잉여금(결손금)	
1. 이익준비금	이익준비금은 상법 규정에 의하여 적립하는 법정적립금으로서 자본금의 50%에 달할 때까지 매 결산기 현금배당액의 10% 이상을 적립하여야 하는 금액. 중간배당이 있는 경우 중간배당액에 대하여도 결산기말에 적립하여야 하며 이익준비금은 자본전입, 이월결손금 보전 외의 용도로 사용 불가

계정과목	해　　설
2. 기타법정적립금	「상법」 이외에 법에서 정하는 적립금
3. 임의적립금	임의적립금이란 이익잉여금의 처분으로서 회사가 임의로 적립한 적립금. 임의적립금은 회사가 배당으로 사외유출하지 않고 유보한 내역을 보여주는 것
4. 미처분이익잉여금 (미처리결손금)	미처분이익잉여금이란 전기이월미처분이익잉여금에 회계정책변경누적효과, 전기오류수정손익, 중간배당액, 당기순손익을 가감하여 산출 [미처분이익잉여금 계산] 전기이월미처분이익잉여금 ± 회계정책변경누적효과(차변분개 △, 대변분개 +) ± 전기오류수정손익(오류수정이익 +, 오류수정손실 △) − 중간배당액 ± 당기순손익(당기순이익 +, 당기순손실 △)
자본총계 **[자본과부채총계]**	

(2) 손익계산서 계정과목

계정과목	해 설
Ⅰ. 수익(매출액)	자본참여자의 출자관련 증가분을 제외한 자본의 증가를 수반하는 것으로서 회계기간의 정상적인 활동에서 발생하는 경제적 효익의 총유입
1. 재품매출	상품・제품・반제품・부산물 등의 총매출액에서 매출에누리(일정기간의 거래수량이나 거래금액에 따라 매출액을 감액하는 경우를 포함)와 환입 및 매출할인액을 차감한 금액
2. 용역매출	용역의 제공으로 인한 수익(건설계약으로 인한 수익 제외)
3. 공사매출	공사관리와 설계용역의 계약과 같이 건설계약과 직접 관련된 용역제공 계약에서 발생하는 수익
4. 로열티수익(매출액)	자산을 타인에게 사용하게 함으로써 발생하는 수익으로, 특허권, 상표권, 저작권 및 컴퓨터 소프트웨어와 같은 장기성 자산의 사용대가
5. 기타수익(매출액)	전 각 계정에 속하지 아니하는 매출
Ⅱ. 매출원가	수익(매출액)을 창출하기 위하여 판매되거나 소모된 재고자산 및 용역의 제공으로 인하여 발생한 원가
1. 제품매출원가	상품, 제품, 반제품, 부산물 등의 매출에 대한 원가
2. 용역매출원가	용역의 제공으로 인한 수익에 대한 원가(건설계약으로 인한 수익에 대한 원가 제외)
3. 공사매출원가	건설관련사업의 용역수익에 대한 원가
4. 로열티수익 매출원가	로열티수익에 대한 원가
5. 기타매출원가	기타의 매출액에 대한 원가
Ⅲ. 매출총이익(손실)	
Ⅳ. 판매비와관리비	
1. 급여	종업원이 제공한 근로에 대하여 기업이 제공하는 모든 종류의 대가 중 다른 자산의 장부금액(개발비 등) 또는 손익계산서상 다른 계정(매출원가, 복리후생비, 퇴직급여, 해고급여 등)에 포함되지 아니하는 금액

계정과목	해　　설
2. 퇴직급여	퇴직연금, 그 밖의 퇴직 시 급여 등과 관련하여 발생하는 임직원에 대한 비용
3. (퇴직급여충당금 환입)	퇴직급여충당금을 환입하는 경우로서 판매비의 부(−)계정으로 표시
4. 잡급	일용근로자에게 일당형태로 지급하는 비용
5. 복리후생비	−근로자의 복지와 후생을 위해 지불되는 경비 중 근로자에게 지급되는 임금 등의 보수(상여금과 시간외수당 포함)를 제외한 금액 −복리후생비는 법정복리비, 복리시설부담액, 급식비, 체육비, 연성회비, 산재보험비 등을 포함
6. 보험료	건축물 · 시설물 · 동산 등에 대한 재해보험료 및 임직원의 재해 · 상해 등의 보장을 위하여 지출하는 보험료 상당액
7. 감가상각비	보고기간의 유형자산 감가상각액 중 다른 자산의 장부가액에 포함되거나, 매출원가 등 포괄손익계산서의 다른 항목을 구성하지 아니하는 유형자산에 대한 상각비(운휴자산에 대한 상각비 제외)
8. 무형자산상각비	보고기간의 무형자산 상각액 중 다른 자산의 장부가액에 포함되거나, 매출원가 등 포괄손익계산서의 다른 항목을 구성하지 아니하는 무형자산에 대한 상각비
9. 대손상각비	매출채권 등에 대한 대손상각
10. (대손충당금환입)	대손충당금의 환입액으로 판매관리비의 부(−)의 계정으로 표시
11. 지급수수료	원고료, 감정료, 금융수수료 및 외부전문가에게 지급하는 수수료 등
12. 광고선전비	상품 및 제품 판매를 포함하는 기타 목적 등을 위하여 공고료, 광고료 등
13. 교육훈련비	종업원의 교육훈련을 위한 지출액
14. 차량유지비	자동차 기타 차량의 유지와 운행을 위해 지출하는 유류대, 소모품비, 세금, 공과금, 보험료 등
15. 도서인쇄비	신문 · 통신구독료, 도서구입비와 인쇄비
16. 접대비	영업활동에 필요한 접대비, 기타 업무추진에 따른 제비용
17. 임차료	토지 · 건물 및 기타의 자산을 임차하기 위해 지급하는 대가
18. 통신비	전신료, 전화료, 우표대 등

계정과목	해 설
19. 운반비	상품제품, 원재료 등의 운반비
20. 세금과공과	각종 세금 및 부담금, 각종 공과금
21. 소모품비	사업에 필요한 소모성 잡품 및 사무용 문방구에 대한 경비
22. 수도광열비	동력 및 전등용의 전기료, 수도료
23. 수선비	건물 및 부속설비, 기계장치, 비품 등에 대한 수선유지비
24. 연구비	개발단계 전단계로서 연구결과 또는 기타지식의 응용가능성을 탐구하는 활동, 제품 등의 대체안을 탐구하는 활동, 신제품 등으로 선택가능한 안들을 형성・설계, 평가 및 선정하는 활동과 관련되어 지출되는 비용
25. 경상연구개발비	개발단계에서 발생하는 지출로서 자산의 인식요건을 충족하지 못해 무형자산으로 인식하지 아니하고 당기비용으로 처리하는 금액
26. 여비교통비	국내외 여비와 교통비
27. 피복비	종업원 등에게 지급되는 작업복 기타 피복비
28. 협회비	협회가입비 및 정기회비
29. 판매촉진비	판매촉진을 위해 필요한 지출액 중 광고선전비와 접대비로 처리한 금액을 제외한 지출액
30. 판매수수료	상품・제품・용역의 판매로 인한 제반 수수료
31. 수주비	입찰, 견적서 작성 및 중개수수료 등 수주 및 기타 수주활동에 수반하여 발행한 경비로서 선급공사원가의 정의를 충족하지 못한 경비
32. 시설관리비	건축물, 기타시설 등의 보수 및 유지관리비로 지출하는 비용
33. 외주용역비	자사제품의 생산과 관련해 자체적인 보유기술이나 시설 등이 없이 외부의 설비나 용역을 빌리거나, 고용환경의 변화에 따라 정규 인건비 외의 전문인적용역을 아웃소싱하는 방법으로 외주를 주었을 때 그 용역비와 가공비로 지출하는 비용
34. 회의비	각종 회의에 지출하는 비용
35. 행사비	이사회, 주주총회, IR행사 등 회사의 업무상 행사에 지출하는 비용
36. 주식보상비용	주식매수선택권을 부여한 경우 부여일 현재 실현가능한 기대가득기간을 추정하고 추정된 기대가득기간을 근거로 하여 총보상비용을 안분하여 비용으로 인식하는 금액

계정과목	해 설
37. 리스료	업무용 차량 등을 운용리스 형태로 리스하고 지출하는 리스료 비용
38. 에프터서비스비	제품 판매 이후 A/S관련 활동으로 발생되는 비용
39. 기타 판매비와 관리비	전 각 계정에 속하지 아니하는 기타 판매 및 관리 비용
Ⅴ. 영업이익(손실)	
Ⅵ. 영업외수익	
1. 이자수익	대여채권 및 국·공·사채 등에 대한 수입이자 및 수입할인료
2. 배당금수익	주식 또는 출자금에 대한 이익 또는 잉여금의 분배로 받은 배당금(주식배당 제외)
3. 금융자산처분이익	매출채권 등 금융상품의 처분에 따라 매각금액이 장부가액을 초과하는 금액
4. 외화환산이익	영업활동 이외 자금의 조달과 관련한 화폐성항목의 환산에 사용한 환율이 회계기간 중 최초로 인식한 시점이나 전기의 재무제표 환산시점의 환율과 다르기 때문에 생기는 외환차이로 인하여 발생하는 환산이익
5. 외환차익	영업활동 이외 자금의 조달과 관련한 화폐성항목의 결제시점에 생기는 외환차이로 인하여 발생하는 이익
6. 정부보조금수익	영업수익으로 계상되지 않은 정부보조금 수익
7. 기타대손충당금 환입	일반 상거래 이외의 채권에 대한 대손충당금의 환입액
8 자산수증이익	회사에 자산을 무상으로 증여함에 따른 이익
9. 채무면제이익	회사의 채무에 대해 채권자가 면제함에 따른 이익
10. 보상 및 배상금 수익	보상금 및 배상금을 수령함에 따른 이익
11. 임대료수익	임대자산에 대한 지대, 집세 및 기타 사용료 등
12. 유형자산처분이익	토지, 건물 또는 기계장치 등의 유형자산의 처분으로 인하여 발생하는 이익으로, 순매각가액과 장부금액의 차액
13. 무형자산처분이익	무형자산의 처분으로 인하여 발생하는 이익으로 순매각가액과 장부금액의 차액

계정과목	해　　설
14. 투자자산처분이익	투자부동산의 폐기나 처분으로 발생하는 이익으로 순처분금액과 장부금액의 차액
15. 기타비유동자산처분이익	기타비유동자산의 처분으로 인하여 발생하는 이익으로 순매각가액과 장부금액의 차액
16. 단기투자자산평가이익	공정가치모형을 적용하는 단기투자자산의 공정가치 변동으로 발생하는 평가이익
17. 투자부동산평가이익	공정가치모형을 적용하는 투자부동산의 공정가치 변동으로 발생하는 평가이익
18. 장기투자증권손상차손환입	손상차손 처리된 만기보유금융자산의 순자산가액이 회복된 경우 만기보유금융자산손상차손 처리 전의 장부금액을 한도로 하여 만기보유금융자산손상차손을 환입
19. 유형자산손상차손환입	손상된 유형자산의 회수가능액(순공정가치와 사용가치 중 큰 금액) 증가로 인하여 과거 인식한 손상차손을 환입하는 금액으로, 손상차손환입으로 증가된 장부금액은 과거에 손상차손을 인식하기 전 장부금액의 감가상각 또는 상각 후 잔액을 초과할 수 없음(영업권의 손상차손은 환입할 수 없음).
20. 무형자산손상차손환입	손상된 무형자산의 회수가능액(순공정가치와 사용가치 중 큰 금액) 증가로 인하여 과거 인식한 손상차손을 환입하는 금액
21. 사채상환이익	기업이 발행한 사채의 상환 시 발행 시의 장부가액에 미달하여 상환가액을 지급하는 경우 그 차액
22. 전기오류수정이익	기업회계의 기간손익을 계산함에 있어서 과년도의 회계상 오류에 의하여 발생한 것으로 전기 이전의 재무제표에 대한 오류의 수정사항에 속하는 손익항목 전기오류수정항목을 재무제표에 표시하고자 할 때에는 전기오류수정이익과 전기오류수정손실로 구분하여 손익계산서에 기재하나 중대한 오류의 수정은 이익잉여금처분계산서에 반영하고 관련계정잔액을 수정
23. 보험차익	보험에 가입한 후 보험사고가 발생하여 손실이 생긴 때에 가입한 보험회사로부터 지급받는 보험금액이 피해를 받은 고정자산의 장부가액을 초과하는 경우에 그 초과하는 금액

계정과목	해 설
24. 지분법이익	지분법적용투자주식인 유가증권 평가방법으로 투자회사가 투자주식을 취득한 시점에는 취득원가로 기록하고 그 이후에는 피투자회사의 순자산의 변동에 따라 투자주식의 가액을 조정하는 방법이 지분법이며, 이 경우 한 회사가 다른 회사의 지분을 보유하고 있을 때 대상 기업에 당기순이익이 발생하면 지분 보유량만큼 이익으로 평가하는 경우에 발생하는 수익
25. 잡이익	기업회계기준에 열거된 영업외수익 가운데 별도의 계정과목으로 분류될 만큼 발생빈도가 높지 않고 금액이 큰 금액이 아니어서 중요하지 않은 수익
26. 기타 영업외 수익	전 각 계정에 속하지 아니하는 기타 영업외수익
Ⅶ. 영업외비용	
1. 이자비용	차입금 등에 대한 이자 지급액
2. 금융자산처분 손실	금융자산 등의 자산을 처분한 경우의 처분액과 장부가액과의 차손
3. 매도가능금융 자산 손상차손	매도가능금융자산의 공정가치가 하락하여 회복할 가능성이 없는 경우에는 당해 장부금액을 공정가치로 조정하고, 당초의 장부금액과 공정가치의 차액을 매도가능금융자산손상차손 처리
4. 만기보유금융 자산 손상차손	만기보유금융자산의 공정가치가 하락하여 회복할 가능성이 없는 경우에는 당해 장부금액을 공정가치로 조정하고, 당초의 장부금액과 공정가치의 차액을 만기보유금융자산손상차손 처리
5. 외화환산손실	영업활동 이외 자금의 조달과 관련한 화폐성항목의 환산에 사용한 환율이 회계기간 중 최초로 인식한 시점이나 전기의 재무제표 환산 시점의 환율과 다르기 때문에 생기는 외환차이로 인하여 발생하는 환산손실
6. 외화차손	영업활동 이외 자금의 조달과 관련한 화폐성항목의 결제시점에 생기는 외환차이로 인하여 발생하는 손실
7. 기타의 대손상각비	일반적인 상거래 이외의 채권에 대해 발생한 대손상각액

계정과목	해 설
8. 유형자산처분손실	토지, 건물 또는 기계장치 등의 유형자산을 처분한 경우의 처분액과 장부가액과의 차손
9. 무형자산처분손실	무형자산의 처분으로 인하여 발생하는 이익이나 손실은 순매각가액과 장부금액의 차이로 결정하며, 그 손실액은 무형자산처분손실의 계정과목으로 하여 당기손익으로 인식
10. 투자부동산처분손실	투자부동산의 폐기나 처분으로 발생하는 손익은 순처분금액과 장부금액의 차액이며, 폐기나 처분이 발생한 기간에 당기손익으로 인식함.
11. 기타비유동자산처분손실	기타비유동자산의 폐기나 처분으로 발생하는 손익은 순처분금액과 장부금액의 차액이며, 폐기나 처분이 발생한 기간에 당기손익으로 인식함.
12. 투자부동산평가손실	공정가치모형을 적용하는 투자부동산의 공정가치 변동으로 발생하는 손익은 발생한 기간의 당기손익에 반영하며, 손실 발생 시 동 계정으로 반영
13. 유형자산평가손실	공정가치모형을 적용하는 유형자산의 공정가치 변동으로 발생하는 손실
14. 재고자산평가손실	상품 등의 기말재고액 결정 시에 저가기준으로 평가하는 경우에 발생하는 원가와 순실현가능가액과의 차액
15. 재고자산감모손실	재고자산의 기말조사 결과 실제 재고액이 장부상 재고액보다 적은 경우에 그 차액을 처리하는 계정
16. 기타 비유동자산 평가손실	공정가치모형을 적용하는 기타비유동자산의 공정가치 변동으로 발생하는 손익
17. 유형자산손상차손	유형자산 또는 해당 자산이 속하는 현금창출단위의 장부금액이 회수가능액(사용가치와 순공정가치 중 큰 금액)을 초과하는 부분
18. 무형자산손상차손	무형자산 또는 해당 자산이 속하는 현금창출단위의 장부금액이 회수가능액(사용가치와 순공정가치 중 큰 금액)을 초과하는 부분
19. 투자부동산손상차손	투자부동산이 속하는 현금창출단위의 장부금액이 회수가능액(사용가치와 순공정가치 중 큰 금액)을 초과하는 부분
20. 기타비유동자산손상차손	기타비유동자산이 속하는 현금창출단위의 장부금액이 회수가능액(사용가치와 순공정가치 중 큰 금액)을 초과하는 부분

계정과목	해　　설
21. 기부금	사업과 직접 관련 없이 특수관계 없는 자에게 무상으로 지출하는 재산적 증여의 가액. 사업과 직접 관련 없이 지출한다는 점에서 업무와 관련하여 지출하는 접대비와 다르며, 자발적으로 지출한다는 점에서 공과금과 구별
22. 사채상환손실	기업이 발행한 사채의 상환 시 발행 시의 장부가액을 초과하여 상환가액을 지급하는 경우 그 차액
23. 전기오류수정손실	기업회계의 기간손익을 계산함에 있어서 과년도의 회계상 오류에 의하여 발생한 것으로 전기 이전의 재무제표에 대한 오류의 수정사항에 속하는 손익항목 전기오류수정항목을 재무제표에 표시하고자 할 때에는 전기오류수정이익과 전기오류수정손실로 구분하여 손익계산서에 기재하나 중대한 오류의 수정은 이익잉여금처분계산서에 반영하고 관련계정잔액을 수정
24. 지분법손실	지분법적용투자주식인 유가증권 평가방법으로 투자회사가 투자주식을 취득한 시점에는 취득원가로 기록하고 그 이후에는 피투자회사의 순자산의 변동에 따라 투자주식의 가액을 조정하는 방법이 지분법이며, 이 경우 한 회사가 다른 회사의 지분을 보유하고 있을 때 대상 기업에 당기순손실이 발생하면 지분보유량만큼 손실로 평가하는 경우에 발생하는 손실
25. 잡손실	영업외비용 항목 가운데 별도의 과목으로 표시될 만큼 중요하지 않은 잡다한 지출인 비용
26. 재해손실	화재, 풍수해, 지진, 침수해 등의 천재지변이나 또는 예상치 못한 돌발적인 사건으로 보유 중인 재고나 유형자산에 입은 손실을 처리하는 계정
27. 보상 및 배상금 비용	보상 또는 손해배상 등을 위해 지출된 비용
28. 기타 영업외 비용	전 각 계정에 속하지 아니하는 일반 영업비용
Ⅷ. 법인세비용차감전계속사업이익(손실)	기업의 계속적인 사업활동과 그와 관련된 부수적인 활동에서 발생하는 손익으로서 중단사업손익에 해당하지 않는 모든 손익. 법인세비용차감전계속사업손익은 중단사업손익이 있을 경우에만 발생

계정과목	해　　설
Ⅸ. 계속사업손익법인세비용	계속영업으로부터 발생하는 순이익에 대한 법인세비용
Ⅹ. 계속사업이익(손실)	계속영업으로부터 발생하는 세후 순이익(손실)
Ⅺ. 중단사업손익(법인세효과 : ×××원)	-중단영업으로부터 발생하는 세후순이익(손실)과 중단영업에 포함된 자산이나 처분자산집단을 순공정가치로 측정하거나 처분함에 따른 세후 손익의 합계 ※ 중단영업의 정의 : 중단영업은 이미 처분되었거나 매각예정으로 분류되고 다음 중 하나에 해당하는 기업의 구분단위임. ① 별도의 주요 사업계열이나 영업지역 ② 별도의 주요 사업계열이나 영업지역을 처분하는 단일 계획의 일부 ③ 매각만을 목적으로 취득한 종속기업
Ⅻ. 당기순이익(당기순손실)	

제 11 장

규정정비 작업을 수행하는 경우 「상법」절차

1. 주주총회의 절차

회사의 이사의 선임, 재무제표의 승인, 정관변경 등 주요한 의사결정은 주주총회에서 결의하는 사항입니다. 이 경우 주주총회를 소집하는 절차가 필요합니다. 그러나 대부분의 비상장법인은 주주총회를 실제로 소집하지 아니하고 주주총회의사록만을 기록하여 관리하는 경우가 많은데, 이는 절차상의 흠결이 있는 결의사항인바 문제가 될 수도 있습니다.

1) 주주총회의 소집

주주총회의 소집은 그 소집권자를 법정하고 있는데, 주주총회는 이사회(가장 일반적인 형태) · 청산인회 · 3% 이상의 소수주주 · 감사 · 법원의 명령으로 소집합니다(상법 362조 · 412조의 3 · 467조).

2) 주주총회의 소집시기

주주총회는 정기총회와 임시총회로 구분되는데, 그 소집시기는 다음과 같습니다.

구 분	주주총회의 소집
정기총회	정기총회는 매년 1회 일정한 시기에 이를 소집하여야 합니다(상법 365조 1항). 연 2회 이상의 결산기를 정한 회사는 매기에 총회를 소집하여야 합니다(상법 365조 2항).
임시총회	임시총회는 필요 있는 경우에 수시 이를 소집합니다(상법 365조 3항).

◈ 「상법」상 정기총회는 최소한 매년 1회는 소집하여야 합니다(상법 365조 1항).

3) 주주총회의 소집절차

주주총회를 소집할 때에는 주주총회일의 2주 전에 각 주주에게 서면으로 통지를 발송하거나 각 주주의 동의를 받아 전자문서로 통지를 발송하여야 하며(상법 363조 1항) 통지서에는 회의의 목적사항을 적어야 합니다(상법 363조 2항). 이 경우 자본금 총액이 10억원 미만인 회사가 주주총회를 소집하는 경우에는 주주총회일의 10일 전에 각 주주에게 서면으로 통지를 발송하거나 각 주주의 동의를 받아 전자문서로 통지를 발송할 수 있으며(상법 363조 3항), 자본금 총액이 10억원 미만인 회사는 주주 전원의 동의가 있을 경우에는 소집절차 없이 주주총회를 개최할 수 있고, 서면에 의한 결의로써 주주총회의 결의를 갈음할 수 있습니다(상법 363조 4항).

4) 주주총회의 절차

「상법」 규정에 따른 주주총회의 절차를 요약하면 다음과 같습니다.

단계	내용
내부품의	• 주주총회의 소집시기, 소집지, 소집절차, 안건 등을 위한 내부품의
↓	
이사회 소집통지	• 이사회를 소집함에는 회일을 정하고 그 1주간 전에 각 이사 및 감사에 대하여 통지를 발송하여야 함. 정관으로 그 기간을 단축가능(상법 390조 3항) • 이사 및 감사 전원의 동의가 있는 때에는 소집절차 생략 가능(상법 390조 4항)
↓	
이사회의사록 작성	• 이사회의사록에는 의사의 안건, 경과요령, 그 결과, 반대하는 자와 그 반대이유를 기재하고 출석한 이사 및 감사가 기명날인 또는 서명하여야 함(상법 391조의 3 2항). • 주주는 영업시간 내에 이사회의사록의 열람 또는 등사를 청구할 수 있음(상법 391조의 3 3항).
↓	
주주총회 소집통지	• 주주총회를 소집할 때에는 주주총회일의 2주 전에 각 주주에게 서면으로 통지를 발송하거나 각 주주의 동의를 받아 전자문서로 통지를 발송하여야 하며(상법 363조 1항), 통지서에는 회의의 목적사항을 적어야 함(상법 363조 2항). • 자본금 총액이 10억원 미만인 회사는 주주총회일의 10일 전에 각 주주에게 서면으로 통지를 발송하거나 각 주주의 동의를 받아 전자문서로 통지를 발송할 수 있음(상법 363조 3항). • 자본금 총액이 10억원 미만인 회사는 주주 전원의 동의가 있을 경우에는 소집절차 생략이 가능하고, 서면에 의한 결의로써 주주총회의 결의를 갈음 가능. 이 경우 결의의 목적사항에 대하여 주주 전원이 서면으로 동의를 한 때에는 서면에 의한 결의가 있는 것으로 봄(상법

	363조 4항).
↓	
주주총회의사록 작성	• 주주총회의사록에는 의사의 경과요령과 그 결과를 기재하고 의장과 출석한 이사가 기명날인 또는 서명하여야 함(상법 373조 2항). • 주주총회의 의사록은 본점과 지점에 비치하여야 함(상법 396조 1항). • 주주총회의 결의는 결의할 때 효력이 발생
↓	
공증[10]	• 주주총회의사록을 작성하지 않았다고 해서 결의의 효력에 영향이 있는 것은 아님. • 주주총회 결의의 존재에 관한 증거를 강화하기 위하여 공증

2. 주주총회의 결의 시 유의사항

회사의 규정의 정비나 TAX PLANNING을 수행하는 경우 반드시 주주총회를 통한 「상법」절차를 수행해야 하는 경우가 있습니다. 정관의 변경이나 임원퇴직금 지급규정은 주주총회의 결의사항입니다. 이 경우 주주총회의 절차에 흠결이 있는 경우 총회의 결의가 없는 것이 되므로 규정 자체가 무효로 될 수 있습니다. 따라서 주주총회의 절차를 반드시 준수하여 진짜로 주주총회를 개최하여야 하며, 반드시 「상법」상의 절차에 따른 사실관계를 입증할 수 있는 증거들을 구비하는 것이 필요합니다.

즉, [이사회 소집통지(이사 · 감사동의서로 생략가능) → 이사회 의사록 → 주주총회 소집통지(자본금 10억원 미만인 경우 총주주 동의로 생략가능) → 주주총회 의사록 → 공증] 절차에 따른 사실관계 입증서류 등을 구비하여야 합니다.[11]

---

10) 변경된 정관에 대한 공증인의 인증 여부는 정관변경의 효력발생에는 아무 영향이 없습니다(대법원 2006다62362, 2007.6.28.).

11) 주주총회가 이사회의 결의 및 소집절차 없이 이루어졌다 하더라도 총주주가 참석하여 총회를 개최하는 데 동의하고 아무런 이의 없이 만장일치로 결의가 이루어졌다면 그 결의는 유효하므로(대법원 2008도1044, 2008.6.26.; 대법원 2000다69927, 2002.12.24. 외), 총주주가 참석하여 결의한 주주총회의 회의장면을 사진으로 촬영 · 인화하여 공증 시 별첨서류로 첨부한다면 절차상의 하자를 보완하는 중요한 증거가 될 수도 있을 것입니다.

주주총회 등의 결의와 관련하여 다양한 사례가 있는데, 그 절차의 중요성과 관련한 몇 가지 사례를 살펴보면 다음과 같습니다.

1) 절차상의 하자 및 의결사항이 당사자에게만 국한되는 경우(상여처분)

〈주주총회의 절차상 하자를 이유로 임원퇴직금을 손금불산입한 사례〉

〈회사의 사실관계〉

회사는 2008년 10월부터 2008년 12월까지 대표이사 김○○에게 지급한 ○○○만원과 이사 유○○에게 지급한 ○○○만원 합계 ○○○만원을 특별상여금과 중간정산 임원퇴직금으로 지급하고 2008사업연도 법인세 신고 시 이를 손금으로 계상하였다.

⇩

〈과세관청의 손금불산입 처분〉

○○○지방국세청장은 부동산임대업을 영위하는 회사에 대하여 2012.4.3.~2012.9.14. 기간 동안 주식변동조사 및 법인세조사(부분조사)를 실시한바, 회사가 대표이사 김○○에게 지급한 ○○○만원과 이사 유○○에게 지급한 ○○○만원 합계 ○○○만원의 특별상여금을 형식적 상여금으로 하여, 손금불산입(기타처분)하고, 2008.12.31. 지급결의한 대표이사 김○○에 대한 퇴직금 ○○○만원과 이사 유○○에 대한 퇴직금 ○○○만원, 합계 ○○○만원(이하 "쟁점퇴직금"이라 한다)을 정관 규정이 없는 것으로 보아 한도초과액 ○○○을 손금불산입한 후, 손금불산입액을 김○○ 및 유○○에 대한 상여로 소득처분하였다.

⇩

〈회사의 주장〉

과세관청은 정관 변경절차에 하자가 있다고 하였으나, 청구법인의 확인서 및 사유서와 주주 유○○가 대표이사 김○○에게 그 의결권을 위임하여 절차상 하자가 없으며, 출석인원과 주식수가 다른 것은 단순 행정착오일 뿐이지 임시주주총회는 정상적으로 이루어진 것이다. 특별상여금은 청구법인의 본사건물 매각으로 회사재정이 좋아져 1972년 설립된 회사를 27~34년 이상 고생한 두 임원에 대한 포상차원이며, 정관에 의하여 정당하게 지급결의된 특별상여금을 금액이 고액이라는 이유로 이를 인정하지 아니하고 손금불산입하여 기타 처분한 것은 청구법인의 고유권한을 무시한 것이다.

⇩

〈조세심판원의 판단〉

「법인세법 시행령」 제44조(퇴직금의 손금불산입) 제4항에서 정관에 퇴직금으로 정해 놓은 금액을 지급하는 경우에 임원의 퇴직금이라도 그 전액을 손금산입할 수 있도록 규정한 이유는 정관은 법인의 근본 규칙으로서 일단 정관에 정해 놓은 퇴직금을 증감시키기 위해서는 「상법」상의 정관 변경절차를 거쳐야 하므로 임원이라도 임의로 임원퇴직금을 과다지급하는 것이 비교적 어려워 법인의 소득을 부당히 감소시킬 염려가 적다는 데 그 이유가 있다 할 것이고, 정관에 퇴직금으로 정해 놓은 금액을 지급하는 경우와 마찬가지로 정관에서 위임한 퇴직급여지급규정에 의한 퇴직금이 전액 손금산입되기 위해서는 임원이라도 임원퇴직금을 임의로 증감시킬 수 없을 정도로 정관 자체에 퇴직금 범위에 관한 기본사항이 정해져 있어야 할 것이며, 다만 구체적·세부적 사항을 정한 퇴직금지급규정에 따라 퇴직금을 지급하는 경우여야 할 것인바, 주주총회에서 정한 퇴직금 지급기준이 특정임원의 퇴직 시마다 퇴직금을 임의로 지급할 수 없는 일반적이고 구체적인 기준에 해당하는 경우 이를 정관에서 위임한 퇴직급여지급규정으로 볼 수 있다 할 것이다(조심 2008서3862, 2009.1.8. 참조). 이 건의 경우, 회사는 특별상여금 및 쟁점퇴직금을 정상적인 절차에 따라 변경된 정관에 의거 지급하였으므로 이를 전부 손금으로 인정하여야 한다고 주장하나, 회사의 정관변경을 결의한 임시주주총회의 참석주주는 대표이사 김○○와 이사 유○○ 및 이사 유○○ 3인으로 날인되어 있으나, 이사 유○○는 해외체류 중이어서 쟁점퇴직금 수령 당사자로만 되어 있는 점, 이사 유○○은 이 건 부동산 처분 전에 적법한 이사회결의와 주주총회의 특별결의를 거치지 아니하고 양도하였다고 소송을 제기한 점, 쟁점퇴직금은 퇴직 전 1년 총급여액(특별상여금 제외)의 약 40~47배에 해당하는 금액을 지급하는 것으로 정관을 변경한 임시주주총회 의결은 김○○와 유○○에게만 국한된 것일 뿐 향후 임직원 퇴직 시에 적용될 일반적이고 구체적인 지급기준을 정한 것으로 볼 수 없는 점, 특별상여금은 정상적인 상여금의 약 10~11배에 해당하고 구체적인 업적 등 지급기준 없이 장기 근무한 대표이사 김○○와 이사 유○○에게만 지급하는 것으로 변경하였음에도 유○○에게는 실제 지급되지 아니하여 이를 근거로 계산된 쟁점퇴직금은 청구법인의 임대용부동산 처분이익을 배분하기 위한 것으로 보이는 점 등으로 볼 때, 회사가 이해당사자만 참석하는 임시주주총회를 개최하여 청구법인의 대표이사와 이사 유○○에게만 차별적으로 많이 지급되도록 정관을 변경한 것으로 보이므로 회사의 주장을 받아들이기 어렵다 하겠다. 따라서 과세관청이 변경된 정관에 따라 지급한 특별상여금과 쟁점퇴직금 중 한도초과액을 손금불산입하여 법인세를 부과하고, 한도초과액을 대표이사 김○○, 이사 유○○의 상여로 소득처분하여 회사에게 소득금액변동통지한 처분은 잘못이 없는 것으로 판단된다(조심 2013서0894, 2013.6.28.).

2) 주주총회 의결사항이 당사자에게만 국한되는 경우(상여처분)

〈주주총회의 의결사항이 특정인을 위한 경우 손금불산입한 사례〉

〈회사의 사실관계〉

회사는 2003년 7월 8일 개업하여 부동산을 개발하여 분양하는 사업 등을 영위하는 법인으로서 2006년 2월 20일 임시주주총회에서 대표이사 회장인 김○○의 퇴직에 따른 퇴직금 50억원(퇴직 전 1년 총 급여액의 30배수), 특별공로금 100억원을 지급하기로 의결하고, 2006년 2월 28일 김○○이 실제 퇴직하자 퇴직금 및 특별공로금 150억원을 지급하였다.

⇩

〈과세관청의 손금불산입 처분〉

○○지방국세청장은 2007년 7월 12일~2007년 12월 28일까지 청구인에 대한 법인세 통합조사를 실시하여 청구인의 '임원퇴직금규정'은 법령에 의한 정관에서 위임된 임원퇴직금규정에 해당되지 않는 것으로 보아 「법인세법」상 임원퇴직금 한도액 52백만원을 초과한 14,948백만원을 손금불산입 · 상여처분하였다.

⇩

〈회사의 주장〉

정관의 위임에 의하여 주주총회에서 임원퇴직금규정을 승인하였으며, 동 규정에서 대표이사 회장의 퇴직금은 퇴직 전 1년 총급여액의 30배수로서 김○○의 2005년 총급여액이 202백만원이므로 퇴직금 한도액은 6,054백만원이 산출되지만, 청구인의 자금 사정상 5,000백만원만 지급하기로 주주총회에서 결의하고 동 금액을 지급하였으며, 이는 임원퇴직금규정에 의한 정상적인 퇴직금에 해당하므로 이를 손금불산입하여 상여로 처분하고 근로소득세를 부과한 처분은 부당하다.

⇩

〈조세심판원의 판단〉

임원퇴직금지급규정을 결의한 주주총회 참석주주가 퇴직당사자 2인이고 이들이 의결권을 행사하여 임원퇴직금지급규정에 근거해 지급된 퇴직금은 임의결의에 의해 지급된 금액으로 보는 것이 타당하며, 주주총회 의결은 그 당사자에게만 국한되는 것일 뿐 일반적이고 구체적인 지급기준을 정한 것으로 볼 수 없으므로 임원퇴직금 및 특별공로금을 손금불산입 상여처분한 것은 잘못이 없다(조심 2008서3862, 2009.1.8.).

3) 소수주주가 반대한 안건을 결의한 주주총회의 무효인 사례[12)]

〈사실관계〉

⑴ 2008.6.10. 이사회를 개최하여 원고들을 비롯한 이사들의 찬성을 얻어 임원퇴직금 지급규정의 제정을 결의한 다음, 2008.6.26. 개최된 정기주주총회에서 발행주식 10%를 보유한 ○○○○공사의 반대에 불구하고 발행주식 90%를 보유한 ○○○의 찬성으로 이 사건 퇴직금규정 제정안을 가결하였다.

⑵ 이 사건 퇴직금규정은 퇴직금지급률을 인상하여, 대표이사에 대하여는 종전의 5배에 해당하는 지급률(근속연수 1년당 5개월)을 적용하고 이사에 대하여는 종전의 3배에 해당하는 지급률(근속연수 1년당 3개월)을 적용하며, 그 인상된 퇴직금지급률을 임원의 근속기간 동안 소급하여 적용하는 것을 내용으로 한다.

⑶ 또한 원고들을 비롯한 피고의 임직원 10명은 2010.9.30. 및 2010.10.1. 피고와 연봉인상계약을 체결하였는데, 당시 이사의 경우 연봉 4,800만원에서 연봉 8,000만원으로 인상되어 그 인상폭이 66.7%로 가장 높고, 대표이사의 경우 연봉 1억 4,500만원에서 연봉 1억 8,000만원으로 인상되어 인상폭은 그 다음으로 높은 29.7%에 이르렀다.

⑷ 이 사건 퇴직금규정에 따라 2010.10.4. 대표이사를 사임하면서 인상된 대표이사의 퇴직금지급률에 의하여 퇴직금으로 607,638,890원을 받았다. 그리고 이 사건 퇴직금규정 및 인상된 연봉을 기준으로 할 때, 대표이사의 경우에는 대표이사로 51일간 재직한 사정만으로 2002.2.15. 입사 이래 105개월의 근속기간 전부에 대하여 인상된 대표이사의 퇴직금지급률이 적용되어 퇴직금이 5억원 이상 증액되고, 이사로 퇴직한 원고의 경우에도 3배로 인상된 퇴직금지급률이 적용되어 퇴직금이 약 3,500만원 가량 증액된다.

⇩

〈대법원의 판단〉

「상법」이 정관 또는 주주총회의 결의로 이사의 보수를 정하도록 한 것은 이사들의 고용계약과 관련하여 사익 도모의 폐해를 방지함으로써 회사와 주주 및 회사채권자의 이익을 보호하기 위한 것이므로, 비록 보수와 직무의 상관관계가 「상법」에 명시되어 있지 않더라도 <u>이사가 회사에 대하여 제공하는 직무와 지급받는 보수 사이에</u>

12) 소수주주의 반대에도 불구하고 대주주가 최대한 많은 보수를 받기 위해 지나치게 과다하여 합리적 수준을 현저히 벗어나는 보수지급기준을 마련하고 지위를 이용한 영향력 행사로 주주총회결의가 성립되도록 한 경우 그 효력이 무효라는 판례입니다(대법원 2014다11888, 2016.1.28.).

> 는 합리적 비례관계가 유지되어야 하며, 회사의 채무상황이나 영업실적에 비추어 합리적인 수준을 벗어나서 현저히 균형성을 잃을 정도로 과다하여서는 아니 된다. 따라서 회사에 대한 경영권 상실 등으로 퇴직을 앞둔 이사가 회사에서 최대한 많은 보수를 받기 위하여 그에 동조하는 다른 이사와 함께 이사의 직무내용, 회사의 재무상황이나 영업실적 등에 비추어 지나치게 과다하여 합리적 수준을 현저히 벗어나는 보수지급기준을 마련하고 지위를 이용하여 주주총회에 영향력을 행사함으로써 소수주주의 반대에 불구하고 이에 관한 주주총회결의가 성립되도록 하였다면, 이는 회사를 위하여 직무를 충실하게 수행하여야 하는 「상법」 제382조의 3에서 정한 의무를 위반하여 회사재산의 부당한 유출을 야기함으로써 회사와 주주의 이익을 침해하는 것으로서 회사에 대한 배임행위에 해당하므로, 주주총회결의를 거쳤다 하더라도 그러한 위법행위가 유효하다 할 수는 없다(대법원 2014다11888, 2016.1.28.).

4) 이사회결의가 없고 극히 일부 소집통지 누락의 경우 결의취소 사유

정당한 소집권자에 의하여 소집된 주주총회의 결의라면 설령 주주총회의 소집에 이사회의 결의가 없었고 그 소집통지가 서면에 의하지 아니한 구두소집통지로서 법정소집기간을 준수하지 아니하였으며 극히 일부의 주주에 대하여는 소집통지를 빠뜨렸다 하더라도 그와 같은 주주총회 소집절차상의 하자는 주주총회결의의 단순한 취소사유에 불과하다 할 것이고, 취소할 수 있는 결의는 법정기간 내에 제기된 소에 의하여 취소되지 않는 한 유효합니다(대법원 86다카553, 1987.4.28.). 또한 주주총회가 소집권자에 의하여 소집되어 개최된 이상 정족수에 미달한 결의가 이루어졌다고 하더라도 그와 같은 하자는 결의취소의 사유에 불과하고, 무효 또는 부존재한 결의라고 할 수 없습니다(대법원 2011다41420, 2014.11.27.; 대법원 96다32768, 1996.12.23.).

5) 소집권한이 없는 자가 이사회 소집결정도 없이 소집하여 이루어진 주주총회결의의 효력(무효)

주주총회를 소집할 권한이 없는 자가 이사회의 주주총회 소집결정도 없이 소집한 주주총회에서 이루어진 결의는, 1인 회사의 1인 주주에 의한 총회 또는 주주 전원이 참석하여 총회를 개최하는 데 동의하고 아무런 이의 없이 결의가 이루어졌다는 등의 특별한 사정이 없는 이상, 총회 및 결의라고 볼 만한 것이 사실상 존재한다고 하더라도 그 성립 과정에 중대한 하자가 있어 법률상 존재하지 않는다고 보아야 합니다(대법원 2010다13541, 2010.6.24.).

6) 지배주주 1인이 실제의 소집절차와 결의절차를 거치지 아니한 채 주주총회의 결의가 있었던 것처럼 의사록을 허위로 작성한 경우(결의 부존재)

주식회사에 있어서 총주식을 한 사람이 소유한 이른바 1인 회사의 경우 그 주주가 유일한 주주로서 주주총회에 출석하면 전원 총회로서 성립하고 그 주주의 의사대로 결의가 될 것임이 명백하므로 따로 총회소집절차가 필요 없으며, 실제로 총회를 개최한 사실이 없었다 하더라도 그 1인 주주에 의하여 의결이 있었던 것으로 주주총회 의사록이 작성되었다면 특별한 사정이 없는 한 그 내용의 결의가 있었던 것으로 볼 수 있고, 이 점은 한 사람이 다른 사람의 명의를 빌려 주주로 등재하였으나 총주식을 실질적으로 그 한 사람이 모두 소유한 경우에도 마찬가지라고 할 수 있으나, 이와 달리 주식의 소유가 실질적으로 분산되어 있는 경우에는 「상법」상의 원칙으로 돌아가 실제의 소집절차와 결의절차를 거치지 아니한 채 주주총회의 결의가 있었던 것처럼 주주총회 의사록을 허위로 작성한 것이라면 설사 1인이 총주식의 대다수를 가지고 있고 그 지배주주에 의하여 의결이 있었던 것으로 주주총회 의사록이 작성되어 있다 하더라도 도저히 그 결의가 존재한다고 볼 수 없을 정도로 중대한 하자가 있는 때에 해당하여 그 주주총회의 결의는 부존재하다고 보아야 합니다(대법원 2005다73020, 2007.2.22.).

7) 1인 회사인 주식회사에서 주주총회의 개최사실이 없었음에도 의결이 있었던 것으로 주주총회의사록이 작성된 경우 결의 존재의 인정 여부(결의 존재)

주식회사에 있어서 회사가 설립된 이후 총주식을 한 사람이 소유하게 된 이른바 1인 회사의 경우에는 그 주주가 유일한 주주로서 주주총회에 출석하면 전원 총회로서 성립하고 그 주주의 의사대로 결의가 될 것임이 명백하므로 따로 총회소집절차가 필요 없고, 실제로 총회를 개최한 사실이 없었다 하더라도 그 1인 주주에 의하여 의결이 있었던 것으로 주주총회의사록이 작성되었다면 특별한 사정이 없는 한 그 내용의 결의가 있었던 것으로 볼 수 있고, 이는 실질적으로 1인 회사인 주식회사의 주주총회의 경우도 마찬가지이며, 그 주주총회의사록이 작성되지 아니한 경우라도 증거에 의하여 주주총회 결의가 있었던 것으로 볼 수 있습니다(대법원 2004다25123, 2004.12.10.).

8) 주주총회 의사록을 허위로 작성한 경우(결의 부존재)

실제의 소집절차와 회의절차를 거치지 아니한 채 주주총회 의사록을 허위로 작성하는 등 도저히 그 결의가 존재한다고 볼 수 없을 정도로 중대한 하자가 있는 경우에는 그 주주총회의 결의는 부존재하다고 보아야 합니다(대법원 2003다9636, 2004.8.16.).

9) 이사회 소집통지를 아니한 경우 무효

학교법인의 이사회가 특정 이사에게 적법한 소집통지를 하지 아니하여 그 이사가 출석하지 아니한 채 개최되었다면 그 결과가 설사 적법한 소집통지를 받지 못한 이사가 출석하여 반대의 표결을 하였던들 이사회결의의 성립에 영향이 없었다고 하더라도 그 이사회결의는 당연 무효입니다(대법원 2008다3534, 2008.5.15.; 대법원 94다35084, 1994.9.23.).

10) 소집권자에 의하여 소집된 주주총회에서 정족수에 미달한 결의가 이루어진 경우, 그 하자가 결의취소사유인지 여부(결의취소사유)

주식을 양도담보로 취득한 자가 회사에 대하여 의결권을 주장할 수 있기 위하여는 주주명부에 주주로서 명의개서를 하여야 하므로, 명의개서를 하지 아니한 원고에 대하여 주주총회소집통지를 하지 아니하였다고 하여 주주총회결의에 절차상의 하자가 있다고 할 수 없습니다. 또 원고가 1990년경부터는 피고 회사에 대하여 명의개서를 요구하였는데 피고 회사가 이에 불응하였다고 하더라도, 원고에 대한 주식양도의 효력이 다투어져 주주권확인소송 및 명의개서절차이행청구의 소가 제기되어 있었고, 또 원고가 피고 회사에 대하여 명의개서를 청구할 수 있는 주식은 전체 주식의 43%에 불과하다면, 피고 회사가 원고의 명의개서 요구에 불응하고 주주명부에 등재되어 있는 자에 대하여만 소집통지를 하여 주주총회를 개최하였다고 하더라도, 그러한 소집절차상의 하자가 주주총회결의의 무효사유나 부존재사유가 된다고 볼 수 없습니다(대법원 96다32768, 1996.12.23.).

11) 절차의 하자가 있더라도 전원출석 총회는 유효

주식회사의 임시주주총회가 법령 및 정관상 요구되는 이사회의 결의 및 소집절차 없이 이루어졌다 하더라도 주주명부상의 주주 전원이 참석하여 총회를 개최하는 데 동의하고 아무런 이의 없이 만장일치로 결의가 이루어졌다면 그 결의는 유효합니다(대법원 2013도15895, 2014.5.16.; 대법원 2008도1044, 2008.6.26.; 대법원 2000다69927, 2002.12.24.; 대법원 2002다15733, 2002.7.23.).

3. 주주총회 결의사항 · 결의요건

주주총회는 회사의 기본적 의사를 결정하는 최고기관입니다. 주주총회는 법령이나 정관에 정해진 사항에 제한되는 한정적 권한을 갖는데, 정기적으로 또는 필요에 의하여 소집하는 회의체 형식의 의사결정기관에 해당합니다. 여기에서는 주주총회에서 결의하는 사항에 대하여 살펴봅니다.

1) 주주총회의 특별결의사항

주주총회의 결의는 보통결의가 원칙이며, 「상법」에 규정이 있는 경우에만 특별결의에 의합니다. 특별결의는 출석한 주주의 의결권의 3분의 2 이상의 수와 발행주식총수의 3분의 1 이상의 수로써 하여야 합니다(상법 434조). 이와 같은 특별결의 사항은 다음과 같습니다.

> 주주총회 특별결의요건=출석한 주주의 의결권의 3분의 2 이상의 수와 발행주식총수의 3분의 1 이상의 수

① 정관의 변경
② 영업의 전부 또는 중요한 일부의 양도, 영업 전부의 임대 또는 경영위임
③ 회사의 영업에 중대한 영향을 미치는 다른 회사의 영업 전부 또는 일부의 양수
④ 주식매수선택권의 부여
⑤ 이사 또는 감사의 해임
⑥ 자본금의 감소, 합병 및 분할, 사후설립, 임의해산
⑦ 주주 외의 자에 대한 전환사채 및 신주인수권부 사채의 발행
⑧ 주식의 포괄적 교환, 주식의 포괄적 이전, 주식분할, 주식의 할인발행

2) 주주총회의 보통결의사항

출석한 주주의 의결권의 과반수와 발행주식총수의 4분의 1 이상의 수로 하는 결의를 보통결의라 합니다(상법 368조 1항). 「상법」은 보통결의가 원칙이므로 정관의 규정에 의하여 주주총회의 결의사항으로 한 것은 보통결의사항입니다. 이와 같은 보통결의사항은 다음과 같습니다.

> 주주총회 보통결의요건=출석한 주주의 의결권의 과반수와 발행주식총수의 4분의 1 이상의 수

① 이사・감사・청산인의 선임, 보수결정
② 주주총회의 의장의 선임
③ 자기주식의 취득결의, 지배주주의 매도청구권
④ 결손보전을 위한 자본금의 감소, 법정준비금의 감소
⑤ 재무제표의 승인, 이익의 배당, 주식배당
⑥ 검사인의 선임, 청산인의 해임, 청산종료의 승인

4. 이사회 결의사항

이사회란 법령이나 정관에서 주주총회의 권한사항으로 정한 이외의 업무집행에 대한 의사결정을 하고 이사의 직무집행을 감독하는 회사의 필요적 기관입니다. 여기에서는 이사회의 결의사항에 대하여 살펴봅니다.

1) 이사회의 권한

이사회는 회사의 업무집행관련 의사결정기관입니다. 현행 「상법」은 주주총회의 권한을 법률이나 정관에 규정해 놓은 것으로 한정하고(상법 361조) 이사회의 권한을 포괄적으로 인정하고 있습니다. 즉 법률이나 정관에 규정한 것을 제외하고는 원칙적으로 이사회의 권한에 속합니다.

2) 이사회 결의의 요건

이사회의 결의는 이사 과반수의 출석과 출석이사의 과반수로 하여야 합니다. 그러나 정관으로 그 비율을 높게 정할 수 있습니다(상법 391조 1항).

이사회 결의요건=이사 과반수의 출석과 출석이사의 과반수

3) 「상법」상 이사회의 고유권한

「상법」에서 규정하고 있는 이사회의 고유권한의 내용은 다음과 같습니다.

① 사채의 발행, 주식양도의 승인, 주식매수선택권의 취소
② 자기주식의 처분, 자기주식의 소각
③ 회사의 중요한 자산의 처분 및 양도, 대규모 재산의 차입
④ 지배인의 선임 및 해임, 지점의 설치·이전·폐지
⑤ 이사의 직무집행 감독
⑥ 주주총회 소집권, 이사회소집권자의 특정
⑦ 이사와 회사 간의 거래승인, 이사의 경업거래 승인
⑧ 재무제표의 승인, 영업보고서의 승인

⑨ 중간배당
⑩ 간이합병, 소규모합병의 합병계약서 승인
⑪ 간이주식교환, 소규모주식교환

4) 정관으로 주주총회 결의사항으로 할 수 있는 경우

일반적인 이사회 결의사항이라도 정관으로 주주총회의 결의사항으로 정할 수 있는 경우가 있는데, 그 내용은 다음과 같습니다.
① 대표이사의 선임, 공동대표의 선임
② 신주의 발행, 준비금의 자본전입
③ 전환사채의 발행, 신주인수권부사채의 발행

5) 이사가 1인 또는 2인인 경우

「상법」 제383조 제1항 단서 규정에 따라 이사가 1인 또는 2인이 된 경우 이사회를 구성하지 못하므로 이사회에 관련된 규정을 1인인 이사에게 적용하느냐의 문제가 생기게 됩니다. 이 경우 절차에 관한 규정은 이사회가 존재하지 아니하므로 당연히 적용될 여지가 없습니다. 그리고 권한에 관한 규정은 각 이사(정관에 따라 대표이사를 정한 경우에는 그 대표이사)가 회사를 대표합니다(상법 383조 6항).

따라서 이사가 1인 또는 2인인 경우 「상법」 규정의 적용은 다음과 같이 합니다.

구 분	「상법」 적용대상의 사례
적용되지 않는 사항	이사회 소집통지, 이사회 결의요건, 이사회 의사록
이사가 행사하는 사항	주주총회 소집결정, 주주제안의 채택
주주총회가 행사하는 사항	신주 발행, 준비금 자본전입 등 여타의 모든 이사회 권한들

6) 어디까지 이사회 결의가 필요한가?

「상법」 제393조 제1항은 주식회사의 중요한 자산의 처분 및 양도, 대규모 재산의 차입 등 회사의 업무집행은 이사회의 결의로 한다고 규정함으로써 주식회사의 이사회는 회사에 업무집행에 관한 의사결정권한이 있음을 밝히고 있으므로, 주식회사의 중요한 자산의 처분이나 대규모 재산의 차입행위뿐만 아니라 이사회가 일반적·구체적으로 대표이사에게 위임하지 않은 업무로서 일상 업무에 속하지 아니한 중요한 업무에 대해서는 이사회의 결의를 거쳐야 하고, 여기에서 말하는 중요한 자산의 처분이나 대규모 재산의 차입 등 일상 업무에 속하지 아니한 중요한 업무인지 여부는 당해 재산의 가액, 총자산에서 차지하는 비율, 회사의 규모, 회사의 영업 또는 재산의 상황, 경영상태, 그 업무행위의 목적, 회사의 일상적 업무와의 관련성, 당해 회사에서의 종래의 취급 등에 비추어 대표이사의 결정에 맡기는 것이 상당한지 여부에 따라 판단하여야 합니다(대법원 2009다55808, 2010.1.14.).

저 • 자 • 약 • 력

[김창영 세무사]

[약 력]

- 세무법인 동양 대표세무사(現)
- KC대학교 경영학부 세무회계학과 교수(現)
- 한국세무사회 자격시험 출제위원(現)
- 한국세무사회 성년후견인지원센터 운영위원(現)
- 사단법인 한국조세연구포럼 홍보이사(現)
- 서울지방국세청 영세납세자지원단 세무도우미(現)
- 남대문세무서 납세자보호실 세무상담위원(現)
- ㈜영화조세통람(TAXNET) 인터넷상담위원(상속 · 증여세분야)(現)
- 삼성생명 전략영업본부 세무자문(前)
- 한국세무사회 조세제도연구위원(상속 · 증여세분야)(前)
- 한국세무사회 세무상담위원 · 중소기업위원회 자문위원(前)
- ㈜영화조세통람 세무상담위원(前)
- ㈜강원랜드(유가증권시장) 재무관리부 근무(前)
- ㈜파인디지털(코스닥시장) 경영관리팀장 근무(前)
- 경희대학교 경영대학원 세무관리학 석사
- 한국세무사회장 공로상 수상(2018.6.29.)
- 서울특별시장 공로 표창장 수상(2012.5.11.)
- 서울서초구청장 감사장(2012.2.29.)

[강 의]

- 대한상공회의소 CEO과정 강사(現)
- 이나우스아카데미 전문교육위원(現)
- 노동부 핵심직무능력향상과정 강사(現)
- 전국 상공회의소 · 서초구청 · 고용노동연수원 세무실무 강사(現)
- 한국경영자총협회 · DMC창업센터 · MDRT협회 · 한국FP센터 · 삼성생명 · 한화생명 · 교보생명 · 푸르덴셜생명 · 흥국생명 · KB생명 · 에듀온 세무실무 강사(現)
- 서울지방세무사회 연수교육위원(前)
- 솔로몬 경리학원 세무실무 강사(前)

[저 서]

- 기업경영과 절세설계(영화조세통람, 2018, 개정6판)
- 기업경영과 증여 · 상속(영화조세통람, 2018, 초판)
- 사업주가 알아야 할 핵심 절세전략(대한상공회의소, 2018, 개정판)
- 상속 · 증여세실무(영화조세통람, 2013, 개정9판)
- 체험마을 세무매뉴얼(한국농어촌공사, 2011)
- 매일 관리해야 하는 증빙관리 세무실무(이나우스아카데미, 2011)

- Homepage : www.tax33.co.kr
- Tel : 02) 3431－3300, Fax : 02) 3431－3309
- E－Mail : dontax1966@naver.com

기업경영과 규정정비 정가 20,000원

저 자 김 창 영
발행인 서 동 혁
편 집 이 은 희

저자와의 협의하에 인지생략

발행처 ㈜영화조세통람

펴낸날 2017년 8월 20일 초판 인쇄
2017년 9월 1일 초판 발행
2018년 11월 20일 개정판 발행

주 소 서울특별시 중구 동호로 14길 5－6(신당동)
등 록 1976. 11. 5. 제9－81호
전 화 대 표 02) 2231－7027 Fax 02) 2234－1754
출판사업부 02) 2231－7141 Fax 02) 2231－7994

구입문의 (02) 2231－7027～9 ISBN 979－11－6064－105－9 13320

㈜영화조세통람은 좋은 책을 만들기 위해 독자 여러분의 의견을 기다립니다.
E-mail(josetop@inaus.co.kr)과 홈페이지(www.taxnet.co.kr)의 고객지원센터 단행본란